सरफ़रोशी की तमन्ना

भगतसिंह का जीवन और मुक़दमा

कुलदीप नैयर

अनुवाद
युगांक धीर

Without Fear : The life is Trial of Bhagat Singh का हिन्दी अनुवाद

पहला पुस्तकालय संस्करण
राजकमल प्रकाशन प्राइवेट लिमिटेड द्वारा
2012 में प्रकाशित

राजकमल पेपरबैक्स में
पहला संस्करण : 2016
चौथा संस्करण : 2025

राजकमल पेपरबैक्स : उत्कृष्ट साहित्य के जनसुलभ संस्करण

राजकमल प्रकाशन प्रा.लि.
1-बी, नेताजी सुभाष मार्ग, दरियागंज
नई दिल्ली-110 002
द्वारा प्रकाशित

शाखाएँ : अशोक राजपथ, साइंस कॉलेज के सामने, पटना-800 006
पहली मंजिल, दरबारी बिल्डिंग, महात्मा गांधी मार्ग, प्रयागराज-211 001
1, अनमोल सोराबजी सन्तुक लेन, धोबी तलाव, मरीन लाइंस, मुम्बई-400 002
वेबसाइट : www.rajkamalprakashan.com
ई-मेल : info@rajkamalprakashan.com

विकास कंप्यूटर एंड प्रिंटर्स
ट्रॉनिका सिटी-201 102
द्वारा मुद्रित

मूल्य : ₹299

SARPHAROSHI KI TAMANNA
Bhagat Singh ka jeevan aur muqadma
Translated by Yugank Dhir

ISBN : 978-81-267-2905-0

नए संस्करण की भूमिका

भगत सिंह पर अपनी पुस्तक का संशोधित संस्करण प्रस्तुत करने के पीछे दो कारण हैं। पहला यह है कि विशेष ट्रिब्यूनल में सुखदेव, राजगुरु और भगत सिंह पर चले मुकदमे की कार्रवाई से सम्बन्धित अध्याय पिछले संस्करण में नहीं जा पाए थे, जबकि इसी ट्रिब्यूनल ने उन्हें फाँसी की सजा सुनाई थी। दूसरा यह कि मैं पुस्तक में कुछ और जानकारियाँ जोड़ना चाहता था। इस प्रक्रिया में मुझे पुस्तक के कुछ अंशों को फिर से लिखने और उन्हें उनके सन्दर्भों के अनुसार सही जगह पर बिठाने का भी सुअवसर मिल गया। मेरा खयाल है कि यह नया संस्करण पाठकों को ज्यादा बाँधने वाला और समग्र प्रतीत होगा, उन पाठकों को भी जो कुछ वर्ष पहले प्रकाशित संस्करण को पढ़ चुके हैं।

—कुलदीप नैयर

आमुख

जहाँ भगत सिंह की 'फाँसी की कोठरी' हुआ करती थी, उसके ठीक सामने अब एक शानदार मस्जिद की मीनार दिखाई देती है। लेकिन उस जगह जहाँ भगत सिंह और उनके दो कॉमरेडो—सुखदेव और राजगुरु को फाँसी दी गई थी, कोई मेहराब, शिलापट्ट या तख्ती तक नहीं है।

लाहौर सेंट्रल जेल, जहाँ 23 मार्च, 1931 को इन तीन नौजवान क्रान्तिकारियों को फाँसी पर चढ़ाया गया था, अब एक खँडहर में तब्दील हो चुकी है। इन तीनों शहीदों की कोठरियाँ बहुत खस्ता हालत में हैं। फाँसी का वह तख्त जिस पर चढ़कर उन्होंने मौत को हँसते-हँसते गले लगाया था, अब सड़क के एक गोल चक्कर में तब्दील हो चुका है। इसके पास से गुजरती गाड़ियाँ उसी लापरवाही से आगे बढ़ती रहती हैं, जैसे कि लाहौर की दूसरी सड़कों पर। शोर, धुएँ और धूल भरा एक चौक। मस्जिद और जेल के खँडहरों के बीच वाली सड़क एक मानसिक अस्पताल की तरफ जाती है। ऐसा लगता है कि सरकार शहीदों का कोई नामोनिशाँ बचा रहने देना नहीं चाहती है। विडम्बना यह है कि जेल के आसपास जो नई कॉलोनी बसी है उसका नाम 'शादमां' रखा गया है, यानी 'खुशियों का घर'।

पाकिस्तान के एक दौरे के दौरान मैंने 'शादमां' के निवासियों से पूछा कि क्या उन्हें भगत सिंह के बारे में कुछ पता था। बहुत कम लोगों ने उनका नाम सुना था। कुछ को उनकी कैद और फाँसी की हलकी-सी जानकारी थी। ''हम यहाँ आए थे तो यहाँ सिर्फ पुलिस क्वार्टर थे, जो कॉलोनी के बढ़ने के साथ गिरा दिए गए,'' एक ने बताया। उनकी उम्र पचास से कुछ ज्यादा थी। लेकिन इस गोल चक्कर के बारे में एक किस्सा मशहूर है, जो 1979 में प्रधानमंत्री जुल्फीकार अली भुट्टो को फाँसी दिए जाने के बाद काफी सुनने में आया था। यही वह जगह थी जहाँ पाकिस्तान की नेशनल असेम्बली के तत्कालीन सदस्य अहमद रजा कसूरी के पिता मुहम्मद अहमद खान की गोली मारकर हत्या कर दी गई थी। कहा जाता था कि यह हत्या भुट्टो ने करवाई थी। गोली उस समय मारी गई जब कसूरी अपनी कार में गोल चक्कर को पार कर रहे थे। उनके पिता उनके पास बैठे हुए थे और बुरी तरह जख्मी हो गए थे। बाद में

उन्होंने दम तोड़ दिया। बरसों पहले 23 मार्च, 1931 को भगत सिंह, सुखदेव और राजगुरु को फाँसी दिए जाने के बाद उनके शवों की शिनाख्त करने वालों में कसूरी के दादा भी शामिल थे। पुराने लोगों का मानना है कि कसूरी खानदान को इसका बदला इस तरह चुकाना पड़ा कि मुहम्मद अहमद खान उसी जगह पर मारे गए।

1980 के दशक में लाहौर में विश्व पंजाबी सम्मेलन आयोजित किया गया था। सभागृह की दीवार पर सिर्फ एक चित्र टँगा हुआ था—भगत सिंह का। मैंने आयोजकों से पूछा कि उन्होंने एक अन्य जाने-माने पंजाबी स्वतंत्रता सेनानी मुहम्मद इकबाल—जो उर्दू के एक मशहूर शायर और एक दूरद्रष्टा थे, और जिन्होंने सबसे पहले 'पाकिस्तान' नामक एक मुल्क का सपना देखा था—की बजाय भगत सिंह का सम्मान करने का फैसला क्यों किया था। आयोजकों ने जवाब दिया, "मुल्क की आजादी के लिए सिर्फ एक पंजाबी ने अपनी जान की कुर्बानी दी और वे थे भगत सिंह।"

पाकिस्तान के दौरे से लौटते ही मुझे दक्षिण भारत के शहरों की यात्रा करने का अवसर मिला। मैं दक्षिण के कई छोटे-छोटे शहरों में भगत सिंह की मूर्तियाँ देखकर दंग रह गया। दिल्ली लौटकर मैंने भगत सिंह पर एक लेख लिखा। इसके कुछ ही दिन बाद मुझे हरजिन्दर सिंह और सुखजिन्दर सिंह का एक पत्र प्राप्त हुआ, जिन्हें पुणे में भूतपूर्व सेना प्रमुख जनरल ए.एस. वैद्य की हत्या करने के लिए फाँसी की सजा सुनाई गई थी। उनके पत्र ने मुझे सोचने पर मजबूर कर दिया। उन्होंने मेरी निष्पक्षता पर प्रश्न-चिह्न लगाते हुए पूछा कि अगर मैं भगत सिंह को एक 'क्रान्तिकारी' बताकर उनकी प्रशंसा कर रहा था, तो फिर उन दोनों को 'आतंकवादी' ठहराकर उनकी निन्दा क्यों कर रहा था? उन्होंने कहा कि उनके सामने भी एक ध्येय था। जिस तरह भगत सिंह ने एक ब्रिटिश पुलिस अधिकारी के हाथों 'शेर-ए-पंजाब' लाला लाजपत राय की मौत का बदला लिया था, उसी तरह उन दोनों ने भी 1984 में उनके पवित्र स्वर्ण मन्दिर पर हमले की योजना बनाने के लिए जनरल वैद्य से बदला लिया था।

यह सोचकर कि इसी तरह कई और आतंकवादी भी अपनी तुलना भगत सिंह से करने लगेंगे, मुझे भगत सिंह के जीवन और दर्शन का अध्ययन और जाँच-पड़ताल करना और एक आतंकवादी और एक क्रान्तिकारी के फर्क को समझाना बहुत जरूरी लगा। एक क्रान्तिकारी के लिए हत्या का क्या अर्थ था, भगत सिंह ने खुद अपने शब्दों में इसे समझाते हुए लिखा था—

> "हम मानव जीवन को पूज्य मानते हैं, हम इनसानी जिन्दगी को श्रद्धा की नजर से देखते हैं।...हम किसी को चोट पहुँचाने की बजाय मानवता की सेवा में स्वयं अपना जीवन बलिदान करना पसन्द करेंगे।"

भगत सिंह के मन में दूर-दूर तक बदले की, प्रतिशोध की भावना नहीं थी–

> ''इन कार्रवाइयों (हत्याओं) का सिर्फ इतना राजनीतिक महत्त्व है कि ये एक ऐसी मानसिकता और माहौल तैयार करेंगी जो निर्णायक संघर्ष के लिए बहुत जरूरी है। इसके अलावा कुछ नहीं।''

एक क्रान्तिकारी किसी भी ऐसी सरकार या राजनीतिक व्यवस्था को पूरी तरह उखाड़ फेंकने में विश्वास करता था जो लोगों को आर्थिक समानता न प्रदान कर सके। वह आर्थिक शक्तिहीनता के खिलाफ नागरिकों के सशक्तीकरण और उन्हें व्यक्तिगत गरिमा प्रदान करने में विश्वास करता था। दूसरी तरफ, एक आतंकवादी एक खास व्यक्ति के खिलाफ व्यक्तिगत बदले की भावना से प्रेरित होता है, जो शासकों के हाथ का एक मोहरा मात्र होता है।

इस पुस्तक के लिए शोध करना एक भारी-भरकम काम था। यह काम सात वर्षों तक रुक-रुककर चलता रहा। भगत सिंह के जीवन और काल पर सामग्री जुटाने के लिए पाकिस्तान का अभिलेखागार सबसे श्रेष्ठ और समग्र स्रोत है लेकिन भारतीयों को इसकी सेवाएँ उपलब्ध नहीं हैं। नई दिल्ली और इस्लामाबाद के बीच ऐसी कोई संधि नहीं है कि दोनों देशों के नागरिक एक-दूसरे के अभिलेखागारों का लाभ उठा सकें। मैंने एक मित्र के माध्यम से पाकिस्तान सरकार से मदद माँगी तो एक थोथा बहाना पेश कर दिया गया। उन्होंने कहा कि उन्हें इस बात का डर था कि वे किसी सिख समस्या में न उलझ जाएँ। मेरी समझ में नहीं आ रहा था कि सिख समस्या और पचास वर्ष पहले की फाँसी की घटना का आपस में क्या सम्बन्ध हो सकता था–सिवा इसके कि भगत सिंह एक सिख थे।

लन्दन की इंडिया ऑफिस लाइब्रेरी में भगत सिंह पर करीब-करीब कुछ भी नहीं था। यूँ भी इस लाइब्रेरी ने अपनी किताबें, रिपोर्टें और दस्तावेज पूरे यू.के. में भिन्न-भिन्न लाइब्रेरियों में बाँट दिए हैं। ऐसा इसलिए किया गया है ताकि भारत, पाकिस्तान, बांग्लादेश और ग्रेट ब्रिटेन के अन्य भूतपूर्व उपनिवेश–इन ऐतिहासिक धरोहरों पर अपना दावा न ठोंक सकें। उपमहाद्वीप के बँटवारे के बाद भारत और पाकिस्तान लाइब्रेरियों के बँटवारे को लेकर किसी समझौते पर नहीं पहुँच सके, इसलिए इंग्लैंड को इस पर पूरी तरह कब्जा जमाने का अवसर मिल गया।

लन्दन में क्रान्तिकारियों की फाँसी के खिलाफ प्रिवी काउंसिल में दाखिल की गई अपील पर कुछ जानकारी उपलब्ध है लेकिन यह सामग्री हमारे अभिलेखागार में भी मौजूद है। मेरा खयाल है कि कई महत्त्वपूर्ण फाइलें गायब या नष्ट कर दी गई हैं। मुझे पूरा भरोसा है कि कुछ ऐसे टेलिग्राम और दस्तावेज कहीं-न-कहीं जरूर होंगे, जिनसे यह पता चलता हो कि ब्रिटिश सरकार भगत सिंह और उनके दोनों कॉमरेडों

को फाँसी पर चढ़ाने पर तुली हुई थी ताकि क्रान्ति की चिनगारियों को हमेशा के लिए बुझाया जा सके।

भगत सिंह के मन में क्रान्ति का विचार फ्रांसीसी क्रान्ति, अमेरिकन स्वाधीनता के घोषणा-पत्र और रूस की बोल्शेविक क्रान्ति से पैदा हुआ था। सामाजिक बुराइयों के खिलाफ लड़ाई, दलित वर्गों में जागरूकता पैदा करने के अभियान और दमन और गैर-बराबरी के खिलाफ किसानों और मजदूरों का संघर्ष स्वतंत्रता संग्राम का अभिन्न अंग बन चुके थे। अपने शोध के दौरान मुझे पता चला कि भगत सिंह ने जेल में कुल मिलाकर चार किताबें लिखी थीं–'द हिस्ट्री ऑफ द रेव्योलूशनरी मूवमेंट इन इंडिया', 'द आइडियल ऑफ सोशलिज्म', 'ऑटोबायोग्राफी' और 'एट द डोर ऑफ डेथ'। मैंने इनको ढूँढ़ने की असफल कोशिश की। मुझे पता चला कि इन सभी पांडुलिपियों को भगत सिंह की फाँसी से पहले चोरी-छिपे जेल से बाहर पहुँचा दिया गया था और इन्हें क्रान्तिकारियों ने बहुत सँभालकर रखा था। 1940 के दशक में इन पांडुलिपियों को कुमारी लाज्यवती को सौंप दिया गया, जो बाद में जालंधर के केन्द्रीय महाविद्यालय की प्रिंसिपल बनीं। लाज्यवती का निधन हो चुका है। कहा जाता है कि बँटवारे से ठीक पहले लाज्यवती ने इन्हें किसी के हाथ भारत भिजवाने की कोशिश की थी। लेकिन इस व्यक्ति ने जिसका कुछ अता-पता नहीं है, बाद में लाज्यवती को बताया कि अगस्त 1947 में भारत आने से पहले उसने दंगाइयों के डर से इन पांडुलिपियों को जला दिया था। इस कहानी पर विश्वास करना मुश्किल है। मुझे अभी भी ऐसा लगता है कि किसी-न-किसी दिन ये पांडुलिपियाँ जरूर सामने आएँगी।

किताब के लिए सामग्री जुटाने के दौरान मैंने सबसे पहले भगत सिंह के भाइयों को तलाश करने का काम किया। दुर्भाग्यवश, इससे पहले कि मैं कुलबीर से मिल पाता, उनकी मृत्यु हो गई। छोटे भाई कुलतार उत्तर प्रदेश में सहारनपुर में रहते थे। उन्हें भगत सिंह के साथ अपनी आखिरी मुलाकात के लम्हे इस तरह याद थे मानो कल की ही बात हो। मुझे पता चला कि भगत सिंह के परिवार के अन्य सदस्यों में भी राष्ट्रभक्ति की बहुत गहरी भावनाएँ थीं। भगत सिंह का जन्म हुआ था तो उनके चाचा अजीत सिंह बर्मा में लाला लाजपत राय के साथ जेल की एक ही कोठरी में बन्द थे। उनके दादा कांग्रेस पार्टी की खुलकर मदद करते रहते थे।

दिसम्बर 1992 में मैं सुखदेव के छोटे भाई मथुरा दास थापर को खोजने में सफल रहा। मैंने उसी महीने उन्हें एक पत्र लिखा। इसका जवाब मुझे मार्च 1993 में मिला। उनकी कहानी मन को छू लेने वाली थी। उन्होंने लिखा था कि उन्हें लायलपुर (आज का फैसलाबाद) छोड़ना पड़ा था क्योंकि 'सुखदेव का सगा भाई होने के कारण पंजाब पुलिस मुझे लगातार परेशान कर रही थी।'

82 वर्षीय मथुरा दास अपने मन की खटास को नहीं छिपा पा रहे थे। उन्होंने लिखा था–

> मुझे यह कहने की गुस्ताखी करने दीजिए कि दूसरे राजनीतिक पीड़ितों, जैसे कि डॉ. किचलू के सपुत्र को 5,000 रुपये माहवार की मदद के साथ-साथ मुफ्त में एक फ्लैट भी दिया गया है। जरा डॉ. किचलू के सपुत्र के साथ हमारे परिवार की कुर्बानियों की तुलना कीजिए।

उन्होंने 'प्रोसीडिंग्स बुक ऑफ द लाहौर कंसपिरेसी केस' की तरफ मेरा ध्यान दिलाया, जिसे वे पाकिस्तान से लाए थे और नई दिल्ली के राष्ट्रीय अभिलेखागार में जमा करवा चुके थे। मुकदमे की कार्रवाइयों के इस दस्तावेज के हाशियों में सुखदेव द्वारा की गई बहुत-सी टिप्पणियाँ भी मौजूद हैं। उन्हें मुकदमे की कार्रवाई की प्रति पढ़ने को दी जाती थी। पाकिस्तान के पास उर्दू में मूल कार्रवाइयों का रिकॉर्ड है, जिसे मैं पढ़ चुका हूँ।

थापर का पत्र (जो इस पुस्तक में 'परिशिष्ट-1' के रूप में शामिल है) इस टिप्पणी के साथ खत्म होता है–"उम्मीद है कि ऐतिहासिक महत्त्व की इस मास्टरपीस पुस्तक के लेखन में मैं आपके किसी काम आ सकूँगा।" इससे पहले कि मैं उनसे मिल पाता, वे भी चल बसे। मुझे नहीं मालूम कि इस किताब के बारे में वे क्या सोचते। मेरा काम मास्टरपीस भले ही न हो लेकिन मैंने भगत सिंह को उसी रूप में प्रस्तुत करने की कोशिश की है जैसे कि वे जीये और मरे; और जीने और मरने के बीच जिस तरह से वे सोचते थे।

मैंने मथुरा दास थापर और हंसराज वोहरा के बीच हुए पत्र-व्यवहार को एक निजी संकलन में पढ़ा। हंसराज वोहरा लाहौर षड्यंत्र मुकदमे में सरकारी गवाह बन गए थे। यह पत्र-व्यवहार, खासकर वोहरा का वह पत्र जिसमें उन्होंने मुखबिर बनने के कारण बताए थे, और थापर का जवाब इस पुस्तक के 'उपसंहार' में शामिल है।

कुलतार सिंह से मुझे यह भी पता चला कि उन दिनों के एक प्रमुख क्रान्तिकारी भगवती चरण की पत्नी दुर्गा देवी अपने बेटे के साथ गाजियाबाद में रह रही थीं। हालाँकि उनकी स्मृति बार-बार धोखा दे जाती थी, फिर भी वे मुझे डिप्टी सुपरिंटेंडेंट जी.पी. सांडर्स की हत्या के बाद भगत सिंह के लाहौर से भागने का रोमांचक किस्सा सुनाने में सफल रहीं। इस अभियान में खुद दुर्गा देवी ने भी बहुत महत्त्वपूर्ण भूमिका निभाई थी। कुछ वर्ष पहले उनका भी निधन हो गया।

भगत सिंह पर लिखी गई बहुत-सी किताबों के साथ-साथ उनके अपने लेखन से भी मुझे उनके जीवन और दर्शन के बारे में बताने में मदद मिली है। उनके मुख

से निकले शब्द उनके पत्रों, बयानों और भाषणों से लिए गए हैं। मैंने तथ्यों के मामले में किसी तरह की स्वतंत्रता नहीं बरती है।

उन दिनों के पुलिस दस्तावेजों से मुझे पता चला कि क्रान्तिकारियों के दमन के लिए ब्रिटिश किस तरह के तरीके इस्तेमाल करते थे। हमारे अभिलेखागार में मौजूद कुछ गिनी-चुनी 'गुप्त' रिपोर्टों से भी मुझे कुछ मदद मिली। पश्चिम बंगाल सरकार द्वारा छह खंडों में प्रकाशित और 'अमिय के. सामन्त' द्वारा संकलित दस्तावेजों के संग्रह 'टेररिज्म इन बंगाल' से मुझे बहुत-सी जानकारियाँ मिलीं। इनमें से कुछ जानकारियों का मैंने इस पुस्तक में भी उपयोग किया है।

महात्मा गांधी के बहुत-से लेखनों से क्रान्तिकारियों के बारे में उनके दृष्टिकोण का पता चलता है। वे उनके साहस के प्रशंसक थे, लेकिन उनके बमों और बन्दूकों के नहीं। उन्हें उनकी प्रतिबद्धता पर कोई सन्देह नहीं था लेकिन उन्हें पूरा विश्वास था कि ताकत का इस्तेमाल करके भारत को ब्रिटिश हुकूमत के चंगुल से मुक्त नहीं करवाया जा सकता। गांधीजी और भगत सिंह दृष्टिकोण के मामले में एक-दूसरे के विलोम थे और दो विपरीत ध्रुव थे। भगत सिंह हिंसा में विश्वास करते थे और आजादी हासिल करने के लिए इसका प्रयोग करने से नहीं कतराते थे। दूसरी तरफ, गांधीजी जिन्दगी भर अहिंसा के रास्ते पर चलते रहे। उन्हें कोई भी दूसरा रास्ता मंजूर नहीं था।

डॉ. पट्टाभी सीतारमैया ने अपनी पुस्तक 'हिस्ट्री ऑफ द इंडियन नेशनल कांग्रेस' में लिखा है कि गांधी और भगत सिंह एक समान लोकप्रिय थे—पहला सत्य के अपने प्रयोगों के लिए तो दूसरा अपने वीरतापूर्ण कारनामों के लिए। भगत सिंह के लिए यह कोई छोटी उपलब्धि नहीं थी। जब वे पहली बार गांधीजी से मिले थे तो वे सिर्फ इक्कीस वर्ष के थे, जबकि गांधीजी उनसठ के थे।

मैंने उस जमाने के अखबारों को खंगाला है। मैंने कुछ ऐसे लोगों से भी बात की है जो भगत सिंह को जानते थे। ऐसे लोग अब ज्यादा नहीं बचे हैं। मेरे प्रमुख स्रोत मेरे मित्र वीरेन्द्र थे, जो जलन्धर से प्रकाशित होनेवाले 'प्रताप' के सम्पादक थे। सात वर्ष पहले वे भी इस दुनिया से चले गए। भगत सिंह और उनके साथियों पर मुकदमा चल रहा था तो वीरेन्द्र भी लाहौर की सेंट्रल जेल में थे। वे भी सन्देह के घेरे में थे। लेकिन उनके खिलाफ कोई पुख्ता सबूत नहीं मिल पाया और कुछ समय बाद उन्हें छोड़ दिया गया।

इस किताब को पूरा करने में बहुत-से लोगों ने मेरी मदद की है। इनमें मेरी छोटी पुत्रवधू कविता भी शामिल है, जिसने मुकदमे की कार्रवाई को लेकर बड़ी मेहनत से शोध-कार्य किया; साथ ही आर. रामचन्द्रन, सुब्रामण्यम और गोपाल भी, जिन्होंने सामग्री को टाइप और री-टाइप किया और फिर इसे कम्प्यूटर में भरा। मैं इन सभी का धन्यवाद करता हूँ।

1

कोई दिन का मेहमान हूँ ऐ अहले महफिल
चिराग़-ए-सहर हूँ बुझा चाहता हूँ

–मिर्ज़ा ग़ालिब

23 मार्च, 1931 का दिन लाहौर की सेंट्रल जेल में किसी भी आम दिन की तरह शुरू हुआ था। रोज की तरह उस सुबह भी राजनीतिक कैदियों की कोठरियों को खोल दिया गया था। आमतौर से वे दिन भर बाहर रहते थे और सूर्यास्त के बाद वापस कोठरियों में बन्द कर दिए जाते थे। इसलिए उस दिन जब वॉर्डन चरत सिंह शाम को लगभग चार बजे ही चला आया और उनसे अपनी कोठरियों में लौटने के लिए कहने लगा तो वे सब हैरान रह गए। कैदी अकसर दिन ढलने के बाद भी देर तक बाहर मँडराते रहते थे और वॉर्डन की मीठी फटकारों की परवाह नहीं करते थे। लेकिन उस दिन वह अड़ा हुअ था। वह कोई कारण भी नहीं बता रहा था। वह सिर्फ इतना बुड़बुड़ाया था कि 'ऊपर से हुक्म है'।

कैदी चरत सिंह के काफी मुँहलगे थे। वे उसे हमेशा बड़ी इज्जत से 'चरत सिंह जी' कहा करते थे क्योंकि वह एक पिता की तरह उन सबका खयाल रखता था। चरत सिंह के दिल में इन कैदियों के लिए हमदर्दी थी, इसलिए वह उन्हें तंग नहीं करता था। इतना ही नहीं, वह ब्रिटिश हुकूमत द्वारा प्रतिबन्धित किताबों को भी चोरी-छिपे जेल में आने देता था। इसलिए कैदियों ने सोचा कि अगर वह उन्हें अपनी कोठरियों में लौटने के लिए कह रहा था तो जरूर कोई खास वजह होगी। वे उसके हुक्म का पालन करते हुए एक-एक करके अपनी कोठरियों में लौट गए लेकिन वे सब बहुत बेचैन थे। आखिर मामला क्या था। तभी जेल का नाई बरकत एक-एक करके उनकी कोठरियों में आया और उसने दबी जुबान में उन्हें बताया कि उस रात भगत सिंह, सुखदेव और राजगुरु को फाँसी दी जानेवाली थी।

कैदी सन्न रह गए। हालाँकि वे सभी जानते थे कि भगत सिंह और उनके साथियों को फाँसी होनेवाली है लेकिन इस घड़ी की आमद ने उन सबको झकझोर

डाला था। वे बरकत से मिन्नतें करने लगे कि क्या वह भगत सिंह की कंघी, पेन, घड़ी—कोई भी ऐसी छोटी-सी चीज जो पूरे राष्ट्र की प्रेरणा बन जानेवाले इस जोशीले युवा क्रान्तिकारी से जुड़ी हुई हो—उन्हें लाकर दे सकता था। वे इस निशानी को एक बहुमूल्य खजाने की तरह जिन्दगी भर सँभाल कर रखेंगे। बरकत भगत सिंह की कोठरी में गया और एक कंघी और एक घड़ी लेकर लौट आया। सभी सत्रह कैदी इन पर अपना दावा ठोंकने लगे तो पर्चियाँ डालकर फैसला किया गया। इसके बाद सब खामोश हो गए। सबकी निगाहें कोठरियों के बाहर की शहदारी पर टिकी हुई थीं। फाँसी के तख्त की तरफ जाते हुए भगत सिंह को वहीं से गुजरना था। एक बार जब वे इसी रास्ते से अपनी कोठरी की तरफ ले जाए जा रहे थे तो पंजाब के कांग्रेसी नेता भीमसेन सच्चर ने उनसे पूछा था कि लाहौर षड्यंत्र मुकदमे के दौरान उन्होंने और उनके साथियों ने अपना बचाब क्यों नहीं किया।

भगत सिंह ने जवाब दिया था, ''इन्कलाबियों को मरना पड़ता है। उनके बलिदान से उनके मकसद को मजबूती मिलती है, न कि अदालत में अपील करने से।''

छह महीने पहले, 7 अक्टूबर, 1930 को एक ब्रिटिश अदालत द्वारा फाँसी की सजा सुनाए जाने के बाद भगत सिंह लाहौर सेंट्रल जेल की इन्हीं ऊँची दीवारों के पीछे चरत सिंह की राह देख रहे थे। हालाँकि दोनों ही जानते थे कि उनका यह साथ कुछ ही दिनों का था, फिर भी वे एक-दूसरे को बहुत चाहने लगे थे। जब भी दोनों साथ होते तो अकसर अपनी मातृभाषा पंजाबी में बात करने लगते। उस दिन अपनी कोठरी में अकेले और बेड़ियों में जकड़े बैठे भगत सिंह ने चरत सिंह के धीमे और घिसटते हुए कदमों की आवाज को फौरन ही पहचान लिया। फौज में गुजरे दिनों और फिर पुलिस की लम्बी नौकरी ने चरत सिंह की सेहत पर असर डाला था। साथ ही, वक्त से पहले ही सफेद हो गई दाढ़ी के कारण भी वह अपनी उम्र से बूढ़ा दिखने लगा था। भगत सिंह मन-ही-मन मुस्करा दिए। जिन्दगी कितनी अजीब थी। और यह जितनी छोटी होती थी, उतनी ही तेजी से छलकती थी।

चरत सिंह उनके साथ बहुत उदार रहा था। वह वे सभी किताबें चोरी-छिपे अन्दर आने देता था जो वे पढ़ना चाहते थे। इसमें ज्यादातर मार्क्सवादी साहित्य होता था, जिस पर सरकार ने सख्त बैन लगा रखा था। मार्क्स, लेनिन, रूस पर कोई किताब आई ही होती कि वे फौरन इसकी माँग कर देते। उनकी इस माँग की चोरी-छिपे भरपाई करने वाली द्वारकादास लाइब्रेरी, जिसकी स्थापना कुछ प्रगतिशील राष्ट्रवादियों ने की थी, उनके पढ़ने के जुनून का मुश्किल से ही मुकाबला कर पाती थी। किताबों के लिए उनकी यह भूख इतनी ज्यादा थी कि एक बार उन्होंने अपने सहपाठी जयदेव

गुप्ता को लिखा था कि वे लाइब्रेरी से अन्य किताबों के साथ-साथ कार्ल लिबेकनेच की 'मिलिटरीज्म', लेकिन की 'लेफ्ट-विंग कम्युनिज्म', बर्त्रां रुसेल की 'वाय मेन फाइट' और अप्टॉन सिंक्लेयर का उपन्यास 'द स्पाई' भी जारी करवा लें और इन्हें उनके भाई कुलवीर के हाथ भेज दें।

बचपन से ही उन्हें किताबों का जुनून रहा था। 'पढ़ाई' एक ऐसा शब्द था जो हर समय उनके दिमाग में गूँजता रहता था। पढ़ाई—ताकि वे अपने विरोधियों के तर्कों का जवाब दे सकें। पढ़ाई—ताकि वे क्रान्ति की अपनी राह को सही ठहरा सकें। पढ़ाई—ताकि वे भारत की युगों पुरानी व्यवस्थाओं को बदलने के तरीके सोच सकें। उन्होंने मार्क्सवाद, साम्यवाद और क्रान्तिकारी दर्शन को ढूँढ़-ढूँढ़कर पढ़ा था। इस गहरे अध्ययन ने उनके मस्तिष्क को एक फैलाव दे दिया था और अपनी सोच को लेकर एक शक्ति और साहस भी।

वे कठोर जीवन के अभ्यस्त हो चले थे। उनकी कोठरी, कोठरी न. 14, एक सड़ियल-सी काल-कोठरी थी। फर्श पर घास उगी हुई थी और एक कोने में एक बदबूदार सूराख था। वे लेटते थे तो उनकी 5 फुट 10 इंच लम्बी काठी मुश्किल से ही इस कोठरी में समा पाती थी। हालाँकि वे अकेले रहना सीख चुके थे, फिर भी वे एक अजीब-सी अधीरता महसूस कर रहे थे। अकेलेपन के कारण नहीं, बल्कि इसलिए कि यह एक लम्बी और उद्देश्यहीन प्रतीक्षा थी। कई बार वे सोचते कि ये लोग उन्हें जल्दी से सूली पर क्यों नहीं चढ़ा देते। लेकिन कभी-कभी उन्हें लगता कि उनकी तेईस वर्ष की जिन्दगी बहुत छोटी रही थी। एक बार उन्होंने अपने एक दोस्त को लिखा था कि वे जो कुछ करना चाहते थे उसका हजारवाँ हिस्सा भी नहीं कर पाए थे। लेकिन फाँसी से एक पखवाड़ा पहले उन्होंने अपने एक क्रान्तिकारी साथी बिजॉय कुमार सिन्हा से कहा था :

> अगर मुझे छोड़ दिया गया तो यह एक त्रासदी होगी। अगर मैं हँसते-हँसते मर गया तो भारत की माँएँ यह कामना करेंगी कि उनके बच्चे भगत सिंह का अनुसरण करें, और इस तरह आजादी के लिए लड़ने वाले जांबाजों की तादाद इतनी ज्यादा बढ़ जाएगी कि शैतानी ताकतों के लिए इन्कलाब की लहर को रोक पाना नामुमकिन हो जाएगा...

भगत सिंह समय और काल के चक्र में इस तरह झूल रहे थे कि वे मौसम के बदलावों को भी नहीं देख पा रहे थे। जब -3 डिग्री की ठंड से लड़ने के लिए उन्हें एक चीथड़ानुमा कम्बल दिया गया तभी उन्हें यह अहसास हुआ था कि पतझड़ जाड़ों में बदल गई थी। अब मार्च की आमद ने सर्दी की चुभन को कम कर दिया था। बहार आने में अब ज्यादा देर नहीं थी। लेकिन उनकी कोठरी का नाम ही 'फाँसी की कोठरी' किसी लुभावने अहसास को दूर रखने के लिए काफी था।

भगत सिंह इस बात को बखूबी समझते थे कि उनकी फाँसी देश के राजनीतिक घटनाक्रम से बहुत गहराई से जुड़ी हुई थी। नवम्बर 1930 में लंदन में हुई गोल मेज कॉन्फ्रेंस में ब्रितानियों के हाथ कुछ भी नहीं लगा था। वे 'स्वराज' के लिए कुछ सीमित शक्तियाँ देना चाहते थे लेकिन कोई भी इस भीख के लिए तैयार न था। भारत असन्तोष की आग में सुलग रहा था। देश के स्वतंत्रता संग्राम का नेतृत्व करने वाली कांग्रेस पार्टी ने इस कॉन्फ्रेंस का बहिष्कार कर दिया था। अन्य पार्टियों ने भी कांग्रेस का अनुसरण किया था।

भगत सिंह समझौते के खिलाफ नहीं थे। उनका मानना था कि यह कोई बुरी चीज नहीं थी और सियासी रणनीति का एक जरूरी हिस्सा थी। अपने दमनकारियों के खिलाफ उठने वाले किसी भी देश को शुरू में असफलताएँ मिलना स्वाभाविक था लेकिन बाद में समझौते के माध्यम से कुछ सुधार लाए जा सकते थे। भारत के इन्कलाबियों को प्रेरणा देनेवाली रूसी क्रान्ति एक उदाहरण थी। 1917 की क्रान्ति के बाद जब बोल्शेविकों को ब्रेस्ट लितोवस्क की शान्ति-संधि पर हस्ताक्षर करने पड़े थे तो लेनिन को छोड़कर सभी इसके खिलाफ थे। उस समय उन्होंने अपने प्रसिद्ध वाक्य 'शान्ति और एक बार फिर शान्ति, किसी भी कीमत पर शान्ति' का प्रयोग किया था, भले ही इस शान्ति के लिए जर्मन हमलावरों को रूस के कई प्रान्त देने पड़ रहे हों। उन्होंने आलोचनाओं का जवाब देते हुए यह माना था कि चूँकि बोल्शेविक जर्मन हमलों का सामना नहीं कर सकते थे, इसलिए उन्हें यह समझौता करना पड़ा था।

लंदन एक और गोल मेज सम्मेलन के माध्यम से भारतीयों के साथ किसी समझौते पर पहुँचना चाहता था। लेकिन वह इंग्लैंड और भारत के बीच इस बातचीत में भगत सिंह के शव को बाधा नहीं बनने देना चाहता था। इसलिए ब्रितानियों ने कांग्रेस और गांधीजी के साथ किसी समझौते पर पहुँचने की सभी सम्भावनाएँ तलाश लेने तक उनकी फाँसी को टाल दिया था।

भगत सिंह के लिए भारत की आजादी की लड़ाई मोटे तौर पर आर्थिक आजादी की लड़ाई थी। आजादी से आर्थिक सुधारों का अवसर मिलेगा। गरीबी को दूर किए बिना एक आजाद भारत सिर्फ नाम के लिए आजाद होगा। भगत सिंह एक यथा स्थिति की जगह दूसरी यथास्थिति नहीं लाना चाहते थे। वे आजादी के लिए लड़ने वालों के खानदान से थे, इसलिए देश की आजादी की लड़ाई में हिस्सा लेने की उनकी इच्छा बहुत स्वाभाविक थी। लेकिन वे जमींदारों के खानदान से भी थे। किताबों ने उन्हें यह अहसास करवा दिया था कि सामाजिक गैर-बराबरी इनसानों द्वारा पैदा की गई थी और इनसान ही इसे जिन्दा रखे हुए थे। कार्ल मार्क्स उनके गुरु थे। इस जर्मन विचारक ने कहा था कि आर्थिक शक्ति के सन्तुलन में बदलाव ही वह बदलाव

था जिस पर मनुष्य के इतिहास के सभी बदलाव निर्भर करते थे। तो फिर आर्थिक आजादी के बिना राजनीतिक आजादी का क्या मतलब था? गरीब को उस आजादी से क्या फायदा जिसके बाद भी वह गरीब ही रह जाए? और फिर अमीरों और गरीबों के बीच यह गैर-बराबरी कैसे दूर होगी? सोशलिस्ट विचारों को लेकर यह जागरूकता उनके लिए एक नई चीज थी। राजनीतिक इतिहास, विचार का, धर्मों का और अन्य सभी इतिहास आर्थिक हालात की कोख में ही पैदा होते थे। उन्हें पहले कभी भी इतनी गहराई से इस बात का अहसास नहीं हुआ था कि राजनीतिक सिद्धान्त राजनीतिक तथ्यों के पीछे चलते हैं, न कि उनके आगे। यह अहसास 'डायलेक्टिकल मैटीरियलिज्म' (द्वन्द्वात्मक भौतिकवाद) की उनकी समझ से पैदा हुआ था। मार्क्स ने उन्हें बताया था कि राजनीतिक कार्रवाइयाँ आर्थिक शक्तियों का कारण नहीं, बल्कि उनकी उपज थीं।

उन्होंने एक बार अपनी माँ विद्यावती कौर को लिखा था :

> माँ, मुझे कोई शक नहीं है कि एक दिन मेरा देश आजाद होगा। लेकिन मुझे डर है कि गोरे साहबों द्वारा छोड़ी गई कुर्सियों पर भूरे साहब बैठ जाएँगे।

भगत सिंह का मानना था कि अगर अंग्रेजों के जाने का मतलब सिर्फ मालिकों का बदलाव था तो लोगों की दशा में कोई सुधार नहीं आ सकता था। देश के घिसे-पिटे ढाँचे को तोड़े बिना यह सुधार मुमकिन नहीं था। यह ढाँचा, यह व्यवस्था तरक्की की राह में एक दीवार की तरह थी। दार्शनिकों ने दुनिया की अलग-अलग व्याख्याएँ की थीं लेकिन असली मुद्दा इसे बदलने का था। यह इन्कलाब (क्रान्ति) के बिना मुमकिन नहीं था।

ऐसा सोचने वाले वे अकेले नहीं थे। उनके जैसे सैकड़ों क्रान्तिकारियों ने एकजुट होकर एक मरनासन्न संस्था 'हिन्दुस्तान रिपब्लिक एसोसिएशन' का पुनरोद्धार किया था। भगत सिंह ने इसके नाम में 'सोशलिस्ट' शब्द भी जोड़ दिया था, जिसके बाद इसका नाम बदलकर 'हिन्दुस्तान सोशलिस्ट रिपब्लिक एसोसिएशन' हो गया था। इस संस्था की एक सशस्त्र शाखा भी थी, जिसका नेतृत्व चन्द्रशेखर आजाद के हाथ में था। वे एक सीनियर इन्कलाबी थे और पार्टी के सबसे अच्छे निशानेबाज। सशस्त्र शाखा का काम हथियार और गोला-बारूद इकट्ठा करना और बड़े पैमाने पर विरोध प्रदर्शनों का आयोजन करना था। इनके अलावा पार्टी के कुछ शुभचिन्तक भी थे, जिनका काम पार्टी के उद्देश्यों का प्रचार करना, फंड इकट्ठा करना और सशस्त्र टुकड़ी के लिए छिपने के ठिकाने ढूँढ़ना था। लाहौर जेल में उनके बगल की कोठरियों में बन्द उनके दो कॉमरेड साथियों—सुखदेव थापर और शिवाराम राजगुरु ने भी ऐसे ही सपने सँजोए थे।

उन्होंने दिन की रोशनी को अपनी कोठरी में रेंगते और फिर शाम के धुँधलके में खोते देखा था। सूरज ढलने के बाद घना अँधेरा छा जाता। उनकी कोठरी में न कोई बल्ब था न लालटेन, मिट्टी का एक दीया तक नहीं। कहीं दूर सर्चलाइट की घूमती हुई रोशनी अँधेरे में डूबी कोठरियों को रोशनी का हल्का-सा आभास दे जाती थी, वहाँ जहाँ वे अपने दो कॉमरेड के साथ फाँसी का इन्तजार कर रहे थे। वे सन्नाटे की अन्तहीन आवाज को सुनते रहे थे, जो सिर्फ हर घंटे बजने वाले जेल के घड़ियाल या लोहे के किसी दरवाजे के खुलने या बन्द होने के शोर से भंग होती थी।

चरत सिंह उनकी कोठरी के दरवाजे पर आ खड़ा हुआ था, और अपनी वर्दी की लम्बी जेब से चाबियों का गुच्छा निकालकर सही चाबी ढूँढ़ने की कोशिश कर रहा था।

भगत सिंह की आखिरी इच्छा जानने के लिए उनके वकील प्राणनाथ मेहता फाँसी से दो घंटे पहले उनसे मिलने में सफल रहे थे। भगत सिंह पिंजरे में बन्द किसी शेर की तरह अपनी कोठरी में चहलकदमी कर रहे थे। उन्होंने मुस्कुराकर मेहता का स्वागत किया और उनसे पूछा कि क्या वे उनके द्वारा मँगवाई गई किताब : 'द रेवॉल्यूशनरी लेनिन' ले आए थे। भगत सिंह ने मेहता को एक सन्देश भेजकर खासतौर से यह किताब मँगवाई थी, क्योंकि एक अखबार में छपी इसकी समीक्षा से वे बहुत ज्यादा प्रभावित हुए थे। मेहता ने किताब उनकी तरफ बढ़ा दी तो वे खुशी से झूम उठे और फौरन ही इसे पढ़ने लगे, मानो उन्हें इस बात का अहसास हो कि उनके पास ज्यादा समय नहीं था। मेहता ने उनसे पूछा कि क्या वे राष्ट्र को कोई सन्देश देना चाहेंगे। भगत सिंह ने किताब से आँखें हटाए बिना कहा, "सिर्फ दो सन्देश हैं–'साम्राज्यवाद मुर्दाबाद' और 'इन्कलाब जिन्दाबाद'।" जब मेहता ने जानना चाहा कि वे कैसा महसूस कर रहे थे तो उनका जवाब था, "हमेशा की तरह, बहुत खुश!" जब मेहता ने पूछा कि क्या उनकी कोई और इच्छा भी थी तो उन्होंने कहा, "हाँ, मैं इसी देश में दोबारा जन्म लेना चाहूँगा, ताकि मैं एक बार फिर इसकी सेवा कर सकूँ।" इसके बाद उन्होंने मेहता से पंडित नेहरू और बाबू सुभाषचन्द्र बोस का धन्यवाद करने के लिए कहा क्योंकि इन दोनों ने उनके मामले में बहुत ज्यादा दिलचस्पी दिखाई थी।

भगत सिंह से मुलाकात के बाद मेहता राजगुरु से भी मिले, जिनके आखिरी शब्द थे, "हम जल्दी ही मिलेंगे।" जबकि सुखदेव ने उन्हें वह कैरम बोर्ड वापस ले जाने की याद दिलाई जो कुछ महीने पहले मेहता ने उन्हें दिया था, और जो अब जेलर के पास था।

मेहता के जाने के बाद अधिकारियों ने तीनों क्रान्तिकारियों को बताया कि उनकी फाँसी का समय ग्यारह घंटे पहले रखा जा रहा था। उन्हें अगले दिन सुबह छह बजे की बजाय उसी शाम सात बजे फाँसी दी जाएगी।

भगत सिंह तब तक किताब के कुछ ही पन्ने पढ़ सके थे। उन्होंने पूछा, "क्या आप मुझे एक चैप्टर पढ़ लेने देंगे?"

तीनों क्रान्तिकारियों को फाँसी के लिए तैयार करने के लिए उनकी कोठरियों से बाहर निकाल लिया गया था। भगत सिंह, राजगुरु और सुखदेव हाथ बाँधे सन्तरियों के पीछे-पीछे चलते हुए अपना मनपसन्द आजादी का गीत गाने लगे थे :

कभी वो दिन भी आएगा कि जब आजाद हम होंगे।
ये अपनी ही जमीं होगी ये अपना आसमाँ होगा॥
शहीदों की चिताओं पर लगेंगे हर बरस मेले।
वतन पर मरने वालों का यही बाकी निशाँ होगा॥

तीनों क्रान्तिकारियों को बारी-बारी से तोला गया। तीनों का वजन कुछ बढ़ गया था। उन्हें अपना अन्तिम स्नान लेने के लिए कहा गया, जिसके बाद उन्हें कपड़े पहना दिए गए। उनके चेहरों को खुला ही रहने दिया था। चरत सिंह ने भगत सिंह के कान में फुसफुसाहकर उन्हें वाहे गुरु को याद करने के लिए कहा।

भगत सिंह ने मुस्कुराते हुए जवाब दिया, "मैंने अपनी पूरी जिन्दगी में कभी भी उसे याद नहीं किया। उलटे मैं गरीबों की दुर्दशा के लिए भगवान को कोसता रहा हूँ। अगर मैं अब उससे प्रार्थना करूँगा तो वह कहेगा, 'कितना डरपोक आदमी है, मौत को सामने देखकर मुझे याद कर रहा है!' "

बाहर शहदारी में कदमों की आहट की प्रतीक्षा करते-करते शाम ढल गई। लेकिन पिछले दो घंटों से कैदियों ने किसी को भी वहाँ से आते-जाते नहीं देखा था। और तो और, वॉर्डन भी तालों की दोबारा जाँच करने नहीं आया। था। जेल के घड़ियाल ने छह बजाए तो उन्हें कहीं दूर से हलका-सा शोर और भारी बूटों की आवाजें सुनाई देने लगीं और साथ ही एक जाने-पहचाने मीत की मद्धिम-सी आवाज भी–'सरफ़रोशी की तमन्ना अब हमारे दिल में है...'। और फिर 'इन्कलाब जिन्दाबाद' और 'हिन्दुस्तान आजाद हो' के नारों की आवाज भी। कैदियों के होंठों से सहसा एक जाना-पहचाना गीत फूट पड़ा–'मेरा रंग दे बसन्ती चोला, माय रंग दे बसन्ती चोला।' और फिर 'इन्कलाब जिन्दाबाद' और 'साम्राज्यवाद मुर्दाबाद' के नारों से लाहौर सेंट्रल जेल के गलियारे देर तक गूँजते रहे।

फाँसी का तख्त पुराना था लेकिन जल्लाद हट्टा-कट्टा और नौजवान था। मौत की सजा पाए तीनों क्रान्तिकारी लकड़ी के तीन अलग तख्तों पर खड़े थे, जिनके नीचे

एक गहरा गड्ढा था। भगत सिंह बीच में खड़े थे। वे फाँसी के तख्त से 'इन्कलाब जिन्दाबाद' का नारा लगाकर अपनी माँ की आखिरी इच्छा पूरी करना चाहते थे।

तीनों क्रान्तिकारियों की गर्दनों पर फाँसी के फन्दे कस दिए गए। उनके हाथ-पाँव बाँध दिए गए। तीनों ने अपने गलों में पड़े फन्दों को चूमा। जल्लाद ने पूछा कि पहले कौन जाना चाहेगा। सुखदेव ने कहा कि वे जाना चाहेंगे। जल्लाद ने एक-एक करके तीनों फन्दों की रस्सियों को खींचा और उनके पाँवों के नीचे की तख्तियों को ठोकर मारकर हटा दिया।

तीनों के शरीर बहुत देर तक फाँसी के फन्दों पर झूलते रहे। आखिर उन्हें नीचे उतारा गया और एक डॉक्टर ने उनका मुआयना किया। भगत सिंह, सुखदेव और राजगुरु को मृत घोषित कर दिया गया। इन तीन नौजवान क्रान्तिकारियों की हिम्मत को देखकर एक जेल अधिकारी का मन इतना द्रवित हो उठा कि उसने मृतकों की शिनाख्त करने से इनकार कर दिया। उसे उसी वक्त सस्पेंड कर दिया गया। उसकी जगह एक जूनियर अधिकारी ने मृतकों की शिनाख्त की। जेल के ब्रिटिश सुपरिंटेंडेंट और एक अन्य ब्रिटिश अधिकारी ने तीनों की मौत के प्रमाण-पत्र पर हस्ताक्षर किए।

जेल की दीवारों के बाहर सैकड़ों लोग टकटकी लगाए खड़े थे। अब जेल अधिकारियों की समस्या यह थी कि इन तीनों का अन्तिम संस्कार कैसे किया जाए। पहले जेल के अन्दर ही इसे सम्पन्न करने का विचार किया गया लेकिन फिर इस डर से इसे रद्द कर दिया गया कि कि धुएँ और आग की लपटों को देखकर लोग जेल पर हमला कर देंगे। इसलिए जेल की एक पिछली दीवार का कुछ हिस्सा तोड़ने का फैसला किया गया। देर रात गए एक ट्रक को चुपके-से वहाँ लाया गया और तीनों के पार्थिव शरीरों को सामान की तरह जैसे-तैसे इसमें लाद दिया गया। पहले रावी नदी के तट पर उनका दाह-संस्कार करने का फैसला किया गया था। लेकिन नदी में पानी इतना कम था कि उन्हें सतलुज के तट पर ले जाने का फैसला किया गया। फिरोजपुर के पास सतलुज तक ब्रिटिश फौज की एक टुकड़ी ट्रक के साथ-साथ चलती रही।

पास के देहातों, खासकर गाँव गंढ़ा सिंहवाला के लोगों ने चिताओं को जलते देखा तो वे भारी संख्या में उस तरफ लपके। ब्रिटिश फौजी चिताओं को अधजली हालत में ही छोड़कर अपनी गाड़ियों की तरफ दौड़ पड़े और वहाँ से रफू-चक्कर हो गए। गाँव वाले रात भर अपने शहीदों की चिताओं के पास बैठे रहे और भीगी आँखों से उनके प्रति अपना सम्मान प्रकट करते रहे।

फाँसी की खबर जंगल की आग की तरह लाहौर और पंजाब के अन्य शहरों में फैल गई। नौजवानों की छोटी-बड़ी टोलियाँ जगह-जगह 'इन्कलाब जिन्दाबाद' और 'भगत

जिन्दाबाद' के नारे लगाते हुए रात भर जुलूस निकालती रहीं। अगले दिन पूरे शहर में हड़ताल रही। सभी दुकानें बन्द रहीं। टोडी सरकारी कॉलेज को छोड़कर सभी स्कूल और कॉलेज भी बन्द रहे। सरकारी इमारतों और पॉश सिविल लाइन्स इलाके में चप्पे-चप्पे पर पुलिस का सख्त पहरा था, जहाँ ज्यादातर गोरे अधिकारी रहते थे।

दोपहर के आसपास लाहौर के कई हिस्सों में जिला मजिस्ट्रेट की तरफ से यह नोटिस लगा दिया गया कि भगत सिंह, सुखदेव और राजगुरु के पार्थिव शरीरों का सतलुज नदी के किनारे हिन्दू और सिख रीति-रिवाजों के अनुसार दाह-संस्कार कर दिया गया है। इस खबर को कई सभाओं में चुनौती दी गई और सरकार पर आरोप लगाया गया कि शहीदों का सही तरीके से अन्तिम संस्कार भी नहीं किया गया था। मजिस्ट्रेट ने इन आरोपों का खंडन जारी किया लेकिन कोई भी उन पर विश्वास करने के लिए तैयार नहीं था।

नीला गुम्बद से एक विशाल शोक-यात्रा निकाली गई। यह जगह उस जगह से ज्यादा दूर नहीं थी जहाँ सांडर्स की हत्या की गई थी। तीन मील से भी ज्यादा लम्बे इस जुलूस में हिन्दू, मुसलमान और सिख हजारों की संख्या में शामिल थे। पुरुषों ने काले पट्टे बाँध रखे थे जबकि स्त्रियों ने काली साड़ियाँ पहन रखी थीं। वे सब 'इन्कलाब जिन्दाबाद' और 'भगत सिंह जिन्दाबाद' के नारे लगा रहे थे। पूरा इलाका काले झंडों के समुद्र की तरह दिखाई दे रहा था। जुलूस अनारकली बाजार के बीचोंबीच मॉल के पास कुछ देर के लिए रुका, जहाँ यह घोषणा की गई कि भगत सिंह का परिवार तीनों शहीदों के अवशेषों के साथ फिरोजपुर से लाहौर पहुँच चुका था।

तीन घंटे बाद, तीन फूलों से ढँकी अर्थियों और भगत सिंह के परिवार के सदस्यों के साथ जुलूस एक बार फिर आगे बढ़ा। गगनभेदी नारों से पूरा आसमान गूंज उठा। लोग बिलख-बिलख कर रो रहे थे। यह भी एक विचित्र विडम्बना थी कि जुलूस रावी नदी के तट की तरफ लौट रहा था। वही जगह, जिसे अधिकारियों ने दाह-संस्कार के लिए चुना था लेकिन फिर अपना इरादा बदल दिया था। लाहौर में एक विशाल जनसभा आयोजित की गई, जिसमें इन फाँसियों को 'हत्या' घोषित किया गया। जिस तरीके से शहीदों का अन्तिम संस्कार किया गया था उससे जनता बहुत ज्यादा भड़की हुई थी। एक उर्दू अखबार के जाने-माने सम्पादक मौलाना जफर अली खान ने एक मर्मस्पर्शी कविता पढ़कर जनता की आहत भावनाओं को व्यक्त किया। इस कविता में यह वर्णन था कि किस तरह अधजली चिताओं को खुले आसमान के नीचे लावारिस छोड़ दिया गया था।

वॉर्डन चरत सिंह भारी मन और थके कदमों से धीरे-धीरे अपने कमरे में पहुँचा और फूट-फूटकर रोने लगा। अपनी तीस बरस की नौकरी में उसने बहुत-सी फाँसियाँ देखी

थीं लेकिन भगत सिंह और उनके दोनों कॉमरेडों की तरह किसी को इतनी हिम्मत से फाँसी के फन्दे को चूमते नहीं देखा था। ब्रिटिश हुकूमत ने देश के तीन सबसे अच्छे और बहादुर नौजवानों को बड़ी क्रूरता से मौत के घाट उतार दिया था।

तब बहुत कम लोगों को यह अहसास था कि उनकी मौतें ब्रिटिश हुकूमत की कब्रगाह साबित होंगी। भगत सिंह, सुखदेव और राजगुरु के बलिदान के सिर्फ सोलह वर्ष बाद 15 अगस्त, 1947 को अंग्रेज फौज का आखिरी फौजी भारत से हमेशा के लिए विदा हो चुका था।

जैसाकि भगत सिंह ने भविष्यवाणी की थी, उनका ध्येय एक दिन जरूर पूरा होगा। तो क्या हुआ अगर आजादी की मशाल जलाए रखने के लिए उन्हें और उनके साथियों को अपनी जिन्दगियों की कुर्बानी देनी पड़ी हो?

यह स्वतंत्रता की देवी की वेदी पर दिया गया बलिदान था।

2

कुछ आरज़ू नहीं है, है आरज़ू तो ये
रख दे कोई ज़रा-सी ख़ाक-ए-वतन क़फ़न में

—अश्फ़ाक़-उल्ला ख़ाँ

बीसवीं सदी के पहले दशक में देशभर में क्रान्ति की लपटें भड़क उठी थीं। लोग अंग्रेजों से अपनी आजादी छीन लेने के लिए उतावले हो उठे थे। पंजाब के कई नेता इस लड़ाई में कूद पड़े थे। ऐसे ही दो नेता थे—सरदार अजीत सिंह और सरदार किशन सिंह—भगत सिंह के चाचा और पिता। दोनों ही सदी के शुरू में अमेरिका में गठित 'गदर पार्टी' के सदस्य थे, जिसकी स्थापना ब्रितानवी हुकूमत को भारत से उखाड़ फेंकने के इरादे से की गई थी। दोनों को ही ब्रिटिश-विरोधी गतिविधियों के लिए जेल जाना पड़ा था। अजीत सिंह के खिलाफ बाईस मुकदमे चल रहे थे और उन्हें काले पानी की सजा से बचने के लिए ईरान भागना पड़ा था। वहाँ से वे टर्की, ऑस्ट्रिया, जर्मनी और आखिर में ब्राजील गए। 'काले पानी की सजा' एक ऐसी सजा थी जो लगभग हर क्रान्तिकारी के भाग्य में लिखी होती थी। यह समुद्र के बीचोंबीच एक टापू पर बनी जेल थी, जिसकी ऊँची दीवारें फौलाद की तरह मजबूत थीं। (अफ्रीकी नेता नेल्सन मंडेला को केप टाउन के पास ऐसी ही एक जेल में रखा गया था लेकिन वह जेल शहर से दिखाई देती थी।) अंडमान टापू पर स्थित जेल गहरे समुद्र के बीचोंबीच थी, जहाँ से भागना लगभग असम्भव था।

खाते-पीते और समृद्ध मध्यवर्गीय परिवार से होने के बावजूद दोनों भाई भारतीय राष्ट्रीय कांग्रेस की मुख्यधारा और खासकर लाला लाजपतराय जैसे नेताओं के खिलाफ थे। दोनों भाई ब्रिटिशों के खिलाफ जन-विद्रोह खड़ा करने के लिए क्रान्तिकारी उपायों के प्रयोग की ताक में रहते थे।

भगत सिंह का जन्म 28 सितम्बर, 1907 को हुआ था। उसी दिन उनके पिता किशन सिंह और एक अन्य चाचा स्वर्ण सिंह की जेल से रिहाई हुई थी। अजीत सिंह को भी जल्दी ही रिहा किए जाने की खबर थी। परिवार के लिए भाग्यशाली साबित

होने के कारण बच्चे का नाम भगत लाल ('भगत' अर्थात भाग्य वाला) रखा गया। भगत सिंह की शुरू की पढ़ाई बांगा के एक प्राथमिक स्कूल में हुई। 1916-17 में उनके पिता कांगड़ा के भूचाल पीड़ितों के लिए राहत-कार्यों की व्यवस्था में हाथ बँटाने के लिए लाहौर में जा बसे। भगत सिंह को अब लाहौर के डी.ए.वी. हाई स्कूल में दाखिल करवा दिया गया। अपने बचपन के इन वर्षों के बारे में भगत सिंह ने लिखा है कि आजादी के लिए अपना जीवन समर्पित कर देने की प्रेरणा उन्हें अपने पिता से ही प्राप्त हुई थी।

1923 में भगत सिंह लाहौर के नेशनल कॉलेज में भर्ती हो गए। यह कॉलेज पंजाब कौमी विद्यापीठ से जुड़ा हुआ था और लाला लाजपतराय और भाई परमानंद द्वारा स्थापित और संचालित था। इसकी स्थापना के पीछे सरकारी संस्थानों का एक विकल्प प्रस्तुत करने का उद्देश्य था, ताकि शिक्षा के क्षेत्र में भी स्वदेशी की भावना पैदा की जा सके। इस कॉलेज के माध्यम से आत्म-निर्भर और प्रगतिशील युवक-युवतियों की एक ऐसी पीढ़ी तैयार करने की उम्मीद की जा रही थी जो नए भारत की माँग पर खरी उतर सके।

कॉलेज में भगत सिंह का बहुत अच्छा रिकॉर्ड रहा। कॉलेज के प्रिंसिपल छबील दास ने अपने संस्मरणों में लिखा है कि क्योंकि पाठ्य-क्रम के लिए किताबें उपलब्ध नहीं होती थीं, इसलिए अध्यापक लाइब्रेरियों की किताबों से महत्त्वपूर्ण अंश छाँटकर छात्रों को पढ़ने के लिए देते थे। उन दिनों मजीनी, गरिबाल्डी और रूसी क्रान्ति को लेकर खूब बहसें होती थीं। भगत सिंह कॉलेज की ड्रैमेटिक सोसायटी के भी सदस्य थे, और न सिर्फ अपने बल्कि शहर के सभी कॉलेजों के प्रतिभाशाली छात्रों में गिने जाते थे। उनके एक जीवनी-लेखक एस.आर. बख्शी ('भगत सिंह एंड हिज आइडियोलॉजी', 1981) के अनुसार, 'अपने कसरती बदन और रौबीली आवाज के कारण वे अलग ही दिखते थे'। भगत सिंह की उर्दू, हिन्दी, गुरमुखी, अंग्रेजी और संस्कृत पर बहुत अच्छी पकड़ थी। अपने एक पर्चे 'मैं नास्तिक क्यों हूँ' में उन्होंने अपने कॉलेज के दिनों के बारे में लिखा है :

> हालाँकि मैं कुछ प्रोफेसरों का चहेता था और कुछ को खटकता भी था लेकिन मैं कभी भी बहुत मेहनती और पढ़ाकू लड़का नहीं था। मुझे अपने-आप पर घमंड करने जैसी भावनाओं का शिकार होने का मौका ही नहीं मिला। बल्कि मैं कुछ-कुछ शर्मीला लड़का था और अपने भविष्य को लेकर निराशाजनक सोचों में डूबा रहता था।

सोलह वर्ष की उम्र तक पहुँचते-पहुँचते भगत सिंह पूरी तरह आजादी की लड़ाई के रंग में रँग चुके थे। इसका सबसे अच्छा उदाहरण विवाह के प्रति उनके नजरिए में देखा जा सकता है। जब 1924 में उनके पिता उनके विवाह के लिए जोर डालने

लगे, तो पिता को समझा न पाने के कारण भगत सिंह लाहौर का अपना घर छोड़कर कानपुर चले गए। अपने पिता के नाम छोड़े पत्र में भगत सिंह ने लिखा था :

> मेरा जीवन एक महानतम ध्येय को समर्पित है—देश की आजादी के ध्येय को। इसलिए अब किसी तरह का आराम या सांसारिक मोह मुझे ललचा नहीं सकता। आपको याद होगा कि जब मैं छोटा था तो मेरी धागा-बँधनी रस्म पर बापूजी (अर्जुन सिंह) ने कहा था कि मुझे देश की सेवा के लिए समर्पित किया जाता है। इसलिए अब मैं उसी वचन को निभाने का इन्तजार कर रहा हूँ। आशा है, आप मुझे क्षमा करेंगे।

भगत सिंह के मित्र और सहपाठी जयदेव गुप्ता ने उनसे विवाह न करने का कारण पूछा तो भगत सिंह ने कहा कि उन्होंने जो रास्ता चुना था वह काँटों से भरा हुआ था। उनके दो चाचा भी इसी रास्ते पर चले थे और अपने पीछे दो विधवाएँ छोड़ गए थे। क्या वे भी किसी अभागिन का सुहाग उजाड़कर जाएँ? छबील दास ने अपने संस्मरणों में लिखा है कि जब उन्होंने विवाह किया था तो भगत सिंह ने उन्हें खूब डाँटा-फटकारा था। छबील दास ने जवाब दिया था, ''अगर मुझे सचमुच ही एक बहुत अच्छी जीवन-साथी मिल रही हो, जो मेरे रास्ते में रुकावट बनने की बजाय मेरी प्रेरणा बनने के लिए तैयार हो, तो तुम क्या कहोगे?'' उन्होंने लेनिन की पत्नी सुनयात सेन और कार्ल मार्क्स की संगिनी का उदाहरण दिया था। भगत सिंह ने यह सुनकर कहा था, ''गुरुजी, आपसे बहस में कोई जीत नहीं सकता।''

कानपुर जाते समय भगत सिंह गणेश शंकर विद्यार्थी के नाम जयचन्द्र विद्यालंकार का एक पत्र लेते गए थे। गणेश शंकर विद्यार्थी एक कर्मठ हिन्दू थे जो मरते दम तक धर्मनिरपेक्षता के लिए लड़ते रहे। वे कानपुर से 'प्रताप' नामक एक साप्ताहिक अखबार निकालते थे। 1923-24 से भगत सिंह उन्हीं के साथ जुड़े रहने और 'बलवंत' के नाम से उनके अधीन काम करते रहे। कानपुर में ही उन्हें बटुकेश्वर (बी.के.) दत्त, शिव वर्मा और बी.के. शर्मा जैसी शख्सियतों से मिलने का अवसर मिला, जो आगे चलकर उनके अन्तरंग साथी बन जानेवाले थे। अजॉय घोष, जो तब पन्द्रह वर्ष के थे, ने भगत सिंह के साथ अपनी पहली मुलाकात के बारे में लिखा था (भगत सिंह एंड हिज कॉमरेड्स', 1945) :

> मेरे खयाल से मैं 1923 में किसी समय भगत सिंह से मिला था।... बी.के. दत्त ने कानपुर में मुझे उनसे मिलवाया था। वे लम्बे और दुबले-पतले थे और उन्होंने ढंग के कपड़े भी नहीं पहन रखे थे। वे काफी चुप-चुप-से थे। मुझे उनमें देहात के किसी लड़के की तरह चुस्ती और आत्म-विश्वास का अभाव दिखाई दिया। मैं उनसे कुछ खास प्रभावित नहीं हुआ और मैंने दत्त से यह बात कही भी...

1924 का वर्ष भगत सिंह के मन में क्रान्ति के बीज बोने वाला वर्ष साबित हुआ। कानुपर में वे 'हिन्दुस्तान रिपब्लिकन एसोसिएशन' (एच.आर.ए.) के सदस्य बन गए, जो एक वर्ष पहले ही शचीन्द्रनाथ सान्याल द्वारा शुरू की गई थी। चन्द्रशेखर आजाद एच.आर.ए. के मुख्य कर्ताधर्ता थे। भगत सिंह जल्दी ही उनके बहुत करीब आ गए। एच.आर.ए. के सदस्य के रूप में ही उन्होंने बम के दर्शन को गम्भीरता से लेना शुरू किया। सशस्त्र क्रान्ति एकमात्र ऐसा उपाय थी जिससे ब्रिटिश साम्राज्यवाद को उखाड़ फेंका जा सकता था। भगत सिंह संयुक्त प्रान्त (युनाइटिड प्रोविंसिस) में लोगों को एकजुट करने वाले कार्यकर्ताओं की तलाश में गाँव-गाँव घूमे।

1925 में अपने पिता का क्षमा-याचना का पत्र पाने के बाद भगत सिंह लाहौर लौट आए। इसके बाद एक वर्ष के भीतर ही उन्होंने और उनके साथियों ने 'नौजवान भारत सभा' नामक एक उग्रवादी संस्था की स्थापना कर दी। अप्रैल 1926 में भगत सिंह सोहन सिंह जोश से मिले, जिनके माध्यम से उनका पीजेंट्स एंड वर्कर्स पार्टी से सम्पर्क हुआ। यह पार्टी पंजाबी में 'कीर्ति' नामक एक मासिक पत्रिका निकाला करती थी। अगले एक वर्ष तक भगत सिंह जोश के साथ काम करते रहे और 'कीर्ति' के सम्पादकीय बोर्ड में शामिल हो गए। 1927 में उन्हें सबसे पहले काकोरी मामले के आरोपियों के साथ सम्बन्धों के सन्देह में गिरफ्तार किया गया, जिसके लिए 'विद्रोही' के छद्म नाम से छपा एक लेख जिम्मेदार था। उन पर दशहरे के मेले के दौरान लाहौर में एक बम विस्फोट में शामिल होने का भी आरोप लगाया गया। उन्हें अच्छे चाल-चलन के कारण 60,00 रुपये की भारी-भरकम जमानत पर छोड़ दिया गया, जिसे बाद में माफ कर दिया गया।

1928 में भगत सिंह और चन्द्रशेखर आजाद काकोरी कांड के दो अकेले भगोड़े रह गए थे। अन्य नेताओं के जेल में होने का मतलब था कि अब एच.आर.ए. का नेतृत्व उन्हीं के हाथ में आ गया था। अजॉय घोष ने उन दिनों को याद करते हुए लिखा है :

> 1928 में एक दिन अचानक एक नौजवान मेरे कमरे में आया और मेरा हालचाल पूछने लगा तो मैं हैरान रह गया। वे भगत सिंह थे लेकिन पहले वाले भगत सिंह नहीं। वे लम्बे-ऊँचे और आकर्षक देह-काठी के एक जोशीले और समझदार नौजवान प्रतीत हो रहे थे। उनकी आँखों में एक अनूठी चमक थी और वे कोई दूसरे ही व्यक्ति दिखाई दे रहे थे। बातचीत के दौरान मुझे यह अहसास हुआ कि उनकी सिर्फ उम्र में ही इजाफा नहीं हुआ था।...उस समय और बाद में भगत सिंह से जो भी व्यक्ति मिले वे उनकी अनूठी बुद्धिमता और बातचीत के उनके प्रभावशाली अन्दाज के गवाह हैं। ऐसा नहीं कि वे बहुत अच्छे वक्ता थे लेकिन वे इतने जोश, इतने जज्बे और इतनी

संजीदगी से बात करते थे कि सुनने वाला प्रभावित हुए बिना नहीं रहता था। हम रात भर बात करते रहे और फिर टहलने के लिए निकल गए।...मुझे ऐसा महसूस हो रहा था मानो हमारी पार्टी में एक नए युग का उदय हो रहा हो। हम जानते थे कि हम क्या चाहते थे और हमें यह भी पता था कि हमें अपने लक्ष्य तक कैसे पहुँचना था।

3 अक्टूबर, 1928 का दिन था। लाहौर रेलवे स्टेशन के पास लगभग 5,000 लोगों की भीड़ जमा हो चुकी थी। वे सब साइमन कमीशन के खिलाफ प्रदर्शन कर रहे थे। साइमन कमीशन एक सात सदस्यीय कमीशन था, जिसके प्रमुख सर जॉन एल्सब्रूक साइमन थे। कमीशन के सदस्य बम्बई के रास्ते लंदन से लाहौर पहुँचे थे। उन्हें यह पता लगाने का काम सौंपा गया था कि भारत 'और ज्यादा संवैधानिक सुधारों के लिए' कितना तैयार था। यह एक संवैधानिक दायित्व था, जिसे 'मोंटगे-चेम्सफोर्ड रिफॉर्म्स' के नाम से जाने जानेवाले इंडियन काउंसिल एक्ट, 1919 के तहत हर दस वर्ष बाद निभाना पड़ता था। इसके पीछे भारत को 'स्वराज' की तरफ बढ़ने में 'मदद करने' का उद्देश्य था—इसका जो भी मतलब रहा हो।

मोहनदास कर्मचन्द गांधी भगत सिंह शैली के क्रान्तिकारी नहीं थे। वे आग और बारूद की भाषा नहीं बोलते थे। वे ब्रितानियों को भड़काने के पक्ष में नहीं थे। उनका रास्ता सहयोग का रास्ता था। उनकी अपनी एक योजना थी। वे शान्तिपूर्ण तरीकों से आजादी हासिल करना चाहते थे, बिना किसी तरह की हिंसा के, शब्दों में या कार्रवाई में। दमन और बर्बरता के खिलाफ लड़ने के लिए उनके पास 'अहिंसा' नाम का एक अत्यन्त घातक हथियार था, जो शत्रुओं का नाश कर देता था क्योंकि वे अपने खुद के उदाहरण से इसका प्रयोग करते थे : प्रहार को झेलो न कि पलटकर प्रहार करो।

गांधी जी को कांग्रेस की सीमाओं का अहसास था। फिर भी उन्हें विश्वास था कि ब्रिटिश भारत को 'डोमिनियन' (स्वतंत्र उपनिवेश) का दर्जा देने का प्रस्ताव रखेंगे। उन्हें भरोसा था कि वे कांग्रेस को इसे स्वीकार करने के लिए मना लेंगे, हालाँकि पार्टी ने 31 दिसम्बर, 1929 तक डोमिनियन स्टेटस न दिए जानेर की स्थिति में पूर्ण स्वाधीनता की माँग करने की धमकी दी थी। लेकिन कमीशन की नियुक्ति एक एंटी-क्लाइमेक्स साबित हुई थी। गांधीजी सोचने लगे कि इसका यह मतलब था कि ब्रिटिश हिन्दुस्तानियों को कोई खास अधिकार देने के मामले में गम्भीर नहीं थे। वे सिर्फ हिन्दुस्तानियों की भावनाओं के साथ खेल रहे थे।

गांधी जी सत्ता के चरण-दर-चरण हस्तान्तरण के मामले में ब्रितानियों के साथ सहयोग करने के लिए आखिरी सीमा तक जा चुके थे। उन्हें इतनी ज्यादा निराशा हुई कि उन्होंने कांग्रेस को, जो उन्हीं का मुँह देख रही थीं, यह प्रस्ताव पास करने

के लिए कहा कि भारत के सामने अब एकमात्र सम्मानजनक रास्ता यह बचा था कि साइमन कमीशन का हर मुकाम पर और हर तरीके से बहिष्कार किया जाए।

कांग्रेस उनका औजार थी। 1885 में एलन ऑक्टेवियन ह्यूम नामक एक अंग्रेज द्वारा स्थापित यह पार्टी ब्रिटेन की महारानी की एक निष्ठावान संस्था थी। अपने शुरुआती वर्षों में पार्टी ब्रिटिश साम्राज्यवादियों की कृपा दृष्टि पर निर्भर थी और उनके हाथ में एक खिलौना मात्र थी। वे भारतीय जनमानस को प्रभावित करने के लिए पर्दे के पीछे से इसका नेतृत्व करते थे। भारतीय संभ्रांत वर्ग के लिए यह पार्टी एक क्लब मात्र थी, जिसके माध्यम से वे महत्त्वपूर्ण पदाधिकारियों के साथ सूत्र स्थापित कर सकते थे।

लंदन में बैठे आका जब भी देशी जनता को शासन में कोई भूमिका देने की सोचते थे तो वे सबसे पहले कांग्रेस की तरफ देखते थे। संभ्रांत वर्ग यह बात जानता था, इसलिए कांग्रेस से जुड़ा रहना चाहता था। ब्रिटिशों के लिए कांग्रेस एक आज्ञाकारी सहयोगी की तरह थी। लेकिन समय के साथ कांग्रेस में भी उदारवादी विचारधारा का प्रभाव दिखाई देने लगा। 'स्वराज' ने और ज्यादा 'स्वराज' की भूख पैदा कर दी। कांग्रेस में 'अवज्ञा' के चिह्न दिखाई देने लगे लेकिन वह अब भी ब्रिटिशों के प्रभाव में थी।

बाल गंगाधर तिलक–जिन्होंने 'स्वतंत्रता मेरा जन्मसिद्ध अधिकार है' का प्रसिद्ध वाक्य दिया था–के बाद महात्मा गांधी ने भारतीय राजनीति में प्राण और विद्रोही तेवर फूँकने का काम किया। दक्षिण अफ्रीका में बसे भारतीयों के अधिकारों के लिए कई अहिंसक लड़ाइयाँ जीतने के बाद वे भारत लौटे थे तो उन्हें अपने विचारों के प्रयोग के लिए कांग्रेस सबसे उपयुक्त मंच प्रतीत हुआ था। पार्टी का रैडिकल वर्ग उनके दर्शन को स्वीकार करने के लिए तैयार नहीं था। इन लोगों का मानना था कि वे एक दूरद्रष्टा थे लेकिन वे ऐसे व्यक्ति नहीं थे जिनसे अंग्रेज डरें। फिर भी, गांधीजी के करिश्माई व्यक्तित्व को देखते हुए इन लोगों को उनका नेतृत्व स्वीकार करना पड़ा। देश के करोड़ों लोग उनके पीछे थे।

गांधीजी के निकटतम सहयोगी जवाहरलाल नेहरू का मानना था कि इन 'रैडिकल सोशलिस्टों' में सबसे बड़ा दोष यह था कि वे जीवन के नैतिक और आध्यात्मिक पहलुओं को तिरस्कार की दृष्टि से देखते थे। उनका दर्शन न सिर्फ मानवता के कुछ आधारभूत पहलुओं की अवहेलना करता था, बल्कि मानवीय व्यवहार को स्तरीयता और ऊँचे मूल्यों से भी वंचित कर देता था। उनका मानना था कि ये नैतिक पहलू किसी भी 'संस्कृति और सभ्यता का आधार थे' और जीवन को उसका अर्थ प्रदान करते थे। नेहरू गांधीजी की इस धारणा में दृढ़ विश्वास रखते थे कि 'गलत तरीकों से सही नतीजे हासिल नहीं किए जा सकते'।

क्रान्तिकारी जानते थे कि उनके विचार गांधीजी से मेल नहीं खाते। जनता-जनार्दन और शासक वर्ग के बीच सदियों पुराने और विश्वव्यापी संघर्ष का अनुभव उन्हें रास्ता दिखाने का काम कर रहा था। उनके पास जो तरीके थे, उनके बारे में कहा जाता था कि 'वे कभी फेल नहीं हुए थे'। उनसे पहले, फ्रांसीसी क्रान्ति के माध्यम से स्वतंत्रता, भाईचारे और समानता जैसे मूल्यों की नींव रखी जा चुकी थी, जबकि रूसी क्रान्ति ने दुनिया को 'सोशलिज्म' (समाजवाद) का विचार दिया था।

भगत सिंह और उनके कॉमरेड साथी डोमिनियन के दर्जे का समर्थन नहीं कर रहे थे। वे पूर्ण स्वाधीनता की माँग कर रहे थे। फिर भी उन्होंने साइमन कमीशन का बहिष्कार करने के गांधीजी के आह्वान का समर्थन करने का फैसला किया। वे क्रान्तिकारी थे, और उनका मानना था कि लोगों को आन्दोलित करने के लिए उठाया गया कोई भी कदम सही दिशा में एक कदम था। यह कदम कितना ही छोटा क्यों न हो, राष्ट्र को उन बेड़ियों का अहसास करवा सकता था जिनमें वह जकड़ा हुआ था। कार्रवाई की, खुद पहल करके की गई निर्णायक कार्रवाई की, जरूरत थी।

उस दिन कमीशन के सदस्य जैसे ही रेलवे स्टेशन के प्रवेश-द्वार से बाहर निकले, भीड़ उनकी तरफ उमड़ पड़ी। ऐसा पहली बार हुआ था कि प्रदर्शनकारी 'इन्कलाब जिन्दाबाद' का नारा लगा रहे थे। यह नारा भगत सिंह ने गढ़ा था, ताकि आजादी की लड़ाई को एक नई धार, एक नया अर्थ दिया जा सके–विद्रोह और अवज्ञा का अर्थ। भीड़ नारे लगाती हुई चिल्ला रही थी–'साइमन कमीशन वापस जाओ!' और 'अंग्रेज मुर्दाबाद'। और फिर सब एक स्वर में जोर-शोर से गाने लगे :

हिन्दुस्तानी हैं हम, हिन्दुस्तान हमारा।
मुड़ जाओ साइमन, जहाँ है देश तुम्हारा॥

भगत सिंह और लाला लाजपतराय में एकाधिक बार टकराव की स्थिति पैदा हुई थी। वे लालाजी के रूढ़िवादी हिन्दू नजरिए से सहमत नहीं थे। दूसरी तरफ, लाजपतराय भगत सिंह को 'रूसी एजेंट' ठहरा चुके थे। वे क्रान्तिकारियों को 'गैर जिन्मेदार नौजवान' मानते थे। लाजपतराय ने ही भारत को दो टुकड़ों में बाँटने का विचार रखा था–हिन्दू भारत और मुस्लिम भारत। भगत सिंह इस तरह के बँटवारे की कल्पना भी नहीं कर सकते थे। हिन्दू और मुसलमान सैकड़ों वर्षों से शहरों और गाँवों में साथ-साथ रहते रहे थे। वे एक-दूसरे के सुख-दुख के भागी थे। उनकी विरासत और उनका इतिहास एक-दूसरे से जुड़ा हुआ था। उन्होंने साथ-साथ संघर्ष किया था, साथ-साथ मुसीबतें और तकलीफें झेली थीं। इस देश पर दोनों कौमों का अधिकार था। अंग्रेजों से आजादी पाने के बाद उन्हें मिल-जुलकर देश का राजनीतिक और

आर्थिक भाग्य बनाना था, और राष्ट्र-निर्माण में बराबर की हिस्सेदारी करनी थी। भगत सिंह के बहुत-से साथी, बहुत-से कॉमरेड मुसलमान थे। सिर्फ इसलिए कि वे एक अलग धर्म का पालन करते थे, उन्हें हिन्दुओं से अलग नहीं कर देता था। दोनों एक जैसा खाते थे, एक जैसा पहनते थे, एक जैसी जुबान बोलते थे और एक जैसा व्यवहार करते थे। मुसलमान परदेसी नहीं थे। वे भारतीय राष्ट्र के ताने-बाने का एक अभिन्न अंग थे। वे अपनी विरासत को छोड़कर उसके एक छोटे-से हिस्से से सन्तोष क्यों कर लें? भला उनका धर्म उन्हें हिन्दुओं से अलग कैसे कर सकता था? भगत सिंह को डर था कि अगर धर्म के आधार पर देश के बँटवारे के विचार पर अमल किया गया तो तबाही आ जाएगी। दोनों तरफ खून की नदियाँ बहेंगी। हिन्दू और मुस्लिम राष्ट्र हमेशा एक-दूसरे से लड़ाते रहेंगे। उनका पूरा ध्यान और संसाधन एक-दूसरे के खिलाफ हथियारों का भंडार जमा करने पर केन्द्रित रहेंगे।

भगत सिंह का खयाल था कि धर्म एक ऐसे आदमी का चोला था जिसने अभी अपने-आपको खोजा नहीं था। फिर भी, लाला लाजपतराय के लिए उनके मन में बहुत गहरा सम्मान था। उनकी कुछ भी सीमाएँ हों लेकिन वे एक महान व्यक्ति थे। वे पूरी जिन्दगी ब्रितानियों के खिलाफ लड़ते रहे थे और पूरे देश के लिए एक उदाहरण थे। अपनी ब्रिटिश-विरोधी गतिविधियों के कारण उन्हें बर्मा में निष्कासन की सजा भी भुगतनी पड़ी थी। उनके त्याग और विद्रोह ने देश की युवा पीढ़ी को एक रास्ता दिखाया था। भगत सिंह लालाजी के संकुचित नजरिए के विरोधी थे लेकिन वे उनकी देशभक्ति और समर्पण-भावना का सच्चे दिल से सम्मान करते थे।

यही कारण था कि साइमन कमीशन के लाहौर पहुँचने के दिन 30 अक्टूबर, 1928 को भगत सिंह ने लाला लाजपतराय का साथ देने का फैसला कर लिया था। कमीशन के सदस्यों ने भीड़ के आगे से निकलने की कोशिश की तो भीड़ ने एक दीवार बनकर उनका रास्ता रोक लिया और उन्हें आगे बढ़ने से रोक दिया। पुलिस का भारी-भरकम जमावड़ा लोगों को पीछे धकेलने की कोशिश करने लगा लेकिन लोग टस-से-मस होने को तैयार न थे। इसी बीच लाला लाजपतराय ने तुरत-फुरत एक भाषण देते हुए कहा, ''अगर सरकार नहीं चाहती कि कमीशन प्रदर्शनकारियों को देखे तो सबसे अच्छा तरीका यह है कि उसके सदस्यों की आँखों पर पट्टी बाँधकर उन्हें सीधा सरकारी भवन में ले जाया जाए।''

पुलिस सुपरिटेंडेंट जे.ए. स्कॉट ने लाठीचार्ज का हुक्म दिया। भीड़ में आफरा-तफरी मच गई। कुछ धक्का-मुक्की में नीचे जमीन पर गिर पड़े, कुछ बहादुरी से लाठियों का सामना करते रहे, कुछ गिरफ्तार कर लिए गए। लालाजी ने अपने समर्थकों को 'सच्चे सत्याग्रहियों की तरह अपनी जगह पर डटे रहने' के लिए कहा।

जो भाग गए थे, उनमें से भी बहुत-से वापस लौट आए मानो वे सब भेड़ें हों और लालाजी उनके गड़रिया। तभी स्कॉट ने दूर से लाला लाजपतराय को पहचान लिया और उनकी तरफ झपटा। उसने अपनी लाठी से लालाजी को बुरी तरह पीटा और तब तक नहीं रुका जब तक कि लालाजी लहूलुहान होकर जमीन पर नहीं गिर पड़े। ऐसे लग रहा था मानो स्कॉट अंग्रेजों का कहा न मानने वाले सभी भारतीयों का गुस्सा लालाजी पर उतार रहा था। मानो वह उन सबको एक सबक सिखा देना चाहता था कि ब्रिटिश हुकूमत को ललकारने वालों का क्या हाल होता है।

सिर्फ नौ वर्ष पहले ही, यहीं भारत (शिमला) में पैदा हुए एक आइरिश ब्रिटिश अधिकारी ब्रिगेडियर रेजिनाल्ड डायर ने अमृतसर के लोगों पर इसी तरह अपना गुस्सा निकाला था। सिर्फ इसलिए कि कुछ देशी लड़के बाजार में एक अंग्रेज औरत को चिढ़ाने का दुस्साहस कर बैठे थे। डायर भी देशी जनता को सबक सिखाना चाहता था, कि हुकूमत किस हद तक जा सकती थी, कि वह उन्हें सीधा करना जानती थी। डायर ने अपना बदला लेने के लिए 13 अप्रैल, 1919 का दिन चुना था, जो बैसाखी का दिन था, पंजाब में फसलों की कटाई के त्योहार का दिन। उस दिन स्वर्ण मन्दिर से कुछ ही दूर स्थित जलियाँवाला बाग में लगभग 20,000 लोगों की भीड़ जमा थी, जो रोलेट एक्ट के खिलाफ विरोध-प्रदर्शन के लिए इकट्ठी हुई थी। इस कानून के अनुसार, किसी को भी मुकदमा चलाए बिना हिरासत में रखा जा सकता था।

डायर ने पुलिस को शिकारी कुत्तों की तरह भीड़ पर छोड़ दिया था। उसने मैदान से निकलने का इकलौता रास्ता भी बन्द करवा दिया था, ताकि कोई भी पुलिस की गोलियों से बचकर जाने न पाए। पुरुष, स्त्रियाँ और बच्चे आग उगलती मशीनगनों के सामने ढेर होते चले गए। उनके सामने बचाव का कोई रास्ता नहीं था। पुलिस तब तक गोलियाँ चलाती रही जब तक कि सारी गोलियाँ खत्म नहीं हो गईं। पूरे 1650 राउंड गोलियाँ चलाई गईं। बहुत-से लोग गोलियों से बचने के लिए बाग के इकलौते कुएँ में कूद गए, जो इस बर्बर नरसंहार का एक मूक खामोश गवाह था। लगभग 400 लोग घटना-स्थल पर ही मारे गए और 1500 से भी ज्यादा लोग घायल हुए।

इस घटना की बर्बरता के बारे में सुनकर लंदन भी दहल उठा। डायर को वापस बुला लिया गया। उसने एक इंक्वायरी कमेटी के सामने कहा कि उसे अपने किए पर कोई पछतावा नहीं था। उसने सिर्फ अपने कर्तव्य का पालन किया था। उसे किसी तरह के डर या फटकार का भी सामना नहीं करना पड़ा। कुछ ब्रिटिश राजनीतिज्ञों का खयाल था कि उसने पंजाब को 'अराजकता' से बचाया था।

भगत सिंह तब सिर्फ बारह वर्ष के थे लेकिन इस घटना ने उन्हें बुरी तरह हिला दिया था। अगले दिन स्कूल के बाद वे सीधे घर नहीं लौटे। उनके घरवाले उनका इन्तजार करते रहे और चिन्ता में डूबे रहे। उस दिन भगत सिंह घर जाने की बजाय

सीधे जलियाँवाला बाग गए। किसी तरह सन्तरियों की नजर बचाकर वे अन्दर घुस गए और एक बर्तन में मैदान की मिट्टी इकट्ठी करने लगे–हिन्दुस्तानियों के खून से सनी मिट्टी। वे घर लौटे तो उनकी छोटी बहन ने पूछा, ''कहाँ चले गए थे? माँ कब से तुम्हारी राह देख रही है। खाना लगाऊँ?'' लेकिन भगत सिंह खाने के बारे में नहीं सोच रहे थे। उन्होंने छोटी बहन को मिट्टी से भरा बर्तन दिखाते हुए कहा, ''यह देखो, इस मिट्टी में उन हिन्दुस्तानियों का खून मिला हुआ है जो अंग्रेजों की गोलियों से मारे गए। इस मिट्टी को प्रणाम करो।'' इसके बाद उन्होंने उस बर्तन को एक पवित्र जगह पर रख दिया और उस पर फूल चढ़ाने लगे।

लाला लाजपतराय लहूलुहान होकर जमीन पर गिर पड़े थे। बेहोश होने से पहले उन्होंने घोषणा करते हुए कहा था, ''हमारे ऊपर किया गया लाठी का हर वार ब्रिटिश हुकूमत के कफन में एक कील की तरह है।'' उनके थे शब्द कितने सही साबित हुए–अठारह वर्ष बाद, 15 अगस्त, 1947 को, ब्रिटिश राज का खात्मा हो गया। लाजपतराय ने चेतावनी देते हुए कहा था, ''मैं सरकार को चेतावनी देना चाहता हूँ कि अगर इस देश में एक हिंसक क्रान्ति भड़क उठी तो इसके लिए ऐसे ब्रिटिश अफसर जिम्मेदार होंगे जिन्होंने आज यह बदसलूकी की है।''

लाला लाजपतराय को गिरते देखकर भीड़ में दहशत और गुस्से की भावना भड़क उठी। कोई सोच भी नहीं सकता था कि लालाजी जैसे वरिष्ठ और सम्मानित नेता के साथ इस तरह का व्यवहार किया जाएगा और उन्हें किसी छोटे-मोटे अपराधी की तरह पीटा जाएगा। भगत सिंह के लिए यह असहनीय था। वे विश्वास नहीं कर पा रहे थे कि एक गोरा हाथ में लाठी लेकर लालाजी पर इस तरह झपट सकता था। जैसे ही लालाजी पर हमले की खबर फैली, पूरे देश में गुस्से की लहर दौड़ गई। गांधीजी ने कहा, ''मैं इस घटना से कार्यकर्ताओं को यह सीख लेने के लिए कहूँगा कि उन्हें न तो निराश होना है और न घबराना है, बल्कि इसे लड़ाई का एक हिस्सा समझना है। हमें इस नाजायज हमले से पैदा हुए सदमे और गुस्से को एक ऊर्जा में बदलना है और उसे भविष्य के उद्देश्यों में लगाना है।'' नेहरू ने राष्ट्र के इस अपमान का प्रायश्चित्त करने के लिए ब्रिटिशों को ठोस कदम उठाने के लिए कहा। उन्होंने लाला लाजपराय के साथ किए गए बर्बर व्यवहार को राष्ट्रीय अवमानना कहा।

हिन्दुस्तानी कितने लाचार थे। वे अपने श्रद्धेय नेताओं के सम्मान की रक्षा भी नहीं कर सकते थे। लाला लाजपतराय पर हमले की यह घटना एक ऐसी चिनगारी साबित हुई जिसने पूरे देश में विद्रोह की भावना भड़का दी। राष्ट्र एक मूकदर्शक से एक कर्मयोद्धा में बदल गया। कांग्रेस को ही नहीं, बल्कि गांधीजी को भी जनता का प्रबल समर्थन प्राप्त हो गया। राष्ट्र में वितृष्णा और रोष की ऐसी भावना पहले कभी नहीं देखी गई थी।

रेलवे स्टेशन से कुछ ही दूर रावी नदी थी। उस जगह से कुछ ही दूर जहाँ लालाजी पर हमला हुआ था। इसी रावी नदी के किनारे 26 जनवरी, 1930 को जवाहरलाल नेहरू ने कांग्रेस का तिरंगा झंडा फहराकर स्पष्ट शब्दों में यह घोषणा की कि भारत 'पूर्ण स्वराज' से कुछ भी कम स्वीकार नहीं करेगा। तब तक गांधीजी भी इस निष्कर्ष पर पहुँच चुके थे कि ब्रिटिश भारत को कोई अर्थपूर्ण अधिकार और सत्ता देने का इरादा नहीं रखता था। जलियाँवाला बाग की मिट्टी को देखकर भगत सिंह के मन में जो क्रोध उमड़ा था, वह लाला लाजपतराय को खून में लथपथ जमीन पर गिरे देख एक बार फिर उमड़ पड़ा था। उनका खून खौल उठा था। डायर अपनी बर्बर करतूत के बाद बच गया था लेकिन स्कॉट नहीं बच पाएगा। भगत सिंह ने उसी क्षण इस हमले का बदला लेने का संकल्प कर लिया था। स्कॉट को हिन्दुस्तानियों के अपमान का हिसाब चुकाना पड़ेगा। लेकिन बर्बर शासकों को दी जानेवाली सजा को लेकर भगत सिंह पहले अपने साथियों की राय जान लेना चाहते थे। उनका और उनके कॉमरेड साथियों का लाहौर की मोजांग रोड पर एक गुप्त ठिकाना था। यह एक कब्रिस्तान के पास मामूली-सी किराए की इमारत थी और पुलिस और लोगों की नजरों से छिपी हुई थी। वे लोग लगभग रोज ही वहाँ मिलते थे लेकिन उस दिन की मीटिंग एक खास मीटिंग थी। इस बार उन्हें कोई बयान जारी करना था, कोई प्रस्ताव पास करने की बजाय कार्रवाई के बारे में सोचना था।

भगत सिंह कमरे में दाखिल हुए तो 'हिन्दुस्तानी सोशलिस्ट रिपब्लिकन एसोसिएशन' (एच.एस.आर.ए.) के दो वरिष्ठ सदस्य–हरी शिवाराम, राजगुरु और सुखदेव थापर स्कॉट के अक्खड़पन के बारे में बड़ी तैश से बात कर रहे थे। बर्बर लाठीचार्ज और लाला लाजपतराय को आईं गम्भीर चोटों की खबर सब जगह फैल चुकी थी। भगत सिंह ने उन्हें पूरी घटना के बारे में विस्तार से बताया और आशंका जाहिर की कि 'शेर-ए-पंजाब' के नाम से जाने जानेवाले लाला लाजपतराय शायद अब अधिक दिन न जी पाएँ। तीनों ही बदले की आग में सुलग रहे थे। एक तरीका यह भी था कि पुलिस को एक लम्बी लड़ाई में उलझाया जाए, जैसाकि बंगाल के क्रान्तिकारी जतीन्द्रनाथ मुखर्जी और उनके चार साथियों ने किया था।

यह प्रथम विश्व युद्ध के दिनों की घटना थी। जतीन्द्रनाथ अपने इन चार साथियों के साथ भारत के पूर्वी तट पर 'एम्डेन' नामक एक जर्मन जहाज से हथियारों की खेप लेने आए थे। उन्हें पता नहीं था कि पुलिस उनका पीछा कर रही थी। उन्हें जब यह बात पता चली तो उड़ीसा के बालासोर में पुलिस से उनका आमना-सामना हुआ। सवा घंटे तक दोनों तरफ से गोलाबारी होती रही। एक तरफ पाँच नौजवान क्रान्तिकारी थे, जिनके पास सिर्फ माउज़र पिस्तौलें थीं, तो दूसरी तरफ आधुनिक

राइफलों से लैस पुलिस और फौज की लम्बी-चौड़ी टीम। ऐसा माना जाता है कि सरकारी टीम को बहुत-सी जानें गँवानी पड़ीं, जिसका कोई रिकॉर्ड उपलब्ध नहीं है। क्रान्तिकारियों की तरफ से चित्तप्रिय राय चौधरी मारे गए और जतिन और जतिश गम्भीर रूप से घायल हो गए। पुलिस मनोरंजन सेनगुप्ता और निरेन को पकड़ने में सफल रही क्योंकि गोलियाँ खत्म हो जाने के बाद उनके सामने कोई चारा नहीं रहा था। बाघा जतिन ने पुलिस की गोलियाँ लगने के बाद 10 सितम्बर, 1915 को बालासोर अस्पताल में दम तोड़ दिया।

भगत सिंह का खयाल था कि पुलिस के साथ लड़ाई कोई बदला नहीं था। यह स्कॉट से हिसाब चुकाना नहीं था। वे लंदन को 'खून के बदले खून' का सन्देश देना चाहते थे। एक हिन्दुस्तानी के बदले दस अंग्रेजों को मरना होगा।

फैसले को एच.एस.आर.ए. की अगली बैठक तक टाल दिया गया। चन्द्रशेखर आजाद संस्था की हथियारबन्द टुकड़ी के मुखिया थे और काकोरी कांड के बाद से भूमिगत थे। उन्हें जल्दी से जल्दी लाहौर लौटने का सन्देश भेज दिया गया।

17 नवम्बर, 1928 को लाला लाजपतराय का निधन हो गया। मरने से पहले उन्होंने अंग्रेजों को चेतावनी दी कि अगर लाहौर जैसी घटनाएँ होती रहीं तो "मुझे कोई हैरानी नहीं होगी अगर देश के नौजवान बेकाबू हो जाएँ और देश की आजादी के लिए कुछ भी करने पर उतारू हो जाएँ।" गांधीजी के तौर-तरीकों पर इन नौजवानों का भरोसा पहले-से ही उठने लगा था, जिन्हें वे 'आधी रात के सपने' की तरह मानते थे।

क्रान्तिकारी 10 दिसम्बर, 1928 की रात को मिले तो उनका मूड बहुत ज्यादा बिगड़ा हुआ था। मीटिंग की अध्यक्षता दुर्गा देवी ने की, जिन्हें स्नेहपूर्वक 'दुर्गा भाभी' कहा जाता था। वे पार्टी के प्रमुख विचारक और मैनिफेस्टो-लेखक भगवतीचरण वोहरा की पत्नी थीं और सब लोग उनका बहुत मान करते थे। वे खुद भी एक क्रान्तिकारी थीं और गोली चलाने के एक मामले में तीन वर्ष तक जेल में रह चुकी थीं।

मीटिंग में सर्वसम्पति से यह फैसला किया गया कि स्कॉट की हत्या करना जरूरी था। वह लाला लाजपतराय की मौत के लिए जिम्मेदार था और उसे इसकी सजा मिलनी चाहिए थी। क्रान्तिकारियों के मन में बहुत-सी बातें थीं। वे यह सन्देश देना चाहते थे कि अगर जरूरत पड़ी तो वे हिंसा का प्रयोग करने से नहीं झिझकेंगे। वे देश के नौजवानों को गुलामी की नींद से जगाना चाहते थे, ताकि वे विदेशी अधीनता और आर्थिक शोषण के खिलाफ क्रान्तिकारी संघर्ष में हिस्सा ले सकें। उनका उद्‌देश्य सिर्फ अंग्रेजों को बाहर खदेड़ना नहीं था बल्कि वे देश को आर्थिक शोषण से भी मुक्त करना चाहते थे।

भगत सिंह और उनके साथी दुनिया को बताना चाहते थे कि हिन्दुस्तान लाला लाजपतराय की मौत को चुपचाप बर्दाश्त नहीं करेगा। राजगुरु ने एक बार फिर पुलिस से टक्कर लेने और लड़ते-लड़ते जान दे देने का अपना सुझाव दोहराया। ऐसे साहसिक कारनामे से देश के नौजवानों को बहुत प्रेरणा मिलेगी और वे बड़ी तादाद में एच.एस.आर.ए. में भर्ती हो जाएँगे। लेकिन इस सुझाव को फौरन ही ठुकरा दिया गया क्योंकि इससे लालाजी के हत्यारे से बदला लेने का उद्‌देश्य पूरा नहीं होता था।

भगत सिंह ने देश के हालात पर नजर दौड़ाते हुए कहा कि सभी जगह तनाव का माहौल था। बंगाल पार्टी ने बहुत अच्छा काम किया था। उसने कुछ ब्रिटिश अधिकारियों को मार गिराया था, जिसके कारण ब्रिटिशों में घबराहट मच गई थी और वे अपने परिवारों को वापस इंग्लैंड भेजने लगे थे। ''देश के नौजवानों का खून खौल रहा था,'' उन्होंने अपनी बात पूरी करते हुए कहा।

दुर्गा देवी ने पूछा कि स्कॉट की हत्या करने के लिए कौन आगे आना चाहेगा, और फिर सबसे पहले अपना हाथ खड़ा कर दिया। सभी जानते थे कि वे क्रान्ति के प्रति कितनी समर्पित थीं। वे कठिन-से-कठिन दौर में भी पार्टी के साथ खड़ी रही थीं। लेकिन उन्हें इस तरह के खतरे में डालने की बात सोची भी नहीं जा सकती थी। कोई भी उन्हें शामिल करने के पक्ष में नहीं था। इसके पीछे उनका पुरुष-दम्भ नहीं था। वे उनकी भाभी थीं और उनके एक श्रद्धेय साथी की पत्नी थीं, जो अखिल भारतीय कांग्रेस समिति के सत्र में भाग लेने के लिए कलकत्ता गए हुए थे। दुर्गा देवी ने बड़े बेमन से अपना हाथ नीचे किया और दूसरे वालंटियरों के बारे में पूछा।

भगत सिंह, सुखदेव, राजगुरु, चन्द्रशेखर आजाद और लगभग सभी उपस्थित कॉमरेडों ने झट-से अपना हाथ खड़ा कर दिया। सुखदेव पार्टी के रणनीति-निर्माता थे। वही थे जो पार्टी को तरह-तरह की तरकीबें सुझाते थे। सुखदेव यह काम खुद करना चाहते थे लेकिन पार्टी के लिए उनके महत्त्व को देखते हुए उनका नाम हटा दिया गया। वे देशभर के क्रान्तिकारियों को जोड़ने वाले नेटवर्क के 'मास्टरमाइंड' थे, खासकर पंजाब में। फिर भी, उन्हें चयनकर्ता की भूमिका सौंप दी गई। उन्होंने चार लोगों का चुनाव किया—भगत सिंह, राजगुरु, चन्द्रशेखर आजाद और जय गोपाल।

कार्रवाई की योजना बनाते हुए सुखदेव ने कहा कि स्कॉट को मारने का काम भगत सिंह करेंगे। उन्हें पूरा भरोसा था कि वे यह काम कर पाएँगे। भगत सिंह के नाम की घोषणा होते ही कमरे में खुसर-पुसर शुरू हो गई थी। कुछ कॉमरेडों का खयाल था कि भगत सिंह की बढ़ती लोकप्रियता को देखते हुए सुखदेव उनसे पीछा छुड़ाना चाहते थे। स्कॉट को मारना एक मुश्किल काम था लेकिन इसके बाद पुलिस के चुंगल से बच पाना नामुमकिन था। सुखदेव ने ऐसा जताया मानो उन्होंने ये फुसफुसाहटें सुनी ही न हों। वे अपनी योजना के बारे में समझाने लगे। राजगुरु,

भगत सिंह के नजदीक खड़े रहेंगे और उन्हें आड़ देने का काम करेंगे। आजाद उनके भाग निकलने का इन्तजाम करेंगे। टीम के अपेक्षाकृत जूनियर सदस्य जय गोपाल का काम काफी आसान था। उन्हें उन तीनों को स्कॉट के पुलिस स्टेशन से निकलने की सूचना देनी थी। उनकी कार का नवम्बर 6728 था, जिसे जय गोपाल को याद रखने के लिए कहा गया। स्कॉट की हत्या के लिए 17 दिसम्बर, 1928 का दिन चुना गया।

हत्या से दो दिन पहले, 15 दिसम्बर को, टीम के चारों सदस्यों को अपने-अपने काम की रिहर्सल करनी थी। तब तक वे चारों अपनी-अपनी भूमिका को अच्छी तरह से अपने दिमाग में बिठा चुके थे। भगत सिंह ने वह खास जगह भी चुन ली थी जहाँ से वे स्कॉट को अपनी गोली का निशाना बनाने वाले थे। आजाद ने भगत सिंह और राजगुरु को समझाया कि काम पूरा हो जाने के बाद वे किस तरह नजदीक के डीएवी स्कूल की तरफ भागेंगे। भगत ने लाल स्याही से एक पोस्टर भी बना लिया–'स्कॉट किल्ड' (स्कॉट मारा गया)। तब उन्हें इस बात का अहसास नहीं था कि एक दिन उनके हाथ से बनाया गया यही पोस्टर लाहौर षड्यंत्र मुकदमे में उनके खिलाफ एक सबूत के रूप में पेश किया जाएगा। उन्होंने यह भी नहीं सोचा था कि संस्था के एक सीधे-सादे और समर्पित सदस्य हंसराज वोहरा, जिन्होंने पोस्टर की चार कॉपियाँ तैयार की थीं, उनके खिलाफ सरकारी गवाह बन जाएँगे।

भगत सिंह हर कार्रवाई में एच.एस.आर.ए. की हथियारबन्द टुकड़ी का नाम लाने की ताक में रहते थे। एक सशस्त्र क्रान्ति के बिना अंग्रेजों को बाहर खदेड़ना असम्भव था। उन्होंने कहा कि स्कॉट की हत्या के बाद जो नोटिस जारी किया जाएगा, उसमें एच.एस.आर.ए. की सेना का नाम रहेगा। "हमारी पार्टी के पास एक दमदार मिलिट्री विंग है," वे बड़े गर्व से कहा करते थे। वे चाहते थे कि देश के नौजवानों के मन में पार्टी की सैनिक शाखा की छवि इस तरह अंकित कर दी जाए कि उनमें यह भरोसा पैदा हो जाए कि एक न एक दिन वह ब्रितानी सेना से टक्कर ले सकेगी और देश का शोषण करने वाली साम्राज्यवादी व्यवस्था को उखाड़ फेंकेगी।

एच.एस.आर.ए. के मिशन को अंजाम देने के लिए भगत सिंह ने अपने बाल कटवा दिए और दाढ़ी मुंडवा ली। यह पार्टी का निर्देश था, ताकि पुलिस आसानी से उनकी पहचान न कर सके। यह फैसला फिरोजशाह कोटला की मीटिंग में किया गया था, जब क्रान्तिकारियों की विभिन्न ईकाइयों ने एच.एस.आर.ए. में विलय हो जाने का फैसला किया था। भगत सिंह सितम्बर 1928 के मध्य में फिरोजपुर गए, जहाँ एक डॉक्टर की मदद से उन्होंने अपने लम्बे केशों से मुक्ति पा ली। (उस समय जय गोपाल भी उनके साथ थे, जो बाद में वोहरा की तरह सरकारी गवाह बन गए थे।

उन्होंने सांडर्स की हत्या में भगत सिंह के शामिल होने के सबूत के रूप में बाल कटवाने की इस घटना का जिक्र किया था।)

जय गोपाल को स्कॉट को पहचानने का काम सौंपा गया था लेकिन उन्होंने पहले कभी भी स्कॉट को देखा नहीं था। उन्होंने यह बात किसी को बताई भी नहीं। उन्हें लगता था कि उन्हें बहुत महत्त्वपूर्ण भूमिका सौंपी गई थी और वे इसे खोना नहीं चाहते थे। उनकी इस भूल ने पूरे मिशन को कितना गड़बड़ा दिया, यह एक अलग बात थी।

17 दिसम्बर, 1928 को स्कॉट पुलिस स्टेशन आया ही नहीं। उस दिन उसकी सास इंग्लैंड से आ रही थी, इसलिए उसने छुट्टी कर ली थी। जय गोपाल ने गलती से असिस्टेंट पुलिस सुपरिंटेंटेंट जे.पी. सांडर्स को ही स्कॉट समझ लिया और आजाद, भगत सिंह और राजगुरु को सूचित कर दिया कि वह सुबह 10 बजे पुलिस स्टेशन पहुँच चुका है। कुछ ही घंटे बाद तीनों पुलिस स्टेशन के बाहर अपनी-अपनी जगह पर तैनात हो गए और स्कॉट के बाहर निकलने का इन्तजार करने लगे।

दोपहर के आसपास सांडर्स पुलिस स्टेशन से बाहर निकला और अपनी मोटर साइकिल पर बैठने लगा। राजगुरु ने झट से अपनी जर्मन माउज़र पिस्तौल से निशाना साधकर उस पर एक गोली चला दी। भगत सिंह चिल्लाए, "न, न, यह वो नहीं है!" लेकिन तब तक बहुत देर हो चुकी थी। सधे हुए निशानेबाज राजगुरु की एक ही गोली ने सांडर्स का काम तमाम कर दिया था और वह जमीन पर ढेर हो गया था। भगत सिंह ने भी उसके मुर्दा शरीर में कुछ गोलियाँ दागीं। इसके बाद, जैसीकि उनकी योजना थी, भगत सिंह और राजगुरु डीएवी कॉलेज की तरफ दौड़ पड़े, जो पुलिस स्टेशन से कुछ ही गज़ दूर था।

आजाद उन्हें आड़ देने का काम कर रहे थे। भगदड़ की आवाज सुनकर एक ब्रिटिश अधिकारी, इंस्पेक्टर डब्ल्यू.जे.सी. फर्न पुलिस स्टेशन से बाहर निकला। आजाद ने झट से उस पर दो गोलियाँ दाग दीं, जो उसके सर के पास से निकल गईं। फर्न घबराकर पीछे हट गया। गोलियों की आवाज सुनकर हेड कांस्टेबल चानन सिंह सांडर्स की मदद के लिए लपका। अकेला वही था जिसने भगत सिंह, राजगुरु और आजाद को दौड़ते हुए देखा। वह उनका पीछा करने लगा। "रुक जाओ, हम किसी हिन्दुस्तानी की जान नहीं लेना चाहते!" आजाद ने चिल्लाकर कहा। लेकिन चानन सिंह फिर भी नहीं रुका तो राजगुरु ने उसे भी गोलियों से भून डाला। इस दृश्य को आसपास की बिल्डिंगों की खिड़कियों से बहुत-से लोगों ने देखा। इनमें उर्दू के क्रान्तिकारी शायर फैज अहमद फैज भी शामिल थे।

तीनों क्रान्तिकारी डीएवी कॉलेज के कम्पाउंड में दाखिल हो गए और फिर कॉलेज और हॉस्टल के बीच की दीवार को फलाँग कर हॉस्टल में घुस गए। कुछ

देर तक वे वहीं रुके रहे। यह भरोसा कर लेने के बाद कि कोई उनका पीछा नहीं कर रहा था, वे सहज ढंग से हॉस्टल से बाहर निकल गए। आजाद ने सबकी साइकिलें हॉस्टल के शौचालय की दीवार के पास खड़ी कर रखी थीं। तीनों ने एक नजर इधर-उधर दौड़ाई और फिर बड़े आराम से साइकिलें चलाते हुए मोजांग रोड के अपने ठिकाने की तरफ चल दिए।

उनके जाने के काफी देर बाद एक पुलिस पार्टी वहाँ पहुँची। बोर्डिंग-हाउस को चारों तरफ से घेर लिया गया और वहाँ रहने वाले सभी लड़कों की हाजिरी ली गई। सभी कमरों की भी तलाशी ली गई। पुलिस ने कॉलेज का चप्पा-चप्पा छान मारा लेकिन हत्यारों का कोई सुराग न मिला। पंजाब सरकार ने गृह विभाग को सूचित किया–"आज दोपहर दो नौजवानों ने असिस्टेंट पुलिस सुपरिंटेंडेंड सांडर्स की गोली मारकर हत्या कर दी। इसके बाद वे डीएवी कॉलेज में जा छिपे और साइकिलों पर सवार होकर शहर के बाहर निकल गए..."

अधिकारियों को सांडर्स की हत्या की खबर लगने तक तीनों क्रान्तिकारी मोजांग रोड के अपने ठिकाने पर सुरक्षित लौट चुके थे और अपने मिशन की सफलता पर बातचीत कर रहे थे। 'स्कॉट' के पुलिस स्टेशन पहुँचने की सूचना देने के बाद जय गोपाल अपने घर लौट गया था। वे उसे यह भी नहीं बता पाए थे कि उसकी गलती के कारण स्कॉट की बजाय सांडर्स मारा गया था।

लाहौर के करीब-करीब हर पुलिसवाले को हत्यारों की खोज में लगा दिया गया था। शहर से बाहर जाने के सभी रास्तों और रेलवे स्टेशन पर कड़ी नजर रखी जा रही थी। अधिकारियों को इस हत्या में क्रान्तिकारियों का हाथ होने का सन्देह था लेकिन किसी को भी पकड़ा नहीं जा सका था। न ही उनकी समझ में यह आ रहा था कि हत्यारे आखिर कैसे और कहाँ गायब हो गए।

सांडर्स की हत्या की खबर जंगल की आग की तरह फैल गई। शहर में कई जगह पोस्टर उभर आए थे। इनमें सबसे ज्यादा ध्यान खींचने वाला वह पोस्टर था जिस पर भगत सिंह ने स्कॉट के नाम की जगह जल्दी से सांडर्स का नाम छाप दिया था–

हिन्दुस्तान सोशलिस्ट रिपब्लिकन आर्मी
नोटिस

जे.पी. सांडर्स मर चुका है; लाला लाजपतराय का बदला ले लिया गया है।

यह सोचना भी खौफनाक लगता है कि जे.पी. सांडर्स जैसा एक मामूली पुलिस अफसर हमारे एक बुजुर्ग, पूजनीय और तीस करोड़ हिन्दुस्तानियों के प्यारे नेता को इतने बेइज्जत तरीके से छूने की जुर्रत कर सकता है और

उनकी मौत का कारण बन सकता है। हिन्दुस्तान की राष्ट्रीयता पर इस तरह के वार करके हिन्दुस्तान के नौजवानों की मर्दानगी को ललकारा गया है। सारी दुनिया यह बात जान ले कि हिन्दुस्तान अभी जिन्दा है; कि इसके नौजवानों का खून अभी पूरी तरह से ठंडा नहीं हुआ है और मुल्क की इज्जत बचाने के लिए वे अब भी अपनी जान दाँव पर लगा सकते हैं। और यह बात उन गुमनाम लोगों द्वारा किए गए इस कारनामे से साबित होती है जो अपने ही लोगों के लांछनों, निन्दा और तिरस्कार के शिकार हैं।

खबरदार जालिमो, खबरदार

एक दबे-कुचले और दमित देश की भावनाओं को चोट मत पहुँचाओ। इस तरह की शैतानी करतूत करने से पहले अच्छी तरह सोच लो और याद रखो कि आर्म्स एक्ट और हथियारों की स्मगलिंग के खिलाफ कड़ी निगरानी के बावजूद रिवॉल्वर आते रहेंगे—वे एक सशस्त्र विद्रोह के लिए अभी भले ही नाकाफी हों लेकिन वे राष्ट्रीय अपमान का बदला लेने के लिए काफी हैं। अपने ही लोगों के लांछनों और निन्दा के बावजूद, और फिरंगी सरकार की जालिमाना हरकतों और जुल्मों के बावजूद नौजवानों की यह पार्टी घमंडी हुक्मरानों को सबक सिखाने के लिए हमेशा जिन्दा रहेगी। वे विरोध और दमन के तूफानों के बीच भी, और यहाँ तक कि फाँसी के तख्ते पर चढ़कर भी अपनी आवाज बुलन्द करेंगे।

इन्कलाब जिन्दाबाद

एक आदमी की मौत का अफसोस है। मगर यह आदमी उस हुकूमत का नुमाइन्दा था जो इतनी जालिम और इतनी नीच है कि इसका खत्म हो जाना ही अच्छा। इस आदमी के साथ हिन्दुस्तान में ब्रितानी हुकूमत का एक एजेंट मर गया है—जो दुनिया की सरकारों में सबसे अत्याचारी सरकार है।

एक इनसान के खून के लिए अफसोस है। लेकिन क्रान्ति की वेदी पर एक इनसान की बलि, जो सभी के लिए आजादी लाएगी और इनसान द्वारा इनसान के शोषण को नामुमकिन बना देगी, अवश्यंभावी है।

इन्कलाब जिन्दाबाद
दिनांक 18 दिसम्बर, 1928
हस्ता—बलराज
कमांडर-इन-चीफ

भगत सिंह, आजाद और राजगुरु मोजांग रोड के ठिकाने पर छिपे लाहौर से भागने की तरकीबें सोच रहे थे, जो अब जल्दी ही एक पुलिस छावनी में तब्दील होने जा रहा था। उनका खयाल था कि कुछ दिन पुलिस की नजरों से छिपे रहना और फिर बाहर निकलना ही ठीक होगा। आखिर हेड कांस्टेबल चानन सिंह के सिवाय उन्हें किसी ने नहीं देखा था और वह मर चुका था। कोई भी ऐसा गवाह नहीं था जो उन्हें पहचानता हो।

फिर भी वे कुछ बेचैन महसूस कर रहे थे। पुलिस जल्दी ही अपना जाल फैलाएगी और देर-सबेर वे सब पकड़ लिए जाएँगे। भगत सिंह का खयाल था कि पुलिस क्रान्तिकारियों की खोज में जुट चुकी होगी और उनसे हमदर्दी रखने वालों के दरवाजे खटखटा रही होगी। इस तरह के बहुत-से लोग थे और वे शहर के अलग-अलग इलाकों में रहते थे। उनमें से कोई भी अपनी जुबान खोल सकता था और पुलिस को उनके और उनके ठिकाने के बारे में बता सकता था। वे दूसरों को खतरे में नहीं डाल सकते थे। उन्हें जल्दी से जल्दी इस शहर को छोड़ देना होगा।

हैरानी की बात थी कि उन्होंने हत्या की योजना इतनी सोच-समझकर बनाई थी, लेकिन हत्या के बाद शहर से भाग निकलने के बारे में कुछ भी नहीं सोचा था। इससे उनकी बहादुरी का पता चलता था और साथ ही उनकी रणनीतिक चूक का भी। उन्हें कुछ भी पता नहीं था कि अब आगे क्या करना था लेकिन सुखदेव के आने के बाद उन्हें कुछ राहत महसूस हुई। उन्होंने उन्हें शहर से निकलने की योजना समझाई। उन्हें दुर्गा देवी के घर जाना था और मौका मिलते ही शहर छोड़ देना था। लेकिन रात ग्यारह बजे से सुबह पाँच बजे तक दुर्गा देवी के घर पर पुलिस की निगरानी रहती थी। तब तक उन्हें मोजांग रोड के ठिकाने पर ही छिपे रहना था।

उसी दिन कुछ देर बाद भगत सिंह ने बड़े पोस्ट ऑफिस तक जाने की हिम्मत दिखाई, ताकि किसी दोस्त या हमदर्द से कुछ पैसे ले सकें। बाजार में उन्हें पुराने कॉमरेड सोहन सिंह जोश दिखाई दिए, जिन्होंने उन्हें उनके मिशन की सफलता पर बधाई दी लेकिन साथ ही उन्होंने भगत सिंह को कुछ दिन सार्वजनिक स्थानों से दूर रहने के लिए आगाह किया। उनके पास इतने पैसे नहीं थे कि वे भगत सिंह की कुछ मदद कर पाते।

अगले दिन मुँह अँधेरे ही भगत सिंह, राजगुरु और चन्द्रशेखर आजाद गेहूँ के खेतों से होते हुए दुर्गा देवी के घर की तरफ निकल पड़े। कड़ाके की ठंड थी। खेतों और आसपास के इलाके को कोहरे की सफेद चादर ने ढक रखा था। सन्नाटा इतना गहरा था कि वे खुद भी अपने कदमों की आहट सुन पा रहे थे। बीच-बीच में कहीं दूर से बैलों की घंटियों, रहटों और बैलगाड़ियों के पहियों की चरमराहट की आवाजें

सुनाई दे जाती थीं। कुछ किसान अपने खेतों में पहुँचकर नहाने-धोने या हल चलाने के काम में जुट गए थे।

हरे-भरे खेतों को देखकर भगत सिंह का दिल झूम उठता था। ये खेत उन्हें अपनी जड़ों, अपनी देहाती पृष्ठभूमि और अपनी जमीन की याद दिलाते थे। वे उन दिनों को याद करते थे जब गेहूँ और खेतों में पैदा हुई दूसरी चीजें उनके घर पहुँचा करती थीं। उनकी माँ खेतों पर काम करने वालों पर बहुत मेहरबान थीं। भगत सिंह ने अपने पिता को सुझाव दिया था कि वे अपनी जमीन उस पर खेती करने वालों को दे दें। उनके पिता इस तरह की बातें सुनकर भड़क उठते थे। भगत सिंह का मानना था कि जमीन उसी की थी जो उस पर हल चलाता था।

भोर फूटते ही पाँच बजे के कुछ बाद पुलिस का पहरा हट गया तो भगत सिंह और उनके साथियों ने दुर्गा देवी के दरवाजे पर दस्तक दी। इतनी सुबह-सुबह कौन हो सकता था? दरवाजा खोलने से पहले वे कुछ झिझकीं और फिर भगत सिंह को अपने सामने खड़ा देखकर हैरान रह गईं। भगत सिंह और उनके दोनों कॉमरेड अन्दर दाखिल हो गए। दुर्गा देवी ने उनके काम की सफलता के लिए उन्हें बधाई दी। तीनों नौजवानों ने हिचकिचाते हुए कहा कि वे लोग गलती से स्कॉट की जगह सांडर्स को मार बैठे हैं, लेकिन दुर्गा देवी यह बात पहले से जानती थीं। उन्होंने कहा कि इससे उनके कारनामे का महत्त्व कम नहीं हो जाता।

भगत सिंह ने कहा कि सुखदेव का सुझाव था कि उन्हें उसी दिन लाहौर छोड़ देना चाहिए। उन्होंने रेलगाड़ी से कलकत्ता पहुँचने की अपनी योजना के बारे में बताया तो दुर्गा देवी सोच में पड़ गईं। उनके पति अखिल भारतीय कांग्रेस समिति के वार्षिक अधिवेशन में भाग लेने के लिए पहले से ही कलकत्ता में थे। वे सोचने लगीं कि क्या पुलिस की नजरों में आए बिना ये तीनों नौजवान कलकत्ता पहुँच पाएँगे। खुद उन तीनों को भी पक्का भरोसा न था। स्टेशन के चप्पे-चप्पे पर पुलिस तैनात थी लेकिन दूसरा रास्ता ही क्या था? सुखदेव ने कहा था कि देहरादून एक्सप्रेस सबसे अच्छी ट्रेन रहेगी क्योंकि वह सुबह-सुबह लाहौर से निकलती थी। उनके पास बहुत कम समय था। सुखदेव की योजना इस प्रकार थी–भगत सिंह दुर्गा देवी के पति के रूप में यात्रा करेंगे; दुर्गा देवी 'सुजाता' के नाम से और भगत सिंह 'रंजीत' के नाम से यात्रा करेंगे; दुर्गा देवी का तीन वर्षीय बेटा सचिन उन दोनों के बच्चे के रूप में उनके साथ होगा; राजगुरु उनके नौकर के रूप में होंगे लेकिन पैसों का इन्तजाम कैसे होगा? दुर्गा देवी जल्दी से वे 500 रुपये निकाल लाईं जो भगवती चरण उन्हें घर के खर्चे के लिए दे गए थे।

इस बीच आजाद ने एक अलग योजना बनाई थी और अकेले ही घर से निकल गए थे। वे मथुरा जानेवाली तीर्थयात्रियों की एक टोली में शामिल हो गए। उन्हीं की

तरह भक्तों की वेश-भूषा में और भजन गाते हुए वे बड़ी आसानी से पुलिस के एक झुंड के सामने से निकल गए। उन लोगों ने इन तीर्थयात्रियों को रोकने तक की जरूरत नहीं समझी।

लाहौर रेलवे स्टेशन एक किले में तब्दील हो चुका था। चप्पे-चप्पे पर पुलिस दिखाई दे रही थी। तभी एक जोड़ा स्टेशन में दाखिल हुआ। पति ने यूरोपियन लिबास पहन रखा था और पत्नी कीमती साड़ी और ऊँची एड़ी के सैंडिल पहने उसके पीछे-पीछे चल रही थी। उन दोनों के पीछे उनका नौकर एक बच्चे को उठाए चला आ रहा था। वे बड़ी शान से फर्स्ट क्लास के डिब्बे की तरफ बढ़ रहे थे। उनका पहनावा और अन्दाज देखकर किसी भी पुलिसवाले की उन्हें रोकने की हिम्मत नहीं हुई। भगत सिंह भगवती चरण के ओवरकोट में किसी सरकारी अधिकारी की तरह दिखाई दे रहे थे। उन्होंने वह फैल्ट हैट भी पहन रखी थी जो भगवती बाबू का कोई मेहमान कुछ महीने पहले उनके घर पर भूल गया था। एक सरकारी अधिकारी के रूप में उनका रौबीला अन्दाज देखते ही बनता था। उनके सभी बक्सों पर चिपके पर्चों पर उनका नाम लिखा हुआ था जैसाकि उन दिनों के सरकारी अधिकारियों में चलन था। उन्हें पूरा भरोसा था कि सांडर्स की हत्या से अभी तक उनका या राजगुरु का नाम नहीं जुड़ पाया होगा। उनका यह अनुमान ठीक भी था। वे और उनके साथी सन्देह के दायरे में नहीं थे, हालाँकि सरकार को इतना सन्देह जरूर था सांडर्स की हत्या में क्रान्तिकारियों का हाथ था लेकिन उनकी भागीदारी साबित करने के लिए कोई ठोस सबूत नहीं था। एच.एस.आर.ए. आर्मी के पोस्टरों से क्रान्तिकारियों का हाथ होने की पुष्टि होती थी लेकिन इसके अलावा सरकार के पास कुछ भी नहीं था।

सभी फर्स्ट क्लास यात्रियों को गाड़ी में चढ़ने से पहले अपना नाम बताना पड़ता था। भगत सिंह पहले ही टिकटें खरीद चुके थे, जिन्हें उन्होंने टिकट जाँचने वाले को दूर से दिखा भर दिया। फर्स्ट क्लास के डिब्बे के सामने खड़ा एक पुलिसवाला अपने साथी से फुसफुसाते हुए बोला, "ये साहब लोग हैं। कोई बड़ा सरकारी अफसर अपने बीवी-बच्चों के साथ जा रहा है।" वे अपनी सीटों पर बैठ गए तो देहरादून एक्सप्रेस धीरे-धीरे लाहौर स्टेशन से खिसकने लगी। बाहर प्लेटफॉर्म पर खड़े कुछ गोरे रूमाल हिला-हिलाकर अपने बीवी-बच्चों को विदाई दे रहे थे। उन्हें इल्म तक न था कि सांडर्स के हत्यारे उनकी आँखों के सामने लाहौर से कूच कर रहे थे। किसी को भी उन पर जरा भी शक नहीं हुआ था। कुछ देर तक वे हलका-सा तनाव महसूस करते रहे। लेकिन जैसे ही गाड़ी ने रफ्तार पकड़ी, उनका सारा तनाव हवा हो गया। वे पुलिस को चकमा देने में सफल रहे थे।

भगत सिंह खिड़की के बाहर देखने लगे। तेजी से पीछे गुजरते खेतों और देहातों को देखकर उनके भीतर भावनाओं का ज्वार उमड़ पड़ा। हिन्दुस्तान की आत्मा इन्हीं खेतों और देहातों में थी, जिसके साथ वे एक गहरा जुड़ाव महसूस करते थे। वे एक हिन्दुस्तानी होने की भावना को, हिन्दुस्तान की भावना को बड़ी गहराई से महसूस कर रहे थे। यह संघर्ष और बलिदान की, पीड़ा और पराधीनता की धरती थी, जहाँ लोगों ने अपनी पहचान को, अपने अस्तित्व को बचाने के लिए सदियों तक विदेशी हमलावरों का सामना किया था। हमलावर आए और चले गए। साम्राज्य बने और धूल में मिल गए। राजघराने उभरे और अस्त हो गए। हिन्दुस्तान को बार-बार जीता गया, कुचला गया और तहस-नहस किया गया लेकिन यह फिर भी जिन्दा रहा। विदेशी हुकूमतें हवा के एक झोंके की तरह इसके सर के ऊपर से गुजर गईं—इसकी जिन्दगी की लय को, इसके नैतिक सिद्धान्तों और परम्परागत मूल्यों को जर भी हिलाए-डुलाए बिना। बादशाह और उनकी हुकूमतें यहाँ के लोगों की निजी जिन्दगी को, उनके मूल्यों और अन्तर्निहित अस्मिता को छू तक नहीं सकीं।

समय इस बात का खामोश गवाह था कि हिन्दुस्तान ने किस तरह अपने हमलावरों को बदलकर रख दिया। वे इसे जीतने के लिए आए और यहीं के होकर रह गए। गुलाम वंश के शासन के दौरान और फिर मुगल काल में सभी यहाँ के समाज का हिस्सा बन गए, जैसाकि सदियों पहले बौद्धों और जैनों के साथ हुआ था। समय के साथ शासक और शासित एक ही रंग में रँग गए और राष्ट्र के ताने-बाने का अभिन्न हिस्सा बन गए। उनकी विविधता ने राष्ट्र को अलग-अलग और विविध छटाएँ देने का काम किया, एक अनूठा और मोहक संयोजन। यहाँ के लोगों को जो चीज आपस में जोड़ती थी वह न तो धर्म था, न नस्ल और न भाषा; वह एक ऐसी जीवनशैली थी जिसमें एकता और विविधता एक साथ झलकती थीं। यह सहिष्णुता और तालमेल की भावना का और एक गहरी संलिप्तता का साथ-साथ भोगा गया अनुभव था।

जिस तरह गंगा बहुत-सी नदियों को अपने आंचल में समेट लेती है—वे तूफानी हों या सुस्त या फिर गन्दी-मैली—उसी तरह भारत ने भी बहुत-सी धाराओं को अपने में समा लिया था। न तो गंगा मैली हुई थी और न देश मैला हुआ था; दोनों ही पहले की तरह पवित्र रहे थे। यहाँ संगीत भी था और नृत्य भी; लेकिन साथ ही तलवारों की खनखनाहट और बारूद का धुआँ भी। फिर भी यहाँ की हवाओं में एक मीठी-मीठी-सी शान्ति और निश्छलता दिखाई देती थी। भगत सिंह को यह सोचकर अफसोस होता था कि यहाँ के लोग अपने धैर्य के कारण अपनी गरीबी को भी चुपचाप बर्दाश्त कर लेते थे। वे इसका दोष अपने भाग्य को दे देते थे। गांधीजी इस तरह की सोच को बढ़ावा दे रहे थे। वे लोगों को सहनशीलता का पाठ पढ़ा रहे थे, क्योंकि गीता का यही सन्देश था।

हालाँकि उनका पीछा नहीं किया जा रहा था, फिर भी दुर्गा देवी का सुझाव था कि उन्हें कानपुर उतर जाना चाहिए। वे स्टेशन के पास ही एक होटल में जा ठहरे। दुर्गा देवी ने अपने पति को तार भेजकर अपने आने की सूचना दे दी, और यह भी लिख दिया कि उनका भाई भी उनके साथ आ रहा था। यह सन्देश भगत सिंह के बारे में था क्योंकि वास्तव में दुर्गा देवी का कोई भाई नहीं था। अगली सुबह उन्होंने कलकत्ता के लिए दूसरी ट्रेन पकड़ ली।

दुर्गा देवी से भगत सिंह की कुछ ही बात हो पाई थी। वे अपनी सोचों में डूबे रहे थे और पिछले कुछ दिनों की घटनाओं के बारे में सोचते रहे थे। लेकिन अब अचानक ही वे उन्हें अपने बारे में सब कुछ बताने लगे, खासकर यह कि उन्होंने क्रान्ति की राह क्यों पकड़ी। उन्होंने लाहौर के नेशनल कॉलेज में बीते दिनों के बारे में बताया। इस कॉलेज की स्थापना कुछ राष्ट्रवादी पंजाबियों ने की थी, जो पंजाब के नौजवानों में राष्ट्रवादी भावना का संचार करना चाहते थे। इस कॉलेज के रजिस्ट्रार भीमसेन सच्चर थे, जो बाद में पंजाब के मुख्यमंत्री भी बने। क्रान्तिकारी सोचों से भरे छबील दास कॉलेज के प्रिंसिपल थे और छात्रों को देशभक्ति का पाठ पढ़ाया करते थे। उनकी पसन्दीदा पंक्तियाँ थीं–

दुनिया से गुलामी का मैं नाम मिटा दूँगा
इक बार जमाने को आजाद करा दूँगा
जो लोग गरीबों पर करते हैं सितम नाहक
गर दम है मेरा कायम गिन-गिन के सजा दूँगा।

भगत सिंह ने इस बात को स्वीकार किया कि वे क्रान्तिकारी हिंसा से जुड़ी ज्यादतियों का समर्थन नहीं करते थे लेकिन ब्रिटिश इतने कठोर और निर्मम थे कि उनकी तुलना में क्रान्तिकारियों की हिंसा कुछ भी नहीं थी। देश का भाग्य बदलने के लिए क्रान्ति के माध्यम से अंग्रेजों को बाहर खदेड़ना जरूरी था। उन्होंने दुर्गा देवी को बताया कि नेशनल कॉलेज में उनके समकालीन और बंगाली क्रान्तिकारी शचीन्द्रनाथ सान्याल ने उनसे कहा था कि घर छोड़ने के बाद ही उनमें एक सच्चे क्रान्तिकारी की भावना पैदा हो सकती है। हिन्दी के आग उगलने वाले कवि यशपाल भी नेशनल कॉलेज में उनके साथ थे। उन्होंने उनसे कहा था कि अपने परिवार के साथ एक विशुद्ध निजी जीवन बिताने वाला व्यक्ति अपने स्वाभाविक संवेगों का बन्दी बन जाता है। इस तरह के व्यक्ति कभी भी बन्धनों से मुक्त नहीं हो पाते। समय की माँग थी कि व्यक्ति समाज, बल्कि पूरी मानवता के बारे में सोचे। उसे घरेलू बन्धनों से बाहर निकलकर इतिहास के मंच पर अपनी भूमिका निभानी होगी।

दुर्गा देवी जानती थीं कि सुखदेव एक कठोर-हृदय रणनीतिज्ञ थे लेकिन भगत सिंह बहुत संवेदनशील और भावुक जान पड़ रहे थे। इसलिए उन्होंने जानना चाहा

कि वे सुखदेव के इतने निकट कैसे आ गए थे। भगत सिंह ने उन्हें बताया कि वे सुखदेव से नेशलन कॉलेज में मिले थे, और पहली मुलाकात के बाद ही दोनों अभिन्न मित्र बन गए थे। सुखदेव हमेशा भारत के राजनीति हालात और इन्कलाबी जज्बे की कमी के बारे में बात करते रहते थे, जिसके बिना ब्रिटिश हुकूमत या पूँजीवादी व्यवस्था के खत्म होने के आसार दिखाई नहीं देते थे। दोनों में उन किताबों को लेकर भी बहस होती रहती थी जो वे दुर्गादास लाइब्रेरी से लेकर पढ़ा करते थे। इस निजी रूप से संचालित लाइब्रेरी में इटली, रूस, आयरलैंड और चीन के क्रान्तिकारी आन्दोलनों पर नवीनतम किताबें मिल जाती थीं। दोनों की राजनीति और अर्थशास्त्र में बहुत ज्यादा दिलचस्पी थी, लेकिन वे जिन्दगी के सौन्दर्यबोध से भी कटे हुए नहीं थे। क्रान्ति और क्रान्तिकारियों के बारे में गर्मागर्म बहसों के बीच वे गीत-संगीत और अन्य कलात्मक गतिविधियों के लिए भी थोड़ी फुर्सत निकाल लेते थे।

भगत सिंह ने दुर्गा देवी को बताया कि सिर्फ एक बार उनके और सुखदेव के बीच गम्भीर मतभेद पैदा हुए थे। वे विक्टर ह्यूगो के आखिरी उपन्यास 'नाइंटी थ्री' के एक पात्र सिमोर्देन के बारे में चर्चा कर रहे थे। सिमोर्देन ने गिवानो नामक उस लड़के को मौत की सजा देने का फैसला किया था, जिसे उसने खुद अपने हाथों से पाल-पोसकर बड़ा किया था क्योंकि क्रान्तिकारी सिद्धान्त व्यक्तिगत भावनाओं से ऊपर थे। लेकिन इस फैसले के बाद उसने आत्महत्या कर ली थी। सुखदेव सिमोदैन की आलोचना कर रहे थे क्योंकि वह भावुकता का शिकार हो गया था, जो एक क्रान्तिकारी को शोभा नहीं देता। लेकिन भगत सिंह का मानना था कि गिवानो को मौत की सजा देकर सिमोर्देन ने क्रान्ति के प्रति अपने कर्तव्य को निभा दिया था। इसके बाद उसने आत्महत्या कर ली थी क्योंकि वह गिवानो से प्रेम करता था। वह अपने मित्र के प्रति अपने प्रेम और एक न्यायाधीश के रूप में अपने कर्त्तव्य के बीच तारतम्य नहीं बिठा पाया था। भगत सिंह बिना इस बात का अहसास किए गांधीजी की भाषा बोल रहे थे। अगर साधन गलत थे तो लक्ष्य भी सही नहीं हो सकता था।

भगत सिंह के लिए दिल के मामले बहुत महत्त्वपूर्ण थे। एक क्रान्तिकारी मानवीय भावनाओं से रिक्त नहीं हो सकता। उसकी भावनाएँ ही उसे आतंकवादी से अलग करती थीं। भगत सिंह का मानना था कि संवेदनशील और करुण स्वभाव 'रैडिकलों' को नियंत्रण में रखता था और उन्हें व्यर्थ की हिंसा से दूर रखता था। वे नहीं चाहते थे कि क्रान्तिकारी भावनाओं या भावुकता से शून्य होकर पत्थर के इनसान बन जाएँ। भगत सिंह के मानवतावादी नजरिए में कहीं-न-कहीं रूमानियत का पुट भी था। सुखदेव का कहना था कि इससे क्रान्तिकारी नम्रता और भावुकता के चक्कर में पड़ सकता था।

भगत सिंह और सुखदेव एक-दूसरे से कितने अलग थे! एक का दया-भावना में बहुत गहरा विश्वास था, जबकि दूसरा दुश्मन के खात्मे में इसे एक रुकावट की

तरह देखता था। भगत सिंह चाहते थे कि लड़ाई होने की स्थिति में कम-से-कम नुकसान पहुँचे, जबकि सुखदेव के सामने कोई सीमा नहीं थी। भगत सिंह ने दुर्गा देवी को बताया कि समय के साथ उनके ये मतभेद और मुखर होते गए थे। फिर भी, वे सुखदेव की इच्छा का पालन करने में विश्वास करते थे क्योंकि उनकी दृष्टि ज्यादा तथ्यपरक थी।

दुर्गा देवी के साथ गुजरे दो दिनों में भगत सिंह को काफी चैन और आराम महसूस हुआ। वे एक संवेदनशील श्रोता थीं। ऐसे लगता था मानो वे उनकी हर सोच, हर भावना और हर डर को बाँटना चाहती हों। दुर्गा देवी उनके व्यक्तित्व के इन अनछुए पहलुओं को जानकर दंग रह गई थीं। वे उन्हें सिर्फ एक क्रान्तिकारी के रूप में जानती थीं–जो सिर्फ अपने दिमाग से सोचता था, न कि अपने दिल से।

हिन्दुस्तान हमेशा तृप्ति की खोज में रहा था, भगत सिंह ने उन्हें बताया था। बाहर के कई लोग सोचते थे कि हिन्दुस्तान मुश्किलों और तूफानों में फँसा हुआ था लेकिन वे एक अहम बात को नजरअन्दाज कर देते थे। हिन्दुस्तान में मुश्किलों का सामना करने की बड़ी जबर्दस्त क्षमता थी। इसका जीवट कभी खत्म नहीं होता था। इस तरह के राष्ट्र को कभी हराया नहीं जा सकता था। इसमें इतिहास के उतार-चढ़ावों को सहने की अद्भुत क्षमता थी। भगत सिंह ने स्वामी रामतीर्थ की कुछ पंक्तियाँ गुनगुनाई थीं–

हम रूखे टुकड़े खाएँगे, भारत पर वारे जाएँगे
हम सूखे चने चबाएँगे, भारत की बात बनाएँगे
हम नंगे उम्र बिताएँगे, भारत पर जान मिटाएँगे।

भगत सिंह ने बताया कि अमेरिका में सूर्यास्त होते देखकर स्वामी रामतीर्थ की आँखें अकसर नम हो आती थीं। वे सूर्य से कहते थे–"अब तुम मेरे प्यारे देश में उदय हो रहे हो। मेरे इन आँसुओं को ओस की तरह भारत के लुभावने और हरे-भरे खेतों पर छिड़क देना।"

भगत सिंह जहाँ पंजाब के स्वामी रामतीर्थ के प्रशंसक थे, वहीं बंगाल के स्वामी विवेकानंद के प्रति भी उतनी ही श्रद्धा रखते थे। उन्हें इस बात पर गर्व था कि इन दोनों व्यक्तियों ने भारतीय आध्यात्मिक दर्शन को विश्व के मंच पर पहुँचाने का काम किया था। उन्हें इस बात का खेद था कि जहाँ स्वामी विवेकानंद का मिशन बंगाल में एक स्थायी संस्था का रूप ले चुका था, वहीं पंजाब में स्वामी रामतीर्थ का कोई स्मारक तक नहीं था।

रामतीर्थ और विवेकानंद, दोनों ही मनुष्य की उन्नति पर जोर देते थे लेकिन स्वार्थ-भावना पर नहीं। भगत सिंह का मानना था कि सच्ची उन्नति तभी सम्भव थी

जब सभी मनुष्यों को उन्नति के बराबर के अवसर मिलेंगे, और इसी में समाज का भला भी निहित था। हर राजनीतिक, सामाजिक या आर्थिक सिद्धान्त की अन्तिम कसौटी यह थी कि इससे मनुष्य को स्वार्थ-भावना से ऊपर उठकर समाज की भलाई के बारे में सोचने की कितनी प्रेरणा मिलेगी।

भगत सिंह सोचने लगे कि पिछले दो दिनों में वे दुर्गा देवी के कितने नजदीक आ गए थे। वे उन्हें पहले भगवती चरण की पत्नी के रूप में और फिर एक कॉमरेड के रूप में जानते रहे थे, जिनकी अध्यक्षता में स्कॉट की हत्या करने का ऐतिहासिक फैसला लिया गया था। इसके बाद उन्होंने उन्हें एक ऐसी रक्षक के रूप में देखा था जो तीनों क्रान्तिकारियों को कानून के पंजों से बचाने के लिए कुछ भी करने के लिए तैयार थीं। लेकिन अब यह सम्बन्ध एक ऐसी निकटता, एक ऐसी अन्तरंगता में बदल चुका था, जो जितनी रोमांचक थी उतनी ही भयभीत कर देनेवाली थी। यह एक नए तरह का अनुभव था, जो इससे पहले उन्हें कभी नहीं हुआ था।

भगत सिंह अपनी सोचों में डूबे थे कि दुर्गा देवी ने उन्हें बताया कि कलकत्ता आनेवाला था। रेलगाड़ी की रफ्तार धीमी पड़ने लगी थी। खिड़की के बाहर देहात की मोहक हरियाली की जगह कंकरीट की इमारतें दिखाई देने लगी थीं। स्टेशन आने से कुछ पहले एक-दूसरे को काटती हुई रेल की पटरियों का एक जाल-सा उनकी ट्रेन के साथ-साथ दौड़ता हुआ प्रतीत हुआ। प्लेटफॉर्म मेमसाहबों और साहबों से भरा हुआ था। उनका रौबीला अन्दाज और ऊँची आवाजें उनके दबदबे का अहसास करवा रही थीं। अंग्रेजों के चेहरों पर घबराहट या तनाव के कोई चिह्न दिखाई नहीं दे रहे थे, जैसीकि सांडर्स की हत्या के बाद भगत सिंह उम्मीद कर रहे थे। प्लेटफॉर्म के छोर पर बग्घीनुमा कारें खड़ी हुई थीं। वर्दियों में लैस लेकिन पाँवों से नंगे बहुत-से नौकर ऊँचे दर्जे में यात्रा करने वालों का सामान उठाने के लिए मौजूद थे। कुछ पुलिसवाले भी दिखाई दे रहे थे, लेकिन वे किसी की तलाश में होने की बजाय अपनी आम ड्यूटी कर रहे थे।

भगत सिंह, दुर्गा देवी, उनका बेटा सचिन और राजगुरु किसी का ध्यान खींचे बिना गाड़ी से उतर गए। भगवती चरण उन्हें स्टेशन से लिवाने आए थे। वे यह जानने के लिए उत्सुक थे कि आखिर उनका यह साला कौन था क्योंकि उनकी पत्नी का कोई भाई नहीं था। फिर भी उन्हें शंका थी कि शायद दुर्गा देवी के साथ भगत सिंह होंगे। वे कलकत्ता से छपने वाले 'स्टेट्समैन' में सांडर्स की हत्या के बारे में पढ़ चुके थे।

हालाँकि कलकत्ता अब भारत की राजधानी नहीं था, फिर भी इसकी राजसी भव्यता, इसकी शानो-शौकत में कोई कमी नहीं आई थी। नई दिल्ली सिर्फ राजनीतिक राजधानी

थी जबकि सामाजिक, आर्थिक और सांस्कृतिक गतिविधियों का वास्तविक केन्द्र अब भी कलकत्ता था। इसकी इमारतों में भव्यता और पार्कों में विविधता दिखाई देती थी।

भगवती चरण जानते थे कि पुलिस जल्दी ही भगत सिंह की तलाश में जुट जाएगी। उन्होंने भगत सिंह को अपने एक रईस मारवाड़ी मित्र छज्जुराम के घर पर ठहरा दिया। वे अलीपुर के पॉश इलाके में रहते थे, जहाँ के लम्बे-चौड़े बंगलों को प्रशंसा से निहारा तो जाता था लेकिन उनकी तलाशी नहीं ली जाती थी। वहाँ सरकार में दबदबा रखने वाले रईस लोग रहते थे। छज्जुराम और उनकी पत्नी लक्ष्मी देवी भगत सिंह के प्रशंसक थे। बल्कि वे सभी क्रान्तिकारियों के प्रशसंक थे कि कैसे ये मुट्ठीभर नौजवान ताकतवर गोरों से टकराने की हिम्मत कर रहे थे!

भगत सिंह को कलकत्ता के हाथ-रिक्शों को देखकर बड़ा दुख हुआ, जिन्हें इनसानों द्वारा खींचा जाता था। यह हिन्दुस्तान की गरीबी और उसके गरीबों की दुर्दशा का प्रतीक था। फिर भी, उन्हें ट्रॉम में चढ़ना-उतरना अच्छा लगा। विक्टोरिया मेमोरियल संगमरमर से बना होने के बावजूद आगरा के ताजमहल का मुकाबला नहीं कर पा रहा था। कलकत्ता के इस मेमोरियल में एक रूखापन, एक निष्ठुरता-सी थी, बिलकुल अंग्रेजों की तरह। लेकिन उन्हें बंगाल का खुलापन, इसका बहुजातीय और संभ्रांत परिवेश अच्छा लगा। वहाँ के लोग संगीत और कला के दीवाने थे। लेकिन भगत सिंह ने उनमें दम्भ की भावना भी महसूस की, मानो वे अपने-आपको दूसरों से श्रेष्ठ समझते हों। उन्हें इस बात का अफसोस था कि बंगाली क्रान्तिकारियों का जोश ठंडा पड़ चुका था, जिन्होंने कभी पूरे देश में आदर्शवाद और प्रतिबद्धता की भावना का संचार किया था। रास बिहारी बोस अब भी क्रान्ति का बिगुल बजा रहे थे लेकिन उनके अनुयायी बंगाल की बजाय पंजाब में ज्यादा थे।

भगत सिंह को याद आया कि जब विवाह न करने के सिलसिले में उन्होंने घर छोड़ा था तो कैसे कानपुर की बजाय कलकत्ता जाते-जाते रह गए थे। अरविंदो घोष और बरिंद्र कुमार जैसे क्रान्तिकारियों की असीम लोकप्रियता के बावजूद बंगाल के नौजवान आजादी की लड़ाई से दूर थे। वाइसरॉय लॉर्ड कर्जन के बंगाल के विभाजन के प्रस्ताव के बाद प्रदेश में आन्दोलन भड़क उठा था लेकिन लोगों पर अब इसका कोई खास प्रभाव दिखाई नहीं दे रहा था। उलटे, जब वे बंगाली क्रान्तिकारियों से मिले तो उन्हें पता चला कि वे सब प्रेरणा के लिए उन्हीं की तरफ देख रहे थे। पुलिस की नजरों में न आने के लिए भगत सिंह ने कलकत्ता में एक नया नाम अपना लिया था। अब वे 'हरी' के नाम से जाने जाते थे। वे अन्य बंगालियों की तरह धोती और शाल पहनने लगे थे और बी.के. दत्त से बंगाली भी सीख रहे थे।

भगत सिंह ने भारतीय राष्ट्रीय कांग्रेस के अधिवेशन में भाग लिया लेकिन उन्हें निराशा ही ज्यादा हुई। देश के सामने पूर्ण स्वाधीनता का लक्ष्य रखना चाहिए था और

ब्रिटिशों के साथ सभी तरह के सम्बन्ध खत्म कर देने चाहिए थे। लेकिन कांग्रेस नेता अब भी उपनिवेशीय दर्जे (डोमिनियन स्टेटस) की माँग पर बहस कर रहे थे, जिसके अन्तर्गत अन्तिम सत्ता ब्रिटिशों के हाथ में रहने वाली थी। सशर्त अधिकार कोई अधिकार नहीं था। ब्रितानी साम्राज्य के उपनिवेश के रूप में हिन्दुस्तान कैसे एक आजाद देश की तरह महसूस कर सकता था? और फिर अधिवेशन में किसी ने भी देश में मौलिक बदलावों को लेकर कोई बात नहीं की थी।

भगत सिंह को लगता था कि कांग्रेस अब भी उच्च वर्ग के हाथों में थी। वह सिर्फ अपने वर्ग के लोगों के लिए अधिकार प्राप्त करना चाहती थी। जहाँ तक लाखों-करोड़ों मजदूरों और किसानों का प्रश्न था, वे कांग्रेस की सोच के दायरे में कहीं भी नहीं आते थे। भगत सिंह ने मोजांग रोड की मीटिंगों में कई बार कहा था कि ''अगर हमें देश की आजादी की लड़ाई लड़नी है तो हमें मजदूरों, किसानों और आम जनता को साथ लेकर चलना होगा।'' उन्हें लगता था कि कांग्रेस के नेता पार्टी का जनाधार बढ़ाने से हिचकिचा रहे थे क्योंकि उन्हें डर था कि लोग कांग्रेस की आर्थिक नीति में बड़े और मूलगामी बदवावों की माँग करेंगे। इसलिए मजदूरों और किसानों को मुक्त करवाने की जिम्मेदारी क्रान्तिकारियों के कन्धों पर आ गई थी. सिर्फ विदेशी हुकूमत से ही नहीं बल्कि लोभी मालिकों और निर्मम जमींदारों से भी।

कांग्रेस अधिवेशन के बाद भगत सिंह का मन उखड़-सा गया। वे वहाँ से सीधे एक सिनेमा हॉल में गए। वे यह देखकर खुशी से झूम उठे कि वहाँ 'अंकल टॉम्स केबिन' फिल्म चल रही थी। वे अब्राहम लिंकन के प्रशंसक थे, जिन्होंने दास-प्रथा के उन्मूलन को लेकर अमेरिका के दक्षिण राज्यों को उत्तरी राज्यों से अलग होने से रोकने के लिए एक गृहयुद्ध लड़ा था। उत्तर-दक्षिण के इस बँटवारे ने भगत सिंह को लाला लाजपतराय के शब्दों की याद दिला दी, जो हिन्दुओं और मुसलमानों के लिए हिन्दुस्तान को दो हिस्सों में बाँटना चाहते थे। वे कामना कर रहे थे कि ऐसा कभी न हो। अगर ऐसा हुआ तो यह सोशलिस्ट विचारधारा का भी अन्त होगा। क्या 'बाँटो और राज करो' की ब्रिटिश नीति अपने पीछे एक कड़वी विरासत और विभाजित राष्ट्र छोड़ने जा रही थी? भगत सिंह को इस तरह की कल्पना से ही डर लगता था।

कलकत्ता में भगत सिंह की प्रफुल्ल गांगुली, ज्योतिश घोष, त्रिलोकीनाथ चक्रवर्ती, फणिन्द्रनाथ घोष और जतीन्द्रनाथ दास जैसे क्रान्तिकारियों से मुलाकात हुई। उस समय बंगाल के ज्यादातर क्रान्तिकारी शहर में ही थे। उन्होंने कहा कि वे 'अराजकतावाद' (अनार्किज्म) अर्थात् बम और बन्दूक का रास्ता छोड़ चुके थे। उनका मानना था कि लोगों को जागरूक और एकजुट करके भी सोशलिज्म की लड़ाई लड़ी जा सकती थी। उन्हें ऐसा नहीं लगता था कि काकोरी रेल डकैती या सांडर्स हत्याकांड

के बाद देश पूर्ण स्वाधीनता के लक्ष्य के ज्यादा नजदीक पहुँच गया था, क्रान्तिकारी स्थितियाँ पैदा होना तो दूर की बात थी।

फिर भी, बंगाल के क्रान्तिकारियों ने एक लम्बा रास्ता तय किया था। उनके पूर्ववर्तियों ने लोगों को धर्म के नाम पर जाग्रत करने की कोशिश की थी। 1894 में कलकत्ता में गठित 'अनुशीलन समिति' ने क्रान्तिकारियों को दो श्रेणियों में बाँटा था—जो धर्म में विश्वास करते थे और जो विश्वास नहीं करते थे। उस समय बंगाल के ज्यादातर क्रान्तिकारी बंकिमचन्द्र चटर्जी और स्वामी विवेकानंद के प्रभाव में थे। समिति के सदस्यों को हिन्दू धर्म ग्रंथ पढ़ने पड़ते थे, खासकर 'गीता'। बीसवीं सदी के शुरू में बंगाल के क्रान्तिकारियों को हिन्दू मिथकों पर आधारित गीतों और नारों से प्रेरणा मिला करती थी। एक लोकप्रिय प्रार्थना-गीत 'वन्देमातरम्' के माध्यम से देवी से वरदान माँगा जाता था।

पूना में प्लेग की महामारी के दौरान एक निरंकुश अंग्रेज प्रशासक रैंड को अपनी गोलियों का निशाना बनाने वाले चापेकर भाइयों को हिन्दू संस्कारों और रीति-रिवाजों से प्रेरणा मिला करती थी। वे खुलकर मुसलमानों का विरोध करते थे। कई वर्ष अंडमान की जेल में बिताने वाले वीर सावरकर भी इसी श्रेणी के क्रान्तिकारी थे। वे ब्रिटिशों के घोर विरोधी थे लेकिन उतने ही कट्टर हिन्दू भी। भगत सिंह यह सब जानते थे। उन्हें खुशी थी कि पंजाब के क्रान्तिकारी अलग मिट्टी के बने हुए थे और धर्मनिरपेक्षता में बहुत गहरी आस्था रखते थे।

महाराष्ट्र में चापेकर बन्धुओं द्वारा स्थापित 'हिन्दू संरक्षिणी समिति' में कोई बदलाव नहीं आया। लेकिन बंगाल की 'अनुशीलन समिति' में समय के साथ बदलाव की हवा दिखाई देने लगी थी और वह आर्थिक सुधार की बात करने लगी थी। 1902 की एक घोषणा में समिति ने कहा था, ''असमानता की स्थिति में मानवता विकास नहीं कर सकती। हमें सभी मनुष्यों में समानता लानी होगी, जिसके लिए धन-सम्पत्ति की असमानता, सामाजिक असमानता, सामुदायिक असमानता और क्षेत्रीय असमानता का उन्मूलन करना होगा। यह सब सिर्फ एक राष्ट्रीय सरकार के माध्यम से किया जा सकता है।''

जिन्दगी के तीस वर्ष जेल में बिताने वाले त्रिलोकीनाथ चक्रवर्ती ने भगत सिंह को सलाह दी कि उन्हें 5,000 स्वयंसेवकों का एक जत्था तैयार करना चाहिए, उसी तरह जैसे कांग्रेस ने अपने स्वयंसेवक तैयार करने का फैसला किया था। भगत सिंह ने बंगाल के क्रान्तिकारियों को धर्मनिरपेक्ष पाया। उन्हें पहली बार यह अहसास हुआ था कि धर्म और राजनीति को आपस में नहीं मिलाना चाहिए।

नौजवानों का जत्था तैयार करने का सुझाव नया नहीं था। भगत सिंह और उनके साथियों ने इसी उद्देश्य से अप्रैल 1925 में 'नौजवान भारत सभा' की स्थापना की

थी। भगवती चरण द्वारा लिखे गए इसके मैनिफेस्टो में नौजवानों से स्वतंत्र, शान्त और धैर्यपूर्ण ढंग से सोचने और भारत की स्वाधीनता को अपने जीवन के एकमात्र लक्ष्य के रूप में देखने का आह्वान किया गया था। मैनिफेस्टो में पूछा गया था, "क्या रूस की मुक्ति के लिए उसके नौजवानों ने बलिदान नहीं दिया था?" साथ ही, नौजवानों को धार्मिक भेदभाव के प्रति सचेत करते हुए कहा गया था—

> पीपल के पेड़ की एक टहनी काट देने से हिन्दुओं की धार्मिक भावना को ठेस पहुँच जाती है; ताजिए के कागज का एक कोना फट जाने से मुसलमानों की आस्था को चोट पहुँचती है और 'अल्लाह' नाराज हो जाता है, जो फिर काफिर हिन्दुओं के खून से कम में सन्तुष्ट नहीं होता। मनुष्य को पशु से ज्यादा महत्त्व दिया जाना चाहिए लेकिन यहाँ हिन्दुस्तान में वे 'पवित्र पशुओं' के नाम पर एक-दूसरे का सर तोड़ने के लिए तैयार रहते हैं।

'नौजवान भारत सभा' का सदस्य बनने से पहले हर सदस्य को अपने हस्ताक्षरों के साथ यह प्रतिज्ञा करनी पड़ती थी कि वह देश के हितों को साम्प्रदायिक हितों से ऊपर रखेगा। हलाल और झटका मीट साथ-साथ बनाया जाता था, जिसे हिन्दू, मुसलमान और सिख मिल-जुलकर खाते थे।

भगत सिंह इस बात को स्वीकार करते थे कि 'नौजवान भारत सभा' अभी नौजवानों को अपनी तरफ आकर्षित नहीं कर पाई थी। उनका मानना था कि सभी महान राष्ट्रीय आन्दोलन गुमनाम लोगों द्वारा शुरू किए जाते थे, जिनका समाज में कोई खास प्रभाव नहीं होता था। निष्ठा और संकल्प के अलावा और किसी चीज का महत्त्व नहीं था।

उन दिनों प्रोफेसर जयचन्द्र विद्यालंकार भी कलकत्ता में थे। लाहौर के नेशनल कॉलेज में उन्होंने ही भगत सिंह को क्रान्ति की राह अपनाने की प्रेरणा दी थी। उन्होंने भगत सिंह को प्रो. ज्योतिश घोष से मिलवाया, जो कलकत्ता रेव्योलूशनरी पार्टी के सदस्य थे। उनके माध्यम से भगत सिंह कई अन्य क्रान्तिकारियों से भी मिले, जिन्होंने अपने जीवन के सर्वोत्तम वर्ष जेलों में बिताए थे।

भगत सिंह सबसे ज्यादा त्रिलोकीनाथ चक्रवर्ती से प्रभावित हुए। चक्रवर्ती भी भगत सिंह के क्रान्तिकारी जज्बे से मंत्रमुग्ध थे। लेकिन न तो चक्रवर्ती और न बंगाल का कोई दूसरा क्रान्तिकारी उन तरीकों में विश्वास रखता था जो पंजाब और यू.पी. में भगत सिंह और उनके कॉमरेडों द्वारा अपनाए जा रहे थे। भगत सिंह का कहना था कि व्यक्तियों की हत्या नौजवानों को जोश दिलाने का एक तरीका मात्र था। यह एक साधन था, न कि लक्ष्य। उनका लक्ष्य क्रान्ति था, जिस पर पंजाब और बंगाल दोनों ही सहमत थे। भगत सिंह बम चाहते थे, और उन्हें बनाने की जानकारी भी। चक्रवर्ती को भगत सिंह की ईमानदारी और सच्चाई पर पूरा भरोसा

था। उन्होंने उन्हें रिवॉल्वर और कारतूस दिए, हालाँकि शुरू में वे ऐसा करने से इनकार करते रहे थे।

कलकत्ता में भगत सिंह जतीन्द्रनाथ दास से भी मिले। वे एक कर्मठ क्रान्तिकारी थे, जिन्होंने एच.एस.आर.ए. की गतिविधियों को बढ़ावा देने में महत्त्वपूर्ण भूमिका निभाई थी। दोनों जल्दी ही खूब घुल-मिल गए लेकिन दास ने उन्हें बम बनाने की जानकारी देने से मना कर दिया। उनका कहना था कि उनकी पार्टी 'वैयक्तिक आतंकवाद से जुड़ी गतिविधियों' का रास्ता छोड़ चुकी थी, और वे पार्टी का अनुशासन तोड़ने के लिए तैयार नहीं थे। लेकिन बाद में यह भरोसा हो जाने के बाद कि ब्रिटिश उच्च अधिकारियों की हत्या से नौजवानों में बहादुरी की भावना पैदा होगी और वे क्रान्तिकारी गतिविधियों में भाग लेने के लिए आगे आएँगे, उन्होंने अपना इरादा बदल दिया। उन्होंने देखा था कि इस तरह की दो-एक हत्याओं के बाद ब्रिटिश अधिकारियों में कितनी घबराहट मच गई थी। वे पहले की तरह निश्चिन्त दिखाई नहीं दे रहे थे।

भगत सिंह के कलकत्ता दौरे से कम-से-कम इतना जरूर हुआ था कि वहाँ के सुस्त पड़ चले क्रान्तिकारियों में फिर से जोश आ गया था। एक बार फिर सामाजिक ढाँचे में बदलाव को लेकर गर्मागर्म बहसें होने लगी थीं। 1917 की रूसी क्रान्ति ने उन सबको रोमांचित कर दिया था। विचारों को अपनी पैठ जमाने में कुछ समय जरूर लगा था लेकिन प्रगतिशील होना और गरीबों से सहानुभूति रखना दिनोंदिन फैशनेबल होता जा रहा था।

'डेमोक्रेसी' सैद्धान्तिक रूप से राजनीतिक और न्यायिक समानता की व्यवस्था थी लेकिन ठोस और व्यावहारिक रूप में यह एक अपर्याप्त व्यवस्था थी। घोर आर्थिक असमानताओं के रहते राजनीति में या कानून की नजरों में समानता सम्भव नहीं थी। जब तक रोजगार, अखबार, स्कूल और देश सभी वैचारिक मंच शासक वर्ग के हाथ में थे; जब तक सभी प्रशिक्षित सरकारी अधिकारियों के पदों पर इस वर्ग का एकाधिकार था और चुनावों को प्रभावित करने के लिए असीमित पूँजी भी; जब तक कानून शासक वर्ग द्वारा बनाए जा रहे थे; जब तक वकीलों की सेवाएँ सिर्फ सबसे ऊँची बोली लगाने वालों के लिए उपलब्ध थीं, और कानूनी लड़ाई मुश्किल और महँगी थी, तब तक कानून की नजरों में समानता सिर्फ नाम के लिए थी। क्रान्तिकारियों का यही मानना था और वे इसी तरह की बातें करते थे।

क्रान्ति की इस हवा की आँच ब्रिटिशों तक भी पहुँचने लगी थी। 1900 से 1936 तक भारतीय पुलिस से जुड़े रहे सर डेविड पेत्री, जो उस समय क्रिमिनल इंटेलीजेंस के असिस्टेंट डायरेक्टर थे, ने लंदन को 'बोल्शेविक खतरे' की चेतावनी देते हुए अपनी एक रिपोर्ट में लिखा था–

> बोल्शेविकों को पूरा भरोसा है कि ब्रिटिश हुकूमत की सबसे कमजोर रग हिन्दुस्तान है।...और वे बड़ी निष्ठा के साथ यह मानते हैं कि जब तक हिन्दुस्तान को आजाद नहीं कराया जाता, तब तक रूस को इंग्लैंड की तरफ से खतरा बना रहेगा।

गवर्नर-जनरल की एक्जीक्यूटिव काउंसिल के तत्कालीन गृह सदस्य सर जेम्स क्रिरैर ने कहा था कि भारत में 'कम्युनिज्म के सिद्धान्त और प्रयोग का संक्रमण' फैलने लगा था।

यह भरोसा हो जाने के बाद कि कुछ बंगाली क्रान्तिकारी पंजाबी क्रान्तिकारियों को बम बनाना सिखाने के लिए तैयार हो जाएँगे, भगत सिंह ने आगरा (यू.पी.) जाने का फैसला कर लिया। अब वही शहर क्रान्तिकारियों की गतिविधियों का नया केन्द्र होने जा रहा था।

3

दुनिया से गुलामी का मैं नाम मिटा दूँगा
इक बार जमाने को मैं आजाद करा दूँगा

आगरा में भगत सिंह और उनके दोनों कॉमरेडों ने हींग की मंडी में दो किराए के घर ले लिए। वह एक मामूली-सा इलाका था। सांडर्स की हत्या के बाद पंजाब से खिसक जानेवाले सभी कॉमरेड अब वहाँ इकट्ठे हो गए थे। लाहौर के मोजांग रोड वाले घर की तरह अब आगरा के ये दो घर उनके गुप्त ठिकाने और मिलने की जगह बन गए थे। चन्द्रशेखर आजाद, भगत सिंह, राजगुरु और सुखदेव–सभी वहाँ मौजूद थे। जतीद्रनाथ दास और बंगाल के एक अन्य क्रान्तिकारी ललित मुखर्जी उन्हें बम बनाने और उन्हें जमा करने की तकनीक सिखाने के लिए आगरा पहुँच चुके थे। नजदीक के झाँसी के जंगल बमों की आजमाइश के लिए सबसे अच्छी जगह थे।

आगरा के वे दिन मुफलिसी के दिन थे। क्रान्तिकारियों के पास न तो सोने के लिए पूरे बिस्तर थे, न पकाने के लिए पूरे बर्तन थे, और न खाने के लिए पर्याप्त भोजन था। बहुत बार ऐसा होता था कि अपने सीमित साधनों में गुजारा करने के लिए कुछ कॉमरेड दिन या रात का खाना नहीं खाते थे। तंगी में गुजारा करना एक ऐसी कला थी जो क्रान्तिकारियों ने कुछ ही दिनों में सीख ली थी। यह तंगी उन्होंने खुद चुनी थी, इसलिए उन्हें इसकी तकलीफों की परवाह नहीं थी। वे सब अपने घरों का सुख-आराम, अपने परिवारवालों का स्नेह और प्यार छोड़कर आए थे–किसी यश या आत्म-प्रशंसा के लिए नहीं, बल्कि एक महान लक्ष्य के लिए।

पैसों का इन्तजाम करना आजाद की जिम्मेदारी थी, जो इस सिलसिले में कई महत्त्वपूर्ण लोगों से मिलते रहते थे। मोतीलाल नेहरू और पुरुषोत्तम दास टंडन, जो यू.पी. में कांग्रेस के वरिष्ठ नेता थे, नियमित रूप से योगदान करते रहते थे। कुछ भारतीय अधिकारी किसी सन्देशवाहक के हाथ पैसे भिजवा देते थे। एक बार आजाद बंगाल के एडवोकेट-जनरल का बीयरर चेक देखकर हैरान रह गए। उन्होंने जल्दी से इसे भुना लिया, ताकि किसी को इसकी खबर न हो पाए।

अपने गुप्त अड्डे में दुबके क्रान्तिकारी दुनिया भर के विषयों पर बहस करते रहते थे—वह आर्थिक हो या राजनीतिक या फिर सामाजिक। उनका मानना था कि राज्य अपने-आप में कोई अन्तिम लक्ष्य नहीं था। मनुष्य कानून और राज्य के लिए नहीं था, बल्कि राज्य और कानून मनुष्य के लिए थे। किसी भी राजनीतिक या सामाजिक सिद्धान्त की अन्तिम कसौटी यह थी वह मनुष्य को स्वार्थ से ऊपर उठकर सभी की भलाई की नजरिए से सोचने की क्षमता दे पाता था या नहीं।

अकसर उनकी लम्बी बहसें माहौल को बहुत बोझिल बना देती थीं। इससे कुछ राहत पाने के लिए एक दिन राजगुरु ने एक पत्रिका से बाथिंग-सूट में एक सुन्दरी की तसवीर फाड़कर दीवार पर चिपका दी। आजाद इसे देखते ही भड़क उठे और उन्होंने इसे फाड़ डाला। उन्होंने कहा कि क्रान्तिकारियों के पास इस तरह के मन-बहलाव में उलझने का समय नहीं था। उन्हें एक लम्बा और कठिन रास्ता तय करना था। आजाद तसवीर को देखकर भड़के थे तो राजगुरु वहाँ मौजूद नहीं थे। कुछ देर बाद वे लौटे तो तसवीर को वहाँ न पाकर चौंके। इससे पहले कि वे कुछ पूछते, आजाद ने खुद ही उन्हें बता दिया कि उन्होंने क्या किया था। राजगुरु को और ज्यादा गुस्सा दिलाते हुए आजाद ने यह भी कह दिया कि वे हर खूबसूरत चीज को मिटा डालेंगे, और तो और, ताजमहल को भी। इस पर राजगुरु ने दुखी होते हुए कहा, ''हम यह सब दुनिया को खूबसूरत बनाने के लिए ही तो कर रहे हैं! कोई इस तरह की बातें कैसे कर सकता है?''

लेकिन आजाद सिर्फ गुस्से में बोल रहे थे। खाली बैठे-बैठे क्रान्तिकारियों को कोफ्त महसूस होने लगी थी। आजाद का गुस्सा ठंडा हुआ तो उन्होंने अपने शब्दों के लिए माफी माँगी। उन्होंने कहा कि वे खूबसूरती के खिलाफ नहीं थे लेकिन उन लोगों को अपनी नजरें अपने लक्ष्य पर टिकाए रखनी थीं।

इस घटना के बाद मीटिंगें और भी गम्भीर हो गईं। भगत सिंह हर सुबह नजदीक की एक लाइब्रेरी में जाते थे और फिर अपने साथियों को बताते थे कि उस दिन उन्होंने क्या पढ़ा। एक दिन उन्होंने कहा कि अपनी तमाम कोशिशों के बावजूद वे किसी ऐसी क्रान्तिकारी पार्टी का पता नहीं लगा पाए थे जो अपने लक्ष्यों को लेकर पूरी तरह स्पष्ट हो, जो साफ-साफ जानती हो कि वह क्यों लड़ रही है। उन्होंने कहा कि इसका इकलौता अपवाद 'गदर पार्टी' थी, जो अमेरिकी-शैली की सरकार से प्रेरित होने के कारण जानती थी कि उसे मौजूदा व्यवस्था की जगह रिपब्लिकन शैली की सरकार लानी थी। भगत सिंह का कहना था कि अन्य सभी पार्टियों के पास सिर्फ एक विचार होता था—विदेशी सरकार के खिलाफ लड़ना। यह एक अच्छा विचार था लेकिन इसे क्रान्तिकारी विचार नहीं कहा जा सकता था।

''हमें यह साफ करना होगा कि क्रान्ति का मतलब सिर्फ उथल-पुथल नहीं है,'' भगत सिंह ने कहा।

क्रान्ति में एक नए और बेहतर आधार पर समाज की योजनाबद्ध पुनर्रचना का कार्यक्रम होना जरूरी है, जिसके लिए मौजूदा व्यवस्था को अकसर पूरी तरह ध्वस्त करना पड़ता है। हर पीढ़ी इस भ्रम में जीती है कि मौजूदा सामाजिक संस्थाएँ प्राकृतिक और स्थायी हैं। फिर भी, अनगिनत वर्षों से सामाजिक संस्थाओं को अस्थायी जरूरतों के अनुसार बदला जाता रहा है।

'गदर पार्टी' भगत सिंह के लिए एक प्रेरणा-स्रोत बन गई थी। यह ऐसा सबसे पहला उग्रवादी समूह था, जिसने ताकत से भारत को आजाद कराने की कोशिश की थी और भगत सिंह और उनके साथी भी यही करना चाहते थे। 'गदर पार्टी' की स्थापना कनाडा और अमेरिका में बसे भारतीयों ने की थी, ताकि भारत में ब्रिटिश हुकूमत के खिलाफ लड़ाई छेड़ी जा सके। पार्टी का लक्ष्य उसके मैनिफेस्टो से साफ हो जाता था–'हमारा नाम क्या है? गदर। हमारा काम क्या है? गदर। गदर कहाँ होगा? हिन्दुस्तान में। जल्दी ही वह वक्त आएगा जब कलम और स्याही की जगह राइफलें और खून ले लेगा।'

'गदर पार्टी' पूरी तरह धर्मनिरपेक्ष थी, जो बात भगत सिंह के अपने दिल में भी थी। 'गदर पार्टी' द्वारा जारी की गई एक पुस्तिका में एक कविता थी, जिसका हिन्दी अनुवाद कुछ इस प्रकार है–

हमें न पंडित चाहिए न मुल्ला
न आयतें न मंत्रोच्चार
ये वे रुकावटें हैं
जो हमारी कश्ती को डुबो देंगी।
अपनी तलवारें निकालो, यह लड़ाई का वक्त है
हम हिन्दू हों, मुसलमान हों, सिख हों
पर सबसे पहले हम भारत-पुत्र हैं,
अपने आपसी झगड़े हम फिर कभी निपटा लेंगे
यह जिन्दगी और मौत की घड़ी है।
हम बेसुध सोते रहे
और फिरंगी हमारी सरकार पर काबिज हो गए
हम फिजूल की बातों में पड़े रहे
झगड़ालू रंडियों की तरह आपस में उलझते रहे।
हम सब इसी देश में पैदा हुए
पर जाति के कारण ऊँचे और नीचे हो गए
ये मूर्खतापूर्ण बँटवारे हमने ही किए हैं
झगड़ों-फसादों के बीज हमने खुद बोये हैं।

कुछ गाय को पूजते हैं, कुछ सूअर से नफरत करते हैं
गोरा हर जगह इन दोनों को खाता है,
भूल जाओ कि तुम हिन्दू हो, भूल जाओ कि तुम मुसलनान हो,
अपनी धरती और नस्ल को बचाने की प्रतिज्ञा करो।

ऐसे समय में जब महाराष्ट्र और बंगाल में हिन्दू पुनरोत्थान की लहर बह रही थी (महाराष्ट्र में 'शिवाजी' के नाम पर और बंगाल में विनाश की देवी 'काली' के नाम पर हिन्दू पुनर्जागरण के प्रयास जारी थे), मुसलमानों को राष्ट्रीय आन्दोलन से दूर रखा जा रहा था और बाल गंगाधर तिलक जैसे राष्ट्रवादी नेता भी उन्हें 'मलेच्छ' घोषित कर रहे थे 'गदर पार्टी' ने धर्मनिरपेक्षता में अपनी निष्ठा बनाए रखी थी।

सिख 'गदर पार्टी' की रीढ़ थे। उसकी भाषा गुरमुखी और कार्रवाई के केन्द्र गुरुद्वारे थे। पार्टी ने सिखों को राष्ट्रीय आन्दोलन की मुख्यधारा में लाकर उन पर लगा यह कलंक धो डाला था कि 1857 के पहले स्वतंत्रता संग्राम में उन्होंने ब्रिटिशों का साथ दिया था।

'गदर पार्टी' के विद्रोह की शुरुआत 1914 में हुई। पार्टी के एक नेता गुरदीप सिंह, जो अमृतसर के थे, ने एक जापानी जहाज 'कामागाटामारू' को हांगकांग से कनाडा जाने के लिए चार्टर किया था। इस जहाज में 376 भारतीय सवार थे, जिनमें से ज्यादातर सिख थे। उन दिनों भारतीय प्रवासियों के वहाँ जाने पर कोई पाबन्दी नहीं थी। जहाज कनाडा के तट पर पहुँचा तो उसे घेर लिया गया और यात्रियों से कहा गया कि उन्हें वहाँ उतरने की अनुमति नहीं थी। गुरदीप सिंह को एकमुश्त चार्टर का बकाया चुकाने के लिए कहा गया। गुरदीप सिंह ने कहा कि वे माल बेचने के बाद किराया चुका देंगे लेकिन उन्हें माल उतारने की अनुमति भी नहीं दी गई। वेंकुवर में रहने वाले भारतीयों ने जहाज को छुड़वाने के लिए आन्दोलन शुरू कर दिया। इनमें हुसैन रहीम नामक एक वकील सबसे आगे थे। कुछ कनाडावासी भी आन्दोलनकारियों में शामिल हो गए। फिज्रॉल्ड नामक एक सोशलिस्ट नेता ने इस अवसर पर आन्दोलनकारियों से जो शब्द कहे, उन्हें बाद में भगत सिंह ने भी अपने कॉमरेडों को प्रेरित करने के लिए इस्तेमाल किया। फिज्रॉल्ड ने कहा था–"उठो और अपने हथियार उठाओ और अपनी आजादी के लिए लड़ो। अपने देशवासियों से वापस लौटने और हिन्दुस्तान से गोरों का सफाया करने के लिए कहो।"

दिल्ली में वाइसरॉय ने न तो फँसे हुए यात्रियों के लिए कोई हमदर्दी दिखाई और न बीच-बचाव करके उनकी मदद करने की कोशिश की। आखिर दो महीने बाद कनाडा ने बन्दूकों की नोक पर 'कामागाटामारू' को वापस लौटने के लिए मजबूर कर दिया। कनाडा से कलकत्ता तक की लम्बी सजा के दौरान जहाज को किसी बन्दरगाह पर लंगर डालने की अनुमति भी नहीं दी गई।

कनाडा में बसे मेक सिंह नामक एक गुमनाम ग्रंथी ने इस अपमान का बदला लेने के लिए विलियम हॉपकिंस को वेंकुवर की भारी अदालत में गोलियों से भून डाला, जो वहाँ 'गदर पार्टी' की विचारधारा की धज्जियाँ उड़ाने के इरादे से गए थे। इस घटना के बाद वेंकुवर के सिख समुदाय में तनाव पैदा होना स्वाभाविक था। उनमें से कुछ स्थानीय आप्रवासन अधिकारी विलियन हॉपकिंस को सख्त नापसन्द करते थे। हॉपकिंस कभी कलकत्ता पुलिस से जुड़े रहे थे और धड़ल्ले से हिन्दी बोलते थे। इतना ही नहीं, वे कामचलाऊ पंजाबी भी जानते थे। वे 1907 में वेंकुवर आए थे और कनाडा सरकार के इमिगरेशन इंस्पेक्टर और इंटरप्रेटर (दुभाषिए) बन गए थे। वे ब्रिटिश कोलम्बिया में बसे पूर्वी भारतीय चरमपंथियों की गतिविधियों पर भी नजर रखे हुए थे और ब्रिटिश-समर्थक सिख मुखबिरों का एक नेटवर्क बनाने की कोशिश कर रहे थे। मेक सिंह ने फाँसी से पहले एक बयान जारी करके कहा था–"मेरा धर्म किसी के प्रति दुश्मनी रखना नहीं सिखाता, वह किसी भी वर्ग, नस्ल या जाति का क्यों न हो। हॉपकिंस के साथ भी मेरी कोई दुश्मनी नहीं थी।"

आखिरकार, 'कामागाटामारू' हुगली की बज-बज बन्दरगाह पर आ लगा। पुलिस ने जहाज की तलाशी ली, लेकिन उसे कोई हथियार नहीं मिला। यात्रियों को एक ट्रेन में ठूँसकर पंजाब रवाना कर दिया गया। कुछ यात्री 'गुरु ग्रंथ साहिब' की एक प्रति कलकत्ता के गुरुद्वारे में जमा करवाने पर तुले हुए थे। पुलिस ने पवित्र धर्मग्रंथ ले जा रहे जुलूस पर गोलियाँ बरसाईं, जिसमें अठारह लोग मारे गए। 200 से भी ज्यादा को जेल में ठूँस दिया गया।

कामागाटामारू की यह घटना एक ऐसी चिनगारी साबित हुई जिसने विदेशों में बसे भारतीयों के दिलों में विद्रोह की आग भड़का दी। पार्टी का मुखपत्र 'गदर' निर्भीकतापूर्वक लोगों को विद्रोह के लिए उकसाता रहा। विदेशों में बसे हजारों भारतीय जहाजों और कश्तियों पर सवार होकर भारत लौटने लगे।

7 अगस्त के 'पोर्टलैंड टेलीग्राम' ने इस घटनाओं को साम्प्रदायिक रंग देते हुए निम्नलिखित खबर छापी–

> *क्रान्ति में हिस्से लेने के लिए हिन्दू घर लौट रहे हैं।*
>
> एस्टोरिया (ओरगॉन) 7 अगस्त : दक्षिण की तरफ जानेवाली हर रेलगाड़ी और कश्ती में शहर के हिन्दुओं की भारी संख्या दिखाई देने लगी है। अगर उनके शहर छोड़ने का सिलसिला इसी तरह जारी रहा तो एस्टोरिया जल्दी ही पूर्वी भारतीयों से खाली हो जाएगा। हैमंड हिल्स में काम करने वाले ज्यादातर हिन्दू जा चुके हैं और बाकी निकट भविष्य में जाने की तैयारी कर रहे हैं। ऐसा कहा जा रहा है कि ये लोग सैन फ्रांसिस्को के रास्ते हिन्दुस्तान लौट रहे हैं। यह भी कहा जा रहा है कि सैन फ्रांसिस्को में एक जहाज चार्टर

किया गया है, ताकि यूरोपीय युद्ध में फँसे इंग्लैंड के खिलाफ हिन्दुस्तान में होने जा रही क्रान्ति में मदद पहुँचाई जा सके। कहा जाता है कि एक जापानी स्टीमर हिन्दुओं को उनके देश तक ले जाएगा।

उस समय 'गदर पार्टी' का कोई नेता नहीं था। सैन फ्रांसिस्को में 'अनार्किस्ट' (अराजकतावादी) घोषित कर दिए जाने के बाद सेक्रेटरी जनरल हरदयाल स्विट्ज़रलैंड भाग गए थे। दो अन्य नेता—सोहन सिंह भाकना और करतार सिंह भारत पहुँच चुके थे। 'गदर पार्टी' को हरदयाल के एक नुमाइन्दे रामचन्द्र चला रहे थे। वे सभी भारतीयों को पंजाब के मोगा शहर में इकट्ठे होने के लिए कह रहे थे। "तुम्हारा काम बिलकुल स्पष्ट है। हिन्दुस्तान पहुँचो। देश के कोने-कोने में बगावत कर दो। अमीरों को लूटो और गरीबों पर दया करो। इस तरह तुम्हें दुनियाभर की हमदर्दी मिलेगी। हिन्दुस्तान पहुँचने के बाद तुम्हें हथियार मुहैया करवा दिए जाएँगे। ऐसा न हो पाया तो पुलिस स्टेशनों को लूटकर राइफलें हथिया लो। बेधड़क होकर अपने लीडरों के हुक्म का पालन करो।"

'कोरिया' नामक एक दूसरे जहाज में भी कुछ भारतीय सवार थे। उन्हें कलकत्ता पहुँचते ही गिरफ्तार कर लिया गया। जो थोड़े-बहुत लोग पुलिस को चकमा देने में सफल रहे, वे किसी तरह मोगा जा पहुँचे लेकिन उनके पास हथियार नहीं थे। हालाँकि वे कई दिनों तक किसी तरह की मदद का इन्तजार करते रहे। आखिर अपने-अपने गाँवों में लौटने के अलावा उनके पास कोई दूसरा चारा न रहा।

हांगकांग, चीन, जापान, बोरनियो और फिलीपींस से आनेवाले लोगों ने वहाँ तैनात हिन्दुस्तानी फौज से सम्पर्क किया था लेकिन 26वीं पंजाबी रेजिमेंट को छोड़कर किसी ने उनका साथ नहीं दिया। ब्रिटिशों ने इसे निर्ममतापूर्वक कुचल दिया।

दूसरी तरफ जहाँ पूर्वी बन्दरगाहों से आनेवाले ज्यादातर गदरी पकड़ लिए गए थे, वहीं दक्षिणी हिस्सों से आनेवाले बहुत-से लोग पंजाब पहुँचने में सफल रहे—लगभग 1000 लोग। 19 मार्च, 1915 को सरकार ने 'डिफेंस ऑफ इंडिया एक्ट' पास कर दिया। इससे प्रशासन को यह शक्ति मिल गई कि वह 'किसी भी' प्रशासनिक या सैन्य अधिकारी को यह अधिकार दे सके कि वह किसी भी क्षेत्र में किसी ऐसे व्यक्ति के प्रवेश या निवास पर रोक लगा सके जिस पर सार्वजनिक सुरक्षा की दृष्टि से संदिग्ध गतिविधियों में लिप्त होने का सन्देह हो, और चाहे तो वह ऐसे व्यक्ति को किसी विशेष क्षेत्र में रहने का निर्देश दे सके।

आखिरकार गदरियों को भारी नुकसान उठाना पड़ा क्योंकि उनके पास न कोई स्पष्ट कार्यक्रम था और न रणनीति। गदरियों के जोश का इस्तेमाल करने के लिए उस समय कोई क्रान्तिकारी नेता भी नहीं था भगत सिंह ने एक आह भरते हुए सोचा था उन्हें पंजाब के लोगों का सहयोग भी नहीं मिला था। हालाँकि प्रथम विश्वयुद्ध

ने एक अच्छा अवसर प्रदान किया था, लेकिन ब्रिटिशों के खिलाफ कोई आन्दोलन नहीं हुआ था। इसकी बजाय गांधीजी ने सेना के लिए चिकित्सीय सेवाओं में हाथ बँटाने का फैसला किया था। तिलक जैसे 'रैडिकल' (मूलवादी) भी इंग्लैंड की युद्ध-तैयारियों में बाधा नहीं पहुँचाना चाहते थे। गदरियों को 'अनचाहे' लोगों की तरह देखा जाता था। पुलिस बिना वजह उन्हें तंग करती रहती थी और उन्हें जब-तब पकड़कर बन्द कर देती थी। कुछ को मार भी डाला गया।

बज-बज बन्दरगाह पर हुई गोलीबारी की न्यायिक रिपोर्ट से पता चलता है कि गदरियों को कितने रूखे स्वागत का सामना करना पड़ा। "किसानों को उनकी हरकतें सही नहीं लगती थीं, इनके पीछे देशभक्ति का कैसा भी मकसद क्यों न हो। किसानों की नजरों में ये इन्कलाबी शरीफ लोगों के कातिल और लुटेरे थे...जिन्हें हर तरीके से रोकना और पकड़ना जरूरी था।"

फिर भी, गदरियों ने हिम्मत नहीं हारी। वे बंगाल के क्रान्तिकारी रास बिहारी बोस से मिले, जिन्होंने अब कलकत्ता की जगह लाहौर को अपना अड्डा बना लिया था। उनके लोग बहुत-सी छावनियों में जाकर भारतीय सैनिकों से मिले, ताकि उन्हें विद्रोह के लिए राजी कर सकें। फिरोजपुर छावनी को इस मामले में सबसे उपयुक्त छावनी माना जा रहा था। बोस को उम्मीद थी कि वहाँ के सैनिक विद्रोह के लिए तैयार हो जाएँगे, जिसकी लपटें देखते-ही-देखते सारे देश में फैल जाएँगी। उन्हें यह भी उम्मीद थी कि उनके द्वारा स्थापित क्रान्तिकारी सरकार को अफगानिस्तान की सरकार मान्यता प्रदान कर देगी।

बोस ने विद्रोह के लिए 21 फरवरी, 1915 का दिन चुना था। लाहौर की 23वीं कैविलरी को और इसके बाद अन्य छावनियों के सैनिकों को ब्रिटिश अधिकारियों को मौत के घाट उतारकर तोपखानों पर कब्जा कर लेना था और राइफलें क्रान्तिकारियों को बाँट देनी थीं। गदरियों ने अमृतसर और लुधियाना के नजदीक झाब्ल में बम बनाने की फैक्टरियाँ स्थापित कर ली थीं। उन्होंने रेल की पटरियाँ उड़ाने और टेलीग्राफ की तारें काटने की ट्रेनिंग भी ले ली थी। 'ऐलान-ए-जंग' के पोस्टर बन चुके थे, जिन्हें साइक्लोस्टाइल करके वितरण के लिए तैयार किया जा रहा था।

लेकिन तभी मुला सिंह नामक एक गदरी संयोग से पुलिस के हाथ पड़ गया, जिसने सारा भेद खोल दिया। बोस ने विद्रोह की तारीख दो दिन पीछे करके 17 फरवरी कर दी लेकिन तब तक उनके द्वारा चुनी गई छावनियों को निःशस्त्र कर दिया गया था। बहुत-से गदरियों को पकड़कर जेलों में ठूँस दिया गया लेकिन बोस भाग निकलने में सफल रहे।

पूरे 249 गदरियों पर मुकदमा चलाया गया। बयालीस को मौत की सजा सुनाई गई। 114 को कालापानी (अंडमान) और 93 को दूसरी सख्त सजाएँ सुनाई गईं।

23वीं कैविलरी (घुड़सवार सेना) का असम में तबादला कर दिया गया लेकिन उनके सामान में छिपा एक बम फट जाने के कारण उनका भेद खुल गया। परिणामस्वरूप उनमें से बारह को फाँसी और छह को उम्रकैद की सजा दी गई।

इस तरह गदर की चिनगारियों को सख्ती से मसल दिया गया लेकिन इन चिनगारियों से मूलगामी अकाली आन्दोलन का जन्म हुआ। बब्बर खालसा, अकाली चरम पंथ जैसे आन्दोलन गदर की ही उपज थे। उन्होंने गदरियों की मौत का बदला लेने के लिए कई अंग्रेजों को मौत के घाट उतार दिया। कुछ गदरी अपनी सजाएँ भुगत लेने के बाद पंजाब लौट आए और अंग्रेजों के खिलाफ फिर से बगवत की कोशिशों में जुट गए। कुछ वामपंथी राजनीतिक आन्दोलन भी शुरू हुए। 'कीर्ति' ऐसा ही एक आन्दोलन था।

भगत सिंह ने अपने साथियों को 'गदर पार्टी' के इतिहास के बारे में बताया। इससे पता चलता था कि क्रान्तिकारियों के लिए मौत को गले लगाना बड़ी स्वाभाविक बात थी।

इसमें कोई शक नहीं था कि गदर में भाग लेने वाले लोग बड़े बहादुर थे। उनके बलिदान पर भी कोई सन्देह नहीं था लेकिन सवाल यह था कि उन्हें कितनी सफलता मिली थी।

भगत सिंह और उनके कॉमरेड बार-बार अपने-आपसे यही सवाल पूछ रहे थे कि क्या वे वह सब हासिल कर रहे थे जिसके लिए उन्होंने अपना घर-बार छोड़ा था? क्या उनकी कोशिशों से देश क्रान्ति की तरफ बढ़ रहा था? क्या उन्हें अपने तौर-तरीके बदल लेने चाहिए? क्या उन्हें किसी तरह का समझौता कर लेना चाहिए?

उनके पास इन सवालों का कोई जवाब नहीं था। फिर भी, उनकी सफलता कितनी ही सीमित क्यों न हो, उन्हें अपने लक्ष्य को लेकर कोई सन्देह नहीं था। देश के पतन का सबसे बड़ा कारण विदेशी पराधीनता थी। दमनकारियों के खिलाफ खड़े होनेवाले किसी भी देश को शुरू में असफलताएँ मिलना स्वाभाविक था। अपने संघर्ष के दौरान वह कुछ सीमित सुधार ला सकता था। लेकिन संघर्ष के अन्तिम चरण में ही—राष्ट्र की सारी ताकत और साधनों को इस संघर्ष में झोंक देने के बाद—वह विदेशी सत्ता पर अन्तिम प्रहार कर सकता था।

फिर भी, भगत सिंह और उनके साथी बार-बार यही सोच रहे थे कि क्या उनके तौर-तरीकों से इच्छित परिणाम हासिल हो रहे थे। लोगों का ध्यान खींचने के लिए कभी-कभी बमों का प्रयोग जरूरी हो सकता था, लेकिन क्रान्तिकारियों के लिए अपने तर्कों और व्यक्तिगत उदाहरणों के माध्यम से लोगों को यह समझाना जरूरी था कि उन्होंने जो तरीका चुना था वह विदेशी गुलामी और निर्धनता की जंजीरों से मुक्ति पाने का सबसे सही तरीका था।

शासक वर्ग अपने हितों की रक्षा के लिए सरकारी मशीनरी का इस्तेमाल कर रहा था। "हम इसे उनके हाथों से छीनकर अपने आदर्शों की स्थापना के लिए इस्तोमल करना चाहते हैं, अर्थात् सामाजिक पुनर्निर्माण के उद्देश्य के लिए।" लेकिन फिर, भगत सिंह ने कहा, "हमें अपने सामाजिक कार्यक्रमों के लिए एक सही माहौल तैयार करने के लिए जनता को शिक्षित करना होगा।"

क्रान्तिकारियों का खयाल था कि देश में उदारवार की हवा बह रही थी। नेहरू ने भी सोशलिज्म के इन झोंकों को महसूस किया था। कांग्रेस कार्यकर्ता 'डेमोक्रेसी' के बारे में ब्रायस और 'रेव्योलूशन' के बारे में माजिनी की किताबें माँग-माँगकर पढ़ रहे थे। ब्रिटिशों को अपनी गुप्तचर सेवाओं से पता चला था कि मजदूरों, छात्रों और नौजवानों पर क्रान्तिकारियों का प्रभाव दिनोंदिन बढ़ रहा था। ट्रेड यूनियन गतिविधियाँ भी तेज हो गई थीं। कुछ भारतीय अधिकारियों पर भी क्रान्तिकारियों से सहानुभूति रखने का सन्देह किया जा रहा था।

अपने आगरा के अड्डे पर भगत सिंह और उनके साथी सांडर्स की हत्या के प्रभावों की चर्चा कर रहे थे। उन्हें लग रहा था कि इसका वैसा प्रभाव नहीं पड़ा था जिसकी वे उम्मीद कर रहे थे। जैसाकि उन्होंने सोचा था, अंग्रेजों में इंग्लैंड भागने की कोई आपाधापी दिखाई नहीं दे रही थी। कुछ ही लोगों ने अपने बीवी-बच्चों को इंग्लैंड भेजा था। अंग्रेजों की शुरू की घबराहट की जगह अब इस विश्वास ने ले ली थी कि सरकार द्वारा उठाए जानेवाले कड़े कदमों से बागियों के होश ठिकाने आ जाएँगे। कांग्रेस या गांधीजी उनके लिए कोई मुसीबत नहीं थे; उन्हें सिर्फ क्रान्तिकारियों से खतरा था। इसलिए ब्रिटिशों ने सेंट्रल असेम्बली में दो बिल लाने का फैसला किया था—एक राजनीतिक और श्रमिक गतिविधियों को रोकने के लिए और दूसरा, क्रान्तिकारियों पर लगाम लगाने के लिए।

सांडर्स की हत्या के साढ़े नौ महीने बाद भी पुलिस हत्यारों का पता नहीं लगा पाई थी। वाइसरॉय ने सेक्रेटरी ऑफ स्टेट को भेजे एक तार में कहा था, "सांडर्स हत्याकांड की छानबीन कोई खास आगे नहीं बढ़ पाई है।" इस पर लंदन ने अपने जवाब में कहा था, "यह जानकर बड़ी निराशा हुई है कि छानबीन में सन्तोषजनक तरक्की नहीं हुई है।"

वाइसरॉय इर्विन ने दोनों बिलों पर बहस के लिए 8 अप्रैल, 1929 का दिन तय किया था। क्रान्तिकारियों ने अपना विरोध जताने के लिए यही दिन चुना। वे जानते थे कि उनकी गिरफ्तारी के बाद ब्रितानी कानून उनके साथ इनसाफ नहीं करेगा। इनसाफ के नाम पर ब्रितानियों द्वारा इनसाफ का नाटकभर किया जाएगा।

दोनों ही बिल अंग्रेजी हुकूमत के विरोध की कमर तोड़ने के इरादे से गढ़े गए

थे। पहला बिल, पब्लिक सेफ्टी बिल (सार्वजनिक सुरक्षा विधेयक) सरकार को यह अधिकार देने के लिए था कि वह किसी को भी मुकदमा चलाए बिना जेल में बन्द कर सके। दूसरा बिल, ट्रेड डिस्प्यूट्स बिल (श्रमिक विवाद विधेयक) मजदूर यूनियनों को हड़ताल करने से रोकने के लिए था, खासकर बम्बई में, जहाँ मिल-मालिकों को पगार बढ़ाने के लिए मजबूर होना पड़ा था।

आगरा के अपने ठिकाने पर क्रान्तिकारी पिछले कई घंटों से इन दोनों बिलों पर बहस कर रहे थे। इन बिलों का देश पर क्या असर होगा और उनकी अपनी गतिविधियों पर इनका क्या असर पड़ेगा? वे असेम्बली को एक बेकार की संस्था मानते थे। इससे दुनिया के सामने हिन्दुस्तान की शर्मिन्दगी और लाचारगी जाहिर होती थी, और एक गैर जिम्मेदाराना और तानाशाह हुकूमत को मान्यता मिलती थी। फिर भी, असेम्बली का अपना महत्त्व था क्योंकि वह एक नाजायज सरकार पर अधिकारिक मोहर लगाती थी।

यही वह समय था जब क्रान्तिकारी सोचने लगे कि क्या असेम्बली को एक मंच की तरह इस्तेमाल किया जा सकता था—यह बताने के लिए कि इन दोनों बिलों से ब्रिटिश शासन की अत्याचारी प्रकृति खुलकर सामने आ गई थी? क्या अपना विरोध जताने के लिए असेम्बली एक सही जगह हो सकती थी? इसमें कोई सन्देह नहीं था कि इन बिलों के माध्यम से क्रान्तिकारियों को साफ-साफ यह सन्देश दिया जा रहा था कि वे और ज्यादा दमन और दंड के लिए तैयार रहें। क्या उन्हें इस चुनौती का जवाब देना चाहिए? क्या उन्हें खुलकर मैदान में आ जाना चाहिए और अपनी और एच.एस.आर.ए. की लोकप्रियता को कसौटी पर कसकर देखना चाहिए?

हालाँकि क्रान्तिकारी यह महसूस कर रहे थे कि वे अपने लक्ष्य की तरफ बढ़ रहे थे। फिर भी, अपने काम की प्रकृति के कारण वे एक रुकावट-सी महसूस कर रहे थे। उनका काम लुका-छिपा-सा काम था; उनकी गतिविधियाँ गुप्त गतिविधियाँ थीं; बिल पास हो जाने के बाद उन्हें और ज्यादा लुक-छिपकर काम करना पड़ता। उनके सामने प्रश्न यह था कि उनका सन्देश जनता तक कैसे पहुँचे। सांडर्स की हत्या के बाद वे पूरे देश की नजरों में आ गए थे लेकिन इस घटना को अब एक वर्ष बीत चुका था। उन्हें एक बार फिर अपने और अपने ध्येय की तरफ लोगों का ध्यान खींचने के लिए क्या करना चाहिए? क्या किसी दूसरे अंग्रेज अधिकारी की हत्या? क्या इससे कोई फायदा होगा? उन्हें पहले ही यह अहसास होने लगा था कि असली जरूरत देश में एक जनमानस तैयार करने और लोगों को अपनी विचारधारा के साथ जोड़ने की थी, न कि बमों और हत्याओं की।

वे जानते थे कि असेम्बली के बाहर किसी तरह का विरोध प्रदर्शन उन्हें मुसीबत में डाल सकता था। उन्हें गिरफ्तार करके सीधा जेल में ठूँस दिया जाएगा। इसलिए

उन्होंने सोचा कि अपना सन्देश जनता तक पहुँचाने के लिए उन्हें असेम्बली के अन्दर ही कुछ करना होगा। कोई ऐसा शान्तिपूर्ण तरीका, जिसके माध्यम से वे अपनी उपस्थिति और अपना विरोध दर्ज करवा सकें। इससे ब्रिटिशों के इस झूठे दावे की भी पोल खुल जाएगी कि वे 'हत्यारों की एक टोली' मात्र थे। सरकार ने जान-बूझकर उन्हें बदनाम करने की कोशिश की थी। उन्हें सरकार को बेनकाब करना होगा।

एच.एस.आर.ए. के अगले कदम पर कोई फैसला लेने के लिए पार्टी की एक औपचारिक मीटिंग रखी गई। हमेशा की तरह भगत सिंह सबसे पहले बोले। उन्होंने कहा, ''अंग्रेज हमें लूटने-मारने पर तुले हुए हैं और वे हमें इसके खिलाफ आवाज उठाने की इजाजत भी नहीं देना चाहते। इसके बाद और कड़े कानून बनाए जाएँगे। हम पहले ही गुलाम हैं, इसके बाद हमारे सामने विरोध की गुंजाइश भी नहीं रहेगी।'' उन्होंने लाहौर में सुखदेव से बात की थी कि विरोध जताने का सबसे अच्छा तरीका क्या हो सकता था। संयुक्त प्रान्त (यू.पी.) के एक कॉमरेड ताराचन्द्र ने भगत सिंह का समर्थन करते हुए कहा, ''हमें असेम्बली के सदस्यों की आँखें और कान खोलने की कोशिश करनी होगी, खासकर हिन्दुस्तानियों की। हमारे सामने दूसरा कोई रास्ता नहीं है।''

''कैसे?'' आजाद ने जानना चाहा।

हर कोई इस बात से सहमत था कि बिलों के खिलाफ जोरदार आवाज उठानी सबसे अहम बात थी।

क्रान्तिकारियों ने फैसला किया कि उनके दो कॉमरेड पब्लिक गैलरी से सेंट्रल असेम्बली में बम फेंकेंगे, और इस बात का ध्यान रखेंगे कि किसी को चोट न आए। दिन-दहाड़े एक सार्वजनिक स्थान पर इस तरह के बम-विस्फोट से लोग यह सोचने के लिए मजबूर हो जाएँगे कि क्रान्तिकारियों ने अपनी जान जोखिम में डालकर भारी सुरक्षा वाला एसेम्बली हॉल ही क्यों सुना। इससे एक बहस की शुरुआत हो जाएगी। लोगों को यह अहसास हो जाएगा कि क्रान्तिकारी ब्रिटिशों के 'जंगल-राज' के खिलाफ आवाज उठाना चाहते थे और उन्हें अपनी गिरफ्तारी की परवाह नहीं थी।

इस काम के लिए बी.के. दत्त और रामसरन दास को चुना गया। बी.के. यानी बटुकेश्वर दत्त के साथ भगत सिंह की कानपुर की यादें जुड़ी हुई थीं। उन्हें वे दिन याद आ गए जब वे दोनों क्रान्ति के बारे में और इसके जरिए हिन्दुस्तान में किए जानेवाले बदलावों के बारे में घंटों बात करते रहते थे। बटुकेश्वर दत्त ने ही भगत सिंह को वह गीत सिखाया था जिसे वे दोनों अकसर साथ-साथ गुनगुनाते रहते थे—

एक हिलोरा इधर से आए
एक हिलोरा उधर से आए

सारा उलट-पुलट हो जाए,
धुआँधार जगत में छाए
नाश और सत्यानाश की धूल
उड़ चले दाएँ - बाएँ।

1915 में काला पानी (अंडमान) की सजा हो जाने के बाद रामसरन दास हाल ही में वापस लौटे थे। अपनी रिहाई के बाद वे भगत सिंह से मिले थे और एच.एस. आर.ए. के कार्यकर्ता बन गए थे। दोनों के विचारों में बहुत भिन्नता थी, फिर भी वे गाढ़े दोस्त बन गए थे। बाद में दास ने एक किताब भी लिखी– 'ड्रीमलैंड'–जिसकी भूमिका खुद भगत सिंह ने लिखी थी–

> सृष्टि की उनकी व्याख्या सैद्धान्तिक और अलौकिक है, जबकि मैं भौतिकवादी हूँ और मेरी अपनी व्याख्या बहुत सीधी-सरल होगी। फिर भी, इसे अटपटा या अप्रासंगिक कहना ठीक नहीं होगा। हमारे देश में जो आम धारणाएँ प्रचलित हैं, वे उनके द्वारा अभिव्यक्त विचारों से काफी मिलती-जुलती हैं। अपनी हताशा से उबरने के लिए वे पूजा-पाठ का सहारा ले लेते थे।
>
> किताब के शुरू का पूरा हिस्सा ईश्वर को समर्पित है। उसकी स्तुति, उसकी परिभाषा; ईश्वर में विश्वास रहस्यवाद की उपज है, जो हताशा का स्वाभाविक परिणाम होता है। इस दुनिया को 'माया' या 'मिथ्या' कहना सीधे-सीधे रहस्यवाद है, जो हिन्दू ऋषि-मुनियों की देन है, शंकराचार्यों और अन्य ऋषि-मुनियों की। लेकिन भौतिकवादी दर्शन में इस तरह की सोच के लिए कोई जगह नहीं है। लेखक का यह रहस्यवाद न कोई जगह नहीं है। लेखक का यह रहस्यवाद न तो वितृष्णा का पात्र है न आलोचना का। इसका अपना एक सौन्दर्य और सम्मोहन है।

भगत सिंह सोच रहे थे कि काश, बम फेंकने के लिए उन्हें चुना जाता। वे भरी अदालत में मुल्क तक यह सन्देश पहुँचा सकते थे कि इस बम का उद्देश्य अंग्रेजों को यह चेतावनी देना था कि लोगों के क्रोध का पैमाना छलक चुका था। अगर इसे समय रहते सँभाला नहीं गया तो बहुत भयंकर नतीजे सामने आ सकते थे। भगत सिंह के इस सुझाव पर कि दास की जगह उन्हें भेजा जाए, उनके सामने एक शर्त रख दी गई : उनके नाम पर विचार किया जा सकता था बशर्ते कि बम फेंकने के बाद वे भागने में सफल हो जाएँ, जैसाकि उन्होंने सांडर्स की हत्या के बाद किया था।

भगत सिंह यह शर्त मानने के लिए तैयार नहीं थे। उन्होंने कहा कि अब समय आ गया था कि शब्दों का इस्तेमाल किया जाए। क्रान्ति के बीज जन-चेतना में

बोने जरूरी थे, जिसके बिना कोई भी क्रान्ति टिक नहीं सकती थी। यह काम सिर्फ शब्द कर सकते थे। शासकों को कठघरे में खड़ा करना जरूरी था। अदालत को एक मंच की तरह इस्तेमाल करके लोगों तक क्रान्तिकारी विचार पहुँचाए जाने चाहिए, और उन्हें देश की आजादी को लेकर जागरूक किया जाना चाहिए। लोगों को साफ-साफ समझ में आना चाहिए कि क्रान्तिकारी क्या चाहते थे, कि उनका इरादा क्या था।

भगत सिंह का कहना था कि अगर इरादे को अनदेखा कर दिया जाए तो ''येशू मसीह एक ऐसे व्यक्ति प्रतीत होंगे जो शान्ति भंग करने और लोगों को विद्रोह के लिए उकसाने का प्रयास कर रहे थे। कानून की भाषा में उन्हें एक खतरनाक व्यक्ति माना जाएगा लेकिन हम उनकी पूजा करते हैं।''

भगत सिंह ने हाल ही में आर.एच. तानी की पुस्तक 'द एक्विजिटिव सोसायटी' पढ़ी थी। उनका कहना था कि 'यह एक सच्चाई थी'। तानी के युग में लोगों ने इसीलिए सोशलिस्ट ढांचा अपनाया था क्योंकि उस समय बहुत सारे लोग आर्थिक और नैतिक दुर्दशा के शिकार थे। उन्होंने राजनीतिक स्वतंत्रता और आर्थिक निर्भरता में निहित विरोधाभास का हवाला देते हुए आर्थिक बेहतरी के लिए स्वतंत्रता की आवश्यकता पर जोर दिया। उन्होंने कहा कि सभी समाजों का इतिहास वर्गीय संघर्ष का इतिहास था। यह लड़ाई 'काम न करने वालों' और 'काम करने वालों' के बीच थी। यह किसी विद्रोह, षड्यंत्र या राजनीतिक नेताओं की चतुराई का परिणाम नहीं थी। इसके पीछे वही अटल सामाजिक नियम थे, जिन्होंने इससे पहले यूरोप के 'फ्यूडलिज्म' जैसी पुरानी व्यवस्थाओं का खात्मा किया था।

भगत सिंह यह कहने की कोशिश कर रहे थे कि वे क्रान्तिकारियों के दर्शन को सबसे अच्छे ढंग से देश के सामने रख सकते थे लेकिन मीटिंग की अध्यक्षता कर रहे आजाद ने उनके सुझाव को रद्द कर दिया। वे उन्हें खतरे में डालना नहीं चाहते थे। वे जानते थे कि पंजाब पुलिस भगत सिंह की तलाश कर रही थी। वे एक बार पुलिस के हाथ लग जाते तो वह उन्हें सीधा अदालत में घसीट ले जाती। मुकदमे के बाद उन्हें फाँसी की सजा मिलनी निश्चित थी।

टीम के चुनाव के बाद इस बात को लेकर भी बहस हुई कि क्या बम फेंक देने के बाद दत्त और रामसरण को बचाने की कोशिश की जानी चाहिए। आजाद ने उन्हें याद दिलाया कि सांडर्स की हत्या के बाद वे किस तरह अपने साथियों को सुरक्षित निकाल ले गए थे लेकिन उस समय उनके सामने एक अलग उद्देश्य था। इस बार उन्हें आत्म-समर्पण कर देना था, ताकि लोगों को पता चले कि अंग्रेजों के दमनकारी कानूनों का विरोध करने के लिए क्रान्तिकारियों ने कितना बड़ा बलिदान दिया था। दत्त और रामसरण भागने की कोशिश नहीं करेंगे, बल्कि अपनी इस कार्रवाई और

क्रान्ति की अपनी अवधारणा के बारे में बताने के लिए अदालत के कठघरे का प्रयोग करेंगे।

सुखदेव को भगत सिंह के टीम में शामिल न होने की बात पता चली तो वे भड़क उठे। उन्होंने आजाद से बात की। अगर उनमें कोई ऐसा व्यक्ति था जो पार्टी के नजरिए को साफ-साफ और जोरदार शब्दों में देश के सामने रख सकता था और हिंसा के प्रयोग का बचाव कर सकता था, तो वे भगत सिंह थे। उन्होंने कहा, "हम अपने ऊपर लगे हिंसा के कलंक से दुखी हो चुके हैं। हम न तो कातिल हैं न दहशतगर्द। हम मुल्क और दुनिया को यह बताना चाहते हैं कि हम इन्कलाबी हैं।" भगत सिंह का नाम था, उनका बैकग्राउंड भी अच्छा था और पार्टी के सिद्धान्तों में उनकी बहुत गहरी निष्ठा थी। क्रान्तिकारियों के बारे में बताने के लिए वे सबसे सही आदमी थे। खुद भक्त सिंह भी क्रान्तिकारियों पर लगे हिंसा के धब्बे को धो डालना चाहते थे। गांधीजी द्वारा उन्हें 'गैर जिम्मेदार नौजवान' कहा जाना उन्हें बहुत ज्यादा चुभता था।

क्या गांधीजी ने कभी रात को अलाव के पास बैठकर किसी किसान के विचार जानने चाहे थे? क्या उन्होंने एक भी शाम किसी फैक्टरी के मजदूर के साथ बिताई थी और उसके विचार जानने की कोशिश की थी? क्रान्तिकारी जानते थे कि जनता क्या सोचती थी। वे दिन दूर नहीं थे जब हजारों नौजवान, क्रान्ति की मशाल उठाकर उनके साथ-साथ चलेंगे। उन्हें लेनिन के वे शब्द याद थे, जो उन्होंने एक बार मैक्सिम गोर्की से कहे थे–

> मुझे नहीं लगता कि कोई चीज 'अपाशनाता' से ज्यादा महान हो सकती है; मैं इसे हर रोज सुनना चाहूँगा। यह अद्‌भुत और अलौकिक संगीत है। मैं हमेशा बड़े फख्र से सोचता हूँ–शायद यह मेरी नादानी हो–कि इनसान कितनी कमाल की चीजें कर सकता है!...लेकिन मैं संगीत को बहुत ज्यादा नहीं सुन पाता। यह आपकी नसों पर असर करने लगता है, आपको बेवकूफी भरी मीठी बातें कहने के लिए मजबूर कर देता है, और उन लोगों के सर सहलाने के लिए, जो इस घटिया नर्क में रहते हुए भी इतनी सुन्दर चीजें रच सकते हैं। और अब आपको किसी का सर नहीं सहलाना है–हो सकता है आपका हाथ ही काट खाया जाए। आपको उनके सर पर वार करना है, और वह भी बिना किसी तरह के रहम के, हालाँकि हमारा आदर्श है कि किसी के खिलाफ ताकत का इस्तेमाल न किया जाए। हूँअ...हूँअ...हमारा काम सचमुच बहुत मुश्किल है!

क्रान्तिकारी बमों और बन्दूकों का इस्तेमाल करते थे तो ऐसा ही महसूस करते थे। यह एक तरह की जरूरत थी, जब कार्रवाई सचमुच न्यायसंगत हो। जब वे

पंजाब की 'नौजवान भारत सभा' और फिर 'एच.एस.आर.ए.' के माध्यम से अपने आन्दोलन की नींव रख रहे थे तो उनके सामने दो लक्ष्य थे। पहला लक्ष्य था–दमनकारी ब्रिटिश अधिकारियों में डर पैदा करना या उन्हें खत्म करना। दूसरा लक्ष्य था, जो ज्यादा महत्त्वपूर्ण था–मजदूरों, किसानों, छात्रों और नौजवानों का एक जन-आन्दोलन शुरू करना। उनकी इस दोधारी रणनीति की कैसी भी सीमाएँ क्यों न रही हों, उन्हें पूरा यकीन था कि उन्होंने आजादी की लड़ाई को एक नई रफ्तार दी थी और लोगों में आदर्शवाद और सिद्धान्तों के प्रति एक आकर्षण पैदा किया था।

सुखदेव भगत सिंह को यह कहकर कोस रहे थे कि वे गिरफ्तारी के डर से टीम में शामिल नहीं हुए। यह उनकी ज्यादती थी। वे भगत सिंह की तुलना भाई परमानंद से कर रहे थे, जो एक क्रान्तिकारी थे और बाद में कट्टर हिन्दू बन गए थे। सुखदेव का इशारा लाहौर हाईकोर्ट की उस टिप्पणी की तरफ था जिसमें परमानंद के बारे में कहा गया था–''हालाँकि वह पार्टी का दिमाग और जज्बा है लेकिन वह दिल से एक डरपोक आदमी है। वह दूसरों को दाँव पर लगाता था और खुद पीछे खड़ा रहता था।''

''तुम मेरी बेइज्जती कर रहे हो,'' भगत सिंह ने सुखदेव से कहा था।

''मैं एक दोस्त के लिए अपना फर्ज निभा रहा हूँ,'' सुखदेव ने जवाब दिया था।

सुखदेव यहीं नहीं रुके। उन्होंने उनके मर्म पर चोट की, उनके दिल पर। उन्होंने कहा, ''यूँ भी अब तुम इन्कलाब के लिए किसी काम के नहीं रहे हो, क्योंकि तुम एक औरत की जुल्फों में कैद हो चुके हो।'' उनका इशारा दुर्गा देवी की तरफ था, जिन्होंने सांडर्स की हत्या के बाद भगत सिंह की मदद करने के लिए उनके साथ लाहौर से कलकत्ता तक की यात्रा की थी, ताकि वे पुलिस की नजरों से बचकर लाहौर से सुरक्षित निकल सकें।

भगत सिंह को सुखदेव के मुँह से ऐसी बातें सुनकर बहुत दुख हुआ था लेकिन वे चुप रहे थे। बाद में उन्होंने एक भाव-भीना पत्र लिखकर सुखदेव की इन बातों का जवाब दिया। उन्होंने यह तो नहीं कहा कि वे दुर्गा देवी से प्रेम करते थे या नहीं, लेकिन उन्होंने इतना जरूर कहा कि प्रेम करना किसी क्रान्तिकारी के लिए कोई असंगत बात नहीं थी। उन्होंने सुखदेव को भरोसा दिलाया कि समय आने पर वे बड़े से बड़ा त्याग कर सकते थे, और 'वही असली त्याग है'।

उन्होंने माजिनी का उदाहरण दिया, जिन्होंने लिखा था कि बगावत की पहली कोशिश में करारी हार मिलने के बाद उन्हें अपने मृत साथियों की याद सताती रहती थी और वे इस दुख को बर्दाश्त नहीं कर पा रहे थे। उस समय उनकी प्रेमिका के एक पत्र ने उन्हें पागल हो जाने या आत्महत्या कर लेने से बचा लिया था।

जहाँ तक प्रेम के 'नैतिक पहलू' की बात थी, भगत सिंह ने सुखदेव के नाम अपने 5 अप्रैल, 1929 के पत्र में लिखा था–

> मैं यह कहूँगा कि यह अपने-आप में एक चाहत के सिवा कुछ भी नहीं है, वहशी चाहत नहीं, बल्कि एक इनसानी चाहत, और बहुत मधुर चाहत भी। प्यार अपने-आप में कभी भी एक वहशी चाहत नहीं हो सकता। प्यार हमेशा इनसान के चरित्र को ऊँचा उठाता है। यह उसे नीचे नहीं गिराता, बशर्ते कि प्यार सचमुच प्यार हो।...और मैं तुम्हें यह भी बताना चाहूँगा कि एक नौजवान लड़का और एक नौजवान लड़की एक-दूसरे से प्यार कर सकते हैं, और अपने प्यार की ताकत से अपनी चाहतों पर काबू पा सकते हैं और अपनी पवित्रता को बरकरार रख सकते हैं।

भगत सिंह ब्रह्मचर्य के मामले में गांधीजी की तरह बात कर रहे थे। उनके पत्र से ऐसा लगता था कि वे कभी प्रेम-भावनाओं के शिकार रह चुके थे। उन्होंने लिखा था–

> मैंने एक इनसान के प्यार को ठुकरा दिया था...और वह भी आदर्शवादी उम्र में। और फिर भी, इनसान में प्यार की बहुत प्रबल भावनाएँ होनी चाहिए, जिन्हें वह किसी एक इनसान तक सीमित न रखकर पूरी दुनिया के साथ बाँट सकता है।

भगत सिंह ने सुखदेव की खिंचाई करते हुए लिखा था–

> मैं तुम्हें एक बात पर ध्यान देने के लिए कहूँगा। हम अपने मूलगामी विचारों के बावजूद नैतिकता को लेकर आर्य समाजियों की अति-आदर्शवादी धारणा से मुक्त नहीं हो पाए हैं। हम रैडिकल चीजों के बारे में दुनियाभर की बातें करते हैं, लेकिन व्यावहारिक जीवन में पहले कदम पर ही काँपने लगते हैं।

इस पत्र से भगत सिंह के चरित्र के नाजुक पहलुओं का पता चलता है। वे एक क्रान्तिकारी थे लेकिन मानवीय भावनाओं से रिक्त नहीं थे। जब तक उनकी भावनाएँ उनकी क्रान्तिकारी गतिविधियों के आड़े न आती हों, इससे क्या फर्क पड़ता था कि वे रातों को जागकर तारे देखते थे या कहीं दूर गूँजते किसी उदास गीत को सुनने की कोशिश करते थे?

दुर्गा देवी एक बुद्धिमान और व्यवहार-कुशल स्त्री थीं और उन्होंने पुलिस को चकमा देने में उनकी मदद की थी। भगत सिंह ने उनका पति बनकर लाहौर से कलकत्ता तक की यात्रा की थी। यह सही था कि वे विवाहिता थीं और उनके एक बेटा भी था। लेकिन उन दोनों ने पार्टी के लिए साथ-साथ काम किया था। पार्टी के

अच्छे और बुरे क्षणों को एक-दूसरे के साथ बाँटा था। क्या उनके बीच इससे ज्यादा कुछ था? भगत सिंह ने इस सम्बन्ध में कभी कुछ नहीं कहा।

सुखदेव जिस तरफ इशारा कर रहे थे, वह बात किसी दूसरे ने कभी नहीं कही। आजाद ने भी नहीं, जो भगत सिंह के लिए एक पिता की तरह थे। शायद आजाद को भी लगा होगा कि प्रेम कोई घटिया सम्बन्ध नहीं था, जिसे आलोचना या मजाक का विषय बनाया जाए। भले ही उस व्यक्ति को एक 'खतरनाक इन्कलाबी' माना जाता हो और उसके सर पर 30,000 रुपयों का इनाम हो।

आजाद जानते थे कि भगत सिंह के दिल पर क्या गुजर रही थी। लेकिन वे यह भी जानते थे कि असेम्बली हॉल में भगत सिंह की यात्रा का अन्त होने जा रहा था। उन्हें गिरफ्तार कर लिया जाएगा और उन पर सांडर्स की हत्या का मुकदमा चलाकर फाँसी की सजा सुना दी जाएगी। आजाद और भगत सिंह सिर्फ साथी कॉमरेड ही नहीं थे। उन्होंने क्रान्तिकारी आन्दोलन को आगे बढ़ाने के लिए साथ-साथ एक लम्बा रास्ता तय किया था। उन दोनों ने साथ-साथ एक आजाद भारत के सपने देखे थे—एक ऐसा भारत, जो आजाद होने के बाद दुनिया के सभी गुलाम मुल्कों को आजाद कराने की कोशिश करेगा। वह नई दुनिया एक सोशलिस्ट दुनिया होगी—जिसमें हर इनसान को उसकी योग्यता के अनुसार, हर इनसान को उसकी जरूरत के अनुसार मिलेगा।

भगत सिंह के अनुरोध पर केन्द्रीय समिति की एक और मीटिंग रखी गई। भगत सिंह समिति को यह विश्वास दिलाने में सफल रहे कि रामसरण दास की जगह उन्हें चुना जाना बेहतर होगा। उन्होंने आत्म-समर्पण की बहस पर भी विराम लगाते हुए कहा कि किसी को भी बचाने की कोशिश नहीं की जाएगी। वे और दत्त पब्लिक गैलरी से बम फेंकेंगे और इस बात का ध्यान रखेंगे कि किसी को चोट न आए। क्योंकि उनका उद्देश्य अपने सैद्धान्तिक लक्ष्य की तरफ ध्यान खींचना था, इसलिए अपना काम करने के बाद वे आत्म-समर्पण कर देंगे। सुखदेव कुछ नहीं बोले लेकिन उनकी आँखें लाल हो रही थीं। ऐसा लगता था कि वे रात भर रोते रहे थे। लेकिन मुल्क के लिए अपना फर्ज निभाने से ज्यादा महत्त्वपूर्ण कुछ भी नहीं था।

भगत सिंह को टीम में चुन लिए जाने के बाद आजाद जानते थे कि उनके दिन पूरे हो चुके थे। वे उन्हें अलविदा कहने की हिम्मत भी नहीं जुटा पा रहे थे। वे जानते थे कि अब एक आजाद व्यक्ति के रूप में वे शायद ही कभी उन्हें देख पाएँ। क्या उनका यह त्याग क्रान्ति के कीर्ति-स्तम्भ का नींव का पत्थर साबित होगा? क्या लोगों को इस बात का अहसास हो पाएगा कि वे भारत माँ के अपमान को और नहीं झेल सके?

रूस में लेनिन की जीत के दौरान भी अपनी हार से जुड़े अपमान की याद ने ही रूसी फौजों में नई जान फूँक दी थी। लेनिन ने उनकी इसी भावना को शब्दों में बाँध दिया था। उनकी मदद के बिना लेनिन की क्रान्ति किसी काम की नहीं थी। आजाद ने अपने एक साथी कॉमरेड शिव वर्मा से कहा था–

कुछ ही दिनों में वे (भगत सिंह और दत्त) इतिहास का हिस्सा बन जाएँगे। सिर्फ उनकी यादें समय के गलियारों में गूँजती रह जाएँगी...।

4

उसे यह फ़िक्र है हरदम नया तर्ज़-ए-जफ़ा क्या है
हमें ये शौक़ है देखें सितम की इन्तिहा क्या है

पुरानी दिल्ली के शोर-शराबे और खुशबूओं से दूर नई दिल्ली एक रोबीले और शान्त शहर के रूप में विकसित हो चली थी—ऊँची इमारतों और आलीशान चेम्बरों वाली दिल्ली। इसके विशिष्ट स्तम्भों और लाल पत्थर से बनी इमारतों में लंदन के वास्तुशिल्पी एड्विन लुटियंस की कल्पनाशीलता का स्पर्श था। इन्हीं में से एक इमारत थी 'काउंसिल हाल'—सेंट्रल लेजिस्लेटिव असेम्बली, जिसका निर्माण लुटियंस के एक सहकर्मी हर्बर्ट बेकर ने किया था। यह लम्बे-चौड़े कॉरिडोरों वाली एक आलीशान इमारत थी। कुछ लोग इसके थका देनेवाले कॉरिडोरों को 'ड्रीयरी-गो-राउंड' कहना ज्यादा पसन्द करते थे।

भगत सिंह और बटुकेश्वर दत्त ने 6 अप्रैल, 1929 को असेम्बली का एक चक्कर लगाया, बिलों की प्रस्तुति से ठीक दो दिन पहले। वे हॉल के ऊपर की पब्लिक गैलरी को देखना चाहते थे और यह तय करना चाहते थे कि वे किस तरह बम फेंकेंगे। उन्हें इस बात का भी ध्यान रखना था कि बमों के धमाके से किसी को चोट न आए। हालाँकि औद्योगिक मजदूरों की हड़ताल पर रोक लगाने वाला बिल 'ट्रेड डिस्प्यूट्स बिल' इम्पीरियल लेजिस्लेटिव असेम्बली द्वारा पास किया जा चुका था लेकिन असेम्बली के अध्यक्ष विट्ठल भाई पटेल ने अभी 'पब्लिक सेफ्टी बिल' पर कोई फैसला नहीं लिया था—वह बिल, जो सरकार को यह अधिकार देने जा रहा था कि वह किसी भी संदिग्ध व्यक्ति को मुकदमा चलाए बिना हिरासत में रख सके।

8 अप्रैल को सुबह 11:00 बजे सत्र शुरू होने से कुछ मिनट पहले भगत सिंह और बटुकेश्वर दत्त किसी की नजरों में आए बिना पब्लिक गैलरी में जा पहुँचे। उन्होंने खाकी कमीजें और निकरें पहन रखी थीं। दरवाजे पर असेम्बली का एक भारतीय सदस्य उन्हें चुपके से दो पास थमाकर गायब हो गया था। गैलरी दर्शकों से ठसाठस भरी हुई थी। वहीं उन्हें सर जॉन साइमन भी दिखाई दिए, जिनके खिलाफ उन्होंने लाहौर रेलवे स्टेशन के बाहर प्रदर्शन किया था। नीचे असेम्बली हॉल में मौजूद लोगों

में उन्होंने कुछ राष्ट्रीय नेताओं को झट से पहचान लिया—मोतीलाल नेहरू, मुहम्मद अली जिन्ना, एन.सी. केलकर और एम.आर. जयकर।

भगत सिंह जानते थे कि उनके बम बिलों को कानून बनने से नहीं रोक पाएँगे। अंग्रेजों की जी-हजूरी करने वाले बहुत-से लोग थे, जो इन बिलों पर कानूनी मोहर लगाने में जरा-भी संकोच नहीं करेंगे। यूँ भी वाइसरॉय के पास असाधारण शक्तियाँ थीं लेकिन ये बम ब्रिटिश सरकार और उसके तौर-तरीकों के खिलाफ जनता में धधकते क्रोध के लावे की एक झलक जरूर दे देंगे। ये बम उस ज्वालामुखी की चेतावनी होंगे, जो किसी भी दिन फट पड़ेगा और विदेशी शासन को जलाकर राख कर देगा। भगत सिंह को फ्रांसीसी अनार्किस्ट (अराजकतावादी) ऑगस्ते वैलां के शब्द याद आ रहे थे—'बहरों को सुनाने के लिए ऊँची आवाज की जरूरत होती है'। ये बम इतना शोर जरूर करेंगे कि इनकी आवाज मोटी चमड़ी के हुक्मरानों और उनके समर्थकों के कानों तक पहुँच सके।

भगत सिंह ने बड़ी सावधानी से अपना समय चुना। उन्होंने निशाना भी उतनी ही सावधानी से लगाया, ताकि बम हॉल में बैठे सदस्यों से दूर खाली फर्श पर जाकर गिरे। बम बहुत जोरदार धमाके के साथ फटा। हॉल में अँधेरा छा गया। पब्लिक गैलरी में अफरा-तफरी मच गई। हर तरफ शोर-शराबे के बीच औरतों की चीख-पुकार सुनाई देने लगी। तभी दत्त ने दूसरा बम फेंका। पब्लिक गैलरी में मौजूद लोग दरवाजे की तरफ लपके। भगदड़ और घबराहट के कारण रास्ता जाम हो गया।

पहले बम ने असेम्बली में मौजूद सदस्यों को चौंका दिया था, दूसरे ने उन्हें बुरी तरह भयभीत कर दिया। कई लोग बचने के लिए इधर-उधर दौड़ पड़े। इनमें खुद गृह विभाग के सदस्य भी शामिल थे। कुछ लोग लकड़ी की बेंचों के पीछे छिप गए। दोनों बम जानबूझ कर काफी कम क्षमता के बनाए गए थे और इस तरह फेंके गए थे कि किसी को चोट न लगे। इसके बाद गैलरी से पर्चों की बौछार शुरू हो गई, और 'इन्कलाब जिन्दाबाद' और 'मजदूर जिन्दाबाद' के नारे हवा में गूँज उठे। भगत सिंह ने इन पर्चों की सामग्री खुद तैयार की थी और पार्टी के लेटर हेड पर इनकी तीस-चालीस प्रतियाँ खुद ही टाइप की थीं। पार्टी के एक सदस्य जयदेव कपूर एक मारवाड़ी स्कूल के ड्रिल मास्टर से टाइपिंग मशीन ले आए थे। असेम्बली के सदस्यों ने पर्चे उठाकर पढ़ने शुरू किए—

हिन्दुस्तान सोशलिस्ट रिपब्लिकन एसोसिएशन

नोटिस

'बहरों को सुनाने के लिए ऊँची आवाज की जरूरत होती है।' ऐसे ही एक मौके पर फ्रेंच अनार्किस्ट शहीद वैलां के अमर शब्दों को याद करते हुए हम अपनी इस कार्रवाई को जायज ठहराते हैं।

पिछले दस बरसों के सुधारों (मोंटेग-चेम्सफोर्ड रिफॉर्म्स) के शर्मनाक इतिहास को दोहराने और इस सभा—जिसे इंडियन पार्लियामेंट कहा जाता है—के जरिए भारतीय राष्ट्र के बार-बार अपमान का जिक्र किए बिना—हम एक बार फिर देख रहे हैं कि जहाँ लोग साइमन कमीशन से सुधारों के कुछ और टुकड़े पाने की उम्मीद में इन हड्डियों के बँटवारे के लिए आपस में झगड़ रहे हैं, वहीं सरकार हमारे ऊपर पब्लिक सेफ्टी बिल और ट्रेड डिसप्यूट्स बिल जैसे दमनकारी कानून थोप रही है और अगले सेशन में प्रेस सीडिशन बिल लाने की तैयारी कर रही है। खुलेआम काम करने वाले मजदूर नेताओं की अन्धाधुन्ध गिरफ्तारियाँ हवा के रुख का संकेत दे रही हैं।

ऐसे भड़काने वाले हालात में हिन्दुस्तान सोशलिस्ट रिपब्लिकन एसोसिएशन ने पूरी संजीदगी के साथ अपनी जिम्मेदारी को समझते हुए अपनी फौज को यह खास कार्रवाई करने का आदेश दिया है, ताकि इस अपमानजनक तमाशे को बन्द किया जाए और विदेशी नौकरशाह शोषकों को अपनी मनमानी करने दी जाए, लेकिन अपने नग्न रूप में खुलकर जनता के सामने आकर।

जनता के नुमाइन्दे वापस अपनी कांस्टीट्यूएंसियों में जाएँ और जनता को आनेवाले इन्कलाब के लिए तैयार करें। और सरकार यह जान ले कि पब्लिक सेफ्टी बिल और ट्रेड डिसप्यूट्स बिल और लाला लाजपतराय के बेहरम कत्ल के खिलाफ अपना विरोध जताते हुए हम इतिहास में बार-बार दोहराए गए इस सबक पर जोर देना चाहते हैं कि व्यक्तियों को मारना आसान होता है लेकिन विचारों की हत्या नहीं की जा सकती। बड़े-बड़े साम्राज्य तबाह हो गए लेकिन विचार जिन्दा रहे। बोर्बोंस और जार मटियामेट हो गए लेकिन इन्कलाब का मोर्चा आगे बढ़ता रहा।

हमें अफसोस है कि हमें, जो इनसानी जिन्दगी को अत्यन्त पवित्र समझते हैं और ऐसे सुनहरे भविष्य के सपने देखते हैं जब इनसान मुकम्मल शान्ति और आजादी के साथ जी सकेगा, इनसान का खून बहाने के लिए मजबूर होना पड़ रहा है। लेकिन महान क्रान्ति की वेदी पर कुछ इनसानों की बलि, जो सभी के लिए आजादी लाएगी और इनसान द्वारा इनसान के शोषण को नामुमकिन बना देगी, अवश्यंभावी है।

इन्कलाब जिन्दाबाद!

बलराज

कमांडर-इन-चीफ

असेम्बली के सदस्य धीरे-धीरे अपनी सीटों की तरफ लौटे तो उन्होंने दो नौजवानों को पब्लिक गैलरी में खड़े देखा। बमों के धमाकों के बाद मची अफरा-तफरी के

बावजूद भगत सिंह और दत्त ने भागने की कोशिश नहीं की थी। पार्टी के फैसले के अनुसार वे अपनी जगह पर डटे रहे। उन्होंने गिरफ्तार होने का फैसला किया था, ताकि अपनी इस कार्रवाई के कारणों के बारे में बता सकें। वे अदालत के कठघरे में अपनी बात कहने के अवसर का इन्तजार कर रहे थे।

असेम्बली हॉल में तैनात पुलिसवाले उनकी तरफ बढ़ने से हिचकिचा रहे थे। उन्हें डर था कि कहीं उनके पास हथियार न हों लेकिन उनके पास हथियार नहीं थे और उन्होंने पुलिस को यह बात बता भी दी। उनका इरादा सिर्फ हंगामा मचाकर सरकार का ध्यान खींचना था और वे अपने इस इरादे में सफल रहे थे।

भगत सिंह ने पुलिस को अपनी पिस्तौल सौंप दी। वही पिस्तौल, जिससे उन्होंने सांडर्स पर गोलियाँ दागी थीं। वे अच्छी तरह से जानते थे कि यह पिस्तौल सांडर्स की हत्या में उनके शामिल होने का सबसे बड़ा सबूत थी। यह भरोसा दिलाने के बावजूद कि उनके पास और हथियार नहीं थे, पुलिस उनकी तरफ बढ़ने से झिझक रही थी। आखिर उन्हें गिरफ्तार करके हथकड़ियाँ पहना दी गईं और उनकी तलाशी ली गई। एक ब्रिटिश अधिकारी, जो धमाके के बाद भाग खड़ा हुआ था, गिरफ्तारी के समय वापस लौट आया। दोनों को अलग-अलग थानों में ले जाया गया। भगत सिंह को सदर थाने में और दत्त को चाँदनी चौक के थाने में ले जाया गया, ताकि उनसे अलग-अलग पूछताछ की जा सके। दोनों को अकेले हिरासत में रखा गया।

अधिकारियों को सन्देह था कि ये धमाके एक शुरुआत भर थे। उन्हें डर था कि इसके बाद ऐसे ही कई और धमाके हो सकते थे। अखबारों को असेम्बली की घटना को ज्यादा तूल न देने के लिए कहा गया था, इसलिए ज्यादातर अखबारों में संक्षिप्त खबर ही छपी। लेकिन दिल्ली का 'हिन्दुस्तान टाइम्स' इस खबर को तीन-तीन सुर्खियों के साथ छापने में सफल रहा–

> बमों और पिस्तौलों से एसेम्बली में हंगामा; दो बम फोड़े गए, पिस्तौलों से गोलियाँ दागी गईं।
>
> लेडीज गैलरी में महिलाओं की चीख-पुकार; सर फोमनजी दलाल को गम्भीर चोटें, दो गिरफ्तार।
>
> सर जॉर्ज शुस्टर, श्री एस.सी. गुप्ता और अन्य अधिकारियों को मामूली चोटें।

वाइसरॉय ने एक विशेष वक्तव्य जारी किया, जिसमें उन्होंने माना कि 'दोनों हमलावरों' ने यह ध्यान रखा था कि किसी को मारा न जाए। अगर वे चाहते तो कहर बरपा सकते थे। उन्होंने कहा कि उनका निशाना सेंट्रल असेम्बली की 'संस्था' थी। अपने प्रगतिशील विचारों के लिए प्रसिद्ध कांग्रेस सदस्य चमन लाल क्रान्तिकारियों की निन्दा करने में सबसे आगे रहे। उन्होंने कहा कि बम फेंकना एक पागलपन भरा कारनामा था। क्रान्तिकारियों ने उनकी इस टिप्पणी को सिरे से खारिज कर दिया।

अधिकारियों का मानना था कि भगत सिंह के रूप में एक बड़ी मछली उनके हाथ लग गई थी। उनका खयाल था कि वे भारत में चल रही सभी क्रान्तिकारी गतिविधियों के मास्टरमाइंड थे, लेकिन सरकार की समझ में नहीं आ रहा था कि दोनों क्रान्तिकारियों ने इतनी आसानी से आत्म-समर्पण क्यों कर दिया। क्या उनका जेल से भाग निकलने का इरादा था? क्या उनका आत्म-समर्पण सरकार की आँखों में धूल झोंकने की एक चाल थी? ब्रिटिश किसी तरह का खतरा उठाना नहीं चाहते थे, इसलिए दोनों क्रान्तिकारियों को जेल में ही समन जारी किए गए।

ब्रिटिश गुप्तचर विभाग को पर्चों की सामग्री और शैली जानी-पहचानी प्रतीत हुई। एक वरिष्ठ पुलिस अधिकारी को लाहौर भेजकर सांडर्स की हत्या के बाद दीवारों पर पिचकाए गए पोस्टरों की जाँच करने के लिए कहा गया। टाइप किए गए पर्चों और हाथ से लिखे गए पोस्टरों में बहुत-सी बातें मिलती-जुलती थीं। दोनों ही गुलाबी कागज पर लिखे गए थे। दोनों को हिन्दुस्तान सोशलिस्ट रिपब्लिकन एसोसिएशन ने जारी किया था और दोनों में पार्टी का नाम सबसे ऊपर था। दोनों पर बलराज नामक कमांडर-इन-चीफ के हस्ताक्षर थे। दोनों 'नोटिस' शब्द के साथ शुरू होते थे और 'इन्कलाब जिन्दाबाद' के नारे के साथ खत्म होते थे। दोनों की भाषा भी काफी मिलती-जुलती थी। असेम्बली में फेंके गए पर्चों का आखिरी पैरा था–'हमें अफसोस है कि हमें, जो इनसानी जिन्दगी को अत्यन्त पवित्र समझते हैं और एक ऐसे सुनहरे भविष्य के सपने देखते हैं जब इनसान मुकम्मल शान्ति और आजादी के साथ जी सकेगा, इनसान का खून बहाने के लिए मजबूर होना पड़ रहा है। लेकिन महान क्रान्ति की वेदी पर कुछ इनसानों की बलि, जो सभी के लिए आजादी लाएगी और इनसान द्वारा इनसान के शोषण को नामुमकिन बना देगी, अवश्यंभावी है।' लाहौर के पोस्टरों का आखिरी पैरा था–'एक इनसान के खून के लिए अफसोस है। लेकिन क्रान्ति की वेदी पर कुछ इनसानों की बलि, जो सभी के लिए आजादी लाएगी और इनसान द्वारा इनसान के शोषण को नामुमकिन बना देगी, अवश्यंभावी है।'

अंग्रेजों को यह सन्देह होना लगा कि सांडर्स की हत्या में भी भगत सिंह का हाथ था। जैसे-जैसे छानबीन आगे बढ़ी, उनका यह सन्देह और पक्का होता चला गया। उन्हें पूरा यकीन हो गया कि पर्चों और पोस्टरों, दोनों के लेखक भगत सिंह ही थे। वे सचमुच थे भी। उन्होंने इन दोनों को खुद अपने हाथ से लिखा था।

भगत सिंह को इस बात की चिन्ता नहीं थी कि मुकदमा उन्हीं पर केन्द्रित किया जा रहा था। टीम में दास की जगह लेने के बाद से वे यही उम्मीद कर रहे थे। वे तभी से अदालत का सामना करने की तैयारी कर रहे थे। वे अदालत को एक मंच की तरह इस्तेमाल करके क्रान्तिकारियों के नजरिए को देश के सामने रखना चाहते थे

और देश के नौजवानों में देशभक्ति की भावना जगाना चाहते थे। आगे बढ़ने के लिए संघर्ष करना जरूरी था। जो लोग आजादी के पक्ष में थे लेकिन आन्दोलनों पर नाक-भौं सिकोड़ते थे, वे बिना हल चलाए फसल काटने की उम्मीद कर रहे थे।

भगत सिंह पर इंडियन पीनल कोड की दफा 307 के तहत हत्या की कोशिश का आरोप लगाया गया। आसफ अली, जो तब कांग्रेस पार्टी के एक नौजवान सदस्य थे, उनके वकील थे। उनके साथ अपनी पहली मुलाकात में भगत सिंह ने अनुरोध किया कि वे चमन लाल तक उनका यह सन्देश पहुँचा दें कि वे लोग 'सरफिरे नौजवान' नहीं थे। ''हम विनम्रतापूर्वक यह कहना चाहते हैं कि हम इतिहास और हमारे देश की स्थितियों और आकांक्षाओं के गम्भीर छात्र हैं।''

ब्रिटिशों को भगत सिंह की कार्रवाई में मदन लाल ढींगरा के 1909 के कृत्य की झलक दिखाई दे रही थी। ढींगरा ने लंदन के इंस्टीट्यूट ऑफ इम्पीरियल स्टडीज में भारत के सेक्रेटरी ऑफ स्टेट के सहयोगी सर विलियन कर्जन विली की हत्या के बाद अदालत में अपना बचाव करने से इनकार कर दिया था। इसकी बजाय उन्होंने लंदन के 'द डेली न्यूज' में एक बयान जारी करके कहा था–

> मैं स्वीकार करता हूँ कि मैंने पिछले दिनों अंग्रेजी खून बहाने की कोशिश की, क्योंकि मैं देशभक्त हिन्दुस्तानी नौजवानों को अमानवीय ढंग से फाँसियाँ और देश-निकाला दिए जाने का बदला लेना चाहता था। इस कोशिश के लिए मैंने अपनी आत्मा के अलावा और किसी से परामर्श नहीं किया। मेरी अपनी कर्तव्य-भावना के अलावा और कोई भी मेरे साथ नहीं था
>
> मेरा मानना है कि जिस देश की गर्दन एक विदेशी संगीन की धार के नीचे दबी हो, वह हमेशा युद्ध की स्थिति में होता है, क्योंकि एक निशस्त्र नस्ल के लिए खुली लड़ाई करना मुमकिन नहीं होता। मेरे पास बन्दूकें नहीं थीं, इसलिए मुझे चुपके से हमला करना पड़ा। मैंने अपना पिस्तौल निकाला और गोली चला दी। एक हिन्दू के रूप में मुझे ऐसा महसूस हुआ कि मेरे देश का अपमान मेरे भगवान का अपमान है। देश का निमित्त राम का निमित्त है, उसकी सेवा कृष्ण की सेवा है। मेरे जैसा पैसे और बुद्धि से कमजोर पुत्र भला अपनी माँ को अपने खून के अलावा और क्या दे सकता है, इसलिए मैंने उसकी वेदी पर यही चढ़ा दिया है। इस समय भारत को सिर्फ यह सबक सिखाने की जरूरत है कि मरना कैसे सीखा जाए, और यह खुद मरकर ही सिखाया जा सकता है। इसलिए मैं मरकर और अपने जीवन का बलिदान देकर गर्व महसूस कर रहा हूँ। भगवान से मेरी सिर्फ यह प्रार्थना है कि मैं फिर से इसी माँ की कोख से जन्म लूँ और इसी निमित्त

के लिए बार-बार मरता रहूँ, जब तक कि यह निमित्त पूरा नहीं हो जाता और मेरा देश मानवता की भलाई और ईश्वर की कीर्ति के लिए आजाद नहीं हो जाता। वन्दे मातरम।

ढींगरा को 17 अगस्त, 1909 को फाँसी पर लटका दिया गया था। अंग्रेज भगत सिंह और दत्त की तुलना उन दर्जनों क्रान्तिकारियों से कर रहे थे जो उनसे पहले फाँसी के फन्दे पर झूल चुके थे।

हालाँकि गांधीजी का सभी बहुत आदर करते थे लेकिन देश की नौजवान पीढ़ी क्रान्तिकारियों के साथ ज्यादा जुड़ाव महसूस करने लगी थी। भगत सिंह और दत्त जैसे लोग उनके हीरो थे। क्रान्तिकारियों के लिए समर्थन की इस लहर को देखकर ही ब्रिटिशों ने दिल्ली जेल में ही अदालत लगाने का फैसला किया था (जहाँ अब मौलाना आजाद मेडिकल कॉलेज है)। 7 मई, 1929 को जेल की तरफ जानेवाली सभी सड़कों पर कड़ी सुरक्षा-व्यवस्था थी। जगह-जगह सादी पोशाकों में सी.आई.डी. के लोग तैनात थे। अदालत में आनेवाले हर व्यक्ति की तलाशी ली जा रही थी। अखबार वालों को भी नहीं बख्शा गया था।

हुकूमत की तरफ से राय बहादुर सूर्य नारायण सरकारी वकील की भूमिका निभा रहे थे। मुकदमे के मजिस्ट्रेट एक ब्रिटिश न्यायाधीश पी.बी. पूल थे। अदालत में भगत सिंह के माता-पिता भी मौजूद थे। भगत सिंह और बटुकेश्वर दत्त को अदालत में लाया गया तो वे हवा में मुट्ठियाँ तानकर 'इन्कलाब जिन्दाबाद' और 'साम्राज्य मुर्दाबाद' के नारे लगाने लगे। इन नारों को दर्ज कर लिया गया। मजिस्ट्रेट ने दोनों प्रतिवादियों को हथकड़ी पहनाने का हुक्म दिया। दोनों में से किसी ने भी इसका विरोध नहीं किया। इसके बाद वे लोहे की रेलिंग के पीछे एक बेंच पर जा बैठे, जो एक तरह की काम-चलाऊ व्यवस्था थी।

सरकारी वकील ने जिस तरह से इस मामले को पेश किया, उससे भगत सिंह के मन में कोई सन्देह नहीं रहा कि अंग्रेज उन्हें फाँसने पर आमादा थे। लंच-ब्रेक में अपने माता-पिता से मुलाकात के दौरान उन्होंने यह बात कही भी। यह मुलाकात पुलिस अधिकारियों की निगरानी में हुई थी।

सरकारी पक्ष के सबसे खास गवाह सार्जेंट टेरी थे, जिन्होंने कहा कि असेम्बली में गिरफ्तारी के समय भगत सिंह के पास से पिस्तौल बरामद हुई थी। यह तथ्यों के आधार पर सही नहीं था क्योंकि पुलिस को अपनी गिरफ्तारी देते समय भगत सिंह ने खुद ही अपनी पिस्तौल पुलिस के हवाले कर दी थी। जिन ग्यारह गवाहों ने यह स्वीकार किया कि उन्होंने उन दोनों को बम फेंकते देखा था, वे भी पुलिस के पढ़ाए हुए लगते थे।

पूरी कार्रवाई इतनी तेजी से और इतनी अचानक हुई थी कि किसी को भी न तो इसका अन्दाजा हो सकता था और न इस पर किसी का ध्यान जा सकता था। भगत सिंह और दत्त ने बेहद सावधानी बरती थी। उन्होंने एक जेब में बम और दूसरी में डेटोनेटर रखे थे और बहुत धीमी रफ्तार से चलते रहे थे, ताकि गलती से भी कोई दुर्घटना न हो जाए। यह काफी मुश्किल काम था, अलग-अलग रहना, और यह भी ध्यान रखना कि किसी को उन पर शक न हो।

आखिर जब भगत सिंह को कुछ कहने की इजाजत दी गई तो उन्होंने अदालत से अनुरोध किया कि उन दोनों को जेल में अखबार पढ़ने के लिए दिए जाएँ, जैसाकि दूसरे राजनीतिक अभियुक्तों के मामले में होता था। अदालत ने उनके अनुरोध को यह कहकर ठुकरा दिया कि वह किसी परम्परा का पालन करने के लिए बाध्य नहीं थी। अदालत शुरू में ही उनके साथ चोर-उचक्कों जैसा व्यवहार करने लगी थी।

अगले दिन 8 मई, 1929 को उन्हें वापस अदालत में लाया गया तो वे सोच रहे थे कि ऐसे निष्ठुर मजिस्ट्रेट से वे कैसे इनसाफ की उम्मीद कर सकते थे। हमेशा की तरह उन्होंने अदालत में दाखिल होते हुए 'इन्कलाब जिन्दाबाद' और 'साम्राज्य मुर्दाबाद' के नारे लगाए।

भगत सिंह ने अपना नाम बताया। जब उनसे पूछा गया कि वे काम क्या करते थे तो उन्होंने कहा, "कुछ नहीं।" उनके निवास-स्थान के बारे में पूछा गया तो उन्होंने कहा, "हम जगह-जगह घूमते रहते हैं।"

सवाल-जवाब का सिलसिला इसी तरह जारी रहा–

न्यायाधीश : क्या आप 8 अप्रैल, 1929 को असेम्बली में मौजूद थे?

भगत सिंह : जहाँ तक इस मुकदमे का ताल्लुक है, मैं इस मुकाम पर कोई बयान देने की जरूरत नहीं समझता। जब मुझे ऐसी जरूरत महसूस होगी तो मैं जरूर अपना बयान दूँगा।

न्यायाधीश : जब आप अदालत में दाखिल हुए तो आपने चिल्लाकर कहा था 'इन्कलाब जिन्दाबाद'। इसका क्या मतलब हुआ?

भगत सिंह के वकील आसफ अली ने इस सवाल पर एतराज जताया। अदालत ने उनके एतराज को सही ठहराया। भगत सिंह और दत्त ने जोरदार शब्दों में इस आरोप का खंडन किया कि उन्होंने असेम्बली में गोलियाँ चलाई थीं। इसके बाद अदालत ने दत्त से कुछ सवाल पूछे लेकिन दत्त ने किसी का भी जवाब देने से इनकार कर दिया। उनका मानना था कि वक्त आने पर भगत सिंह ही इनका सही जवाब देंगे।

ऐसा लगता था कि अदालत पहले ही अपना मन बना चुकी थी। उसने इंडियन पीनल कोड की दफा 307 और विस्फोटक पदार्थ कानून की दफा 3 के तहत

आरोप-पत्र दाखिल कर लिया। भगत सिंह और दत्त पर 'महामहिम सम्राट की प्रजा को जान से मारने या चोट पहुँचाने' के इरादे से बम फेंकने का आरोप लगाया गया था। अदालत ने एक बार फिर उन्हें अपना बयान देने के लिए कहा, लेकिन उन्होंने इनकार कर दिया। मजिस्ट्रेट ने मुकदमे को सेशन कोर्ट के सुपुर्द कर दिया, जहाँ न्यायमूर्ति लियोनार्ड मिडलटन न्यायाधीश की भूमिका निभाने जा रहे थे।

मुकदमा जून, 1929 के पहले सप्ताह में शुरू हुआ। सरकारी वकील ने कुछ और गवाह पेश किए, जिन्होंने बयान दिया कि उन्होंने भगत सिंह और दत्त को असेम्बली हाल में बम फेंकते देखा था। गोलियाँ चलाने का पुराना आरोप फिर से दोहराया गया। अभियुक्तों ने एक बार फिर इस आरोप का खंडन किया।

भगत सिंह और दत्त को इस आरोप पर बहुत गुस्सा आ रहा था कि उन्होंने एक पिस्तौल से गोलियाँ दागी थीं। यह बिलकुल साफ था कि सरकार इस मामले को सिर्फ बम फेंकने तक सीमित नहीं रखना चाहती थी। वह इसमें ऐसे-ऐसे तत्त्व जोड़ रही थी जिनसे क्रान्तिकारी पार्टी और इसके एजेंडे को एक खतरनाक शक्ल दी जा सके। यही वह समय था जब दोनों क्रान्तिकारियों ने अपना बयान देने का फैसला किया, जिसे उन्होंने जेल में तैयार किया था। बयान में बम फेंकने से इनकार नहीं किया गया। आसफ अली ने इसे पढ़कर सुनाते हुए कहा–

> इंग्लैंड को उसके सपनों से जगाना जरूरी था।...हमने असेम्बली चैम्बर के फर्श पर यह बम उन सभी की तरफ से विरोध दर्ज करने के लिए फेंका, जिनसे पास अपनी यंत्रणा की अभिव्यक्ति का दूसरा कोई साधन नहीं था। हमारा एकमात्र उद्देश्य बहरे कानों तक अपनी आवाज पहुँचाना और ढीठ लोगों को समय रहते चेतावनी देना था।

भगत सिंह ने गांधीजी पर भी कटाक्ष करते हुए कहा–

> हमने अहिंसा की मृगतृष्णा के युग की समाप्ति की घोषणा मात्र की है, जिसकी व्यर्थता के बारे में नई पीढ़ी को जरा भी सन्देह नहीं रहा है।

भगत सिंह ने क्रान्तिकारियों के हिंसा के सिद्धान्त की व्याख्या करते हुए कहा–

> इस दौर की विकराल सामाजिक समस्याओं को सुलझाने के लिए यह एकमात्र प्रभावशाली उपाय है–मजदूरों और किसानों के लिए आर्थिक और राजनीतिक स्वाधीनता लाने की समस्या, जो इस देश का सबसे बड़ा हिस्सा है।

ट्रेड डिस्प्यूट्स बिल के पास होने के बाद उन्होंने क्रान्तिकारियों की कार्रवाई को सही ठहराते हुए कहा–

अपने खून-पसीने से देश के आर्थिक ढांचे का निर्माण करने वालों पर इस निर्मम प्रहार से जो हृदय-विदारक चीखें सुनाई दे रही हैं, उनसे किसी का भी दिल पसीज जाएगा।

हमारा मानवता-प्रेम किसी से भी कम नहीं है। किसी व्यक्ति के प्रति द्वेष-भावना रखना तो दूर, हम मानव जीवन को अत्यन्त श्रद्धेय वस्तु मानते हैं।...किसी भी कीमत पर ताकत का इस्तेमाल न करना एक यूरोपियन विचार है...देश में उभरने वाला नया आन्दोलन एक नए प्रभात का संकेत है, एक चेतावनी है, और गुरु गोविंद सिंह, शिवाजी, कमाल पाशा, रिजा खान, वाशिंगटन, गरिबाल्डी, लफायेत और लेनिन जैसे महापुरुषों के आदर्शों से प्रेरित है। फिरंगी सरकार और हिन्दुस्तानी जनता के लीडर, दोनों ही इस आन्दोलन से आँखें मूँदे हुए लगते हैं। ऐसे लोगों को चेतावनी देना हमारा फर्ज था। एक ऐसी चेतावनी, जिसे अनुसना न किया जा सके।...हम एक बार फिर दोहराना चाहते हैं कि मानव जीवन का मूल्य हमारे लिए अवर्णनीय है, और किसी दूसरे को कोई नुकसान पहुँचाने की बजाय हम जल्दी ही मानवता की सेवा में खुद अपने जीवन का बलिदान देने जा रहे हैं।...फिर भी, हम यह स्वीकार करते हैं कि हमने जान-बूझकर असेम्बली हॉल में बम फेंके। तथ्य अपनी कहानी खुद कहते हैं, और हमारे इरादों को हमारी कार्रवाई के नतीजों के आधार पर आंका जाना चाहिए, जिसके लिए यूरोपियन, हिपोथेटिकल परिस्थितियों और मनगढ़ंत सम्भावनाओं को बीच में लाने की जरूरत नहीं है...

बयान में 'क्रान्ति' का अर्थ समझाते हुए कहा गया–

हमारा मतलब समाज की एक ऐसी व्यवस्था की स्थापना से है, जिसमें इस तरह के विखंडन (ब्रेकडाउन) का खतरा न हो, और जिसमें सर्वहास (प्रोलिटेरिएट) की प्रधानता को स्वीकार किया जाए, और एक विश्व संघ मानवता को पूँजीवाद और साम्राज्यवादी युद्धों से मुक्ति दिला सके...

उन्होंने कहा कि वाइसरॉय का यह कथन बिलकुल सही था कि वे संस्था पर प्रहार करना चाहते थे–

हमारा व्यावहारिक विरोध संस्था के खिलाफ था, जो अपने जन्म से हो न सिर्फ अपनी व्यर्थता का खुलकर प्रदर्शन करती रही है, बल्कि दुष्कर्मों के लिए अपनी अपार शक्तियों का भी।

न्यायाधीश लियोनार्ड मिडलटन मजिस्ट्रेट पी.बी. पूल से बेहतर साबित नहीं हुए। उन्होंने झट से अभियोग पक्ष की कहानी को स्वीकार कर लिया। क्या मुकदमे का

नतीजा पहले ही तय हो चुका था? उन्होंने इन मौखिक बयानों को सबूत के तौर पर स्वीकार कर लिया कि भगत सिंह और दत्त ने असेम्बली चैम्बर में बम फेंके थे। बल्कि मिडलटन ने यह भी कहा कि पर्चे फेंकते समय भगत सिंह ने अपनी पिस्तौल से गोलियाँ भी चलाई थीं।

अदालत ने भगत सिंह और दत्त, दोनों को इस बात का दोषी माना कि उन्होंने गैरकानूनी और द्वेषपूर्ण ढंग से इस तरह के विस्फोट किए थे जिनसे दूसरों की जिन्दगियों को खतरा हो सकता था, और जो विस्फोटक पदार्थ कानून, 1888 की धारा 3 के तहत एक दंडनीय अपराध है। उन्हें उम्रकैद की सजा सुनाई गई।

न्यायाधीश मिडलटन ने अपने फैसले में कहा कि उन्हें कोई सन्देह नहीं था कि प्रतिवादियों ने ये कारनामे 'जान-बूझकर' किए थे, और उन्होंने 'इस तरह के जटिल कारनामों, के लिए पूरी तैयारी की थी। उन्होंने इस दलील को खारिज कर दिया कि बमों को जान-बूझकर हल्की विस्फोटक-क्षमता का रखा गया था क्योंकि इन धमाकों से असेम्बली हॉल की डेढ़ इंच मोटी लकड़ी भी चरमरा गई थी।

जज ने अभियुक्तों की इस दलील को भी नहीं माना कि वे मानव-जीवन को बहुत मूल्यवान समझते थे। उन्होंने कहा कि उनके कृत्यों को सही नहीं ठहराया जा सकता था। ''हो सकता है कि जो कुछ उन्होंने एक बार किया है, वह दोबारा भी करें।'' लेकिन न्यायाधीश ने कहा कि वे उन्हें फाँसी नहीं देना चाहते थे।

हालाँकि भगत सिंह और दत्त, दोनों ही अपील दायर करने के इच्छुक नहीं थे लेकिन दूसरों के समझाने-बुझाने के बाद वे इसके लिए तैयार हो गए। अगर अदालत को एक मंच की तरह इस्तेमाल करके क्रान्तिकारी विचारों को फैलाने का उद्देश्य था, तो क्यों न इस अवसर का भी लाभ उठाया जाए? जितना ज्यादा शोर मचेगा, जनता को उसकी नींद और गुलामी से जगाने का उन्हें उतना ही ज्यादा अवसर मिलेगा। लेकिन भगत सिंह और दत्त की अपील को खारिज कर दिया गया। उन्हें चौदह वर्ष के लिए जेल भेज दिया गया, जो उम्रकैद की सामान्य अवधि थी।

भगत सिंह के लिए जेल का यह पहला अनुभव नहीं था। उन्हें इससे पहले 29 मई, 1927 को भी लाहौर के एक सार्वजनिक मैदान से गिरफ्तार किया गया था। तब उन्हें रेलवे के पुलिस हवालात में ले जाया गया था। वहाँ एक महीना बिताने के बाद पुलिस ने उन्हें बताया था कि वे दशहरे के मौके पर भीड़ में बम फेंकने के लिए 'जिम्मेदार' थे। पुलिस ने उन्हें सरकारी गवाह बनने के लिए कहा तो वे हँस पड़े थे। उन्होंने कहा कि उनके जैसे विचारों वाले लोग निर्दोष लोगों पर बम नहीं फेंका करते। एक दिन सी.आई.डी. के सुपरिंटेंडेंट न्यूमैन उनके पास आए और उन्हें एक लम्बा भाषण पिलाते हुए बताने लगे कि किस तरह समाज में कुछ बुरे तत्त्व नौजवान पीढ़ी को गुमराह कर रहे थे। भगत सिंह उनके हमदर्दी भरे अन्दाज पर दंग रह गए। न्यूमैन

ने उन्हें अपना 'अपराध' स्वीकार कर लेने के लिए कहा, नहीं तो उन पर न सिर्फ इन 'हत्याओं' के लिए बल्कि काकोरी कांड के षड्यंत्र में शामिल होने के लिए भी मुकदमा चलाया जाएगा। न्यूमैन ने उन्हें चेतावनी दी कि सरकार के पास उनके खिलाफ पर्याप्त सबूत थे और उन्हें फाँसी की सजा होनी निश्चित थी लेकिन यह सच नहीं था। उनके पास भगत सिंह के खिलाफ कुछ भी नहीं था। फिर भी, उन्हें रिहा करने से पहले न्यायाधीश ने उन्हें 50,000 रुपये की भारी-भरकम जमानत देने के लिए कहा लेकिन भगत सिंह के खिलाफ कुछ भी न होने के कारण बाद में जमानत की इस रकम को माफ कर दिया गया।

इस घटना ने भगत सिंह को अंग्रेजों का असली चेहरा दिखला दिया था। विद्रोह को कुचलने के लिए वे किसी भी हद तक जा सकते थे। वे अपने खिलाफ आवाज उठाने वालों को झूठे मुकदमों में फँसा सकते थे। वे उन्हें जिन्दगी भर के लिए जेल भेज सकते थे या फाँसी पर लटका सकते थे। अब भगत सिंह के लिए अपनी जिम्मेदारी निभाने का समय आ गया था।

5

हम रूखे टुकड़े खाएँगे, भारत पर वारे जाएँगे
हम सूखे चने चबाएँगे, भारत की बात बनाएँगे

–स्वामी रामतीर्थ

1927 में जेल के अपने संक्षिप्त अनुभव के दौरान–जब उन्हें 'विद्रोही' के छद्म नाम से एक लेख लिखने के कारण काकोरी कांड के आरोपियों के साथ सांठ-गांठ होने और साथ ही दशहरे के मेले में लाहौर में एक बम-विस्फोट के आरोप में पहली बार गिरफ्तार किया गया था–भगत सिंह ने जेल में कैदियों की दुर्दशा का विरोध किया था। वे कैदियों के साथ जानवरों जैसा व्यवहार बर्दाश्त नहीं कर पाए थे और उन्होंने इस तरफ अधिकारियों का ध्यान खींचने की नाकाम कोशिश की थी।

अब ढाई वर्ष बाद जेल में वापस पहुँचने के बाद उन्हें स्थितियाँ और भी बदतर लगीं। इसलिए उन्होंने एक बार फिर इस मुद्दे को उठाने का फैसला किया। लेकिन वे अच्छी तरह से जानते थे कि कैदियों की तरफ से एक आन्दोलन शुरू किए बिना सरकार के कान पर जूँ नहीं रेंगेगी। साथ ही वे गांधीजी को दिखाना चाहते थे कि क्रान्तिकारी भी भूख हड़ताल कर सकते थे और इससे जुड़े कष्टों और आसन्न मृत्यु की यातना को झेल सकते थे लेकिन इससे पहले कि वे कुछ कर पाते, उन्हें सांडर्स की हत्या के आरोप में फिर से गिरफ्तार कर लिया गया। हत्या के मुकदमे का फैसला होने तक उम्रकैद की सजा को लटका दिया गया।

असेम्बली बम का मुकदमा खत्म होने से पहले ही भगत सिंह ने भाँप लिया था कि दाल में कुछ काला था। न्यायाधीश मुकदमे के निपटारे के लिए बहुत जल्दबाजी में दिखाई दे रहे थे। उन्होंने यह भी कहा था कि भगत सिंह एक दूसरे मामले में भी दोषी पाए गए थे। पुलिस को भगत सिंह के खिलाफ 'पुख्ता सबूत' मिल चुके थे। सहारनपुर और लाहौर में मारे गए छापों में पुलिस को बम, पिस्तौलें और कारतूस बरामद हुए थे। कहा जा रहा था कि लाहौर की मैक्लॉयड रोड से ही, जहाँ भगवती चरण रहते थे, बाईस बम बरामद किए गए थे। झाँसी में भी कुछ बम मिले थे। इसमें

कोई शक नहीं था कि उनके किसी साथी कॉमरेड ने पुलिस को उनके ठिकानों और बम फैक्टरियों के बारे में सब कुछ बता दिया था। इतने सालों की मेहनत का एकाएक भांडा फूट गया था। इससे भी बुरी खबर यह थी कि उनके दो साथी—जय गोपाल और हंसराज वोहरा सरकारी गवाह बन गए थे। जो उनके साथ कन्धे-से-कन्धा मिलाकर सरकार के खिलाफ लड़े थे, वही अब सरकार के हाथ का मोहरा बन गए थे।

सरकार ने भगत सिंह के खिलाफ अपने आरोप साबित करने के लिए लगभग 600 गवाह जुटा लिए थे। उन पर सांडर्स और हेड कांस्टेबल चानन सिंह की हत्या में शामिल होने का आरोप था। उनके खिलाफ लगभग इक्कीस मामले दर्ज किए गए थे, जिनमें से कुछ काफी गम्भीर प्रकृति के थे। अधिकारियों को पता था कि भगत सिंह इस आन्दोलन में अकेले नहीं थे। दूसरे लोग कौन थे? क्या इन सभी के खिलाफ मिल-जुलकर हत्याओं का इरादा करने, योजनाएँ बनाने और उन्हें अमल में लाने के षड्यंत्र में शामिल होने का आरोप स्थापित किया जा सकता था? सरकार इन अलग-अलग हिंसक कार्रवाइयों को आपस में जोड़कर ब्रिटिशों की हत्या करने के एक सुनियोजित षड्यंत्र का रूप कैसे दे सकती थी?

भगत सिंह को मियांवाली जेल में और दत्त को लाहौर की बॉर्स्टल जेल में भेज दिया गया। दोनों को 12 मार्च, 1930 को एक ही रेलगाड़ी में ले जाया गया लेकिन अलग-अलग डिब्बों में। सरकार जो भी कर रही थी, लेकिन वह इस सच्चाई से बेखबर नहीं थी कि असेम्बली मामलों की एकपक्षीय सुनवाई से उसकी छवि पर धब्बा लगा था, पहले मजिस्ट्रेट की सुनवाई में और फिर सेशन जज की अदालत में। देश की जनता, खासकर देश की युवा पीढ़ी, इस मुदकमे को एक तमाशे के रूप में देख रही थी। उन्हें पूरा यकीन था कि हुकूमत इन युवा क्रान्तिकारियों को सूली पर चढ़ाने पर तुली हुई थी, मुकदमे का नतीजा कुछ भी क्यों न हो।

भगत सिंह सोच रहे थे कि क्या क्रान्ति का सन्देश जनता तक पहुँच सका था। यह पिस्तौल का रोमांस नहीं था, बल्कि एक कष्ट-साध्य तपस्या थी। एक दमनकारी समाज में घिरा होने के बावजूद क्रान्तिकारी इसे बदलने की क्षमता रखता था। वह खुद भी इस समाज का अंग था और इसके अधिकारों और मूल्यों से बँधा हुआ था। उसे अपने रास्ते खुद तलाशने पड़ते थे, कभी ताकत का इस्तेमाल करके तो कभी समझा-बुझाकर। 'अनशन' या भूख हड़ताल पर जाना भी ऐसा ही एक रास्ता था। जेल की स्थितियों में सुधार की माँग करना अधिकारियों का ध्यान खींचने का एक तरीका था।

यात्रा के दौरान भगत सिंह ने मन-ही-मन फैसला कर लिया कि वे और दत्त अपनी-अपनी जेलों में पहुँचते ही 15 जून से भूख हड़ताल कर देंगे। लेकिन यह बात दत्त तक कैसे पहुँचाई जाए?

भगत सिंह पर नजर रखने के लिए भेजा गया एक ब्रिटिश अधिकारी यात्रा के दौरान उनसे बातचीत करने लगा था, और उन्हें समझाने लगा था कि उन जैसे नौजवान को अपना जीवन इस तरह नहीं बर्बाद करना चाहिए। भगत सिंह को लगा कि इस काम के लिए उसकी मदद ली जा सकती थी। उन्होंने उससे अनुरोध किया कि वह थोड़ी देर उन्हें दत्त के साथ यात्रा करने दे, क्योंकि हो सकता था कि यह उन दोनों की साथ-साथ आखिरी यात्रा हो। उन्होंने कहा कि वे दोनों पुराने मित्र थे और इस बात की सम्भावना थी कि वे दोबारा एक-दूसरे से न मिल जाएँ। उन दोनों को थोड़ी देर साथ-साथ रहने देने से कानून का कुछ भी उल्लंघन नहीं होता था। वे दोनों हथकड़ियों में थे, इसलिए उनके भागने की सम्भावना भी नहीं थी। ब्रिटिश अधिकारी का मन पसीज गया और उसने अगले स्टेशन तक उन्हें दत्त के डिब्बे में बिठा दिया। भगत सिंह ने इन क्षणों का लाभ उठाकर दत्त को बता दिया कि वे मियांवाली जेल में 15 जून से भूख हड़ताल शुरू कर देंगे और उन्हें भी बॉर्स्टल जेल में यही करना चाहिए।

मियांवाली पहुँचने के बाद भगत सिंह ने अपने साथी कैदियों से कहा कि काकोरी क्रान्तिकारियों ने जेल की स्थितियों में सुधार के लिए संघर्ष किया था और अधिकारियों ने इस मामले में कुछ ठोस कदम उठाने का वायदा भी किया था लेकिन व्यावहारिक तौर पर कुछ भी नहीं हो पाया था। (जब इमर्जेंसी के दौरान मुझे जेल में रखा गया तो कैदियों के लिए वही पुराना मैन्युल लागू था—लेखक) अधिकारी अपने वायदे से मुकर गए थे। भगत सिंह ने मियांवाली पहुँचते ही भारतीय और यूरोपीय कैदियों को दी जानेवाली सुविधाओं की लिस्ट प्राप्त की। उन्होंने पाया कि रहने, खाने और रोजाना इस्तेमाल की चीजों के मामले में यूरोपीयों को कहीं बेहतर सुविधाएँ प्राप्त थीं। जेल अधिकारियों द्वारा किए जानेवाले दुर्व्यवहार को मापना मुश्किल था लेकिन राशन में भेदभाव सभी को दिखाई दे सकता था।

राजनीतिक कारणों से जेल में बन्द भारतीय कैदी मानो इन खराब स्थितियों के अभ्यस्त हो चुके थे। भगत सिंह ने देखा कि बब्बर अकालियों के सदस्यों के साथ अपराधियों जैसा व्यवहार किया जा रहा था। उन्हें जरूरत की मामूली चीजें भी नहीं दी जाती थीं। भगत सिंह को लगा कि कैदियों की तीन सबसे बड़ी समस्याएँ थीं—1. पर्याप्त राशन न मिलना, 2. माहौल का नाकाबिले-बर्दाश्त होना, 3. उनके साथ इनसानों जैसा व्यवहार न किया जाना। अकसर उनके सामने इस तरह रोटियाँ फेंक दी जाती थीं जैसे पिंजरों में जानवरों को फेंकी जाती हैं। अधिकारी गाली-गलौज के बिना शायद ही उनसे बात करते थे।

भगत सिंह ने जेल की स्थितियों को सुधारने का बीड़ा उठाते हुए भूख-हड़ताल पर जाने का फैसला किया, जो पूरी तरह से गांधीजी का तरीका था। वे यह साबित

करना चाहते थे कि ब्रिटिशों के खिलाफ लड़ाई में क्रान्तिकारी किसी भी तरीके का इस्तेमाल करने के लिए तैयार थे। भूख हड़ताल के कुछ दिनों बाद 24 जून, 1929 को उन्होंने भारत सरकार के गृह सदस्य को एक पत्र लिखा—

> हमें, राजनीतिक कैदियों के तौर पर, बेहतर खुराक दी जानी चाहिए और हमारी खुराक का स्तर कम-से-कम यूरोपीय कैदियों जैसा होना चाहिए। (हम खुराक में एक जैसी सामग्री की माँग नहीं कर रहे हैं, बल्कि एक जैसे स्तर की सामग्री की माँग कर रहे हैं।) हमें कोई भी कठोर और तुच्छ श्रम करने के लिए मजबूर नहीं किया जाना चाहिए। प्रतिबन्धित किताबों को छोड़कर हमें अन्य सभी किताबों और लेखक सामग्रियों की बेरोक-टोक इजाजत होनी चाहिए। हमें शौचालय सम्बन्धी जरूरी सुविधाएँ प्रदान की जानी चाहिए। बेहतर कपड़े-लत्ते भी। हरेक राजनीतिक कैदी को कम-से-कम एक स्तरीय दैनिक अखबार दिया जाना चाहिए। हरेक जेल में राजनीतिक कैदियों के लिए एक अलग वार्ड होना चाहिए, जहाँ यूरोपीयों को मिलने वाली सभी जरूरी सुविधाएँ हों। जेल के सभी राजनीतिक कैदियों को इस वार्ड में साथ-साथ रखा जाना चाहिए।

जेल अधिकारियों तक यह पत्र पहुँचने से पहले किसी ने भी इस भूख-हड़ताल पर ध्यान नहीं दिया था। भगत सिंह ने अपने पत्र में इस बात का खासतौर से जिक्र किया था कि जब कोई यूरोपीयन अपने किसी निजी स्वार्थ के लिए कानून को तोड़ता था जो उसे जेल में सब तरह की सुविधाएँ दी जाती थीं। उसे इलेक्ट्रिक फिटिंग के साथ एक हवादार कमरा, अच्छे से अच्छा खाना जैसे कि दूध, मक्खन, टोस्ट, मांस इत्यादि और बढ़िया कपड़े दिए जाते थे; जबकि राजनीतिक कैदी इस सब सुविधाओं से वंचित थे।

इससे पहले 17 जून के अपने पत्र में उन्होंने पंजाब के इंस्पेक्टर जनरल (जेल) को लिखा था—

> इस तथ्य के बावजूद कि मुझ पर सांडर्स पर गोली चलाने के मानले में गिरफ्तार किए गए दूसरे नौजवानों के साथ मुकदमा चलाया जानेवाला है, मुझे दिल्ली से मियांवाली जेल में शिफ्ट कर दिया गया है। इस मुकदमे की सुनवाई 26 जून, 1929 को शुरू होने जा रही है। मेरी समझ में नहीं आ रहा कि इस शिफ्टिंग के पीछे क्या तर्क है? वह कुछ भी हो, लेकिन न्याय की यह माँग है कि अभियुक्त को वे सभी सुविधाएँ दी जानी चाहिए जिनसे वह मुकदमे की तैयारी और अपना बचाव कर सके। यहाँ रहते हुए मैं कोई वकील कैसे कर सकता हूँ? मेरे लिए अपने पिता और रिश्तेदारों से सम्पर्क करना मुश्किल हो रहा है। यह एक अलग-थलग-सा इलाका है; लाहौर से यहाँ आने का रूट बेहद मुश्किलों भरा, और यह लाहौर से दूर भी बहुत है।

इस पत्र का असर हुआ। उन्हें लाहौर सेंट्रल जेल में शिफ्ट कर दिया गया। लेकिन उन्हें पता नहीं था कि इस बदली के पीछे अधिकारियों का अपना एक उद्देश्य भी था।

उन्हें जेल भेजने से पहले लाहौर छावनी के पुलिस स्टेशन में ले जाया गया, जहाँ जाँच अधिकारियों ने पहले से ही कई गवाह इकट्ठे कर रखे थे। इन गवाहों को भगत सिंह को नजदीक से देखने का मौका मिल गया, ताकि बाद में शिनाख्त के दौरान उन्हें कोई परेशानी न हो।

भगत सिंह ने लाहौर सेंट्रल जेल में भी अपनी भूख हड़ताल जारी रखी। यहाँ उन्हें उधम सिंह भी मिले, जिन्होंने उन्हें बताया कि एक न एक दिन वे लंदन जाकर माइकल ओ' डायर को मार डालेंगे, जो जलियाँवाला कांड के दौरान पंजाब का लेफ्टिनेंट गवर्नर था। उधम सिंह अपनी बात के खरे उतरे। उन्होंने 13 मार्च, 1940 को लंदन के कॉक्सटन हॉल में ओ' डायर को मार गिराया, भगत सिंह की फाँसी के नौ वर्ष बाद। मौत की सजा सुनाए जाने पर उधम सिंह ने कहा, ''मुझे मरने की परवाह नहीं है। मैं एक निमित्त के लिए मर रहा हूँ।'' लगभग वही शब्द, जो भगत सिंह ने फाँसी के तख्ते पर कहे थे।

भगत सिंह द्वारा शुरू की गई भूख हड़ताल दूसरी जेलों में भी फैल गई। पन्द्रह साल की सजा भुगत चुके बाबा सोहनी सिंह, जिनकी रिहाई में कुछ ही दिन बाकी थे, भगत सिंह के आह्वान पर इस लड़ाई में कूद पड़े और भूख हड़ताल पर बैठ गए। उन्हें इसकी सजा देते हुए सरकार ने उनकी कैद की मियाद अवधि तीन साल और बढ़ा दी।

देश को राजनीतिक कैदियों की भूख हड़ताल का पता चला—जो उन्होंने जेलों में हो रहे अमानवीय व्यवहार के खिलाफ आवाज उठाने के लिए की थी—तो पूरे देश में इसका जोरदार विरोध होने लगा। कांग्रेस ने इसे बहुत गम्भीरता से लिया। मोती लाल नेहरू ने सरकार की निन्दा करते हुए कहा, ''कैदियों ने यह भूख हड़ताल अपने लिए नहीं, बल्कि एक व्यापक उद्देश्य के लिए की है।''

जब भूख हड़ताल कई दिनों तक चलती रही और कोई समाधान दिखाई नहीं दिया तो जवाहरलाल नेहरू भगत सिंह और अन्य भूख हड़तालियों से मिले। उन्होंने अपनी चिन्ता जताते हुए एक बयान जारी करके कहा, ''हमारे नायकों की हालत को देखकर मुझे बड़ी गहरी तकलीफ पहुँची है। उन्होंने इस संघर्ष में अपनी जिन्दगी दाँव पर लगा दी है। वे चाहते हैं कि राजनीतिक कैदियों के साथ राजनीतिक कैदियों जैसा बर्ताव किया जाए। मुझे पूरी उम्मीद है कि अपने इस त्याग से उन्हें अपने इरादों में जरूर सफलता मिलेगी।''

मुहम्मद अली जिन्ना, जो कांग्रेस के तौर-तरीकों से अपने मतभेद के कारण तब तक पार्टी से दूर हो चुके थे, ने भूख हड़ताल का मामला सेंट्रल लेजिस्लेटिव असेम्बली में उठाया। 12 सितम्बर, 1929 के अपने भाषण में उन्होंने कहा–

> उनके (भगत सिंह और दत्त) साथ वैसा बर्ताव नहीं किया गया–नस्ल के आधार पर नहीं–बल्कि खुराक और जिन्दगी के लिए बेहद जरूरी चीजों के मामले में यूरोपीयों के लिए तय किए गए पैमानों के आधार पर। यह सिर्फ एक सवाल नहीं है कि वे अपने साथ यूरोपीयों जैसा बर्ताव चाहते हैं। (जिन्ना ने ब्रिटिशों की चुटकी लेते हुए कहा) जहाँ तक मेरी जानकारी है, भगत सिंह और दत्त ने टोपियाँ लगा रखी थीं और उनके तन पर निकरें दिखाई दे रही थीं (जब वे असेम्बली हाल की पब्लिक गैलरी में पहुँचे थे)। इसलिए उनके साथ यूरोपीयों जैसा ही बर्ताव किया जाना चाहिए था।

जिन्ना ने भारतीय और यूरोपीय कैदियों के बीच भेद भाव करने के लिए सरकार की आलोचना करते हुए कहा–

> आप पूछ सकते हैं कि एक राजनीतिक कैदी कौन है? इसकी कोई खास परिभाषा देना बहुत मुश्किल है। लेकिन अगर आप अपनी कॉमन सेंस का इस्तेमाल करें, अपनी अक्ल का इस्तेमाल करें तो आप ऐसे किसी भी मामले में एक नतीजे पर पहुँच सकते हैं, और कह सकते हैं कि ये आदमी राजनीतिक कैदी हैं और हम उनके साथ सही बर्ताव नहीं करना चाहते। हम उनके साथ वैसा बर्ताव करना चाहते हैं जैसा मुजरिमों के साथ किया जाता है। अगर आप ऐसा कह देते तो यह सवाल बहुत पहले ही सुलझ गया होता। आप उन्हें मौत के घाट उतारना चाहते हैं या उन पर मुकदमा चलाना चाहते हैं?...
>
> ...मुझे अफसोस है कि सही हो या गलत, लेकिन आज का हिन्दुस्तानी नौजवान भड़का हुआ है, और जब आपके सामने तीस करोड़ से ज्यादा लोग हों तो आप इस तरह के जुर्मों को नहीं रोक सकते, आप चाहे उनकी कितनी ही बुराई करें और कहें कि वे लोग भटके हुए हैं। लोग इस सिस्टम...हुकूमत के सिस्टम से खफा हैं।...लेकिन याद रखें, इस मुल्क के बाहर भी हजारों नौजवान हैं। यह अकेला ऐसा मुल्क नहीं है जहाँ इस तरह की हरकतें हो रही हैं। दूसरे मुल्कों में भी ऐसा हो चुका है, और सिर्फ नौजवानों ने ही नहीं बल्कि सफेद दाढ़ियों वाले बूढ़ों ने भी मुल्कपरस्ती के जज्बे में बहकर बहुत संगीन जुर्म किए हैं...

इस व्यापक विरोध पर सरकार की तरफ से कोई प्रतिक्रिया नहीं हुई। कई दिनों बाद उसने भूख हड़तालियों की सेहत को लेकर तो चिन्ता जताई लेकिन उनकी माँगों

का कोई जिक्र नहीं किया। इससे हड़ताली और भी भड़क उठे और उन्होंने सरकार की टिप्पणी को नजरअन्दाज करने का फैसला किया। भूख हड़ताल के खत्म होने के आसार दिखाई नहीं दे रहे थे। हड़ताली अपनी हिम्मत बढ़ाने के लिए देश भक्ति के जोशीले गीतों का सहारा लेते–'कभी वो दिन भी आएगा, कि जब आजाद हम होंगे...'

कई बार भूख हड़तालियों का ध्यान बँटाने के लिए भगत सिंह उन्हें आन्दोलन के आदर्शों की याद दिलाते। नर्मपंथी सोलह आनों के लिए आन्दोलन करते थे और एक आना जेब में रखने के बाद बाकी के लिए लड़ते रहते थे। क्रान्तिकारी को यह बात ध्यान में रखनी थी कि वह सम्पूर्ण क्रान्ति के लिए लड़ रहा था, सत्ता के पूर्ण स्वामित्व के लिए। ब्रिटिश लेबर नेता अपने असली संघर्ष से भटक गए थे और महज ढोंगी साम्राज्यवादी बनकर रह गए थे। इन ढोंगी लेबर नेताओं से कट्टर कंजर्वेटिव कहीं बेहतर थे। भगत सिंह का कहना था कि क्रान्ति निराशा का दर्शन नहीं था, और न ही यह मर-मिटने पर आमादा लोगों का रास्ता था। यह एक जीवन्त और केन्द्रीय शक्ति थी, जो पुराने और नए के बीच सनातन संघर्ष की प्रतीक थी; जीवन और मृत्यु और प्रकाश और अन्धकार के बीच निरन्तर द्वन्द्व की प्रतीक। क्रान्ति के बिना कोई भी लय, सुर और संगीत सम्भव नहीं था। क्रान्ति ही कानून थी, क्रान्ति ही व्यवस्था थी और क्रान्ति ही सत्य थी। क्रान्ति के बिना प्रकृति में या मानवीय जीवन में कोई भी विकास सम्भव नहीं था।

अब हर तरफ और हर जुबान पर भूख हड़ताल की चर्चा थी। पूरे देश में भूख हड़तालियों के लिए सहानुभूति की लहर उमड़ पड़ी थी। बहुत-से लोग उनके समर्थन में खुद भी भूख हड़ताल पर बैठ गए थे। कुछ अखबार वाले हड़तालियों की सेहत को लेकर रोजाना एक हेल्थ-बुलेटिन छापने लगे थे। ब्रिटिशों के खिलाफ आवाज उठाने के लिए बहुत-सी सभाएँ हुईं। अमृतसर के जलियाँवाला बाग में आयोजित एक सभा में अधिकारियों को यह चेतावनी दी गई कि कैदियों पर कोई आंच आने की स्थिति में प्रशासन जिम्मेदार होगा। लाहौर में हुई एक सभा में 10,000 से भी ज्यादा लोगों ने अपने हाथ उठाकर भूख-हड़तालियों के साथ अपना समर्थन व्यक्त किया। सहानुभूति की यह लहर इतनी प्रचंड थी कि 21 जून, 1929 को देशभर में भगत सिंह दिवस मनाया गया। सरकार फिर भी नहीं पसीजी। जेलों में बन्द कई और राजनीतिक कैदी भी इस चुनौती को स्वीकार कर रहे थे और बड़ी संख्या में भूख हड़ताल में शामिल हो रहे थे।

एक नौजवान लेकिन जुझारू क्रान्तिकारी जतीन्द्रनाथ दास भावुक नजरिए के खिलाफ थे। उन्होंने सावधानी बरतने की सलाह दी। यह एक लम्बी लड़ाई होने जा

रहीं थी। जतीन्द्रनाथ ने उन्हें सलाह देते हुए कहा, "बीच में ही भूख-हड़ताल खत्म करने से कहीं बेहतर है उसमें शामिल ही न होना।" लेकिन कोई भी उनकी सलाह मानने को तैयार नहीं था। जतीन्द्रनाथ दास भूख हड़ताल के खिलाफ नहीं थे। वे सिर्फ अपने साथियों को इस मिशन का पूरा मन्तव्य समझाना चाहते थे। बल्कि खुद उन्होंने ही इस मिशन का नेतृत्व किया और आखिरी दम तक भूख हड़ताल पर डटे रहे।

जब अधिकारियों ने देखा कि हड़ताली अपने हठ पर अड़े हुए थे तो उन्होंने उनकी भूख हड़ताल तुड़वाने के लिए कई तिकड़में आजमाईं। उनकी कोठरियों में खाने की अच्छी-अच्छी चीजें रख दी जाती थीं और बाद में हटा ली जाती थीं, ताकि उनके संकल्प की परीक्षा ली जा सके लेकिन कोई भी अपनी प्रतिज्ञा से टस-से-मस नहीं हुआ। कोठरियों में रखे पानी के मटकों में दूध भर दिया जाता था, ताकि कैदी या तो प्यासे रहें या अपनी भूख हड़ताल तोड़ने पर मजबूर हो जाएँ।

सरकार को जल्दी ही यह अहसास हो गया कि इन उपायों से कोई लाभ होनेवाला नहीं था। इसलिए उसने वही तरीका आजमाने का फैसला किया जो काकोरी कांड के कैदियों के साथ आजमाया गया था--वायदे करना लेकिन उन पर अमल न करना। सरकार ने घोषणा की कि वह राजनीतिक कैदियों को पर्याप्त खुराक और बेहतर सुविधाएँ देगी--कुछ हड़तालियों को स्वास्थ्य के आधार पर विशेष सुविधाएँ देने का भी वायदा किया गया लेकिन किसी को भी सरकार के वायदों पर भरोसा नहीं था। भगत सिंह ने अधिकारियों से कहा कि इस तरह के वायदे पहले भी किए जा चुके थे। भूख इड़तालियों ने सरकार के प्रस्ताव को अस्वीकार कर दिया।

अधिकारियों ने कैदियों को जबर्दस्ती खिलाने की कोशिश की। भूख हड़तालियों ने इन कोशिशों को भी बेकार कर दिया। कसूरी नाम के एक हड़ताली ने लाल मिर्चें निगलकर ऊपर से उबलता हुआ पानी पी लिया, ताकि उसके खाने को नली बन्द हो जाए। अब सरकार के सामने समझौते के अलावा कोई रास्ता नहीं रहा। गवर्नर शिमला से लाहौर आकर जेल अधिकारियों से मिले, लेकिन कोई समझौता नहीं हो पाया।

सरकार को मामले की जाँच करने के लिए 'पंजाब जेल इंक्वायरी कमेटी' नियुक्त करनी पड़ी। कमेटी ने सरकार की तरफ से यह भरोसा दिलाया कि राजनीतिक कैदियों को विशेष खुराक और अन्य सुविधाएँ दी जाएँगी। कुछ कैदियों ने अपनी भूख हड़ताल खत्म कर दी। लेकिन उन्होंने कमेटी के चेयरमैन दूनी चंद को एक नोट भेजकर कहा कि हड़ताल खत्म नहीं हुई थी, सिर्फ स्थागित की गई थी। कैदियों को यह जानने के लिए ज्यादा इन्तजार नहीं करना पड़ा कि सरकार हमेशा की तरह अपनी बात से मुकर गई थी।

6

मेरी हवा में रहेगी ख़याल की .ख़ुशबू
ये मुश्ते-ए-ख़ाक़ है फ़ानी रहे न रहे

यह देखकर कि भूख हड़ताल ने सारे देश का ध्यान खींच लिया था, सरकार ने मुकदमे को जल्दी निपटाने का फैसला कर लिया। इसे 'लाहौर षड्यंत्र मुकदमा' (लाहौर कांसपिरेसी केस') के नाम से जाना जाने लगा था। मुकदमा 10 जुलाई, 1929 को लाहौर की बॉर्स्टल जेल में शुरू हुआ। राय साहब पंडित श्री कृष्ण, जो एक प्रथम श्रेणी के मजिस्ट्रेट थे, न्यायाधीश थे। ब्रिटिशों के लिए अपनी निष्ठापूर्ण सेवा के कारण उन्हें 'राय साहब' की उपाधि प्राप्त हुई थी। भगत सिंह और अन्य सत्ताईस व्यक्तियों पर हत्या, साजिश और सम्राट के खिलाफ युद्ध छेड़ने का आरोप लगाया गया। इन सभी क्रान्तिकारियों की औसत उम्र सिर्फ बाईस वर्ष थी।

सुनवाई शुरू होने के दिन पुलिस ने मजिस्ट्रेट की अदालत की घेराबन्दी कर दी। आम जनता को अन्दर आने की अनुमति नहीं थी। और तो और, आरोपियों के वकीलों को भी अदालत में दाखिल होने से रोका गया, और बहुत बहस करने के बाद ही उन्हें अन्दर जाने दिया गया। भगत सिंह के माता-पिता उन थोड़े-से लोगों में शामिल थे जो इस घेराबन्दी को तोड़ने में सफल हो पाए।

क्रान्तिकारियों ने मुकदमे का बहिष्कार करने की रणनीति अपनाई थी। उन्होंने सुनवाई में कोई दिलचस्पी नहीं दिखाई और पूरी तरह से बेपरवाही का नजरिया अपनाए रहे। उनके मन में अंग्रेजों की इस अदालत के लिए न तो कोई निष्ठा थी और न सम्मान। फिर भी वे अदालत की कार्रवाई से गुजरना चाहते थे। उनका खयाल था कि वे जनता को यह दिखला सकते थे कि अदालत पहले ही अपना फैसला ले चुकी थी। लोग क्रान्तिकारियों के नजरिए का सम्मान करते थे। उनका कहना था कि अंग्रेजों को अपने लिए आजादी बहुत पसन्द थी और वे सभी तरह की नाइनसाफी से नफरत करते थे सिवा उस नाइनसाफी के, जो वे खुद करते थे। हथकड़ियों में जकड़े भगत सिंह अब भी भूख हड़ताल पर थे। उन्हें एक स्ट्रेचर पर

लिटाकर अदालत में लाया गया। उनका वजन 14 पौंड कम हो चुका था–133 से 119।

जतीन्द्रनाथ दास की हालत दिनोंदिन बिगड़ी जा रही थी। जेल कमेटी का सुझाव था कि उन्हें बिना शर्त रिहाकर दिया जाना चाहिए लेकिन सरकार ने इसे प्रतिष्ठा का प्रश्न बनाते हुए इस सुझाव को ठुकरा दिया। सरकार ने उन्हें जमानत पर छोड़ने का प्रस्ताव रखा, जिसे जतीन्द्रनाथ ने अस्वीकार कर दिया। किसी ने उनके लिए जमानत की रकम भी जमा करवाई लेकिन जतीन्द्रनाथ फिर भी नहीं माने। वे इतने कमजोर हो चुके थे कि बिस्तर पर करवट भी नहीं बदल सकते थे। सरकार का कहना था कि वे सभी भूख हड़तालियों की बिना शर्त रिहाई की माँग कर रहे थे, जिनमें चार्जशीट वाले कैदी भी शामिल थे। यह सच नहीं था। जतीन्द्रनाथ ने जेल में सुविधाओं के मुद्दे को मुकदमे से अलग रखने का खयाल रखा था।

जतीन्द्रनाथ की हालत बहुत ज्यादा बिगड़ चुकी थी। वे पल-पल मौत की तरफ बढ़ रहे थे, जो अब कभी भी आ सकती थी। भगत सिंह और उनके साथी असहाय महसूस कर रहे थे। पूरा देश दम साधे बैठा था और लोगों के क्रोध की कोई सीमा नहीं थी। जेल कमेटी द्वारा स्थितियों में सुधार का भरोसा दिलाए जाने के बाद ज्यादातर कैदियों ने भूख हड़ताल खत्म कर दी थी लेकिन जतीन्द्रनाथ अब भी अपनी भूख हड़ताल पर डटे हुए थे।

भगत सिंह के व्यक्तिगत अनुरोध पर वे अपने अमाशय की सफाई के लिए एनीमा लेने के लिए राजी हो गए। ''भगत सिंह को कौन न कह सकता है?'' जतीन्द्रनाथ ने जेलर से कहा था। लेकिन उन्होंने खाने की कोई भी चीज छूने से इनकार कर दिया। वे जबर्दस्ती खिलाए जाने के लिए भी तैयार नहीं थे। वे बंगाल के क्रान्तिकारी थे। हालाँकि वे बम का रास्ता छोड़ चुके थे, फिर भी वे अपने त्याग के उदाहरण से लोगों की चेतना को जगाना चाहते थे। उन्होंने आखिरी साँस तक अपनी इस प्रतिज्ञा को निभाया। उनकी भूख हड़ताल तिरसठ दिनों तक चली। उनके आखिरी शब्द थे–''मैं नहीं चाहता कि मेरा क्रिया-कर्म काली बाड़ी में पुराने बंगाली रीति-रिवाजों के अनुसार किया जाए। मैं एक हिन्दुस्तानी हूँ।''

13 सितम्बर, 1929 को जतीन्द्रनाथ का निधन हो गया। सुभाषचन्द्र बोस ने उनके पार्थिव शरीर को लाहौर से कलकत्ता लाने के लिए 600 रुपये भेजे। बम्बई और पंजाब ने भी पैसों की मदद की पेशकश की। वाइसरॉय ने उनकी मृत्यु के बारे में लंदन को सूचित करते हुए लिखा–

> कांसपरेसी केस के जतिन दास, जो भूख हड़ताल पर थे, का आज दोपहर 1:00 बजे निधन हो गया। कल रात पाँच भूख हड़तालियों ने अपनी भूख

हड़ताल खत्म कर दी। अब सिर्फ भगत सिंह और दत्त भूख हड़ताल पर हैं, जो...

मृत्यु की सरकारी घोषणा बहुत खुश्क और सपाट थी–

जे.एन. दास की कल दोपहर लगभग 1:10 बजे मृत्यु हो गई। उनके भाई के.सी. दास को कलकत्ता से सुभाषचन्द्र बोस से 600 रुपये प्राप्त हुए हैं, ताकि उनके पार्थिव शरीर को कार से कलकत्ता ले जाया जा सके।

जतीद्रनाथ दास की मौत की खबर पर पूरे देश में सन्नाटा छा गया। लोगों को ऐसा महसूस हो रहा था मानो उनके परिवार का कोई सदस्य बिछुड़ गया हो। वे धड़कते दिल से जतीन्द्रनाथ की भूख हड़ताल और उनकी गिरती सेहत की खबरें पढ़ते-सुनते रहे थे। उनके दुख और क्रोध की कोई सीमा नहीं थी लेकिन उन्हें एक तरह का गर्व भी महसूस हो रहा था। जतीन्द्रनाथ ने अपने संकल्प को आखिरी साँस तक निभाया था। पूरा देश उनके अडिग रवैये पर मान महसूस कर रहा था और उन्हें देश के एक ऐसे सपूत के रूप में देख रहा था जिसे ताकतवर ब्रिटिश साम्राज्य लाख कोशिशें करके भी हरा नहीं पाया था।

दोपहर को लगभग 4:00 बजे बॉर्स्टल जेल से उनकी अर्थी निकली तो इसमें पंजाब के आठ प्रमुख कांग्रेस नेताओं के साथ-साथ पार्टी के कई स्वयंसेवक भी शामिल थे। शवयात्रा रेलवे स्टेशन की तरफ बढ़ी तो रास्ते में सैकड़ों अन्य लोग भी इसमें शामिल होते चले गए। दुकानदारों ने उन्हें अपनी श्रद्धांजलि देते हुए अपनी दुकानें बन्द कर दीं।

जतिन की मौत की खबर पूरे देश में जंगल की आग की तरह फैल गई। हर तरफ शोक छा गया। साथ ही, देशवासियों को अपनी लाचारी की भावना भी रह-रह कर कचोट रही थी। लाहौर से कलकत्ता तक हर रेलवे स्टेशन पर सैकड़ों लोग उन्हें अपनी अन्तिम श्रद्धांजलि देने के लिए जमा थे।

कलकत्ता रेलवे स्टेशन के प्लेटफॉर्म पर और बाहर लगभग छह लाख लोग उनके पार्थिव शरीर की प्रतीक्षा कर रहे थे। उनकी शवयात्रा शहर की सड़कों से होती हुई हुगली नदी की तरफ बढ़ी तो हजारों अन्य लोग भी इसमें शामिल होते चले गए। सड़कों के दोनों तरफ भी लाखों लोग उनके अन्तिम दर्शन करने के लिए जमा थे। रेलवे स्टेशन से हुगली नदी के तट तक पहुँचने में कई घंटे लग गए, जहाँ उनका अन्तिम संस्कार किया जाना था। पूरे रास्ते उनकी पार्थिव देह पर फूलों की बौछार की जाती रही। जगह-जगह दीवारों पर चिपके पोस्टर बांग्ला में घोषणा कर रहे थे– 'मेरा लाल भी जतिन दास जैसा हो'। उनके भाई ने चिता को अग्नि दी तो लोगों की चीत्कारों और जोशीले नारों से पूरा आसमान गूँज उठा।

वाइसरॉय ने लंदन में सेक्रेटरी ऑफ स्टेट को एक तार भेजकर सूचित किया–

> कलकत्ता का जुलूस रिकॉर्ड साइज का बताया जा रहा है, जिसमें पाँच लाख लोग शामिल हुए।...भीड़ सचमुच बहुत ज्यादा थी।...कई जगह दास के लिए सहानुभूति और सरकार के विरोध में सभाएँ भी हुई हैं लेकिन अधिकारियों के साथ किसी तरह के टकराव की खबर अभी तक नहीं आई है।

देश के लगभग हर नेता ने जतीन्द्रनाथ को भावभीनी श्रद्धांजलि दी। दो पंजाबी नेताओं–मुहम्मद आलम और गोपीचन्द भार्गव ने अपना विरोध जताते हुए पंजाब लेजिस्लेटिव काउंसिल से इस्तीफा दे दिया। सेंट्रल असेम्बली में मोतीलाल नेहरू ने लाहौर जेल के कैदियों के साथ बर्ताव के बारे में सरकारी नीति के खिलाफ सदन को भंग करने का प्रस्ताव रखा। उन्होंने सरकार पर 'अमानवीयता' का आरोप लगाते हुए उसे ऐसा रवैया अख्तियार करने का दोषी ठहराया 'जिसके परिणामस्वरूप जतीन्द्रनाथ दास की मृत्यु हो गई थी और अन्य कई जिन्दगियाँ खतरे में पड़ गई थीं। नियोगी नामक एक अन्य सदस्य ने गृह सदस्य को 'डायर और ओ' डायर की नस्ल' से जुड़ा हुआ बताया। भर्त्सना प्रस्ताव 47 के बदले 55 मतों से पारित हो गया।

कैदियों की भूख हड़ताल को लेकर देश में जो जोश दिखाई दिया था, उससे गांधीजी अलग-थलग ही रहे थे। वे कांग्रेस की बुलेटिन में भगत सिंह और दत्त के साझे बयान के प्रकाशन से भी खुश नहीं थे। यह वही बयान था जो असेम्बली हॉल में फेंके गए पर्चों में दर्ज था। गांधीजी ने नेहरू के नाम एक पत्र लिखकर अपनी अप्रसन्नता की, जो तब कांग्रेस के जनरल सेक्रेटरी (महासचिव) थे।

इसके बाद नेहरू को एक स्पष्टीकरण जारी करके कहना पड़ा–

> सच्चाई यह है कि मैं भूख हड़ताल के पक्ष में नहीं हूँ। मैंने उन बहुत-से नौजवानों से यही बात कही थी जो इस सिलसिले में मुझसे मिलने आए थे, लेकिन मैंने भूख हड़ताल की सार्वजनिक निन्दा करना ठीक नहीं समझा।

भगत सिंह को जतिन की मौत बहुत ज्यादा कचोट रही थी। कई बार वे खुलकर रोए भी। वे यूँ भी बहुत भावुक थे। एक दिन उन्होंने अपनी वह कॉपी निकाली जिसमें वे अपनी मनपसन्द किताबों से कुछ पंक्तियाँ नोट कर लिया करते थे, और यू.एन. फिग्नेर नामक एक अनजाने-से कवि की एक कविता पढ़कर सुनाने लगे। उन्होंने इसे 'द नोबलेस्ट फॉलन' का शीर्षक दिया था–

> The noblest have fallen, They were buried obscuvely in a deserted place.
> No tears fell over them
> strange hands carried them to the grave

No cross, no enclosure, and no tombstone tell their glarious names.
Grass grows over them,
A feeble blade bending low keeps the secret.
The sole witnesses were the surging waves.
Which furiously beat against the shore.
But even they, the mighty waves,
could not carry farewell greetings to the distant home.
(वे जो सबसे नेक थे, वे जो सबसे कुलीन थे
ढेर हो गए।
और गुमनामों की तरह
एक वीराने में दफन कर दिए गए।
किसी ने एक आँसू भी नहीं बहाया
उन्हें कब्र में लिटाने वाले हाथ भी अनजाने थे।
न कोई क्रॉस है, न कोई चबूतरा, न कोई कब्र का पत्थर
जो उनके शानदार नाम बता सके।
उन पर घास उग आई है
एक कमजोर तिनका नीचे झुककर मानो उनके रहस्य को छिपाए है।
समुद्र की मचलती हुई लहरें
उनकी कब्रों की इकलौती गवाह हैं,
लेकिन ये ऊँची उठती ताकतवर लहरें भी
उनके घरों तक उनका आखिरी सलाम
पहुँचा पाने में असमर्थ हैं।)

जतीन्द्रनाथ की मृत्यु ने क्रान्तिकारियों के संकल्प को और मजबूत कर दिया था। अब वे अपने आपको अगली लड़ाई के लिए तैयार कर रहे थे। उनका मानना था कि 'षड्यंत्र मुकदमा' भगत सिंह और उनके कॉमरेडों को फाँसी पर चढ़ाने के लिए एक खानापूर्ति मात्र था। उन्होंने अदालत की सुनवाई को एक 'तमाशे' की तरह देखने का फैसला कर लिया, जो कि यह वास्तव में थी भी।

भगत सिंह, सुखदेव और बिजॉय कुमार पर क्रान्तिकारियों की रणनीति तैयार की जिम्मेदारी थी। उन्होंने फैसला किया कि वे कुछ दिन अदालत में जाएँगे ही नहीं, ताकि यह दिखलाया जा सके कि वे किसी विदेशी सत्ता द्वारा नियुक्त न्यायाधीश के इस अधिकार को स्वीकार नहीं करते कि वह स्वतंत्रता सेनानियों पर मुकदमे की सुनवाई कर सके। उन्होंने यह फैसला भी किया कि किसी-किसी दिन वे अदालत में हाजिर रहेंगे और 'इन्कलाब जिन्दाबाद' और 'साम्राज्यवाद मुर्दाबाद' के नारे लगाएँगे।

ये नारे लगाने के बाद वे देशभक्ति के गीत गाना शुरू कर देंगे। कुछ अन्य अवसरों पर वे अदालत में हाजिर होकर खुलेआम अपने इस संकल्प को दोहराएँगे कि सिर्फ आजादी और इन्कलाब से ही देश का उद्धार हो सकता था।

अदालत की सुनवाई में कई बार आसपास के स्कूलों और कॉलेजों के छात्रों की भीड़ के कारण विघ्न पड़ जाता था, जो भगत सिंह और उनके साथियों की एक झलक पाने के लिए अदालत के बाहर जमा हो जाते थे। अपने चहेते राष्ट्र-नायकों पर नजर पड़ते ही उनके होंठों से देशभक्ति के गीत फूट पड़ते थे–'कभी वो दिन भी आएगा...' या फिर वह बेहद प्यारा गीत–'सरफ़रोशी की तमन्ना अब हमारे दिल में है...'

क्रान्तिकारी अकसर अदालत को एक मंच की तरह इस्तेमाल करते थे, ताकि क्रान्ति की अपनी विचारधारा का प्रचार कर सकें। वे पहले भारत को विदेशी शासन से मुक्त करवाना चाहते थे, और फिर इसे एक सोशलिस्ट समाज में बदलना चाहते थे। जैसाकि पार्टी के मेनिफेस्टो में कहा गया था, 'क्रान्ति भले ही ईश्वर विरोधी हो लेकिन यह मनुष्य-विरोधी निश्चित ही नहीं है'। उनके मन में यह बात बिलकुल साफ थी कि भारत का संघर्ष तब तक खत्म नहीं हो सकता जब तक 'मुट्ठी भर शोषक अपने निजी स्वार्थों के लिए आम जनता के खून-पसीने का शोषण करते रहेंगे'। इससे कुछ भी फर्क नहीं पड़ता था कि ये शोषक ब्रिटिश पूँजीपति थे या भारतीय। इनकी पूरी जमात को खत्म होना होगा।

जेल कमेटी ने भगत सिंह और बी.के. दत्त से अपनी भूख हड़ताल तोड़ने का अनुरोध किया लेकिन वे दोनों ही नहीं माने। आखिर भगत सिंह के पिता की कोशिशों ने अपना असर दिखाया। वे कांग्रेस द्वारा पारित एक प्रस्ताव लेकर उन दोनों से मिले, जिसमें उनसे अपनी भूख हड़ताल खत्म करने का अनुरोध किया गया था। क्रान्तिकारी कांग्रेस का बहुत मान करते थे क्योंकि वे जानते थे कि देश की आजादी की लड़ाई में उसकी कितनी महत्त्वपूर्ण भूमिका थी। वे गांधीजी को भले ही एक 'असम्भव दूरद्रष्टा' मानते थे लेकिन वे देश में जागृति लाने के उनके प्रयासों को प्रणाम करते थे।

भगत सिंह और दत्त ने कांग्रेस के अनुरोध पर अपनी भूख हड़ताल को स्थापित करने का फैसला कर लिया। 5 अक्टूबर, 1929 को भूख हड़ताल के 116वें दिन उन्होंने अपनी भूख हड़ताल खत्म कर दी। इस मामले में भगत सिंह ने एक आइरिश क्रान्तिकारी का रिकॉर्ड तोड़ दिया था, जो 97 दिन तक भूख हड़ताल पर रहे थे।

भूख हड़ताल तोड़ने के लिए राजी हो जाने के बाद भगत सिंह और बी.के. दत्त ने कांग्रेस के नाम यह सन्देश भेजा–

अखिल भारतीय कांग्रेस समिति के प्रस्ताव का पालन करते हुए हमने आज

अपनी भूख हड़ताल को तब तक के लिए स्थगित करने का फैसला किया है, जब तक कि भारतीय जेलों में राजनीतिक कैदियों के साथ होनेवाले बर्ताव के बारे में सरकार कोई आखिरी फैसला नहीं ले लेती। हमें इस बात की बहुत ज्यादा चिन्ता है कि हमारे साथ हमदर्दी जताने के लिए भूख हड़ताल पर जानेवाले अन्य सभी लोगों को भी अब इसे खत्म कर देना चाहिए...।

7

जिस धज से कोई मक़तल में गया वो शान सलामत रहती है
ये जान तो आनी-जानी है, इस जान की कोई बात नहीं
—फ़ैज़ अहमद फ़ैज़

भूख हड़ताल के बाद भगत सिंह ने एक बार फिर मुकदमे की तरफ ध्यान देना शुरू किया। हुकूमत का प्रतिनिधित्व सरकारी एडवोकेट सी.एच. कारडेन-नोड कर रहे थे। उनके सहयोगी थे—कलंदर अली खान, गोपाल लाल और अभियोजन (इस्तगासा) इंस्पेक्टर बख्शी दीनानाथ। आरोपियों की तरफ से दूनीचंद, बरकत अली, मेहता अमीनचंद, बिशननाथ, अमोलक राम कपूर, डब्ल्यू. चन्द्र दत्त और मेहता पूरन चंद पेश हो रहे थे। ये सभी के सभी वकील थे।

अदालत ने इसे आदेश को दर्ज किया कि अदालत में नारे लगाना मना था। लेकिन मजिस्ट्रेट के सबसे नजदीक बैठे बचाव पक्ष के वकील दूनी चंद ने कहा कि इस आदेश का मसौदा सरकारी वकील कलंदर अली खान द्वारा लिखवाया गया था। उन्होंने कहा कि क्या हुकूमत के वकील का यह काम भी था कि वे अदालत के आदेश तैयार करें? क्या पुलिस ने इसके लिए अदालत पर दबाव डाला था? कलंदर अली खान ने इन आरोपों का खंडन किया।

सरकारी एडवोकेट ने सरकार की तरफ से विस्फोटक पदार्थ कानून और राजद्रोह से जुड़ी पीनल कोड की धाराओं 121, 121 ए, 122 और 123 के तहत मुक़दमा चलाने की इजाजत के कागज दाखिल किए।

लाहौर के वरिष्ठ पुलिस सुपरिंटेंडेंट हेमिल्टन हार्डिंग ने सरकार के निर्देशों के अन्तर्गत औपचारिक शिकायत दाखिल की। उन्होंने पहले आरोपियों के नाम और फिर शिकायत पढ़कर सुनाई, जिसके अनुसार उन पर राजा के खिलाफ लड़ाई छेड़ने की साजिश रचने का आरोप था। आरोपियों पर सरकार का तख्ता पलटने के लिए आदमी, हथियार और गोला-बारूद इकट्ठा करने का भी आरोप था। शिकायत पत्र में 'हिन्दुस्तान सोशलिस्ट रिपब्लिकन एसोसिएशन' और लाहौर और अन्य जगहों पर

उनकी मीटिंगों का जिक्र था। इनके पीछे मौजूदा सरकार को हटाकर 'एक फेडरल रिपब्लिकन सरकार स्थापित करने' की मंशा थी। क्रान्तिकारियों ने इन आरोपों का जवाब 'इन्कलाब जिन्दाबाद' के नारे लगाकर दिया। अदालत ने इस पर अपनी टिप्पणी करते हुए कहा, ''हर सही दिमाग का आदमी ऐसी चीख-पुकार (नारे) पर एतराज करेगा।''

दूनीचंद ने खड़े होकर इस बात पर एतराज जताया कि अदालत जेल के अन्दर चलाई जा रही थी। उन्होंने कहा कि यह बहुत छोटी जगह थी और हर तरफ पुलिस की घेराबन्दी थी। उन्होंने यह भी कहा कि आरोपियों के रिश्तेदार और दोस्त बाहर सड़क पर खड़े थे क्योंकि उन्हें अन्दर आने की अनुमति नहीं दी गई थी।

अदालत : क्या पूरे शहर को इकट्ठा कर लेना चाहिए?

वकील : जो भी आना चाहे उसे आने दिया जाना चाहिए, बशर्ते कि यहाँ उतनी जगह हो। और अभियोग पक्ष की तरफ से आनेवालों के साथ तरफदारी नहीं होनी चाहिए।

कारडेन-नोड ने कहा कि बार के सदस्यों के बीच या अभियोग और बचाव पक्ष के बीच किसी तरह का भेदभाव नहीं बरता गया था। अदालत के हॉल में इतनी जगह नहीं थी कि सभी लोग अन्दर आ सकें।

काउंसिल बरकत अली ने इस बयान को चुनौती देते हुए कहा कि जहाँ उन्हें अन्दर आते समय गेट पर रोका गया था, वहीं सरकारी वकील और यूरोपीयन सीधे अन्दर चले आए थे। किसी ने न तो उनसे कुछ पूछा था, न परमिट दिखाने के लिए कहा था। अली ने ड्यूटी पर मौजूद सब-इंस्पेक्टर से इस भेदभाव का कारण पूछा तो उन्हें बताया गया कि सरकारी वकीलों और यूरोपियों को पास की जरूरत नहीं थी।

कारडेन-नोड ने इसी बीच मजिस्ट्रेट को ध्यान दिलाया कि आरोपियों में फूल बाँटे गए थे। उन्होंने इस पर अपना एतराज दर्ज करवाने की माँग की। अदालत ने उनके एतराज को दर्ज कर लिया, लेकिन अदालत में प्रवेश को लेकर बचाव पक्ष के एतराज को खारिज कर दिया। मजिस्ट्रेट ने कहा कि भीड़ पर नियंत्रण रखने के लिए पास की व्यवस्था जरूरी थी लेकिन उन्होंने यह भी कहा कि आरोपियों के रिश्तेदारों को सभी सुविधाएँ देने का खयाल रखा जाएगा।

अदालत में ज्यादा लोगों के न आ पाने के कारण क्रान्तिकारियों का उद्देश्य पूरा नहीं हो रहा था। उन्हें अपना सन्देश फैलाने का पर्याप्त अवसर नहीं मिल रहा था, जो उनका मुख्य उद्देश्य था। उन्होंने अदालत में प्रवेश का मुद्दा एक बार फिर बड़े जोर-शोर से उठाया। इसके बाद नियमों में थोड़ी ढील दे गई और सीमित संख्या में दर्शकों को अन्दर आने की अनुमति मिल गई।

मुकदमा शुरू होते ही ऐसी अफवाहें फैलने लगी थीं कि अंग्रेजों और कांग्रेस के बीच किसी तरह का समझौता हो जाने की उम्मीद थी। भगत सिंह ने नौजवान राजनीतिक कार्यकर्ताओं को ऐसी अफवाहों पर ध्यान न देने के लिए कहा। उन्होंने कहा कि कार्यकर्ताओं को किसानों और मजदूरों के बीच अपने काम पर ध्यान देना चाहिए। असली क्रान्तिकारी सेनाएँ गाँवों और फैक्टरियों में थीं। उन्होंने कार्यकर्ताओं को मार्क्सवादी विचारधारा अपनाने की सलाह दी।

एक दिन क्रान्तिकारियों के एक खास दोस्त दुर्गादास खन्ना अदालत की कार्रवाई देखने जा पहुँचे। उन्हें दर्शकों के बीच बैठे देखकर भगत सिंह चौंके और मौका पाते ही उन्हें एक तरफ ले जाकर बोले, ''यह क्या बेवकूफी है? यहाँ क्यों आए हो? यहाँ से फौरन निकल जाओ और दोबारा कभी अदालत के आसपास भी न फटकना।" उनकी यह बातचीत एक सिख पुलिस सुपरिंटेंडेंट के कान में पड़ गई, जो खुद भी क्रान्तिकारियों के प्रशंसक थे। उन्होंने दुर्गादास की तरफ पलटते हुए कहा, ''तुम्हारे लीडर का कहना बिलकुल ठीक है। मैं कोई ऐक्शन नहीं लूँगा। लेकिन मेरी भी यही सलाह है कि यहाँ से फौरन खिसक लो।'' उनकी तरह कई अन्य पुलिस अधिकारी भी क्रान्तिकारियों के प्रशंसक थे।

सुनवाई आगे बढ़ी तो सरकार ने यह सोचकर राहत की साँस ली कि रुकावटों के बावजूद मुकदमा एक बार फिर पटरी पर आ गया था, लेकिन भगत सिंह और उनके कॉमरेडों के दिल में कुछ और ही था। एक दिन वे काकोरी कांड के क़ैदियों के बहादुरी भरे कारनामे को याद करने लगे और अदालत द्वारा बार-बार टोके जाने के बावजूद पूरा किस्सा बयान करने लगे। 21 जनवरी, 1930 को लेनिन दिवस के अवसर पर वे सब लाल स्कॉर्फ पहनकर आए। जैसे ही मजिस्ट्रेट अपनी सीट पर बैठे, वे सब जोर-जोर से नारे लगाने लगे–'सोशलिस्ट रेव्योलूशन जिन्दाबाद, 'जनता जिन्दाबाद', 'लेनिन तेरा नाम अमर है' और 'साम्राज्यवाद मुर्दाबाद'। इसके बाद भगत सिंह ने एक तार पढ़कर सुनाई जिसे वे थर्ड इंटरनेशनल को भेजना चाहते थे। इसमें लिखा था–

> लेनिन दिवस पर हम उन सभी को अपनी हार्दिक शुभकामनाएँ भेज रहे हैं जो महान लेनिन के विचारों को आगे बढ़ाने का काम कर रहे हैं। हम रूस में किए जा रहे महान प्रयोग की सफलता की कामना करते हैं।

(उन्हें क्या पता था कि साठ वर्ष बाद उनका ईश्वर फेल हो जाएगा।)

जल्दी ही मुकदमे ने एक जाना-पहचाना ढर्रा अपना लिया। मजिस्ट्रेट शिकायतों को सुनते और उन्हें ठुकरा देते मानो उन्हें ऐसा करने का निर्देश दिया गया हो। इसका एक उदाहरण प्रेमदत्त वर्मा नामक एक आरोपी के मामले में भी देखने को मिला।

वर्मा ने अदालत से शिकायत की कि पहरे पर तैनात एक पुलिस कांस्टेबल ने उनके साथ गाली-गलौज भरी भाषा का इस्तेमाल किया था। उन्होंने उस कांस्टेबल को हटाए जाने का अनुरोध किया। उन्होंने कहा कि अगर ऐसा न किया गया तो वे कानून को अपने हाथों में लेने पर मजबूर हो जाएँगे। उनके वकील मेहता पूरनचंद ने अदालत से उस कांस्टेबल को उसकी मौजूदा ड्यूटी से हटाए जाने की माँग की। अदालत ने कहा कि यह कैसे पता लगाया जाए कि उस कांस्टेबल ने सचमुच उन्हें गालियाँ दी थीं। इस पर बचाव पक्ष के काउंसिल अमोलक राम कपूर ने कहा कि यह घटना कुछ ही मिनट पहले खुली अदालत में सबकी आँखों के सामने हुई थी और इसके बहुत सारे गवाह थे। यह मामला फौरन ही अदालत के ध्यान में लाया गया था, और मजिस्ट्रेट का कर्तव्य था कि इस मामले की जाँच करवाएँ। यह एक गम्भीर मामला था और अगर अदालत ने इस पर ध्यान नहीं दिया तो आरोपी को एक औपचारिक शिकायत दाखिल करनी पड़ेगी। अदालत ने इस मामले पर विचार करने से मना करते हुए सुनवाई जारी रखने का आदेश दिया।

एक दिन जब सरकारी गवाह बन चुके जय गोपाल अपनी मूँछें ऐंठते हुए गवाहों के कटघरे में खड़े हुए और भगत सिंह और उनके साथियों को भला-बुरा कहने लगे तो मामला बहुत ज्यादा बिगड़ गया और दर्शकों की गैलरी से 'शेम! शेम' की आवाजें आने लगीं। सबसे कम उम्र के आरोपी वर्मा से रहा नहीं गया और उन्होंने अपनी चप्पल उतारकर जय गोपाल पर दे मारी। सुनवाई रोक दी गई। मजिस्ट्रेट ने एक आदेश जारी करके कहा कि आगे से सभी अभियुक्तों को हथकड़ियाँ पहनाकर अदालत में लाया जाए। यह सुनते ही भगत सिंह ने घोषणा की कि जब तक इस आदेश को वापस नहीं लिया जाता, वे और उनके साथी अदालत में हाजिर नहीं होंगे।

चप्पल फेंकने की घटना के बाद कैदियों के साथ हद से ज्यादा बुरा बर्ताव किया जाने लगा। बम्बई के 'यंग लिबरेटर' ने लिखा–

> आधिकारिक बर्बरता और निरंकुशता सभी सीमाएँ लाँघ चुकी है। लाहौर के कैदियों के साथ किया जानेवाला बर्ताव शायद मध्य युग की बर्बर और असभ्य कही जानेवाली जंगली जातियों में भी न देखा गया होगा।

अगले दिन क्रान्तिकारियों को अदालत में लाने के लिए पुलिस ने जोर-जबर्दस्ती का इस्तेमाल किया। सोलह में से पाँच अभियुक्तों को जबर्दस्ती उठाकर जेल की वैन में ठूँसा गया लेकिन अदालत पहुँचने पर उन्होंने भी इसका बदला लिया और नीचे उतरने से इनकार कर दिया। आखिर जेल सुपरिंटेंडेंट को उनसे यह वायदा करना पड़ा कि अदालत में पहुँचते ही उनकी हथकड़ियाँ खोल दी जाएँगी। वे पाँचों मान गए, हालाँकि यह सुपरिंटेंडेंट की एक चाल मात्र साबित हुई। अदालत में भी उनकी

हथकड़ियाँ नहीं खोली गईं। बाद में लंच का समय होने पर पुलिस ने उनकी हथकड़ियाँ खोलीं तो खाना खाने के बाद उन्होंने इन्हें वापस पहनने से इनकार कर दिया। पुलिस को सबके सामने उनके साथ जबर्दस्ती करनी पड़ी और उन्हें मारना-पीटना पड़ा।

पुलिस की सबसे ज्यादा मार भगत सिंह को झेलनी पड़ी थी। उन्होंने गुस्से से मजिस्ट्रेट से पूछा–''क्या आपने पुलिस को हमें लातें-घूँसे मारने के लिए कहा है? क्या आप उन्हें कंट्रोल नहीं कर सकते?'' वर्मा ने शिकायत की कि पुलिस वाले कैदियों की गुदा में उँगली डालने और उनके अंडकोषों पर ठोकर मारने से भी नहीं झिझकते थे। ''क्या आप इसे सभ्य व्यवहार कहेंगे?'' उन्होंने चीखते हुए पूछा।

मजिस्ट्रेट कैदियों की चीख-पुकार से पसीजने वाले नहीं थे। लेकिन 'कैदियों के साथ बर्बर मारपीट' को लेकर अखबारों में छप रही खबरों–जिनमें लंदन के कुछ अखबार भी शामिल थे–को देखते हुए उन्हें कैदियों को हथकड़ियाँ पहनाने के आदेश को वापस लेना पड़ा।

जैसे-जैसे समय बीतता गया, 'लाहौर कांसपरेसी केस' के चर्चे देश की हदों को पार करके विदेशों तक जा पहुँचे। भगत सिंह और उनके साथी यही कामना करते रहे होंगे लेकिन उन्हें भरोसा नहीं था कि ऐसा सचमुच हो पाएगा। दुनिया भर से 'एच. एस.आर.ए.' के लिए चन्दे आने लगे। कनाडा, जापान और अमेरिका में रहने वाले भारतीय दिल खोलकर योगदान करने लगे। सुदूर पोलैंड में रहने वाली एक महिला ने पैसे भेजे और संस्था के काम में गहरी दिलचस्पी दिखाते हुए और जानकारी चाही। देशभर में घरों और दुकानों में भगत सिंह और बटुकेश्वर दत्त के चित्र दिखाई देने लगे थे। उनके चित्रों वाले कैलेंडरों की बाढ़-सी आ गई थी और वे धड़ाधड़ बिक रहे थे। पूरे देश को इन दोनों क्रान्तिकारियों के साहस और अदालत में उनके रवैये पर गर्व महसूस हो रहा था। मोतीलाल नेहरू, रफी अहमद किदवई और उत्तर प्रदेश की एक छोटी रियासत के राजा कलकलकर समेत कई महत्त्वपूर्ण हस्तियों ने अदालत में आकर क्रान्तिकारियों की हिम्मत बढ़ाने की कोशिश की।

अदालत में अपनी एक हाजिरी के दौरान मोतीलाल नेहरू ने क्रान्तिकारियों के सराहनीय काम के लिए भगत सिंह की प्रशंसा की। उन्होंने कहा कि उनकी बहादुरी आजादी के सपने को हकीकत के नजदीक ले आई थी। भगत सिंह ने उनके माध्यम से जनता तक अपने विचार पहुँचाने की कोशिश की, और साथ ही अंग्रेजों को यह चेतावनी भी दी कि जब तक वे भारत को छोड़कर चले नहीं जाते, उन्हें इसी तरह निशाना बनाया जाता रहेगा।

जेल में भगत सिंह को दो बातें पता चली थीं। पहली यह कि जो क्रान्तिकारी

पुलिस की पकड़ में नहीं आए थे, उन्होंने खान बहादुर अब्दुल अजीज को अपना निशाना बनाने का फैसला किया था। अब्दुल अजीज लाहौर षड्यंत्र कांड की छानबीन करने वाली टीम के सुपरिंटेंडेंट इंचार्ज थे और उन्होंने क्रान्तिकारियों के खिलाफ बहुत-से झूठे सबूत गढ़े थे। दूसरी बात यह थी कि क्रान्तिकारियों ने वाइसरॉय की ट्रेन को बम से उड़ाने की योजना बनाई थी, जिसे बिजली के तार से नियंत्रित किया जाना था। जैसाकि बाद में सामने आया, ये दोनों आदमी बाल-बाल बच गए। अजीज पर चलाई गई गोली चूक गई। वाइसरॉय की ट्रेन का पिछला डिब्बा तो तहस-नहस हो गया लेकिन जिस डिब्बे में वे यात्रा कर रहे थे उसे कोई आंच नहीं आई। भगत सिंह को पूरा यकीन था कि यह आजाद का काम था।

वाइसरॉय पर यह हमला उस समय हुआ था जब अदालत में सुनवाई को लेकर सरकार की छवि खराब हो रही थी। इससे क्रान्तिकारियों की प्रतिष्ठा और भी बढ़ गई। एक तो इसलिए कि वे पुलिस द्वारा पेश किए गए झूठे सबूतों की धज्जियाँ उड़ाने में सफल रहे थे; दूसरे इसलिए कि वाइसरॉय पर हमले से यह साबित हो गया था कि क्रान्तिकारी कभी भी, किसी को भी अपना निशाना बना सकते थे और उनकी पहुँच बहुत दूर तक थी।

अभियोग पक्ष द्वारा यह मामला बनाया गया था कि क्रान्तिकारी षड्यंत्र सांडर्स की हत्या से बहुत पहले सितम्बर 1928 में रचा गया था, सांडर्स की हत्या से दो वर्ष पहले। सरकार का आरोप था कि 1928 में बहुत-सी क्रान्तिकारी पार्टियों ने आपस में मिलकर एक पार्टी बनाने का फैसला किया था, जो भारत के उत्तर और उत्तर-पूर्व में, लाहौर से कलकत्ता तक अपनी गतिविधियाँ चला सके।

यह सच था कि 1928 में बहुत-से गुटों के आपस में विलय के बाद 'एच.एस.आर.ए.' का जन्म हुआ था लेकिन 1928 से पहले और बाद की क्रान्तिकारी गतिविधियों में भेद करने की कोशिश करना पानी को बाँटने की तरह था। सभी क्रान्तिकारी, वे कहीं भी क्यों न हों, वर्षों से एक ही उद्देश्य के लिए काम कर रहे थे–समाज को बदलने और अपने देश को विदेशी हुकूमत से आजाद करवाने के लिए।

मुकदमा कछुए की रफ्तार से धीरे-धीरे आगे बढ़ रहा था। सरकार इतनी खीज गई कि उसने लाहौर हाईकोर्ट से मजिस्ट्रेट को यह निर्देश दिए जाने की प्रार्थना की कि अगर और गवाहियों की जरूरत न हो और मौजूदा गवाहियाँ एक 'प्राइमा फेसी केस' के लिए काफी हों, तो मजिस्ट्रेट को और गवाहियाँ सुनने से इनकार करने का अधिकार होना चाहिए।

लाहौर हाईकोर्ट की एक डिवीजन बेंच ने, जिसका नेतृत्व खुद चीफ जस्टिस सर

शादी लाल कर रहे थे, कार्डन-नोड की अर्जी को खारिज कर दिया। अपने फैसले में सर शादी लाल ने कहा–

> यह अर्जी क्रिमिनल प्रोसीजर कोड की दफा 561 के तहत तख्त की तरफ से एक सरकारी एडवोकेट द्वारा एक ऐसे मामले में दाखिल की गई है जो एक मजिस्ट्रेट की अदालत में चल रहा है। जिन हालात में यह अर्जी दाखिल की है उनमें किसी विवाद की गुंजाइश नहीं है।

एक दिन न जाने किन कारणों से–जिनकी सरकार के अलावा और किसी को जानकारी नहीं थी–भगत सिंह के कानूनी सलाहकार दूनीचंद को अदालत में बैठने की इजाजत नहीं दी गई–न तो बचाव पक्ष के वकीलों में, न बार के सदस्यों में और न प्रेस गैलरी में। उन्होंने इसका विरोध करते हुए अदालत से बाहर जाते हुए कहा, ''दुनिया के किसी भी हिस्से में बार के सदस्यों के साथ ऐसा बर्ताव नहीं किया जाता जैसा इस अदालत में किया जा रहा है।''

दूनीचंद के इस अपमान के बाद भगत सिंह और उनके साथियों ने अदालत में हाजिर न होने का फैसला किया। उन्होंने फिर से भूख हड़ताल भी शुरू कर दी। उन्होंने मजिस्ट्रेट से कहा कि उनके पास कोई रास्ता नहीं बचा था क्योंकि सरकार बेहतर बर्ताव, बेहतर सुविधाओं और बेहतर खुराक के वायदे से मुकर गई थी। लाहौर के एक अंग्रेजी दैनिक 'सिविल एंड मिलिट्री गैजेट' ने अदालत का बहिष्कार करने के लिए कैदियों की आलोचना की। भगत सिंह ने मजिस्ट्रेट के नाम एक पत्र में अपनी सफाई देते हुए सुनवाई में शामिल न होने के कारण बताए।

भगत सिंह ने लिखा कि 'सिविल एंड मिलिट्री गैजेट' पढ़ने के बाद उन्हें अपनी भूख हड़ताल फिर से शुरू करने के कारण बताना जरूरी लग रहा था। उन्होंने क्रान्तिकारियों के समर्थकों को परेशान किए जाने की शिकायत की। उनके बहुत करीबी शुभचिन्तकों को भी उनसे मिलने नहीं दिया जा रहा था उन्होंने लिखा था–

> मैं खुद भी पूरे वक्त के लिए कोई वकील नहीं कर सकता, इसलिए मैं चाहता था कि मेरे भरोसेमन्द दोस्त अदालत में हाजिर होकर कार्रवाई का ध्यान रखें लेकिन उन्हें कोई भी वजह बताए बिना इसकी इजाजत नहीं दी गई।...

उन्होंने अपने पत्र को निम्नलिखित पंक्तियों के साथ खत्म किया–

> हम इनसाफ के नाम पर इस तमाशे को कभी भी पसन्द नहीं कर सकते क्योंकि हमें अपना बचाव करके कुछ भी सहूलियतें या फायदा नहीं मिल रहा है। एक और गम्भीर शिक़ायत अखबार न मिलने को लेकर है। अभियुक्तों के साथ सजायाफ्ता कैदियों जैसा बर्ताव नहीं किया जा सकता। हमें नियमित तौर पर कम-से-कम एक अखबार मिलना चाहिए। हमें एक अखबार उन

लोगों के लिए भी चाहिए जो अंग्रेजी नहीं जानते। इन दिक्कतों के दूर होने के बाद हम सुनवाई में शिरकत करना शुरू कर देंगे।

दूसरी भूख हड़ताल के दस दिन बाद 19 फरवरी, 1930 को सरकार ने एक प्रेस विज्ञप्ति जारी करके दोष सिद्ध और विचाराधीन कैदियों (मुजरिमों और मुलजिमों) के वर्गीकरण को स्पष्ट किया। इसके अगले दिन ही अभियुक्तों ने अपनी भूख हड़ताल खत्म कर दी लेकिन सरकार एक बार फिर अपनी बात से मुकर गई। सभी अभियुक्तों को 'सी' क्लास में रखा गया और उनके साथ जानवरों से भी बदतर बर्ताव किया जाता रहा।

पहले सुविधाओं की घोषणा करना और फिर उन्हें वापस ले लेना सरकार की चालाकी भरी नीति का हिस्सा बन चुका था। वह क्रान्तिकारियों के लिए ऐसे हालात पैदा कर देती थी कि सुविधाएँ पाने से पहले ही वे अपनी भूख हड़ताल तोड़ दें। सरकार ने अपने वायदों को इतनी बार और इतने बेधड़क तरीके से तोड़ा था कि क्रान्तिकारियों को भी शर्मिन्दगी महसूस होने लगी थी।

मार्च 1930 के पूरे महीने मुकदमे की कार्रवाई ठीकठाक चलती रही। सरकार और क्रान्तिकारियों, दोनों को इस बात का अहसास हो चुका था कि कहानी का अन्त नजदीक आ गया था। मजिस ट्रेट की समझ में आ गया था कि अभियुक्तों के सहयोग के बिना वे ज्यादा आगे नहीं बढ़ सकते जबकि अभियुक्तों का खयाल था कि यह कार्रवाई सिर्फ एक तमाशा थी। दोनों के लिए यह एक स्वांग मात्र था।

यह तमाशा 1 मई, 1930 को वाइसरॉय लॉर्ड इर्विन के एक अध्यादेश (ऑर्डिनेंस) के साथ खत्म हो गया। इस अध्यादेश के अनुसार लाहौर षड्यंत्र मुकदमे की सुनवाई के लिए एक ट्रिब्यूनल की स्थापना की जा रही थी। एल.सी.सी. ऑर्डिनेंस न. 3, 1930 के रूप में जाने जानेवाले इस अध्यादेश ने मजिस्ट्रेट की अदालत में चल रही कार्रवाई पर विराम लगा दिया। मुकदमे को हाईकोर्ट के तीन जजों के एक ट्रिब्यूनल के पास स्थानांतरित कर दिया गया। इस ट्रिब्यूनल के फैसले के खिलाफ प्रिवि काउंसिल को छोड़कर और कहीं भी अपील नहीं की जा सकती थी। यह वैसा ही ट्रिब्यूनल था जैसा प्रथम विश्वयुद्ध के दौरान गदर के आरोपियों की सुनवाई के लिए गठित किया गया था। इसके पास जान-बूझकर रुकावटें पैदा करने की कोशिशों से निपटने और अभियुक्तों की उपस्थिति की जरूरत को दरकिनार करने की भी शक्तियाँ थीं।

अध्यादेश के साथ इसके उद्देश्य भी बताए गए थे–

1. अपराध असाधारण रूप से गम्भीर प्रकृति के थे।
2. आरोपियों के व्यवहार के कारण सामान्य क्रिया-प्रणाली के माध्यम से एक निर्धारित की जा सकने वाली अवधि के दौरान किसी निष्कर्ष पर पहुँचना असम्भव हो गया था।

वाइसरॉय ने क्रान्तिकारियों पर यह आरोप भी लगाया कि वे भूख हड़ताल के माध्यम से मुकदमे की कार्रवाई में रुकावटें पैदा करने की कोशिश कर रहे थे। भगत सिंह ने वाइसरॉय के नाम 2 मई, 1930 के अपने पत्र में इस आरोप का खंडन करते हुए कहा कि भूख हड़ताल का उनके मुकदमे से कुछ भी सम्बन्ध नहीं था–

आपको यह अध्यादेश हमारी भूख हड़ताल के कारण जारी नहीं करना पड़ा है। कोई और बात है, जिसके बारे में सोचकर आपकी सरकार के दिमाग चकरा गए हैं। इस गैरकानूनी कानून पर दस्तखत करने के पीछे न तो मुकदमे का बचाव करना है और न कोई दूसरी इमर्जेंसी है। इसके पीछे यकीनन कोई और बात है। लेकिन हम आखिरी बार फिर यह ऐलान करना चाहेंगे कि हमारे हौंसलों को अध्यादेशों से नहीं दबाया जा सकता। आप कुछ व्यक्तियों को भले ही कुचल दें लेकिन आप इस राष्ट्र को नहीं कुचल सकते। जहाँ तक इस अध्यादेश का सवाल है, हम इसे अपनी जीत समझते हैं।

ट्रिब्यूनल की नियुक्ति साफ-साफ यह सन्देश दे रही थी कि अपनी हुकूमत या व्यवस्था के लिए पैदा होनेवाले किसी भी खतरे को कुचलने के लिए ब्रिटिश किसी भी हद तक जाने के लिए तैयार थे, भले ही इसका मतलब न्याय के हर प्रतीक को कदमों तले रौंदना हो।

लोग इस ट्रिब्यूनल को सिर्फ एक औपचारिकता के तौर पर देख रहे थे, जिसका इकलौता उद्‌देश्य क्रान्ति के नेताओं को फाँसी पर लटकाना था, खासकर भगत सिंह को। देश के नौजवान उन्हें अपना आदर्श मानने लगे थे। लाहौर षड्‌यंत्र मुकदमे ने आजादी की लड़ाई में नई जान फूँक दी थी, जो असहयोग आन्दोलन की असफलता के बाद निराशा के दौर का सामना कर रही थी। जनता में इतना ज्यादा उत्साह दिखाई दे रहा था कि गांधीजी को भी दांडी यात्रा की शुरुआत के लिए यह एक अच्छा अवसर प्रतीत हुआ। सरकार ने एक आदेश जारी करके स्थानीय लोगों द्वारा समुद्र से नमक बनाने पर रोक लगा दी थी। दांडी यात्रा इसी कानून को चुनौती देने के लिए आयोजित की गई थी।

अदालत में ट्रिब्यूनल की नियुक्ति की घोषणा की गई तो भगत सिंह ने अभियुक्तों की तरफ से सरकार को धन्यवाद दिया। उन्होंने मजिस्ट्रेट से कहा कि उन लोगों की उनसे कोई व्यक्तिगत दुश्मनी नहीं थी क्योंकि क्रान्तिकारियों के दिल में न तो नफरत थी और न डर। उन्होंने कहा कि सरकार के जुल्मो-सितम के बावजूद उनके मन में कटुता की भावना नहीं थी।

क्रान्तिकारियों ने सुखदेव द्वारा गढ़े गए एक जुमले के अनुसार 'कार्रवाई से

प्रचार' ('प्रोपेगंडा बाय एक्शन') का रास्ता चुना था और उनका खयाल था कि उन्हें इसमें सफलता भी मिल रही थी। असेम्बली कांड और फिर मजिस्ट्रेट की अदालत के माध्यम से वे जनता का ध्यान खींचने में सफल रहे थे। उन्होंने लोगों तक न सिर्फ आजादी का सन्देश पहुँचा दिया था, बल्कि एक वर्गहीन समाज की स्थापना का सन्देश भी, जो गांधीजी की अवधारणा से बिलकुल अलग था—जो धनवानों को अपनी सम्पत्ति के ट्रस्टियों के रूप में देखना चाहते थे। क्रान्तिकारियों का मानना था कि अगर धनवानों द्वारा आम लोगों का शोषण इसी तरह जारी रहा तो आजादी के बाद भी उन्हें न्याय नहीं मिल पाएगा।

ट्रिब्यूनल क्रान्तिकारियों की आवाज को हमेशा के लिए बन्द करने की एक औपचारिकता मात्र थी।

जिन्दगी या मौत? क्या फर्क पड़ता था?

वे इस मुकदमे की शुरुआत से ही जानते थे कि वे फाँसी के फन्दे पर झूलने जा रहे थे।

भगत सिंह और उनके कॉमरेड गुलामी की जंजीरें तोड़ने के लिए अपने जीवन का बलिदान दे रहे थे। वे गुलामी की जंजीरों में जकड़े लोगों को मुक्त करने के लिए लड़ रहे थे—आर्थिक, सामाजिक और राजनीतिक गुलामी—भारत में ही नहीं, बल्कि दुनिया भर में।

8

एक हिलोरा इधर से आए, एक हिलोरा उधर से आए
सारा उलट-पुलट हो जाए...

उत्तर भारत में मई का महीना गर्मी के कहर का महीना होता है। मानसून लगभग दो महीने दूर होता है। वसन्त का आखिरी अहसास भी पूरी तरह लुप्त हो चुका होता है। पंजाब और उत्तर भारत के अन्य शहरों की तरह लाहौर भी चिलचिलाती धूप में बुरी तरह झुलस रहा होता है।

5 मई, 1930 का दिन भी भयंकर गर्मी का दिन था—राजसी पुंच हाउस में मुकदमे की शुरुआत का दिन। पारा 106.3 डिग्री फॉरेनहाइट तक पहुँच चुका था। लेकिन चिलचिलाती धूप से भी ज्यादा पुलिस के आतंक ने लोगों को अदालत से दूर रखा हुआ था। कई लोगों ने इस डर से दूर रहना ठीक समझा था कि अदालत में जानेवालों को परेशान किया जाएगा। पिछले कई दिनों से संदिग्ध लोगों की धर-पकड़ जारी थी। 200 से भी ज्यादा लोगों को सिर्फ इसलिए हिरासत में ले लिया गया था कि उन पर क्रान्तिकारियों के साथ सहानुभूति रखने का सन्देह था। शहर में चप्पे-चप्पे पर पगड़ीधारी पुलिसवाले और सोल-टोपियों में उनके गोरे अफसर दिखाई दे रहे थे। पुंच हाउस एक छोटी-सी छावनी में तब्दील हो चुका था और हर जगह सशस्त्र पुलिस का कड़ा पहरा था। सरकार के खुफिया विभाग ने भगत सिंह को छुड़ाने के लिए एक प्लॉट की जानकारी दी थी। अदालत में जाने के लिए पास की व्यवस्था थी, जो सिर्फ चुनिन्दा लोगों को ही दिए जा रहे थे।

अदालत का कमरा एक ऊँची छतवाला लम्बूतरा -सा कमरा था। वहाँ लकड़ी का एक मंच था जिस पर एक मेज रखी हुई थी। छत से लकड़ी के पंखों वाले पंखे लटक रहे थे। पूरी रफ्तार से चलने पर भी वे ज्यादा हवा नहीं दे पाते थे। दस बजकर दो मिनट पर ट्रिब्यूनल के तीनों सदस्य अदालत में दाखिल हुए तो कमरे में रखी चालीस कुर्सियाँ भी पूरी भरी हुई नहीं थीं। ट्रिब्यूनल के तीन सदस्य थे—जस्टिस कोल्डस्ट्रीम, जस्टिस आगा हैदर और जस्टिस हिल्टन। वे मेज के पीछे रखी ऊँची पीठ

वाली कुर्सियों पर बैठ गए। उनके पीछे दीवार पर किंग जॉर्ज पंचम का चित्र दिखाई दे रहा था, जो शायद आखिरी क्षणों में जल्दबाजी में टाँगा गया था।

दर्शकों में भगत सिंह के पिता किशन सिंह शामिल थे। अपने पुत्र के विरोध के बावजूद उन्होंने एक बचाव समिति गठित कर ली थी। भगत सिंह उन्हें यह समझाने में सफल नहीं हो पाए थे कि राजनीतिक कार्यकर्ताओं को अदालतों की परवाह नहीं करनी चाहिए और हँसते-हँसते सबसे ऊँचा मूल्य चुकाने के लिए तैयार रहना चाहिए। कुर्सियों पर बैठे अधिकांश दर्शक अपने आपको हवा झलने के लिए भगत सिंह के चित्र का इस्तेमाल कर रहे थे। ऐसे चित्र शहर में जगह-जगह बाँटे जा रहे थे। दर्शकों की नजरें जजों की बजाय बगल के उस दरवाजे पर टिकी हुई थी जहाँ से भगत सिंह और उनके कॉमरेड दाखिल होनेवाले थे। कुछ ही देर बाद जेल की वैनों और पुलिस के बूटों की आवाज के साथ नारों का शोर सुनते ही वे सब सम्मानपूर्वक अपनी सीटों से उठ खड़े हुए। उनके हीरो, 'लाहौर कांसपरेसी केस' के सभी अठारह अभियुक्त अन्दर दाखिल हुए तो अदालत का कमरा 'इन्कलाब जिन्दाबाद' और 'गोरा जा! जा!' के नारों से गूँज उठा।

भगत सिंह और उनके साथी यह गीत गाते हुए अदालत में दाखिल हुए–

सरफ़रोशी की तमन्ना अब हमारे दिल में है
देखना है ज़ोर कितना बाज़ु-ए-क़ातिल में है...
वक़्त आने पर बता देंगे तुझे ऐ आसमाँ
हम अभी से क्या बताएँ क्या हमारे दिल में है

जहाँ तीनों जज पत्थर बने खामोश बैठे रहे, वहीं आदालत में बैठे दर्शक क्रान्तिकारियों के सुर में सुर मिलाते हुए अपने कदम ठोंकने और तालियाँ बजाने लगे। ऐसे लगता था मानो क्रान्तिकारियों और दर्शकों के बीच एक सुरीला तार जुड़ा हुआ हो–मानो वे दोनों एक ही हों। कोल्डस्ट्रीम अपना धैर्य खो बैठे और सरकारी वकील गोपाल लाल पर चिल्लाते हुए बोले कि ट्रिब्यूनल को इस गीत का प्रामाणिक अनुवाद उपलब्ध करवाया जाए। आगा हैदर ने अपनी तरफ से कुछ शब्दों का अनुवाद करने की कोशिश की लेकिन उनकी आवाज गाने की ऊँची गूंज में खो गई। कोल्डस्ट्रीम ने पुलिस की तरफ देखा, जो उनके आदेश की प्रतीक्षा कर रही थी। तभी अचानक गाना बन्द हो गया। राजगुरु अपने कॉमरेडों से छिटककर जजों के सामने आ खड़े हुए। उन्होंने ट्रिब्यूनल की स्थापना को ही चुनौती दे डाली। उन्होंने कहा कि यह एक गैरकानूनी, 'अल्ट्रा विरेस' ट्रिब्यूनल था। वाइसरॉय को कानूनी प्रक्रिया को छोटी करने का अधिकार नहीं था। गवर्नमेंट ऑफ इंडिया एक्ट, 1915 के तहत वाइसरॉय को ट्रिब्यूनल की स्थापना का अध्यादेश जारी करने की शक्ति जरूर प्राप्त थी लेकिन सिर्फ असामान्य स्थितियों में। ऐसी कोई स्थितियाँ नहीं थीं। न तो कानून और व्यवस्था

भंग हुई थी और न सरकार के खिलाफ कोई बगावत हुई थी। उन्हें अदालत में यह साबित करना होगा कि देश में इमरजेंसी जैसी स्थितियाँ थीं।

राजगुरु ने ट्रिब्यूनल से कहा कि जब तक यह फैसला नहीं हो जाता कि वाइसरॉय के पास सामान्य काल में इस तरह का अध्यादेश जारी करने का अधिकार था या नहीं, सुनवाई को स्थागित कर दिया जाना चाहिए। ऑर्डिनेंस की वैध्ता को चुनौती देनेवाले वे अकेले नहीं थे। कई अन्य कॉमरेडों ने भी उनका समर्थन किया। उनमें से पाँच ने यह माँग भी की कि उन्हें अपने बचाव की तैयारी के लिए समय चाहिए, इसलिए सुनवाई को एक पखवाड़े के लिए स्थगित कर दिया जाए।

ट्रिब्यूनल का कहना था कि यह याचिका प्रीमेच्योर (समय से पहले) थी। कोल्डस्ट्रीम ने राजगुरु की आपत्ति को भी खारिज कर दिया और सुनवाई को स्थगित करने से इनकार कर दिया। उनका मानना था कि ये सब वैसे ही 'दाँवपेंच' थे, जो इससे पहले मजिस्ट्रेट श्रीकिशन की अदालत में रुकावटें डालने के लिए इस्तेमाल किए गए थे।

कोल्डस्ट्रीम सुनवाई को आगे बढ़ाने के सिलसिले में हर तरह के एतराज को खारिज करने पर तुले हुए थे। दूसरी तरफ भगत सिंह और उनके साथी भी सुनवाई को आगे न बढ़ने देने के लिए कमर कसे बैठे थे। कार्रवाई में बाधा डालने के लिए उन्होंने एक बार फिर 'इन्कलाब जिन्दाबाद' के नारे लगाने शुरू कर दिए। एक बार फिर राजगुरु अपनी सीट से उठ खड़े हुए। इस बार वे उर्दू में भाषण देने लगे। उन्होंने ब्रिटिश हुकूमत को कोसते हुए कहा कि उसने हिन्दुस्तान का खून चूस लिया था और उसे कंगाली और लाचारी की हालत में पहुँचा दिया था। उन्होंने कहा कि सिर्फ एक तरह की सरकार होती है, इसे चाहे किसी भी नाम से पुकारा जाए, और इसमें आखिरी ताकत जनता के हाथ में होती है। वे अभी बोल ही रहे थे कि कोल्डस्ट्रीम ने उन्हें टोकते हुए कहा कि उनकी भाषा ट्रिब्यूनल की समझ में नहीं आ रही थी। इस पर राजगुरु ने कहा कि उन्हें भी अदालत की भाषा यानी अंग्रेजी समझ में नहीं आ रही थी। उन्होंने एक दुभाषिए की माँग की। कोल्डस्ट्रीम ने उनकी इस माँग को स्वीकार कर लिया।

ग्यारह बजने के कुछ देर बाद मुकदमे की शुरुआत हुई। सरकारी एडवोकेट कार्डन-नोड ने शिकायत-कर्ता के रूप में मामले के तथ्यों को अदालत के सामने रखने की अनुमति चाही। मलिक बरकत अली, दूनीचंद, मेहता अमीनचंद और अन्य वकीलों ने इस पर एतराज उठाया। उनका कहना था कि कार्डन-नोड शिकायतकर्ता नहीं थे क्योंकि उन्होंने यह दर्जा प्राप्त करने के लिए शपथ ग्रहण नहीं की थी। चूँकि अदालत के पास कोई सबूत नहीं था, इसलिए सरकारी वकील को फालतू की दलीलों में भटकने से रोकना मुश्किल हो जाएगा। इससे बचाव पक्ष के प्रति पूर्वाग्रह पैदा हो

सकता था। ट्रिब्यूनल ने इस मामले को ज्यों-का-त्यों छोड़ दिया और कार्डन-नोड के शिकायतकर्ता के दर्जे को लेकर कुछ भी फैसला नहीं दिया।

कार्डन-नोड ने अभियोग पक्ष की तरफ से पैरवी की भूमिका बाँधते हुए भगत सिंह और उनके कॉमरेडों पर हत्या और राजा के खिलाफ युद्ध छेड़ने की साजिश का आरोप लगाया। उन्होंने उन्हें बन्दूक के पंथ की शुरुआत करने का दोषी ठहराया, जो उनके अनुसार पूरे देश में जडें जमा चुका था। कार्डन-नोड ने आरोप लगाया कि क्रान्तिकारियों की 'हिन्दुस्तान सोशलिस्ट रिपब्लिकन एसोसिशन' नामक एक संस्था थी जो हथियारों, बमों और विस्फोटकों का इस्तेमाल करती थी। इस संस्था को अपनी गतिविधियों के लिए विदेशों से पैसा मिलता था। कार्डन-नोड ने सांडर्स की हत्या का हवाला देते हुए कहा कि यह एक बहुत बड़ी साजिश का हिस्सा थी। उन्होंने बहुत-से छद्म नामों का भी उल्लेख किया जिन्हें अभियुक्त अपने लिए इस्तेमाल करते रहे थे।

इसके बाद कार्डन-नोड ने क्रान्तिकारियों पर लगाए गए अन्य आरोपों का उल्लेख किया जिनमें डकैती, बैंकों और खजाने की लूट और हथियार आदमी और गोला-बारूद इकट्ठा करना इत्यादि शामिल थे। उन्होंने विस्फोटकों के निर्माण, पुलिस और अन्य अधिकारियों की हत्या, रेलगाड़ियों को उड़ाने, असेम्बली में बम फेंकने, राजद्रोह से जुड़ी सामग्री का वितरण करने, कैदियों को छुड़ाने और पढ़े-लिखे नौजवानों को क्रान्ति आन्दोलन से जोड़ने जैसी गतिविधियों का विस्तार से जिक्र किया।

कार्डन-नोड ने कहा कि कुल मिलाकर अट्ठाईस अभियुक्त थे। इनमें से अठारह अदालत में मौजूद थे, पाँच भगोड़े थे और पाँच सरकारी गवाह बन चुके थे। उन्होंने लाहौर षड्यंत्र मुकदमे में आरोपित अठारह अभियुक्तों के नाम पढ़कर सुनाए, जो इस क्रम में थे–

1. भगत सिंह।
2. सुखदेव उर्फ दयाल उर्फ स्वामी उर्फ गाँववाला।
3. किशोरी लाल रतन उर्फ दी दत्त रतन उर्फ मस्तराम शास्त्री।
4. आज्ञा राम।
5. देसराज।
6. प्रेमदत्त उर्फ मास्टर उर्फ अमृत लाल।
7. जयदेव उर्फ हरीश चंदर।
8. शिव वर्मा उर्फ प्रभात उर्फ हमारायण उर्फ राम नारायण कपूर।
9. गया प्रसाद उर्फ डॉ. बी.एस. निगम उर्फ रामलाल उर्फ रामनाथ उर्फ देश भक्त।
10. बी.के. दत्त।
11. कंवलनाथ त्रिवेदी उर्फ कंवलनाथ तिवारी।

12. अजॉय कुमार घोष उर्फ नीग्रो जनरल।

13. जतीन्दर नाथ सान्याल।

14. सुरिंदर नाथ पांडे।

15. महावीर सिंह।

16. बिजॉय कुमार सिन्हा उर्फ बाचू।

17. कुंदन लाल उर्फ प्रताप उर्फ नम्बर-1

18. शिवराम उर्फ राजगुरु।

वरिष्ठ पुलिस सुपरिंटेंडेंट जी.टी. हेमिल्टन की गवाही ने अदालत को हैरत में डाल दिया। उन्होंने कहा कि उन्होंने 'पंजाब सरकार के चीफ सेक्रेटरी के निर्देश पर' अभियुक्तों के खिलाफ एफ.आई.आर. दाखिल की थी। "मुझे मामले के तथ्यों की जानकारी नहीं है, न ही मैंने कोई बयान दिए हैं। मैं सिर्फ सरकार के निर्देश के अधीन औपचारिक शिकायतकर्ता की भूमिका निभा रहा हूँ।"

जज हेमिल्टन के इस बयान पर भौचक्के रह गए। कार्डन-नोड ने उनके सदमे को कम करने की कोशिश करते हुए भगोड़े आरोपियों की तरफ से हेमिल्टन के सर पर मंडरा रहे खतरे का जिक्र किया। उन्होंने कहा कि भगवती चरण, आजाद, कालिचरण और यशपाल की फौरन गिरफ्तारी के आसार नजर नहीं आ रहे थे। कार्डन-नोड ने अपनी बात पूरी ही की थी कि जतीन्द्र नाथ सान्याल नामक अभियुक्त अपनी सीट से उठ खड़े हुए। उन्होंने कहा कि वे महावीर सिंह, प्रेमदत्त, गया प्रसाद निगम, कुंदन लाल और अपनी तरफ से अदालत से कुछ कहना चाहेंगे।

अदालत के जवाब की प्रतीक्षा किए बिना ही सान्याल ने ब्रिटिश सरकार पर कड़ा प्रहार करना शुरू कर दिया। उन्होंने भगत सिंह द्वारा तैयार किया गया एक बयान जिस पर सान्याल के अलावा अन्य चारों के भी हस्ताक्षर थे—पढ़ते हुए कहा कि ब्रिटिशों ने इतनी सारी हत्याएँ की थीं कि अगर हिन्दुस्तानी चाहें भी तो इनका बदला नहीं ले सकते थे। लोगों को अधीन बनाना दुनिया का सबसे बड़ा अपराध था और अंग्रेज इस अपराध के दोषी थे। उन्होंने बर्बर ताकत का इस्तेमात करके उस संघर्ष को कुचलने की कोशिश की थी जो हर इनसान का जन्मजात अधिकार था—आजादी।

सान्याल ने अपनी आवाज ऊँची करते हुए कहा कि वे अभियुक्त नहीं थे बल्कि भारत के सम्मान और मर्यादा के रक्षक थे। अभियुक्त वे थे जो ब्रिटिश राज का प्रतिनिधित्व कर रहे थे। वे एक कागज से पढ़कर बोल रहे थे, जिसे वे जल्दी से जल्दी पूरा कर लेना चाहते थे लेकिन कोल्डस्ट्रीम ने उन्हें रोकते हुए कहा कि अदालत में इस तरह पढ़कर बोलना ठीक नहीं था। सान्याल पहले ही जो कुछ पढ़ चुके थे वह अभियुक्तों के अपराधी या निर्दोष होने से कोई ताल्लुक नहीं रखता था, और इसमें

'राजद्रोह' की बू आ रही थी। फिर भी, उन्होंने इस कागज को रिकॉर्ड में दर्ज करने का आदेश दिया।

सान्याल को अचानक ही रोक दिए जाने से अदालत में शोर-शराबा होने लगा। पूरा हॉल एक बार फिर नारों से गूँज उठा। 'इन्कलाब जिन्दाबाद' और 'साम्राज्यवाद मुर्दाबाद' की आवाजें अदालत के बाहरी गलियारों तक पहुँच रही थीं। सान्याल अभी भी अपनी जगह पर खड़े हुए थे। उन्होंने कहा कि यह मुकदमा सिर्फ एक 'तमाशा' था। ''हम इस तमाशे का हिस्सा बनने से इनकार करते हैं,'' उन्होंने चिल्लाते हुए कहा, ''हम मुकदमे की कार्रवाई में शामिल नहीं होंगे।'' सभी अभियुक्त सान्याल की 'हाँ' में 'हाँ' मिलाते हुए सुनवाई के बहिष्कार की घोषणा करने लगे। अदालत से निकलने से पहले सभी आरोपियों ने सान्याल के शब्द दोहराते हुए कहा कि ''हम इस तमाशे का हिस्सा बनने से इनकार कर रहे हैं'' और "आगे से हम अदालत की कार्रवाई में शामिल नहीं होंगे।''

वे सब बाहर निकल रहे थे कि एक ठिगने कद का आदमी अन्दर आते हुए बोला कि वह एक दुभाषिया था। वह हिन्दी, अंग्रेजी और मराठी जानता था। यह एक एंटी-कलाइमेक्स था। सुनवाई अगले दिन तक के लिए स्थगित कर दी गई।

अपने और अपने साथियों के प्रति अदालत का रवैया भगत सिंह को पिछली अदालत जैसा ही प्रतीत हो रहा था मानो न्यायाधीश पहले से ही उन्हें अपराधी मान चुके हों।

ट्रिब्यूनल के रवैये से उनके साथियों को पूरा यकीन हो चुका था कि यह मुकदमा महज एक तमाशा था। इसे गम्भीरता से लेने का कोई अर्थ नहीं था। अदालत की कार्रवाई को एक तमाशे की तरह देखने का उनका फैसला बिलकुल सही फैसला था। वे ब्रिटिश न्याय-व्यवस्था को बेनकाब करने की कोशिश करेंगे—और ज्यादा खुलकर और पहले से भी ज्यादा जोर-शोर से। पिछले मुकदमे के बाद भगत सिंह ने अपने साथियों से कहा था कि उन्हें ट्रिब्यूनल को मानने से इनकार कर देना चाहिए। लेकिन कुछ साथियों का कहना था कि उन्हें मुकदमे की कार्रवाई में हिस्सा लेना चाहिए, ताकि असेम्बली के मुकदमे की तरह कुछ और बयान जारी किए जा सकें।

भगत सिंह इस बात से बहुत खुश थे कि अदालत में मौजूद दर्शकों ने क्रान्तिकारियों का खुलकर समर्थन किया था—भले ही वह सांडर्स की हत्या का मामला रहा हो या फिर असेम्बली में बम फेंकने का। उन्हें याद था कि जब एक सरकारी गवाह बन चुके कॉमरेड ने क्रान्तिकारियों के खिलाफ जहर उगलना शुरू किया था तो दर्शकों ने 'शेम! शेम!' चिल्लाकर उसे किस तरह चुप करवा दिया था। अगर ब्रिटिश सरकार पहले से ही उन्हें फाँसी पर चढ़ाने का निश्चय कर चुकी थी तो

अदालत की कार्रवाई में हिस्सा लेकर उसे मान्यता प्रदान करने करने का क्या लाभ था? इससे तो अच्छा था कि इस कार्रवाई का बहिष्कार किया जाए! क्रान्तिकारी यही सोच रहे थे और यह भी कि जहाँ तक मुमकिन हो, ब्रिटिश न्याय के खोखलेपन को बेनकाब करने की कोशिश की जाए। लेकिन उनके मन में ऐसी कोई गलतफहमी नहीं थी कि इससे उनकी फाँसियाँ रुक जाएँगी। उनकी मौत कुछ दिनों की बात थी और वे इसके लिए पूरी तरह से तैयार थे।

भगत सिंह की दलील थी कि अपना बचाव करना बेमानी था। उन्होंने अपने पिता को भी यह सन्देश पहुँचा दिया था कि बचाव समिति को भंग कर दिया जाए। वे शुरू से ही इसके खिलाफ थे। जब उन्हें और उनके कॉमरेडों को अपने किए पर कोई अफसोस नहीं था तो बचाव समिति की क्या जरूरत थी? वे सब एक सिद्धान्त के लिए लड़ रहे थे। उनकी लड़ाई एक सोची-समझी और खुली लड़ाई थी। मसला यह नहीं था कि एक अंग्रेज मारा गया था। मसला यह था कि क्या लंदन की समझ में यह बात आएगी कि दृढ़-संकल्प हिन्दुस्तानियों का एक ग्रुप न सिर्फ अपने मुल्क, बल्कि पूरी दुनिया से गुलामी को खत्म करने के लिए कुछ भी कर गुजरने पर उतारू था। ट्रिब्यूनल ने बचाव समिति के उन सदस्यों को खोजने की कोशिश की थी जिन्होंने कार्रवाई में हिस्सा लेने के लिए अर्जी दी थी लेकिन उनका कोई नामो-निशान न था। भगत सिंह के पिता ने अपने बेटे की इच्छा का पालन करते हुए बचाव समिति भंग कर दी थी।

भगत सिंह और उनके कॉमरेड अच्छी तरह से जानते थे कि यह मुकदमा महज एक नाटक था। फिर भी वे देखना चाहते थे कि किसी सबूत या गवाह के बिना ट्रिब्यूनल उन्हें सजाएँ देने में कैसे सफल हो पाता है। और तो और, सांडर्स की हत्या के समय घटना-स्थल पर मौजूद एक ब्रिटिश अधिकारी डब्ल्यू.जे.सी. फर्न भी जेल में हुई शिनाख्त परेड में भगत सिंह को पहचान नहीं पाए थे।

यह सच था कि सरकार के पास पाँच इकबालिया गवाह थे। इनमें से तीन–जय गोपाल, हंसराज वोहरा और फणिन्द्रनाथ घोष लम्बे समय तक क्रान्तिकारियों के साथ रहे थे। लेकिन जय गोपाल को सिर्फ एक सन्देश वाहक के तौर पर इस्तेमाल किया गया था और उसे कार्रवाई की ज्यादा जानकारी नहीं थी। वोहरा छात्रों के साथ ज्यादा जुड़े रहे थे, जबकि घोष ने कोई भी महत्त्वपूर्ण क्रान्तिकारी काम नहीं किया था। सिर्फ किसी इकबालिया गवाह द्वारा दूसरे इकबालिया गवाह की बात को सही ठहरा देने से जुर्म साबित नहीं हो जाता था। उनके बयानों को सबूत नहीं माना जा सकता था।

अगले दिन 6 मई, 1930 को ट्रिब्यूनल फिर से बैठा तो भगत सिंह ने एक अर्जी दाखिल की कि उन्हें एक कानूनी सलाहकार चाहिए, जो दिन-ब-दिन की कार्रवाई पर

नजर रखकर उन्हें समय-समय पर सलाह दे सके। उन्होंने अपने कानूनी सलाहकार के रूप में दूनीचंद का नाम सुझाया, जिन्होंने भूख-हड़ताल के मामले में बीच-बचाव किया था। इसे सिर्फ एक औपचारिक नियुक्ति के दायरे में रखते हुए भगत सिंह ने कहा कि उनके कानूनी सलाहकार न तो गवाहों के साथ जिरह करेंगे और न अदालत को सम्बोधित करेंगे। कार्डन-नोड को इस व्यवस्था पर कोई एतराज नहीं था। ट्रिब्यूनल ने फट से इसे मंजूर कर लिया।

ट्रिब्यूनल ने बारी-बारी से सभी आरोपियों से पूछा कि क्या वे तख्त की तरफ से अपने लिए कोई वकील नियुक्त करवाना चाहेंगे। नौ ने इसका जवाब 'न' में दिया, पाँच ने कोई जवाब नहीं दिया, जबकि चार ने कहा कि वे इसके लिए राजी थे। ट्रिब्यूनल ने उन सभी के जवाबों को इस प्रकार दर्ज किया–

1. भगत सिंह	नहीं।
2. सुखदेव	नहीं।
3. किशोरी लाल	हाँ, लेकिन बचाव समिति के सदस्य किशन सिंह की सलाह लेना चाहेगा।
4. आज्ञा राम	नहीं।
5. देसराज	हाँ, लेकिन अभी नहीं कह सकता कि कौन सा वकील चाहिए।
6. प्रेम दत्त	हाँ, लेकिन अभी नहीं कह सकता कि कौन सा वकील चाहिए।
7. जय देव	किशन सिंह से सलाह लेना चाहेगा।
8. शिव वर्मा	नहीं।
9. गया प्रसाद	नहीं।
10. बी.के. दत्त	कहता है कि वह कोई जवाब नहीं देगा। मैं इस अदालत के किसी भी सवाल का जवाब देने से इनकार करता हूँ।
11. कंवल नाथ त्रिवेदी	नहीं।
12. अजॉय कुमार घोष	हाँ, लेकिन बचाव सीमित से मिले बिना नहीं कह सकता कि कौन चाहिए।
13. जतीन्द्रनाथ सान्याल	कहता है, 'मैं कोई जवाब नहीं दूँगा'।
14. सुरिंदर नाथ पांडे	इस अदालत से कोई मदद नहीं चाहिए।
15. महावीर सिंह	कहता है कि सुनवाई में कोई हिस्सा लेना नहीं चाहता।
16. शिवराम उर्फ राजगुरु	कोई मदद नहीं चाहिए।

[अपनी कोठरी में सुखदेव ने मुकदमे की कार्रवाई के रिकॉर्ड के हाशियों में टिप्पणी की थी–'हम अपनी कमजोरियों की वजह से खुद ही अपने सबसे बड़े दुश्मन साबित हुए हैं, और अपने मकसद के भी। कदम-कदम पर इकबालिया बयान दिखाई दे रहे हैं।' रिकॉर्ड में जगह-जगह सुखदेव ऐसी ही टिप्पणियाँ करते रहते थे। उन्होंने कई गवाहों के नामों के सामने हाशिए में लिखा था–'फॉल्स विटनेस' (एफ.डब्ल्यू.) या फिर 'ट्यूटर्ड विटनेस' (टी.डब्ल्यू.)]

इसके बाद अगले कुछ दिनों तक अभियुक्त अदालत में आकर 'इन्कलाब जिन्दाबाद' के नारे लगाते था 'सरफ़रोशी की तमन्ना अब हमारे दिल में है' वाला गीत गाते और अपनी बेंचों पर बैठ जाते। सुनवाई ने एक जाना-पहचाना ढर्रा अपना लिया था। नारे रुक जाते तो जज अदालत में दाखिल होते, और जब नारे शुरू होते तो वे बाहर चले जाते। कभी-कभी नारे लगाए जाने पर जज वहीं बैठे रहते और चुपचाप तमाशा देखते रहते।

मुकदमा शुरू होने के एक सप्ताह बाद 12 मई, 1930 को, कोल्डस्ट्रीम भगत सिंह और उनके साथियों के आने से पहले ही अदालत पहुँच गए। जब वे सब 'इन्कलाब जिन्दाबाद' के नारे लगाते हुए अन्दर दाखिल हुए तो कोल्डस्ट्रीम ने उन्हें खामोश हो जाने के लिए कहा लेकिन उनके आदेश का पालन करने की बजाय अभियुक्त और भी जोर-जोर से नारे लगाने लगे। कोल्डस्ट्रीम को गुस्सा आ गया और उन्होंने पुलिस को उन सबको हथकड़ियाँ पहनाने और अदालत से बाहर ले जाने के लिए कहा। और तो और, अखबारों के संवाददाताओं को भी अदालत से बाहर जाने के लिए कहा गया। क्रान्तिकारी फिर भी नहीं माने और उसी तरह नारे लगाते रहे। भगत सिंह ने हथकड़ियाँ पहनाए जाने का विरोध किया। कोल्डस्ट्रीम ने कैदियों को हथकड़ियाँ पहनाने और उन्हें अदालत से बाहर ले जाने के आदेश को रिकॉर्ड करने के लिए कहा। इस पर हिल्टन ने हस्ताक्षर किए।

पुलिस ने कैदियों के खाने में दाखिल होकर बेंच पर बैठे कैदियों पर लाठियाँ बरसानी शुरू कर दीं। निहत्थे कैदियों ने अपने हाथों से इस हमले को रोकने की कोशिश की तो दोनों तरफ से मारपीट शुरू हो गई। कोल्डस्ट्रीम चुपचाप बैठे यह सारा तमाशा देखते रहे। पुलिस कैदियों को घसीटते हुए अदालत से बाहर ले गई और उन्हें जबर्दस्ती एक वैन में ठूँसने लगी। भगत सिंह और उनके साथियों को इस मारपीट में काफी चोटें आई थीं। उन्होंने मुकदमे की कार्रवाई का बहिष्कार करने की घोषणा कर दी। कोल्डस्ट्रीम ने कहा कि नारे लगाना और इंकलाबी गीत गाना अदालत की अवमानना थी। दूसरी तरफ, अभियुक्तों का कहना था कि जब तक पुलिस द्वारा इस मारपीट के लिए कोल्डस्ट्रीम माफी नहीं माँगते, वे लोग अदालत को मानने से इनकार करते रहेंगे।

ट्रिब्यूनल के एकमात्र भारतीय सदस्य आगा हैदर इस मारपीट से खुश नहीं थे। उन्होंने एक टिप्पणी रिकॉर्ड करवाकर कहा–

> मैं अभियुक्तों को अदालत से बाहर निकालकर जेल ले जाने के आदेश में शामिल नहीं था और मैं किसी भी तरह इसके लिए जिम्मेदार नहीं था। इस आदेश के परिणामस्वरूप आज जो कुछ भी हुआ है, उससे मैं अपने आपको पूरी तरह अलग कर रहा हूँ।

(सुखदेव ने कार्रवाई के रिकॉर्ड के हाशिए में आगा हैदर के रुख पर टिप्पणी करते हुए लिखा था–'काबिल-ए-तारीफ'।)

अगले दिन मुकदमे की कार्रवाई फिर से शुरू हुई तो आगा हैदर ने एक बयान जारी करके कहा कि पिछले दिन के आदेश के परिणामस्वरूप जो कुछ भी हुआ था, उससे वे अपने-आपको अलग कर रहे थे।

वाइसरॉय को मुकदमे की दिन-ब-दिन की कार्रवाई की रिपोर्ट मिलती रहती थी। उन्हें बहिष्कार का भी पता था और नारों की भी जानकारी थी। लेकिन उन्हें यह नहीं मालूम था कि हालात यहाँ तक पहुँच चुके थे कि ट्रिब्यूनल के इकलौते हिन्दुस्तानी जज को अपना विरोध जताने के लिए मजबूर होना पड़ सकता था। अभियुक्तों के इस सन्देह की पुष्टि हो गई थी कि यह मुकदमा सिर्फ एक सार्वजनिक उपक्रम था। फिर भी उन्हें यह देखकर एक झटका-सा लगा कि ट्रिब्यूनल ने आरोपियों की शिनाख्त की औपचारिकता के बिना ही काम चला लिया था। मजिस्ट्रेट की अदालत में हुई शिनाख्त को ही ट्रिब्यूनल के लिए काफी मान लिया गया था।

अन्य आरोपियों की जेल में ही शिनाख्त करवा ली गई थी। आरोपियों की गवाहों के सामने परेड करवाई गई थी और गवाहों को उनके नाम या शक्ल से उनकी शिनाख्त करने के लिए कहा गया था। गवाहों के इस दावे को कि उन्होंने जेल में अधिकारियों के सामने आरोपियों की शिनाख्त की थी, शिनाख्त के सही होने का सबूत मान लिया गया था।

मारपीट की घटना के बाद बॉर्स्टल जेल से लाए जानेवाले सुखदेव को छोड़कर किसी भी आरोपी को अदालत में नहीं लाया गया था। उन सबने जबर्दस्ती किए बिना अदालत में आने से इनकार कर दिया था। हरेक आरोपी से अलग-अलग पूछा गया था कि वह अदालत में जान चाहेगा या नहीं, और सभी ने इनकार कर दिया था। इसके बाद हर सुनवाई में जेल अधिकारी यह रिपोर्ट देने लगे कि आरोपी ट्रिब्यूनल के सामने पेश होने से इनकार कर रहे थे। ट्रिब्यूनल जेल अधिकारियों के इन बयानों को रिकॉर्ड में दर्ज कर लेता और अभियुक्तों की उपस्थिति के बिना ही सुनवाई जारी रखता।

इसका एक उदाहरण 18 जून, 1930 के कोल्डस्ट्रीम के एक निर्देश में देखा जा सकता है, जिसमें कहा गया था–'भगत सिंह और बी.के. दत्त, दोनों ने ही आज अदालत में हाजिर होने से मना कर दिया। दोनों को मेन गेट तक लाया गया, जहाँ एक पुलिस इंस्पेक्टर ने उनकी बाँह पकड़कर उन्हें अदालत में चलने का हुक्म दिया लेकिन दोनों ने ही अपनी जगह से हिलने से इनकार कर दिया।' हर रोज ऐसा ही होता रहा।

भगत सिंह और उनके साथियों के बहिष्कार के बावजूद ट्रिब्यूनल ने सुनवाई को स्थगित नहीं किया। अधिकांश भारतीय वकील अपने-आपको मुकदमे से अलग कर चुके थे। प्रेस भी वॉक-आउट कर गई थी लेकिन ट्रिब्यूनल ने सुनवाई जारी रखी और इकबालिया गवाहों के बयान दर्ज होते रहे।

अभियोग पक्ष की कहानी मुख्य रूप से तीन इकबालिया गवाहों–फणिन्द्रनाथ घोष, जय गोपाल और हंसराज वोहरा के बयानों पर आधारित थी। वे भगत सिंह और उनके कॉमरेडों के सहयोगी रह चुके थे। जय गोपाल और वोहरा को मोजांग रोड की गतिविधियों की अन्दरूनी जानकारी थी। दोनों ने अपने जुर्म का इकबाल कर लिया था और 'एच.एस.आर.ए.' की सेंट्रल कमेटी के सदस्य होने के कारण उन्हें बहुत कुछ मालूम था। सरकार का पक्ष उनके खुलासों पर आधारित था क्योंकि उनके बयानों के अलावा उसके पास क्रान्तिकारियों की योजनाओं और गतिविधियों की कुछ भी जानकारी नहीं थी।

घोष ने अगल-अलग प्रादेशिक क्रान्तिकारी पार्टियों को मिलाकर एक देशव्यापी क्रान्तिकारी पार्टी 'हिन्दुस्तान सोशलिस्ट रेव्योलूशनरी आर्मी' के गठन का खुलासा किया। जय गोपाल ने सांडर्स की हत्या से जुड़े भेद उगले, जबकि वोहरा ने भगत सिंह और उनके कॉमरेडों की अन्य गतिविधियों और योजनाओं की पोल खोली। तीनों इकबालिया गवाहों ने तथ्यों को इस तरह से गढ़ा कि उन्हें सरकार का तख्ता पलटने की 'साजिश' के खाँचे में फिट किया जा सके, जैसाकि सरकार चाहती थी।

सरकार के पास जय गोपाल और हंसराज वोहरा के रूप में दो अनमोल गवाह थे। सबसे पहले जय गोपाल ने अपना इकबालिया बयान दिया। उसकी गद्दारी से भगत सिंह को ज़ाती तौर पर तकलीफ पहुँची थी क्योंकि वे उसे पार्टी का 'हीरा' कहा करते थे। जय गोपाल की गवाही बहुत लम्बी और थका देनेवाली थी और दस दिनों तक चलती रही थी। उसने ट्रिब्यूनल को बताया कि 1928 के सितम्बर महीने के मध्य में, जब वह क्रान्तिकारियों के फिरोजपुर हेडक्वार्टर पर मौजूद था तो किस तरह एक रात भगत सिंह और सुखदेव वहाँ आए थे। भगत सिंह ने अपने केश कटवा दिए, दाढ़ी मुँडवा ली और संयुक्त प्रान्त (उत्तर प्रदेश) का परम्परागत पहनावा धोती और कुरता पहन लिया। यह सब पुलिस की नजरों में न आने के उद्देश्य से किया गया था।

गवाही में एक जगह जय गोपाल ने पार्टी के लिए फंड जमा करने की एक घटना का वर्णन किया। क्रान्तिकारियों ने शहर के पंजाब नेशनल बैंक को लूटने का फैसला किया था। भगत सिंह को बाहर गली में खड़ा रहना था और मोटर-ड्राइविंग सीखने का बहाना करना था। कालिचरण को टेलीफोन की तारें काट देनी थीं। सुखदेव को बैंक के दरवाजे पर खड़े सन्तरी की बन्दूक छीन लेनी थी और किशोरीलाल और जय गोपाल को बैगों में रुपये भरने थे। जय गोपाल ने बताया, ''जब मैं बैंक में पहुँचा तो मुझे चन्द्रशेखर आजाद, सुखदेव और हंसराज वोहरा दिखाई दिए लेकिन 3:00 बजे तक भी भगत सिंह और प्रताप सिंह टैक्सी लेकर वहाँ नहीं पहुँचे। वे एक ताँगे में आए क्योंकि टैक्सी का इन्तजाम नहीं हो पाया था। लिहाजा, डकैती की योजना को स्थगित कर दिया गया।'' (बैंक लूटने के बाद क्रान्तिकारी बैंक को लूटी गई रकम की रसीद बनाकर देनेवाले थे, जिस पर ये शब्द अंकित थे–'आप आजादी के बाद इस रसीद को भुना सकते हैं।)

''इसके कई दिन बाद,'' जय गोपाल ने आगे बताया, ''हमने मोजांग रोड पर यह फैसला किया कि लाला लाजपतराय पर लाठी बरसाने वाले सीनियर पुलिस सुपरिंटेंडेंट स्कॉट को मार डालना चाहिए। मुझे स्कॉट की कार की पहचान करने का काम सौंपा गया, जिसका नम्बर 6728 था। मैं तीन-चार दिनों पर उनके आने-जाने पर नजर रखे रहा। इसके बाद 17 दिसम्बर को उनके कत्ल को अंजाम देने का फैसला किया गया।''

जय गोपाल ने बताया कि भगत सिंह ने पतले कागज पर बहुत-से पोस्टर बनाए थे, जिन पर लाल स्याही से छपाई की गई थी। ये पोस्टर 'हिन्दुस्तान सोशलिस्ट रिपब्लिन एसोसिएशन' की तरफ से छापे गए थे। इन पर शुरू में छपा सन्देश था–'स्कॉट मारा गया; लालाजी का बदला ले लिया गया'।

जय गोपाल ने बताया कि सुखदेव ने उससे पूछा था कि क्या वह देश की सेवा करना चाहता था। जब बचाव पक्ष के वकील ने उसे सुखदेव की शिनाख्त करने के लिए कहा तो उसने अपनी उँगली सीधे सुखदेव की तरफ उठा दी। ''मैं खद्दर पहनूँगा और कांग्रेस में भर्ती हो जाऊँगा,'' उसने सुखदेव से कहा था। वह गांधीजी के अहिंसक आन्दोलन और क्रान्तिकारियों के बम के दर्शन के फर्क को स्पष्ट करना चाहता था। जय गोपाल ने कहा कि वह क्रान्तिकारियों के नजरिए को बदलना चाहता था और अपनी पिछली जिन्दगी को भूल जाना चाहता था। उसने कहा कि जब वह पार्टी में भर्ती हुआ था तो उसे पता था कि इसका मूल मन्त्र क्या था। पार्टी के मेनिफेस्टो का पहला वाक्य था–'आजादी के कोमल पौधे को सींचने के लिए शहीदों के खून की जरूरत होती है'।

जय गोपाल ने कहा कि सुखदेव ने उसे खुफिया पार्टी में भर्ती होने के लिए उकसाया था, जिसका मकसद सरकार का तख्ता पलटना था। ''मैंने स्कूल की

लाइब्रेरी से सुखदेव के लिए 'मैन्यूफेक्चर एंड यूज ऑफ एक्सप्लोसिव्स' नामक एक किताब चुराई थी।''

जय गोपाल ने एक और घटना का जिक्र करते हुए बताया कि सांडर्स की हत्या के तीन-चार दिन बाद वह सुखदेव और किशोरी लाल के साथ फिरोजपुर रोड पर केनाल ब्रिज की तरफ जा रहा था तो उसने स्कॉट को अपनी पत्नी के साथ कार में जाते देखा था। उसने सुखदेव से कहा था कि अगर वह चाहे तो अब स्कॉट को अपनी गोली का निशाना बना सकता था। इस पर सुखदेव ने कहा कि भाग्य ने उसे एक बार बचा लिया था, इसलिए उसे अब मारने का कोई फायदा नहीं था।

अपनी कोठरी में सुनवाई के रिकॉर्ड के हाशिए में सुखदेव ने इस पर टिप्पणी करते हुए लिखा था–'नॉनसेंस, एक संस्था का सदस्य होने के नाते मैं ऐसा नहीं कर सकता था।'

सुखदेव ने आगे लिखा था–'मैं उन पर बहुत ज्यादा भरोसा करने लगा था। कई बार मैं उसके सामने वे बातें भी कह जाता था जो मुझे नहीं कहनी चाहिए थीं।' हर सुनवाई के बाद भगत सिंह, सुखदेव और राजगुरु को सुनवाई के रिकॉर्ड की एक-एक कॉपी दी जाती थी लेकिन सिर्फ सुखदेव ही इस कॉपी के हाशियों में टिप्पणियाँ लिखते रहते थे। उन्होंने कुल मिलाकर 241 टिप्पणियाँ की थीं।

जय गोपाल के बाद हंसराज वोहरा के मुँह खोलने की बारी थी। वह क्रान्तिकारियों का बड़ा चहेता रहा था। भगत सिंह को यकीन नहीं हो रहा था कि वह एक मुखबिर बन सकता था और उस मकसद के साथ गद्दारी कर सकता था जिसे उसने कभी तन-मन-धन से चाहा था। वोहरा भी एक वायदा माफ गवाह बन गया था।

हंसराज वोहरा ने मई 1930 के आखिरी दिनों में अपनी गवाही दी थी। उसकी गवाही सरकारी पक्ष के लिए बहुत महत्त्वपूर्ण थी। गवाही के दौरान सरकारी वकील ने उससे पूछा था, ''पिछली बार जब 17 दिसम्बर, 1928 को तुम्हें गिरफ्तार किया गया था (दशहरा बम धमाके के मामले में) तो सत्रह दिन तक पुलिस हिरासत में रहने के बावजूद तुमने पार्टी का कोई राज नहीं उगला था। इस बार गिरफ्तारी के कुछ ही समय बाद तुमने एक बयान दे डाला। इसकी क्या वजह है?''

वोहरा ने जवाब दिया, ''मैं इस ट्रिब्यूनल के सामने एक बयान पेश करना चाहूँगा, जिसमें मैंने पुलिस को अपना बयान देकर सरकारी माफी पाने के पीछे की वजहें बताई हैं।

आगा हैदर ने कहा, "अभियोग पक्ष को गवाह से यह सवाल पूछने की इजाजत नहीं है। इस सवाल को नामंजूर किया जाता है।''

इस पर हिल्टन ने अपनी टिप्पणी करते हुए कहा, ''यह एक ऐसा सवाल है

जिसका मकसद गवाह की सच्चाई को परखना है। यह सवाल एग्जामिनेशन-इन-चीफ द्वारा पूछे जाने की इजाजत नहीं दी जा सकती।"

वोहरा ने अपनी गवाही में कहा कि वह उर्दू की बजाय अंग्रेजी में अपनी बात ज्यादा अच्छे ढंग से कह सकता था। उसे इसकी इजाजत दे दी गई।

वोहरा ने कहा कि सुखदेव उसकी पत्नी के रिश्तेदार थे। "हमारी मुलाकातें होती रहती थीं और हम कांग्रेस के कार्यक्रम की निरर्थकता को देखते हुए क्रान्तिकारी पार्टियों के गठन की जरूरत पर बातचीत करते रहते थे। हमें लगता था कि विशेष परिस्थितियों में यह नैतिक और राजनीतिक, दोनों दृष्टियों से सही था। सुखदेव ने मुझसे कहा कि हिन्दुस्तान के आगे बढ़ने के लिए सभी संवैधानिक रास्ते बन्द थे, इसलिए हमें असंवैधानिक रास्तों का इस्तेमाल करना होगा।"

वोहरा इससे पहले मजिस्ट्रेट की अदालत में सुखदेव की शिनाख्त कर चुका था। उसने ट्रिब्यूनल को बताया कि सुखदेव ने उसे पार्टी के एक सदस्य के रूप में भर्ती कर लिया और उसे छात्रों में क्रान्तिकारी साहित्य वितरित करके क्रान्तिकारी विचारों के प्रचार का काम सौंप दिया।

क्रान्तिकारियों के नजरिए का खुलासा करते हुए वोहरा ने बताया कि जब वह 'मेरे कपड़े' कहता था, तो इसका मतलब होता था वे कपड़े जिन्हें वह इस समय इस्तेमाल कर रहा होता था। "ये कपड़े पार्टी की साझी सम्पत्ति होते थे, जिसके सदस्य 'सम्पत्ति के अधिकार' में विश्वास नहीं करते थे।"

सांडर्स की हत्या के बारे में बताते हुए वोहरा ने कहा कि सुखदेव ने 1 दिसम्बर, 1928 की शाम को उसे लाहौर के लॉरेंस गार्डन में बुलाया था, जहाँ से वे उसे मोजांग रोड के ठिकाने पर ले गए थे। "मैं उस घर में बीस-पच्चीस मिनट तक रहा", वोहरा ने बताया। "वहाँ भगत सिंह ने मुझसे कहा कि पार्टी कोई कार्रवाई करना चाहती थी और इस मकसद के लिए यू.पी. के कुछ सदस्यों को भी बुलाया गया था। उस दिन मुझे सिर्फ इतना बताया गया।" इस अवसर पर जय गोपाल को अदालत में लाया गया। वोहरा ने उसकी शिनाख्त की। वोहरा ने अदालत को बताया, "भगत सिंह ने मुझे कुछ टाइप किए गए गुलाबी पोस्टर दिखाए थे, जिनकी सुर्खियाँ गुलाबी रंग में छपी हुई थीं। उनके निचले कोनों पर एक तरफ तारीख और दूसरी तरफ 'कमांडर-इन-चीफ' छपा हुआ था। पोस्टर के टाइप किए गए हिस्से का शीर्षक था– 'स्कॉट इज डेड; लालाजी इज एवेंज्ड' "

वोहरा ने इस बात को स्वीकार किया कि भगत सिंह ने उसे बताया था कि पार्टी ने लाला लाजपतराय पर लाठी से वार करने के लिए स्कॉट की हत्या करने का फैसला किया था। स्कॉट का ऐसा बर्ताव 'क्रान्तिकारी पार्टी के लिए एक चुनौती थी।' वोहरा ने कहा कि वह स्कॉट की हत्या करने के फैसले से सहमत था लेकिन उसे यह नहीं

बताया गया था कि यह हत्या कहाँ की जाएगी। वह संयोग से ही उस जगह से गुजरा था जहाँ यह हत्या हुई थी।

वोहरा के इकबालिया गवाह बन जाने के बावजूद ट्रिब्यूनल ने बड़ी बारीकी से उससे पूछताछ की। इसके पीछे यह दिखाने का मकसद था कि ट्रिब्यूनल किसी तरह की तरफदारी नहीं कर रहा था। कुछ प्रश्न इस प्रकार थे–

प्र. ''सांडर्स की हत्या के बारे में पूरी जानकारी न दिए जाने की बात तुम्हें हत्या से पहले पता चली या बाद में?''

उ. ''हत्या से पहले।''

प्र. ''क्या तुमने राज की बातें न बताए जाने का विरोध किया?''

उ. ''मुझसे विरोध की उम्मीद नहीं की जा रही थी। पार्टी के अनुशासन को देखते हुए मुझे इस बारे में ज्यादा सवाल-जवाब करने की इजाजत नहीं थी।''

प्र. ''सुखदेव ने किस मौके पर तुम्हें उन जगहों के बारे में बताया था जहाँ पार्टी अपने भिन्न-भिन्न और कथित हत्यारों को भेज रही थी?''

उ. ''ऐसा कोई खास मौका नहीं था जिसे मैं याद कर सकूँ।''

प्र. ''क्या यह सीधे-सीधे अचानक अपना दिल खोल बैठने का मामला था?''

उ. ''हाँ!''

वोहरा इतना सीधा था कि पुलिस की तिकड़मों को समझ नहीं पाया था। जब उसे यह बताया गया कि उसके गुरु सुखदेव ने सांडर्स की हत्या को लेकर इकबालिया बयान दे दिया था तो उसने पुलिस को सब कुछ बता दिया था। वोहरा ने क्रान्तिकारियों के कामकाज के तरीके, उनके ठिकानों और उनके गोला-बारूद के सभी राज उगल दिए थे।

वोहरा और दो अन्य इकबालिया गवाहों की गवाही के बाद खान बहादुर अब्दुल अजीज को गवाह के तौर पर पेश किया गया। वह मोंट्गोमेरी का पुलिस सुपरिंटेंडेंट था, जिसे दशहरा बम धमाके की छानबीन का काम सौंपा गया था। बाद में उसे लाहौर कांसपरेसी केस की छानबीन का काम भी सौंपा गया। उसने अदालत में गवाही देते हुए कहा कि दशहरा बम धमाके की छानबीन के दौरान उसे भगत सिंह और 'नौजवान भारत सभा' के एक सदस्य बाबू सिंह के बारे में पता चला था। बाबू सिंह ने एक हजार रुपयों के बदले में पुलिस को जानकारी देने की शर्त रखी थी। उसी ने पुलिस को बताया था कि भगत सिंह सांडर्स के हत्यारों में शामिल थे। बाबू सिंह ने 'सीक्रेट सोसायटी' की स्थापना के बारे में भी सुपरिंटेंडेंट अब्दुल अजीज को कई जानकारियाँ दी थीं। अब्दुल अजीज ने उसी समय भगत सिंह की गिरफ्तारी का हुक्म दे दिया था, लेकिन वे तब तक फरार हो चुके थे और बाद में 8 अप्रैल, 1929 को

दिल्ली में दिखाई दिए थे। अब्दुल अजीज ने ट्रिब्यूनल को बताया कि उसे किस तरह लाहौर की कश्मीरी बिल्डिंग में एक गुप्त बम फैक्टरी का पता चला था। उसने 12 अप्रैल, 1929 को इस बिल्डिंग पर छापा मारा था। उसने कहा कि सुखदेव, किशोरी लाल और जय गोपाल को कश्मीरी बिल्डिंग से गिरफ्तार किया गया था, जहाँ से पुलिस को उनके खिलाफ बहुत से पुख्ता सबूत मिले थे।

'ड्रीमलैंड' के लेखक रामसरन दास ने थोड़े समय के लिए सरकारी गवाह बनने के बाद 30 मई, 1930 को अपना बयान वापस ले लिया। उन्होंने कहा कि उन्होंने पुलिस के जोर देने पर यह बयान दिया था। (उन्होंने 11 जून, 1929 को मजिस्ट्रेट के सामने अपना बयान दिया था। बाद में पुलिस ने इसे बदल दिया था और संशोधित बयान पर उनके दस्तखत करवा लिए थे।)

इन सभी खुलासों के बावजूद अभियुक्तों द्वारा सुनवाई के बहिष्कार के कारण मुकदमे की कार्रवाई मशीनी और ढोंगपूर्ण प्रतीत हो रही थी। अंग्रेज चाहते थे कि क्रान्तिकारी अदालत में हाजिर हों। दूसरी तरफ, भगत सिंह और उनके साथियों का कहना था कि कोल्डस्ट्रीम को हटाए जाने पर ही वे अदालत में हाजिर होंगे। इसलिए कोल्डस्ट्रीम को लम्बी छुट्टी पर भेज दिया गया, लेकिन साथ ही नवगठित ट्रिब्यूनल से विरोधी तेवरों वाले आगा हैदर को भी हटा दिया गया। इन दोनों की जगह दो नए सदस्यों–जे.के. टैज और अब्दुल कादिर को नियुक्त किया गया और जस्टिस जे.सी. हिल्टन को ट्रिब्यूनल का चेयरमैन बना दिया गया। अभियुक्तों का कहना था कि हिल्टन को ट्रिब्यूनल का प्रमुख नहीं बनाया जाना चाहिए क्योंकि पुलिस द्वारा क्रान्तिकारियों के साथ मारपीट के मामले में उन्होंने कोल्डस्ट्रीम का समर्थन किया था।

अभियुक्तों की इस आपत्ति को ठुकरा दिया गया। अभियुक्तों और उनके वकीलों की हाजिरी के बिना ही सुनवाई फिर से शुरू हो गई। लेकिन नए ट्रिब्यूनल के गठन के अगले दिन लगभग सभी अभियुक्त अपनी मर्जी से अदालत में आए थे। लगभग छह सप्ताह बाद पहली बार ऐसा हुआ था। आज्ञा राम अकेले ऐसे अभियुक्त थे जो उस दिन भी हाजिर नहीं थे। उन्होंने ट्रिब्यूनल या अदालत को मानने से ही इनकार कर दिया था।

23 जून को एक बार फिर आज्ञा राम को छोड़कर सभी अभियुक्त अदालत में हाजिर हुए। आज्ञा राम ने जबर्दस्ती करने पर भी अदालत में आने से इनकार कर दिया था। ट्रिब्यूनल ने एक आदेश जारी करके उसकी गैर हाजरी को नजरअन्दाज कर दिया लेकिन दो दिनों की कार्रवाई के बाद ही क्रान्तिकारियों को यह अहसास हो गया कि कोल्डस्ट्रीम और हिल्टन के ट्रिब्यूनल में कुछ भी फर्क नहीं था। उन्होंने एक बार फिर अदालत का बहिष्कार कर दिया।

अगले दिन तेरह अभियुक्त हाजिर नहीं हुए। अदालत ने उनकी हाजिरी भी जरूरी न होने का आदेश जारी कर दिया। 25 जून को एक भी अभियुक्त अदालत में नहीं आया। अदालत ने वही तरीका अपनाते हुए उनकी गैर हाजिरी में भी सुनवाई जारी रखी। उसी दिन ट्रिब्यूनल के कमिश्नर के नाम एक संयुक्त पत्र में भगत सिंह और बटुकेश्वर दत्त ने अपना विरोध जताते हुए लिखा कि मारपीट के आदेश का समर्थन करने वाले जज को ट्रिब्यूनल का प्रमुख बना दिया गया था। इस पत्र की कुछ पंक्तियाँ थीं–

इन हालात में हम इस बात पर जोर देना चाहेंगे कि जस्टिस कोल्डस्ट्रीम से हमें किसी भी तरह का कोई ज़ाती गिला-शिकवा नहीं था। हमने (ट्रिब्यूनल के) अध्यक्ष द्वारा बहुमत की तरफ से पास किए गए आदेश और इसके बाद हमारे साथ हुए दुर्व्यवहार का विरोध किया था।...

10 जुलाई को पन्द्रह अभियुक्तों के खिलाफ आरोप तय कर दिए गए जबकि तीन को बरी कर दिया गया। ट्रिब्यूनल की कार्रवाई अब और बड़े तमाशे में बदल चुकी थी। यह प्रिंस ऑफ डेनमार्क के बिना 'हेमलेट' का मंचन करने जैसी बात थी। जब भगत सिंह, सुखदेव और राजगुरु की हाजिरी भी जरूरी नहीं थी तो फिर इस मुकदमे की वैधता ही क्या रह गई थी?

ट्रिब्यूनल को यह अहसास हो चुका था कि दूसरे पुख्ता सबूतों की गैरहाजिरी में साजिश का आरोप कमजोर पड़ रहा था। यह सच था कि अलग-अलग पृष्ठभूमियों से आए जय गोपाल और हंसराज वोहरा ने लगभग मिलजी-जुलती बातें कही थीं लेकिन वे दोनों ही इकबालिया गवाह थे। सिर्फ उनकी गवाही के आधार पर अभियुक्तों को सजा नहीं दी जा सकती थी, जब तक कि उनके बयानों के समर्थन में दूसरी गवाहियाँ और सबूत मौजूद न हों। ट्रिब्यूनल यह भी जानता था कि इन गवाहियों की विश्वसनीयता के लिए इनका एक ही स्रोत से होना जरूरी था लेकिन ऐसी कोई गवाही न जुटा पाने के कारण ट्रिब्यूनल ने यह फैसला दे दिया कि दोनों इकबालियों गवाहों की गवाही पर सन्देह करने का कोई प्रत्यक्ष कारण दिखाई नहीं देता था।

अभियुक्तों की हाजिरी को जरूरी न मानने के लिए ट्रिब्यूनल ने अध्यादेश की धारा 9 (1) का इस्तेमाल किया था। 10 जुलाई, 1930 को ट्रिब्यूनल ने एक आदेश जारी किया। सभी पन्द्रह अभियुक्तों को जेल में ही उन पर लगाए गए आरोपों की प्रतिलिपियाँ थमा दी गईं, और साथ ही ट्रिब्यूनल के इस आदेश की प्रतिलिपियाँ भी कि उन पर लगाए गए आरोपों के बारे में उनकी सफाई अगले दिन सुनी जाएगी।

अगले दिन, 11 जुलाई को अभियुक्तों ने अदालत में जाने से एक बार फिर इनकार कर दिया।

उस दिन एक आदेश जारी करके सुनवाई को अगले दिन पर टाल दिया गया और सभी अभियुक्तों से अदालत में हाजिर रहने के लिए कहा गया। उन्हें बयान दे चुके गवाहों से जिरह को लेकर अपना इरादा जाहिर करना था लेकिन अगले दिन भी कोई भी अभियुक्त अदालत में नहीं आया। वे जबर्दस्ती अदालत में लाए जाने के लिए भी तैयार नहीं हुए। ट्रिब्यूनल ने एक आदेश पास करके इस तथ्य को दर्ज किया कि कोई भी अभियुक्त अदालत में नहीं आया था, और न ही उनमें से किसी ने गवाहों से जिरह करने का इरादा जाहिर किया था।

12 जुलाई से 4 अगस्त के बीच अदालत में न के बराबर ही कार्रवाई हुई। 4 अगस्त को स्वास्थ्य अधिकारियों के बयान दर्ज किए गए। उन्होंने कहा कि प्रेम दत्त और कुंदन लाल को छोड़कर सभी अभियुक्त भूख हड़ताल पर थे और इतने कमजोर हो चुके थे कि अदालत में नहीं आ सकते थे। एक बार फिर उनकी गैरहाजिरी को नजरअन्दाज कर दिया गया। 11 अगस्त को ट्रिब्यूनल ने दर्ज किया कि भगत सिंह, सुखदेव और बिजॉय कुमार सिंह अदालत में आने के काबिल थे लेकिन उन्होंने ऐसा करने से मना कर दिया था।

26 अगस्त तक 457 गवाहों को पेश किया जा चुका था। सरकारी वकील ने कहा कि वे अब कोई और गवाह पेश नहीं करेंगे और उनकी तरफ से पैरवी पूरी हो चुकी थी। ट्रिब्यूनल ने मुकदमे को 27 अगस्त तक स्थगित कर दिया और अभियुक्तों से पूछा कि क्या वे अदालत से कोई सवाल करना चाहते थे।

इसके साथ ही ट्रिब्यूनल ने एक अलग आदेश पास करके सभी अभियुक्तों से अगले दिन हाजिर रहने के लिए कहा। यह आदेश सी.पी.सी. की दफा 256 के तहत जारी किया गया था। इस आदेश की एक-एक कॉपी सभी अभियुक्तों को जेल में पहुँचा दी गई। 28 अगस्त को, पहले की तरह ही, सभी अभियुक्तों ने जबरन अदालत में लाए जाने का विरोध किया। बचाव पक्ष की तरफ से एक भी गवाह पेश नहीं हुआ न ही उनकी तरफ से गवाहों की कोई सूची ही दी गई। ट्रिब्यूनल ने कार्रवाई को अगले दिन तक स्थगित कर दिया। 29 और 30 अगस्त को भी ऐसा ही हुआ।

1 सितम्बर को एक बार फिर सभी अभियुक्तों ने अदालत में पेश किए जाने से मना कर दिया। ट्रिब्यूनल ने 5 सितम्बर तक उनकी हाजिरी के बिना ही काम चलाने का फैसला किया। 5 सितम्बर को क्रान्तिकारियों से हमदर्दी रखने वाले एक वकील अमोलक राम कपूर दो अभियुक्तों—बिजॉय कुमार सिन्हा और अजॉय कुमार घोष की तरफ से पेश हुए। उन्होंने अभियोग पक्ष द्वारा पेश किए गए गवाहों में से पैंतालिस गवाहों को जिरह के लिए वापस बुलाए जाने की माँग करते हुए एक अर्जी

दाखिल की। उन्होंने अदालत की हिरासत में रखे गए पाँचों मुखबिरों–जय गोपाल, पी.एन.घोष, मनमोहन बनर्जी, हंसराज वोहरा और ललित मुखर्जी को भी जिरह के लिए बुलाए जाने की माँग की।

जय गोपाल को गवाहों के कटघरे में बुलाया भी गया लेकिन कपूर ने यह कहकर उससे जिरह करने से मना कर दिया कि उन्हें मुखबिरों से सवाल-जवाब करने के निर्देश नहीं मिले थे। बाद में, कपूर एक बार फिर ट्रिब्यूनल के सामने पेश हुए। उन्होंने बिजॉय कुमार सिन्हा और अजॉय कुमार घोष की तरफ से एक अर्जी दाखिल करके कहा कि अभियोग पक्ष के गवाहों से जिरह की शुरुआत से पहले सुनवाई को एक हफ्ते के लिए स्थगित कर दिया जाए। इस माँग को 'वक्त की बर्बादी' कहकर खारिज कर दिया गया। इसके बाद कपूर अदालत छोड़कर चले गए।

सुनवाई काफी लम्बी खिंच गई थी। यह 5 मई, 1930 को शुरू होकर 10 सितम्बर, 1930 को खत्म हुई। यह पूरी तरह से एकपक्षीय मामला था और सभी नियमों और कायदे-कानूनों को ताक पर रख दिया गया था। यह एक 'कंगारू अदालत' थी। नया ट्रिब्यूनल मानो आँखों पर पट्टी बाँधकर पुरानी लीक पर ही चलता रहा था। जब ट्रिब्यूनल से कहा गया कि अभियुक्त सुनवाई का बहिष्कार कर रहे थे तो उसने उन्हें जबर्दस्ती लाए जाने का आदेश दिया। यह तरीका पहले भी आजमाया जा चुका था। किसी भी तरह की जोर-जबर्दस्ती उन्हें अदालत में नहीं ला पाई थी। और ज्यादा मारपीट का भी कोई असर नहीं हुआ था। आखिर ट्रिब्यूनल को यह ऐलान करना पड़ा कि उनकी हाजिरी जरूरी नहीं थी और उसने उनकी गैरहाजिरी में ही सुनवाई जारी रखी थी। इसके बावजूद सुनवाई पूरी होने में चार महीने लग गए थे। अभियुक्तों ने अगली सुनवाइयों में हिस्सा नहीं लिया था न ही उन्होंने अपना बचाव किया था। ट्रिब्यूनल ने ऐसे-ऐसे आदेश जारी किए थे जो न्याय की मर्यादा तो दूर, शालीनता की मर्यादा पर भी खरे नहीं उतरते थे। ब्रिटिश हुकूमत पहले से ही उन नौजवानों को फाँसी पर चढ़ाने का फैसला कर चुकी थी जिन्होंने अंग्रेजों और उनकी हुकूमत को चुनौती देने की कोशिश की थी। इतिहास में शायद ही कभी न्याय के नाम पर इस तरह का नाटक खेला गया था जहाँ जजों, अभियोगी पक्ष और पुलिस ने मौत की सजा सुनाने के लिए कानून को इस कदर तोड़-मरोड़कर रख दिया हो–एक ऐसी सजा, जो मुकदमा शुरू होने से पहले ही तय की जा चुकी थी।

अभियोग पक्ष ने सात इकबालिया गवाहों के बयानों के साथ-साथ तीन अज्ञात अभियुक्तों के इकबालनामे भी पेश किए। लगभग 450 ऐसे गवाह थे जिन्होंने अलग-अलग अवसरों पर अभियुक्तों की शिनाख्त करने का दावा किया था। इसके अलावा हस्तलेख विशेषज्ञों, छपाई विशेषज्ञों और गोला-बारूद विशेषज्ञों की गवाहियाँ

भी थीं। अभियोग पक्ष द्वारा एक के बाद एक झूठे गवाह पेश करने से यह बात बिलकुल साफ हो गई थी कि सरकार भगत सिंह की गर्दन को फन्दे में कसने पर तुली हुई थी। भगत सिंह ने अपना बचाव करने से इनकार कर दिया था। उनके पिता किशन सिंह इतने ज्यादा घबराए हुए थे कि उन्होंने 20 सितम्बर, 1930 को ट्रिब्यूनल में एक अर्जी दाखिल करके कहा कि सांडर्स की हत्या वाले दिन भगत सिंह लाहौर में नहीं थे। इसकी एक कॉपी वाइसरॉय को भी भेजी गई थी। अर्जी में कहा गया था कि सांडर्स की हत्या वाले दिन भगत सिंह कलकत्ता में थे। भगत सिंह अपने पिता की इस हरकत पर गुस्से से भड़क उठे थे और उन्होंने अर्जी से अपने-आपको अलग कर लिया था।

ट्रिब्यूनल ने पन्द्रह अभियुक्तों के खिलाफ आरोप तय कर दिए। आज्ञा राम और सुरेन्द्र पांडे को बरी कर दिया गया, जबकि बटुकेश्वर दत्त के खिलाफ मुकदमा वापस ले लिया गया क्योंकि असेम्बली बम मामले में उन्हें पहले ही काला पानी की उम्रकैद की सजा सुनाई जा चुकी थी।

बटुकेश्वर दत्त के नाम भगत सिंह ने अपने पत्र में लिखा था–

> ...तुम जिन्दा रहोगे, और जिन्दा रहते हुए तुम दुनिया को दिखाओगे कि क्रान्तिकारी अपने आदर्शों के लिए न सिर्फ मर सकते हैं, बल्कि हर विपदा का सामना कर सकते हैं। मौत दुनियावी तकलीफों से छुटकारा पाने का तरीका नहीं हो सकता। संयोगवश फाँसी के फन्दे से बच जानेवाले क्रान्तिकारियों को जिन्दा रहना चाहिए और दुनिया को यह दिखाना चाहिए कि अपने आदर्शों के लिए वे न सिर्फ मौत को गले लगा सकते हैं बल्कि जेल की अँधेरी बन्द कोठरियों में क्रूरतम यातनाएँ भी झेल सकते हैं।

आखिर 7 अक्टूबर, 1930 को अपना कार्यकाल खत्म होने से लगभग तीन हफ्ते पहले ट्रिब्यूनल ने अपना फैसला सुना दिया और तीन को छोड़कर सभी अभियुक्तों को सजा सुना दी। अजॉय घोष, जतीन्द्रनाथ सान्याल और देशराज को बरी कर दिया गया।

भगत सिंह, सुखदेव और राजगुरु को फाँसी की सजा सुनाई गई। किशोरी लाल, महावीर सिंह, बिजॉय कुमार सिन्हा, शिव वर्मा, गया प्रसाद, जयदेव और कमलनाथ तिवारी को ताउम्र काला पानी की सजा दी गई। कुंदन लाल को सात साल की सख्त कैद और प्रेम दत्त को पाँच साल की कैद की सजा सुनाई गई।

300 पृष्ठों के फैसले में सबूतों का ब्यौरा दिया गया था और कहा गया था– ''सांडर्स की हत्या में भगत सिंह की भागीदारी उसके खिलाफ साबित होनेवाला सबसे गम्भीर और अहम जुर्म है, जिसके पर्याप्त सबूत मौजूद हैं...''

सांडर्स की हत्या में भगत सिंह की भागीदारी के सबूत के तौर पर तीन बातें महत्त्वपूर्ण मानी गई थीं–एक, बहुत-से गवाहों के बयान जिन्होंने भगत सिंह को

पहचानने का दावा किया था; दो, इकबालिया गवाहों—जय गोपाल और हंसराज वोहरा की गवाहिया 'जो हत्या में उसके सहयोगियों के रूप में शामिल थे'; और भगत सिंह के हाथ से लिखे गए पोस्टर (स्कॉट इज डेड) 'जो हस्तलेख विशेषज्ञों के अनुसार उसी के द्वारा लिखे गए थे'।

सुनवाई का बहिष्कार करने के कारण अभियुक्तों को जेल में ही अपनी सजाओं का पता चला। इसके लिए एक विशेष सन्देश-वाहक को ट्रिब्यूनल के आदेश के साथ वहाँ भेजा गया था। भगत सिंह, सुखदेव और राजगुरु के फाँसी के वारंटों पर काला किनारा बना हुआ था।

न जाने क्यों सुखदेव काले पानी की उम्मीद कर रहे थे। इसका मतलब था—चौदह साल अंडमान की जेल में बिताना। सुखदेव ने भगत सिंह को लिखा था कि अगर उन्हें उम्रकैद हो गई तो वे आत्महत्या कर लेंगे। सुखदेव या तो बिना शर्त रिहाई चाहते थे या फिर मौत। उन्हें बीच का रास्ता पसन्द नहीं था। यूँ यह काफी हैरानी की बात थी कि उनके मन में फाँसी न होने का खयाल भी आ सका था।

भगत सिंह ने सुखदेव के पत्र का जवाब देते हुए लिखा था कि जेल की जिन्दगी ने उन्हें उन चीजों की परवाह न करना सिखा दिया था जो कभी उन्हें बहुत ज्यादा प्यारी थीं। और इसका उलटा भी उतना ही सही था। ''मिसाल के तौर पर,'' उन्होंने लिखा था, ''मैं जाती जिन्दगी में यकीन रखता था लेकिन अब मेरे दिलोदिमाग में इस जज्बे के लिए कोई जगह नहीं है जबकि तुम बाहर इसके बहुत ज्यादा खिलाफ थे।''

भगत सिंह ने सुखदेव को याद दिलाया था कि कभी वे आत्महत्या के विचार से ही नफरत करते थे लेकिन अब बिलकुल उलटी बात कर रहे थे। ''मैं पूछना चाहूँगा कि क्या जेल के बाहर की जिन्दगी हमारे सोच से सचमुच ज्यादा मेल खाती थी? क्या तुम यह कहना चाहते हो कि अगर हम लोग न होते तो कोई भी इन्कलाबी काम न हो पाता?'' उन्होंने सुखदेव को सलाह देते हुए कहा, ''काम करते रहो और मकसद की जद्दोजहद के लिए जिन्दा रहो।''

भगत सिंह अब अपना ज्यादा समय अपनी कोठरी में ही बिताते थे। उन्होंने अदालत में हाजिरी की औपचारिकता निभाने की जरूरत भी नहीं समझी थी। वे कुछ-न-कुछ पढ़ते रहते थे। एक किताब खत्म होती तो दूसरी शुरू कर देते। द्वारकादास लाइब्रेरी भी उनके पढ़ने की इस भूख को शान्त नहीं कर पा रही थी। उनसे मिलने आनेवाले सभी लोगों से किताबें लाने के लिए कहा जाता था। कोई कुछ और ले आता तो वे नाक-भौं सिकोड़ने लगते और हमेशा की तरह वे इन किताबों के अच्छे अंशों और पंक्तियों को अपनी डायरी में नोट करते रहते थे। एक दिन

उन्होंने अपनी कॉपी में चार्ल्स फोरियर (1772-1837) की किसी किताब से यह अंश नोट किया–

> वर्तमान सामाजिक व्यवस्था एक बेहूदा तंत्र है, जिसमें पूर्ण के सभी अंश पूर्ण से द्वन्द्व कर रहे हैं और उसके विरुद्ध काम कर रहे हैं। हम देखते हैं कि समाज का हर वर्ग दूसरों के दुर्भाग्य से लाभ उठाने में जुटा है और समाज के भले की बजाय व्यक्तिगत हितों को ही हर तरह से प्रमुखता दे रहा है। वकील झगड़े और मुकदमे चाहता है, खासकर धनवानों में; डॉक्टर बीमारियाँ चाहता है। (अगर हर कोई बिना बीमार हुए मर जाए तो डॉक्टर बर्बाद हो जाए; इसी तरह अगर आपस में ही झगड़े निपट जाएँ तो वकील बर्बाद हो जाए।) फौजी लड़ाई चाहता है, ताकि उसके आधे कॉमरेड भगवान को प्यारे हो जाएँ और उसे तरक्की मिल जाए; ताबूत वाला कब्रें खोदना चाहता है; मुनाफाखोर और जमाखोर अकाल चाहते हैं, ताकि उन्हें दुगने-तिगने दाम मिल सकें; वास्तुकार बढ़ई और मिस्त्री घरों को फुँकते देखना चाहते हैं, ताकि उनका धन्धा जोर-शोर से चलता रहे।

मौत की सजा की खबर से लोगों में शोक की लहर दौड़ गई थी। पूरे देश में हड़तालों और विरोध प्रदर्शनों का सिलसिला शुरू हो गया था। सभी बड़े शहरों में सभाएँ आयोजित करके इस एकतरफा फैसले की कड़े शब्दों में निन्दा की गई। धारा 144 लागू होने के बावजूद लोग हजारों की संख्या में इन सभाओं में शामिल हुए। सभी वक्ताओं ने ब्रिटिश हुकूमत और इसकी नाइनसाफी पर जमकर प्रहार किया। कई जगह स्त्रियों को भी पुलिस की लाठियों का सामना करना पड़ा। डी.ए.वी. कॉलेज की एक प्रोफेसर और छात्रों पर एक सार्जेंट ने अन्धाधुंध लाठियाँ बरसाईं।

लाहौर में विरोध-प्रदर्शन का नेतृत्व छात्रों ने अपने हाथ में ले लिया था। सभी कॉलेज बन्द थे सिवा एक सरकारी कॉलेज के, जहाँ संभ्रांत वर्ग के बच्चे पढ़ते थे। ब्रेडलॉ हॉल, जहाँ भगत सिंह कई बार भाषण दे चुके थे, में एक सभा आयोजित करके भगत सिंह और उनके साथियों के 'साहसिक बलिदान' की प्रशंसा में एक प्रस्ताव पारित किया गया। इस सभा में छात्रों के अलावा कई अन्य नौजवान स्त्री-पुरुषों ने भी भाग लिया। मोरी गेट में हुई एक विशाल समा में भीड़ ने पिछले सभी रिकॉर्ड तोड़ दिए। इस सभा की अध्यक्षता स्वर्गीय लाला लाजपतराय की बेटी ने की थी।

चिटगाँव आर्मरी रेड मामले में फँसे अभियुक्तों ने गांधीजी को एक पत्र लिखकर बीच-बचाव करने की अपील की। कलकत्ता में एक विशाल रैली को सम्बोधित करते हुए सुरेन्द्र मोहन घोष ने भी ऐसा ही किया। बक्सर कैम्प में बन्द बंगाल के प्रमुख क्रान्तिकारियों ने एक प्रस्ताव पास करके वाइसरॉय से मौत की सजा को रद्द करने की अपील की। इसी तरह हजारों लोगों के हस्ताक्षरों वाली एक जन-याचिका में भी यही अपील की गई।

पंजाब में एक बचाव समिति गठित करके फैसले के खिलाफ प्रिवि काउंसिल में अपील करने की कोशिशें शुरू हो गईं। भगत सिंह और उनके साथी इसके पक्ष में नहीं थे लेकिन उन्हें समझाया गया कि इससे पूरी दुनिया के सामने ब्रिटिशों को बेनकाब करने का मौका मिलेगा। दुनिया को यह दिखाया जा सकेगा कि हिन्दुस्तान में राजनीतिक कैदियों के साथ किस तरह का व्यवहार किया जा रहा था। भगत सिंह को सिर्फ इस बात का सन्तोष था कि इस अपील से एच.एस.आर.ए. की तरफ इंग्लैंड के लोगों का ध्यान खींचा जा सकेगा।

लंदन में पाँच जजों की पीठ वाली प्रिवि काउंसिल में मामला पहुँचा तो सुनवाई आश्चर्यजनक रूप से संक्षिप्त रही। 'भगत सिंह बनाम किंग एम्परर' नामक इस मुकदमे में शिकायतकर्ता ने यह मुद्दा उठाया था कि विशेष ट्रिब्यूनल की स्थापना के लिए जारी किया गया अध्यादेश वैध नहीं था। इसने अभियुक्तों को उच्च न्यायालय में अपील करने के अधिकार से वंचित कर दिया था। दूसरी तरफ, सरकार का कहना था कि गवर्नमेंट ऑफ इंडिया एक्ट, 1915 की धारा 72 के तहत गवर्नर-जनरल को किसी ट्रिब्यूनल की स्थापना के लिए असीमित शक्तियाँ प्राप्त थीं।

इस मुकदमे ने इंग्लैंड के उदारवादी (लिबरल) खेमे में हलचल पैदा कर दी थी। ट्रिब्यूनल की कार्रवाई का पाखंडपूर्ण नाटक सबके सामने था। डी.एन.प्रिट जैसी जानी-मानी कानूनी हस्तियों ने प्रिवि काउंसिल में भगत सिंह और उनके साथियों की तरफ से लड़ने का फैसला किया।

भगत सिंह का प्रतिनिधित्व करते हुए डी.एन.प्रिट ने प्रिवि काउंसिल से कहा कि गवर्नर-जनरल की वैधानिक शक्तियों के साथ तीन शर्तें जुड़ी हुई थीं—पहली, इमरजेंसी के हालात होने चाहिए; दूसरी, अध्यादेश ब्रिटिश भारत में शान्तिपूर्ण और अच्छे शासन के लिए होना चाहिए; और तीसरी, अध्यादेश भारतीय विधायिका की वैधानिक शक्ति के भीतर होना चाहिए। "इनमें से कोई भी शर्त पूरी नहीं होती थी," डी.एन. प्रिट ने कहा।

प्रिट ने कहा कि अभियोग पक्ष के लिए इमरजेंसी के हालात साबित करना जरूरी था लेकिन ऐसा नहीं किया था। धारा 72 के अर्थों के भीतर कोई भी इमरजेंसी मौजूद नहीं थी। अध्यादेश के साथ गवर्नर-जनरल ने जो बयान जारी किया था, उसमें भी किसी इमरजेंसी का जिक्र नहीं था।

प्रिट ने आगे कहा कि सरकार ने अभियुक्तों को इस अधिकार से वंचित कर दिया था कि उनके खिलाफ एक प्राइमा-फेसी मामला स्थापित किया जाए। उन्हें सेशन जज और ज्यूरी के सामने अपना पक्ष रखने या लाहौर के हाईकोर्ट में अपील करने के अधिकार से भी वंचित कर दिया गया था। उन पर एक विशेष ट्रिब्यूनल

में मुकदमा चलाया गया था और उन्हें यह भी पता नहीं था कि उनके खिलाफ मामला क्या था, सिवा उस जानकारी के जो इकबालिया और दूसरे गवाहों के बयानों से उनके सामने आ रही थी।

प्रिवि काउंसिल ने प्रिट की अपील को खारिज कर दिया। जज विस्काउंट ड्युनेडिन ने प्रिवि काउंसिल का फैसला पढ़कर सुनाते हुए कहा कि सिर्फ यह मुद्दा बनता था कि कानून की धारा 72 के तहत गवर्नर जनरल को विशेष ट्रिब्यूनल की स्थापना का अधिकार नहीं था। जज ने कहा कि इमरजेंसी के हालात को किसी खास परिभाषा में नहीं बाँधा जा सकता था। इसका मतलब ऐसे हालात से था जिनमें कठोर कार्रवाई की जरूरत होती है, और यह बात किसी व्यक्ति द्वारा ही तय की जा सकती है।

''जाहिर है कि यह व्यक्ति सिर्फ और सिर्फ गवर्नर-जनरल ही हो सकता है। इसे किसी दूसरी नजर से देखने से यह पूरा प्रावधान ही फिजूल हो जाएगा। इमरजेंसी में तत्काल कार्रवाई की जरूरत होती है और यह कार्रवाई गवर्नर-जनरल ही तय कर सकता है।''

जहाँ तक अध्यादेश के 'ब्रिटिश भारत में शान्तिपूर्ण और अच्छे शासन' के अनुकूल न होने की बात थी, जज ने कहा कि ''यह फैसला करने का अधिकार भी गवर्नर-जनरल को ही था। धारा 72 द्वारा प्रदान की गई शक्ति एक परम शक्ति थी, जिसकी कोई सीमा नहीं थी, सिवा इसके कि इसके अन्तर्गत ऐसा कोई कदम नहीं उठाया जा सकता था जो भारतीय विधायिका न उठा सके...''

विस्काउंट ड्युनेडिन के साथ प्रिवि काउंसिल की इस पीठ में लॉर्ड थैंकरटन, लॉर्ड रूसेल ऑफ किलोएन, सर जॉर्ज लॉन्डेस और सर दिनशॉ मुल्ला भी शामिल थे। प्रिवि काउंसिल का फैसला पढ़ते हुए विस्काडंट ड्युनेडिन ने आगे कहा कि गवर्नर-जनरल अध्यादेश जारी करने के कारण बताने के लिए बाध्य नहीं थे।

निचली अदालत से लेकर ट्रिब्यूनल तक और फिर प्रिवि काउंसिल तक यह तयशुदा फैसला था। हिन्दुस्तान की जनता यह बात शुरू से ही जानती थी।

इसलिए प्रिवि काउंसिल के फैसले से किसी को भी हैरानी नहीं हुई थी।

9

ख़ुश रहो अहले वतन हम तो सफर करते हैं...

प्रिवि काउंसिल में अपील से उम्मीद की एक किरण दिखाई दी थी। कुछ लोगों का खयाल था कि इंग्लैंड की सर्वोच्च अदालत मौत की सजा को उम्रकैद में बदल सकती थी लेकिन मृत्युदंड की पुष्टि हो जाने के बाद भगत सिंह, सुखदेव और राजगुरु की फाँसी कुछ दिनों की बात रह गई थी। पूरे देश में निराशा और शोक का माहौल था। लाहौर में लगभग दो लाख लोगों ने एक जुलूस निकालकर इस फैसले का विरोध किया। लाहौर समेत बहुत-से शहरों में हड़ताल रही। एक बार फिर जगह-जगह विरोध प्रदर्शन होने लगे। बाजारों में 'भगत सिंह, सुखदेव, राजगुरु जिन्दाबाद' के नारे गूंजने लगे। इस अवसर पर खासतौर से रचा गया एक गीत अब हर किसी की जुबान पर था–

भगत सिंह के खून का असर देख लेना
मिटा देंगे जालिम का घर देख लेना

भगत सिंह के उन साथियों ने हिम्मत नहीं हारी थी जो अब भी जेल की सलाखों के बाहर थे। उन्होंने भगत सिंह, सुखदेव और राजगुरु को छुड़ाने की साहसिक योजना बनाई थी। क्रान्तिकारी जेल की पथरीली दीवारों को बमों से उड़ाकर गोलियाँ चलाते हुए इस कारनामे को अंजाम देना चाहते थे। विश्वनाथ वैशम्पायन, सुख देसराज और भगवती चरण अगली टुकड़ी के सदस्य नियुक्त किए गए थे लेकिन अचानक एक दुर्घटना हो जाने के कारण यह योजना धरी-की-धरी रह गई। रावी नदी के किनारे अभ्यास के दौरान भगवती चरण के हाथ में पकड़ा बम फट गया और उनकी उसी समय मृत्यु हो गई।

भगत सिंह के इन कॉमरेडों को शायद यह अहसास नहीं था कि भगत सिंह इस तरह से छुड़ाया जाना पसन्द न करते। वे जेल के डिप्टी सुपरिंटेंडेंट खान भदुर को किसी मुसीबत में डालना नहीं चाहते थे। लगभग 400 दिनों की अपनी कैद के दौरान वे उससे काफी घुल-मिल गए थे। खान भदुर ने जेल के संचालकों से साथ भगत सिंह और उनके दोनों साथियों के 'विदाई भोज' का भी आयोजन किया था।

अब सभी की नजरें गांधीजी पर टिकी हुई थीं। सिर्फ वे ही थे जो कुछ कर सकते थे। वाइसरॉय इर्विन के साथ उनके समझौते की बात चल रही थी। हालाँकि लोगों को मालूम था कि गांधीजी हिंसा के खिलाफ थे, फिर भी उन्हें लगता था कि स्थिति ने एक अलग मोड़ ले लिया था। अब बात सही या गलत, नैतिक या अनैतिक से आगे बढ़ चुकी थी। भगत सिंह और उनके साथियों को किसी भी तरह बचाया जाना जरूरी था।

कोई भी इस बात से इनकार नहीं कर रहा था कि क्रान्तिकारियों का रास्ता एक अलग रास्ता था। उनका दर्शन एक अलग दर्शन था। अहिंसा और हिंसा दो परस्पर विरोधी बातें थीं। लेकिन अगर गांधीजी भारत के राजनीतिक आकाश के सूर्य थे तो भगत सिंह गहरे अन्धकार से उदय होनेवाले ध्रुव तारे थे। गांधीजी को उन लोगों की मदद करने से क्यों झिझकना चाहिए जो देश की आजादी के प्रति उनसे जरा भी कम समर्पित नहीं थे? दाँव पर तीन जिन्दगियाँ लगी हुई थीं, न कि कोई दार्शनिक समझौता।

गांधीजी ब्रिटिशों के साथ ऐसे समझौते के लिए तैयार दिख रहे थे जिसके अन्तर्गत कांग्रेस सरकार में सीमित भागेदारी निभाने की योजना में ब्रिटिशों के साथ सहयोग करने जा रही थी। वाइसरॉय गांधीजी के आभारी थे क्योंकि वे किसी भी तरह से स्थिरता को भंग नहीं कर रहे थे और शान्तिपूर्वक शासन करने में उनकी मदद कर रहे थे। लोगों का खयाल था कि अगर गांधीजी वाइसरॉय से कह भर दें तो मौत की सजा को उम्रकैद में बदला जा सकता था।

भगत सिंह फाँसी पर चढ़ने को उत्सुक थे क्योंकि उनकी मौत से उनकी विचारधारा को नई ताकत मिल सकती थी। उनकी बहादुरी से प्रेरित होकर बहुत-से दूसरे नौजवान आजादी की लड़ाई में कूद सकते थे और देश को आजाद कर सकते थे। पहले वे फाँसी की सजा को थोड़ा आगे खिसकाना चाहते थे, ताकि उनके बलिदान से जुड़े कारण लोगों की समझ में आ सकें लेकिन अब फाँसी के लिए बिलकुल सही समय था। देश में जगह-जगह विरोध-प्रदर्शन और लाठी-चार्ज हो रहे थे। फाँसियों से आन्दोलन की आग और ज्यादा भड़केगी। भगत सिंह को यह भी भरोसा था कि वाइसरॉय के साथ गांधीजी का समझौता लोगों के गले नहीं उतरेगा। वे और ज्यादा भड़क उठेंगे। भगत सिंह चाहते थे कि ये फाँसियाँ उस समय हों जब कांग्रेस पूरी तरह बेनकाब हो चुकी हो, ताकि क्रान्तिकारियों की विचारधारा को बढ़ावा मिल सके। वाइसरॉय के साथ गांधीजी के समझौते और देश की जनता के बीच तीन क्रान्तिकारियों की लाशें पड़ी होनी चाहिए।

भगत सिंह को विश्वास था कि देश में सामाजिक न्याय की धारणा के समर्थकों की संख्या दिनोंदिन बढ़ रही थी। उन्नीसवीं सदी की आखिरी तिहाई से लेकर बीसवीं

सदी के शुरू के दशकों तक मोटे तौर पर आजादी की लड़ाई के दो चरण देखने को मिले थे—गांधी पूर्व चरण और गांधी का चरण। क्रान्तिकारी आन्दोलन इन दोनों ही चरणों में सुलगता रहने के बावजूद केन्द्रीय भूमिका नहीं निभा सका था, हालाँकि यह आजादी की लड़ाई को हवा देने का काम करता रहा था।

1857 के विद्रोह की असफलता से विदेशी हुकूमत को उखाड़ फेंकने की उम्मीदों को करारा झटका लगा था। यह उस आखिरी लड़ाई का प्रतीक भी था जो भारतीयों ने मध्ययुगीन तरीके से लड़ी थी—घुड़सवार सैनिक, चमचमाती तलवारें, दनदनाते हाथी और बहादुरी के व्यक्तिगत कारनामे लेकिन मिल-जुलकर एक जोरदार कार्रवाई का अभाव। इस विद्रोह ने भारतीयों को यह अहसास भी करवा दिया था कि कम-से-कम कुछ समय के लिए, अंग्रेजों को लड़ाई के मैदान में हराना सम्भव नहीं था।

इसके बाद भारतीय जनजीवन में कई बिलकुल अलग तरह के बदलाव देखने को मिले। ऐसे बदलाव, जिन्होंने भारतीय जीवन-शैली पर बहुत गहरा असर डाला। ये बदलाव हिन्दू पुनरोत्थान, अंग्रेजी शिक्षा के प्रसार, मध्यवर्ग के उदय, धीरे-धीमे पाँव फैलाते उद्योगीकरण और पत्र-पत्रिकाओं के रूप में प्रसार माध्यम के विकास के साथ-साथ 'हिन्दुस्तान', 'इंडिया' या 'भारत' नामक एक संघटित क्षेत्र से जुड़ी नई सोच से जुड़े हुए थे।

इनमें से कुछ विकासों ने अंग्रेजों के खिलाफ विरोध की अभिव्यक्ति का रूप भी ले लिया। इससे एक राष्ट्रीय चेतना का जन्म हुआ। अंग्रेजों को खदेड़ने की साझी आकांक्षा के कारण भारतीयों में एकता की भावना पनपने लगी। शुरू में यह विरोध मध्यवर्ग की राजनीतिक संस्थाओं के रूप में प्रकट हुआ। उनकी माँगें प्रार्थनाओं और याचिकाओं तक सीमित थीं, जिन्हें भाषणों और अखबारों के माध्यम से व्यक्त किया जाता था। इनमें से कुछ संस्थाएँ उग्र धार्मिक पुनरोत्थान में जुट गईं, जो पश्चिमी संस्कृति के खिलाफ था। ऐसे कई धार्मिक नेता शुद्ध हिन्दू संस्कृति की वापसी की बात करने लगे, जो गीता और वैदिक ग्रंथों पर आधारित थी।

कोई एक घटना किसी दूसरी घटना की जनक नहीं थी। कई छोटी-छोटी घटनाएँ घटती रहीं। यह सब ऐसे समय में हुआ जब देश की तेजी से बिगड़ती आर्थिक हालत के कारण लोगों में असन्तोष पनपने लगा था। उस समय के कई भारतीय नेताओं ने खेती-बाड़ी के तेजी से हो रहे व्यवसायीकरण, कुटीर उद्योगों के विनाश, पुराने उद्योगों के लुप्त होने और नए उद्योगीकरण के सीमित विकास के दुष्परिणामों की तरह ध्यान खींचने हुए इन्हें देश की बढ़ती गरीबी का मुख्य कारण माना लेकिन लोगों की दरिद्रता के बावजूद ब्रिटिश हुकूमत हमेशा सरप्लस बजट पेश कर रही थी। जनता की आर्थिक दशा को लेकर ब्रिटिशों के इस घोर लापरवाही भरे रवैये के कारण,

खासकर भयंकर अकालों के दौर में–1860 और 1910 के बीच दस बड़े अकाल पड़े–लोगों के सब्र का बाँध टूट गया और वे हथियार उठाने पर उतारू हो गए।

जनता के क्रोध को भड़काने में अखबारों ने भी अपनी भूमिका निभाई। वे खुलकर आजादी की बात करने लगे थे। भारतीयों के लिए अधिकारों की माँग करते हुए वे देश को जाग्रत करने और लोगों को आजादी के संघर्ष से जोड़ने की मुहिम में लगे हुए थे। इनमें से कुछ प्रमुख अखबार थे–'संध्या' (ब्राह्मोमाधव उपाध्याय द्वारा सम्पादित) 'वन्दे मातरम' (विपिन चन्द्र पाल), 'कर्म योगिन' (अरबिन्दो घोष), 'संजीवनी' (कृष्ण कुमार मिश्र), 'बंगदर्शन' (बंकिम चन्द्र चटर्जी), 'अमृत बाजार पत्रिका' (शिशिर कुमार घोष और मोतीलाल घोष), और 'जुगांतर' (बरिंद्र कुमार घोष)।

क्रान्तिकारी दौर की शुरुआत उस समय हुई जब नर्मपंथी कमजोर पड़ने लगे थे। लेकिन क्रान्तिकारी उन चिंगारियों की तरह थे जो कुछ देर आसमान में रोशनी बिखेरने के बाद लुप्त हो जाती थीं। सरकार बड़ी सख्ती से उन्हें मसल देती थी। कांग्रेस के ढीले और नर्म रवैये के कारण लोगों में कुंठा पैदा होने लगी तो क्रान्तिकारियों की एक बार फिर बड़ी जोरदार वापसी हुई। लोगों को कांग्रेस से बहुत ज्यादा उम्मीदें थीं और वे पूरी नहीं हुई थीं। वे विद्रोह पर उतारू थे। लेकिन क्रान्तिकारी वैसी स्थितियाँ पैदा करने में असफल रहे जिनके कारण फ्रांसीसी और रूसी क्रान्तियाँ सम्भव हो सकी थीं। उन्हें एक लम्बा रास्ता तय करना था। उन्हें प्रचार, विरोध-प्रदर्शनों और भाषणों से कहीं आगे जाना था। उन्हें नौजवानों से त्याग और बलिदान की जरूरत थी, प्रतिरोध के एक आक्रामक कार्यक्रम की जरूरत थी, विदेशी वस्तुओं के बहिष्कार की जरूरत थी। क्या भगत सिंह की फाँसी से इस तरह का माहौल तैयार हो सकेगा?

अपनी सोचों और किताबों में डूबे भगत सिंह जेल की कोठरी में अपने आखिरी दिन काट रहे थे। एक दिन आसफ अली अपनी पत्नी अरुणा के साथ उनसे मिलने पहुँचे तो भगत सिंह अपनी हथकड़ियाँ कोठरी की सलाखों पर बजाते हुए गाने में मस्त थे। आसफ अली ने उनसे पूछा कि क्या उन्हें किसी चीज की जरूरत थी। भगत सिंह मुस्करा दिए और उन्हें 'इंडिया ओल्ड एंड न्यू' नामक पुस्तक के वे अंश दिखाने लगे जो उन्होंने अभी-अभी अपनी कॉपी में नोट किए थे–

> ब्रिटिश नौकरशाही के अत्याचारों के खिलाफ राजनीतिक आन्दोलन में कूद पड़ने वाले पढ़े-लिखे नौजवानों में से कितनों ने अपने देशवासियों को उनके अपने ही समाज की बुराइयों के अत्याचारों से मुक्त कराने के लिए उँगली उठाई है? उनमें से कितने ऐसे हैं जो खुद भी इन बुराइयों से पूरी तरह से मुक्त हैं, और अगर हैं, तो अपनी सोच के अनुसार चलने की हिम्मत रखते हैं?

आसफ अली ने उन्हें बताया कि कांग्रेस ब्रिटिशों के साथ समझौते पर पहुँचने

के कगार पर थी। इससे परस्पर सहयोग का माहौल बनेगा, और ऐसे माहौल से फाँसियाँ बिलकुल भी मेल नहीं खाएँगी।

आसफ और अरुणा के जाने के बाद भगत सिंह ने नौजवान राजनीतिक कार्यकर्ताओं के नाम एक पत्र लिखा। 2 फरवरी, 1931 को लिखे गए इस पत्र में उन्होंने नौजवानों को सचेत करते हुए कहा—

> 'क्रान्ति' बड़ा पवित्र शब्द है, कम-से-कम हमारे लिए, इसका सस्ता या गलत इस्तेमाल नहीं होना चाहिए। लेकिन अगर आप कहते हैं कि आप एक राष्ट्रीय क्रान्ति चाहते हैं और आपके संघर्ष का लक्ष्य युनाइटिड स्टेट्स ऑफ अमेरिका की तरह एक भारतीय गणतंत्र की स्थापना करना है, तो मैं आपसे पूछना चाहूँगा कि कृपा करके यह बताएँ कि यह क्रान्ति लाने के लिए आप किन ताकतों पर निर्भर कर रहे हैं? यह क्रान्ति राष्ट्रीय हो या सोशलिस्ट, आप जिन ताकतों पर सचमुच निर्भर कर सकते हैं वे हैं किसान और मजदूर। कांग्रेस नेताओं में इन ताकतों को संगठित करने की हिम्मत नहीं है।
>
> ...अगर कोई मुझे गलत समझ रहा हो तो उसे अपनी सोच को ठीक कर लेना चाहिए। मेरा यह मतलब नहीं है कि बम और पिस्तौलें बेकार हैं, बल्कि इससे ठीक उलटी बात है। लेकिन मेरा मतलब यह है कि सिर्फ बम फेंकना न सिर्फ बेकार है, बल्कि कभी-कभी नुकसानदायक भी हो सकता है। पार्टी के लड़ाकू जत्थे को किसी भी इमरजेंसी के लिए लड़ाई का सारा साजो-सामान हमेशा तैयार रखना चाहिए। उसे पार्टी के राजनीतिक काम के पीछे मजबूती से खड़े रहना चाहिए लेकिन उसे अपने-आप कोई भी कदम नहीं उठाना चाहिए।

भगत सिंह, सुखदेव और राजगुरु के रिश्तेदारों ने जब उन्हें दया-याचिका दाखिल करने के लिए कहा तो वे हैरान रह गए। वे इस तरह का सुझाव देने की बात सोच ही कैसे सकते थे? शायद उन्हें क्रान्ति की उन लपटों का अहसास नहीं था जो देश के कोने-कोने में भड़काना चाहते थे, ताकि देश के नौजवान आजादी की लड़ाई को आगे बढ़ा सकें।

दया-याचिका के इस अविश्वसनीय-से सुझाव से उन्हें पंजाब के गवर्नर के नाम एक संयुक्त पत्र लिखने की प्रेरणा मिली। दिनांक 20 मार्च, 1931 का यह पत्र जेल सुपरिंटेंडेंट की मार्फत भेजा गया था, फाँसी लगने से सिर्फ तीन दिन पहले। क्रान्तिकारियों की तरफ से इस आखिरी याचिका में कहा गया था—

> हम पूरे सम्मान के साथ आपके ध्यान में निम्नलिखित तथ्य लाना चाहते हैं— हमें हिन्दुस्तान में ब्रिटिश हुकूमत के प्रमुख महामहिम वाइसरॉय द्वारा जारी विशेष एल.सी.सी. ऑर्डिनेंस के तरह गठित एल.सी.सी. ट्रिब्यूनल द्वारा

7 अक्टूबर, 1930 को फाँसी की सजा सुनाई गई है। हमारे खिलाफ प्रमुख आरोप यह है कि हमने इंग्लैंड के राजा महामहिम किंग जॉर्ज के खिलाफ युद्ध छेड़ा है।

अदालत के उपरोक्त निष्कर्ष से दो परिकल्पनाएँ सामने आती हैं–पहली यह कि ब्रिटिश राष्ट्र और हिन्दुस्तान राष्ट्र के बीच युद्ध की स्थिति है; और दूसरी यह कि हमने सचमुच इस युद्ध में हिस्सा लिया था, जिसके नाते हम युद्धबन्दी हैं। दूसरी परिकल्पना थोड़ी ज्यादा ही खुश करने वाली है लेकिन इसकी मोहकता को झुठलाना उतना ही मुश्किल है...

हम यह घोषणा करते हैं कि युद्ध की स्थिति सचमुच मौजूद है और यह तब तक मौजूद रहेगी जब तक कुछ मुट्ठीभर पिट्ठू हिन्दुस्तान की मेहनतकश जनता और उनके प्राकृतिक संसाधनों का शोषण करते रहेंगे। ये पिट्ठू ब्रिटिश पूँजीपति भी हो सकते हैं और मिश्रित ब्रिटिश और हिन्दुस्तानी भी या सिर्फ विशुद्ध हिन्दुस्तानी भी। वे अपना घृणित शोषण मिश्रित या विशुद्ध हिन्दुस्तानी नौकरशाही के जरिए जारी रखे हो सकते हैं। इन सब बातों से कोई फर्क नहीं पड़ता...

जहाँ तक हमारे भाग्य का प्रश्न है, कृपया हमें यह कहने की अनुमति दें कि जब आप हमें मौत के घाट उतारने का फैसला कर चुके हैं तो आप यकीनन इस पर अमल भी करेंगे। आपके हाथ में ताकत है और ताकत हर चीज को सही ठहरा सकती है। हम जानते हैं कि 'माइट इज राइट' का मुहावरा आपका मूलमंत्र है। हमारा पूरा मुकदमा इसी का प्रमाण था। हम जो बात आपके ध्यान में लाना चाहते थे वह यह है कि आपकी अदालत के फैसले के अनुसार हमने युद्ध छेड़ा था और इस नाते से हम युद्धबन्दी हैं। हम चाहते हैं कि हमारे साथ युद्धबन्दियों की तरह ही व्यवहार किया जाए और फाँसी पर लटकाने की बजाय हमें गोलियों से भून डाला जाए। अब यह आप पर निर्भर करता है कि आप अपनी अदालत के फैसले को सही अर्थों में देखते हैं या नहीं। हम अनुरोध और आशा करते हैं कि आप कृपा करके अपने सेना विभाग को एक सैनिक जत्था भेजने के लिए कहेंगे, ताकि हमें मौत के घाट उतारा जा सके।

भगत सिंह, सुखदेव और राजगुरु का मानना था कि भले ही मुकदमे की सुनवाई के दौरान कांग्रेस के नेता उनके साथ हमदर्दी जताते रहे थे लेकिन ब्रिटिशों से ज्यादा अधिकारों के लिए सौदेबाजी करते हुए उनके मन में 'बेधर और गरीब मजदूरों' का खयाल तक नहीं था। साथ ही, उन्हें यह भी अहसास था कि उनका क्रान्तिकारी आन्दोलन भी ज्यादा आगे नहीं बढ़ पाया था।

उन्होंने अपनी कोठरियों में भगवतीचरण वोहरा के पवित्र बलिदान की खबर सुनी थी। उन्हें यह भी पता चला था कि चन्द्रशेखर आजाद ने इलाहाबाद में पुलिस द्वारा घेर लिए जाने के बाद आत्म-समर्पण की बजाय लड़ते-लड़ते मर जाना पसन्द किया था। उनका अपना समय भी लगभग पूरा हो चुका थ। क्या यह 'एच.एस.आर.ए.' के खात्मे का प्रतीक होगा? ब्रिटिशों ने उनकी सभी गुप्त फैक्टरियाँ ध्वस्त कर दी थीं और उनके कॉमरेडों को पकड़ लिया था, जिनमें से कुछ मुखबिर भी बन गए थे। हुकूमत का दमन बड़ी निर्ममता से जारी था। क्या सब कुछ खत्म हो गया था? क्या उग्र राष्ट्रवादियों का क्रान्तिपूर्ण संघर्ष का सपना मिट्टी में मिल गया था?

भगत सिंह का विश्वास था कि और लोग आगे आएँगे जो देश को गुलामी और शोषण की जंजीरों से मुक्त करवाने के अपने तरीके और रास्ते तलाशेंगे। यह संघर्ष अलग-अलग समय में अलग-अलग रूप लेता रहेगा। यह एक खुला संघर्ष भी हो सकता था और गुप्त भी, आन्दोलनवादी भी हो सकता था और हिंसक भी। लेकिन युद्ध जारी रहेगा, जब तक कि मौजूदा सामाजिक व्यवस्था की जगह एक नई, बेहतर और शोषणरहित सामाजिक व्यवस्था लागू नहीं हो जाती।

उन्होंने अपनी कॉपी निकाली और कुछ दिन पहले 'द प्रिजनर' के शीर्षक से नोट की गईं ये पंक्तियाँ पढ़ने लगे–

> इस नीची, गन्दी छत के नीचे दम घुटता है; साल-दर-साल मेरी ताकत घटती जा रही है। ये सब मुझे त्रस्त करते हैं, यह पथरीला फर्श, यह जंजीर से बँधी मेज, यह बिस्तर की चादर, यह कुर्सी, दीवारों से जंजीर से बँधी, क़ब्र के तख्तों की तरह। इस चिरन्तन, उमस भरे, गहरे सन्नाटे में अपने-आपको एक शव की तरह ही महसूस किया जा सकता है।

भारतीयों को अब भी यह विश्वास था कि गांधी-इर्विन बातचीत के दौरान किसी तरह का समझौता हो सकता था। लेकिन जब इस समझौते की मसौदा प्रकाशित हुआ, जिसमें भगत सिंह या अन्य क्रान्तिकारियों का कोई जिक्र नहीं था तो लोग भड़क उठे। और जब गांधी-इर्विन समझौते पर हस्ताक्षर होने से एक दिन पहले, 4 मार्च, 1931 को कांग्रेस की कार्यकारिणी समिति ने इसका अनुमोदन किया तो प्रगतिशील शक्तियों ने इसे 'विश्वासघात' ठहराया।

फाँसी की सजा की घोषणा के बाद से ही इसे कम-से-कम उम्रकैद में बदलवाने की कोशिशें शुरू हो गई थीं। 'हेब्यस कॉपस' कानून के तहत एक याचिका दायर की गई थी, जिसमें कहा गया था कि सरकार ने अभियुक्तों को 'गैरकानूनी हिरासत' में रखा हुआ था। लाहौर हाईकोर्ट ने इस याचिका को ठुकरा दिया। इसी तरह प्रिवि काउंसिल से अपने फैसले पर पुनर्विचार करने का अनुरोध करते हुए भी एक याचिका दायर की गई थी।

गांधीजी पर उँगलियाँ उठाई जाने लगीं। 7 मार्च, 1931 को वे दिल्ली में एक आमसभा में पहुँचे तो वहाँ पर्चे बाँटकर जन-आक्रोश को व्यक्त किया गया। इन पर्चों में कहा गया था–

> आज शान्ति कहाँ है? उन माँओं के दिलों को टटोलो जिनके बेटे गोलियों का निशाना बन चुके हैं या फाँसी के फन्दों का इन्तजार कर रहे हैं। उन पत्नियों से पूछो जिनके पति उनकी माँग का सिन्दूर उजाड़कर इस दुनिया से चले गए हैं या एक विदेशी ब्यूरोक्रेसी की काल-कोठरियों में उम्रकैद की सजा भुगत रहे हैं। क्या आपको शहीदों के प्रति अपने कर्तव्य की याद है? क्या आप इसे शर्मनाक समझौते में हिस्सेदार बनना चाहेंगे?

गांधीजी ने इन पर्चों पर कोई प्रतिक्रिया व्यक्त नहीं की।

देश के सभी हिस्सों से और सभी वर्गों के लोगों की तरफ से अपीलें जारी की जा रही थीं। आमतौर से ये अपीलें वाइसरॉय के नाम थीं, जिनसे फाँसियों को रुकवाने का अनुरोध किया जा रहा था। मदन मोहन मालवीय ने वाइसरॉय के नाम एक तार भेजकर कहा था–

> मैं महामहिम से अपने विशेषाधिकारों का प्रयोग करके भगत सिंह, राजगुरु और सुखदेव की फाँसियाँ रुकवाने और इन्हें काले पानी की सजा में बदलने का अनुरोध का रहा हूँ।...इन नौजवानों ने जो कुछ किया है, वह कितना ही गलत क्यों न हो लेकिन वह किसी जाति या स्वार्थगत भावना की बजाय देशभक्ति की भावना से प्रेरित था, इसलिए इनकी फाँसियों से जन-भावनाओं को बहुत गहरा आघात पहुँचेगा।...इस अवसर पर, महामहिम की तरफ से दया-भावना के प्रदर्शन से भारतीय जनमानस पर बहुत अच्छा प्रभाव पड़ेगा।

भगत सिंह की माँ विधावती ने 17 और 19 फरवरी, 1931 को दो याचिकाएँ भेजीं–

> मैं 1930 के ऑर्डिनेंस थ्री के तहत नियुक्त विशेष ट्रिब्यूनल द्वारा मेरे बेटे भगत सिंह को सुनाई गई फाँसी की सजा पर रोक लगाने की प्रार्थना कर रही हूँ। मैं भगत सिंह की कम उम्र और इस मामले के विशेष परिस्थितियों को देखते हुए रहम के लिए विनती कर रही हूँ। ब्यौरेबार अर्जी डाक द्वारा भेजी जा रही है।

वाइसरॉय को आम जनता की तरफ से भी एक याचिका भेजी गई–

> हम सब अधोहस्ताक्षरी, महामहिम से लाहौर के ट्रिब्यूनल द्वारा सर्वश्री भगत सिंह, सुखदेव और राजगुरु को दी गई फाँसी की सजा पर रोक लगाने की प्रार्थना करते हैं।

इस याचिका पर सैकड़ों लोगों ने हस्ताक्षर किए थे।

20 मार्च, 1931 को दिल्ली के आजाद मैदान में एक आम सभा में सुभाषचन्द्र बोस ने बोलते हुए कहा–

> सारा देश जान चुका है कि भगत सिंह और उनके कॉमरेडों–राजगुरु और सुखदेव को बहुत जल्दी फाँसी दी जानेवाली है। मुझे यह कहना पड़ेगा कि कल दोपहर जब मैं दिल्ली स्टेशन पर उतरा तो यह खबर सुनकर मुझे गहरा सदमा पहुँचा।...हम सब एक आवाज में और एक संकल्प के साथ यह माँग करते हैं कि भगत सिंह और उनके कॉमरेडों की फाँसी पर फौरन रोक लगाई जाए। भगत सिंह आज एक व्यक्ति न रहकर एक प्रतीक बन चुके हैं। वे विद्रोह की उस भावना के प्रतीक हैं जो पूरे देश में महसूस की जा रही है। हम उनके तौर-तरीकों की निन्दा कर सकते हैं लेकिन हम उनकी निःस्वार्थ भावना को नजरअन्दाज नहीं कर सकते।...

यह बिलकुल साफ था कि गांधीजी अपनी पहचान को क्रान्तिकारियों के साथ नहीं जोड़ना चाहते थे क्योंकि इससे उनकी पूरी विचारधारा पर प्रश्न-चिह्न लग जाता लेकिन वे नहीं चाहते थे कि उन्हें फाँसी हो। उनकी मुश्किल यह थी कि बहुत-से लोग यह समझ रहे थे कि फाँसियों को उम्रकैद में बदलवाने में उन्होंने कोई पहल नहीं की थी। लॉर्ड इर्विन ने गांधीजी के साथ अपनी बातचीत के बाद लिखा था–

आखिर में, जिसका उपरोक्त (समझौते पर बातचीत) से कोई सम्बन्ध नहीं था, उन्होंने भगत सिंह के मामले का जिक्र किया। उन्होंने फाँसी रोकने की गुजारिश नहीं थी लेकिन उन्होंने मौजूदा हालात में इसे आगे बढ़ाने की बात जरूर कही।

19 मार्च, 1931 को फाँसी से चार दिन पहले, वाइसरॉय ने गांधीजी के साथ अपनी मुलाकात के बारे में थोड़ा विस्तार से लिखते हुए कहा–

> वे (गांधीजी) जाने लगे तो उन्होंने मुझसे पूछा कि क्या वे भगत सिंह के मामले का जिक्र कर सकते थे, जिन्हें मार्च में फाँसी दी जाने की खबरें अखबारों में छपी थीं। उन्होंने कहा, 'यह बहुत दुर्भाग्यपूर्ण दिन था क्योंकि उसी दिन (कांग्रेस के) नए अध्यक्ष कराची पहुँच रहे थे और लोगों में बहुत ज्यादा उत्तेजना होगी।

वाइसरॉय ने अपनी टिप्पणी में आगे लिखा था–

> मैंने उनसे कहा कि मैंने इस मामले पर बहुत ध्यानपूर्वक और गहराई से विचार किया था लेकिन मुझे कोई ऐसा आधार दिखाई नहीं दिया जिसकी बिना पर मैं अपनी अन्तरात्मा को सजा बदलने के लिए राजी कर सकूँ।...वे मेरे तर्क की मजबूती से प्रभावित दिखाई दिए और उन्होंने और कुछ नहीं कहा।

कई वर्ष बाद लॉर्ड इर्विन ने अपनी आत्मकथा 'फुलनेस ऑफ डेज' में लिखा था–

> गांधी ने कहा कि अगर इस नौजवान को फाँसी दे दी गई तो इस बात की सम्भावना थी कि वह एक राष्ट्रीय शहीद बन जाए और आम माहौल गम्भीर रूप से पूर्वाग्रह-युक्त हो जाए।...गांधी ने कहा कि उन्हें डर था, बशर्ते कि मैं इसके बारे में कुछ कर सकूँ कि इसका प्रभाव हमारे समझौते को ध्वस्त कर सकता था। मैंने कहा कि मुझे इसका उतना ही अफसोस होगा जितना कि उन्हें, लेकिन उन्हें पता होगा कि सिर्फ तीन सम्भावित रास्ते थे। पहला यह कि कुछ भी न किया जाए और फाँसी लगने दी जाए, दूसरा यह कि आदेश को बदल दिया जाए और भगत सिंह की जान बख्श दी जाए, तीसरा यह कि कांग्रेस की मीटिंग सम्पन्न होने तक फैसले को टाल दिया जाए। मैंने उनसे कहा कि मेरा खयाल था कि वे इस बात से सहमत होंगे कि मेरे लिए मेरे अपने नजरिए से उसकी जान बख्शना नामुमकिन था...

उसी दिन गांधीजी वाइसरॉय के सलाहकार हर्बर्ट एमरसन से मिले, जिन्होंने गांधीजी की भावनाओं के बारे में लिखा–

> गांधी इस मामले को लेकर कोई खास चिन्तित नहीं थे। मैंने उनसे कहा कि अगर शान्ति भंग न हुई तो इमें अपने-आपको भाग्यशाली समझना चाहिए। मैंने उनसे अगले कुछ दिनों तक दिल्ली में मीटिंगें न होने देने और भड़काऊ भाषणों पर नियंत्रण रखने की हरसम्भव कोशिश करने के लिए कहा। उन्होंने अपनी तरफ से पूरी कोशिश करने का वायदा किया।

लेकिन गांधीजी चिन्तित थे। वाइसरॉय के नाम 23 मार्च, 1931 का उनका पत्र उनकी इसी चिन्ता को दर्शाता है–

> प्रिय मित्र,
>
> आप पर यह पत्र थोपना क्रूरतापूर्ण लगता है लेकिन शान्ति के हित में एक अन्तिम अपील जरूरी है। हालाँकि आपने साफ-साफ मुझे बता दिया था कि भगत सिंह और अन्य दो की मौत की सजा को आपके द्वारा माफ किए जाने की बहुत कम उम्मीद थी, फिर भी आपने मुझसे कहा था कि आप शनिवार के मेरे निवेदन पर विचार करेंगे। कल डॉ. (तेज बहादुर) सप्रू (एक उदारवादी नेता) मुझसे मिले और उन्होंने मुझे बताया कि आप इस मामले को लेकर कितने परेशान हैं और सही रास्ता अख्तियार करने की उधेड़बुन में उलझे हैं। अगर पुनर्विचार की अब भी कोई गुंजाइश है, तो मैं निम्नलिखित बातों की तरफ आपका ध्यान खींचना चाहूँगा–
>
> सही हो या गलत, लेकिन जनमानस सजा को कम किए जाने की माँग

कर रहा है। अगर कोई सिद्धान्त दाँव पर न लगा हो, तो इसका सम्मान करना अकसर एक कर्त्तव्य की तरह होता है।

मौजूदा मामले में ऐसी सम्भावनाएँ दिखाई दे रही है कि अगर मौत की सजा को माफ कर दिया जाता है तो आन्तरिक शान्ति को प्रोत्साहन मिल सकता है। फाँसी होने की स्थिति में शान्ति के लिए निस्सन्देह खतरा पैदा हो सकता है।

यह देखते हुए कि मैं आपको यह नहीं बता पा रहा हूँ कि क्रान्तिकारी पार्टी ने मुझे भरोसा दिलाया है कि अगर इन जिन्दगियों को बख्श दिया गया तो पार्टी अपने हाथ खड़े कर देगी, मेरे खयाल से कोई और क्रान्तिकारी हत्या होने तक इस सजा को स्थगित करना एक हकशफा फर्ज बन जाता है।

इससे पहले भी राजनीतिक हत्याओं को माफ किया जा चुका है। अगर कई दूसरी मासूम जिन्दगियाँ बचाई जा सकती हों, और शायद क्रान्तिकारी अपराध को जड़ से ही मिटाया जा सकता हो तो इन जिन्दगियों को बख्शना 'उचित' प्रतीत हो सकता है।

यह देखते हुए कि आप शान्ति के मामलों में मेरे प्रभाव का मान करते हैं, जैसाकि यह मामला भी है, कृपया मेरी स्थिति को और ज्यादा मुश्किल न बनाएँ, नहीं तो भविष्य में मेरा काम बहुत ही मुश्किल हो जाएगा।

फाँसी एक अपरिवर्तनीय कृत्य है। अगर आपको लगता है कि फैसले में जरा-सी गलती हो जाने की भी सम्भावना है तो मैं इस मामले में पुनर्विचार किए जाने तक इस लौटाए जा सकने वाले कृत्य को स्थगित करने की विनती करूँगा।

अगर मेरी मौजूदगी जरूरी हो तो मैं आ सकता हूँ। मैं भले ही बोलूँ नहीं, लेकिन मैं सुन सकता हूँ और लिखकर अपनी बातें कह सकता हूँ। (सोमवार होने के कारण वह उनके मौन-व्रत का दिन था)।

दानवीरता कभी भी बेकार नहीं जाती।

आपका निष्ठावान मित्र

वाइसरॉय ने उसी दिन उन्हें जवाब देते हुए लिखा–

आपने जो कुछ भी कहा है, उस पर मैंने एक बार फिर बहुत ध्यानपूर्वक विचार किया है। आपके काम को मुश्किल बनाने की बात, खासकर इस मुकाम पर, मैं सोच भी नहीं सकता। लेकिन मुझे अफसोस है कि उन कारणों को देखते हुए, जिन्हें आपके साथ बातचीत के दौरान में पूरी तरह समझा चुका हूँ, मैं किसी भी तरह से ऐसा महसूस नहीं कर पा रहा हूँ कि आपके द्वारा सुझाई गई कार्रवाई पर अमल करना मेरे लिए ठीक होगा।...

अगर मुकदमे के शुरू होने से पहले से ही भगत सिंह और उनके साथियों को फाँसी पर लटकाने के ब्रिटिश संकल्प को लेकर किसी प्रमाण की जरूरत थी तो वाइसरॉय का यह पत्र सबके सामने था। वे लोग गांधीजी की अहिंसक क्रान्ति को झेल सकते थे लेकिन भगत सिंह की हिंसक क्रान्ति को नहीं। यह क्रान्ति कई नए सांडर्स चुनने वाली थी और देश में एक ऐसी लहर पैदा कर देनेवाली थी जो ब्रिटिश हुकूमत को हमेशा के लिए उखाड़ फेंके। गांधीजी की क्रान्ति का भरोसा किया जा सकता था लेकिन भगत सिंह की क्रान्ति का नहीं। उन्हें और उनके कॉमरेडों को उसी दिन फाँसी पर लटका दिया गया।

10

क़ुरा-ए-ख़ाक़ है गर्दिश में तणिश से मेरी
मैं वो मजनूँ हूँ जो ज़िन्दान में आज़ाद रहा

क्या 3 मार्च, 1931 को रिश्तेदारों से होने जा रही उनकी मुलाकात आखिरी मुलाकात थी? एक आखिरी मुलाकात, जो फाँसी पर चढ़ाए जाने से पहले अधिकारियों द्वारा पूरा किया जानेवाला एक कानूनी दायित्व था? या इसके बाद कोई और मुलाकात भी होगी? भगत सिंह जानना चाहते थे, ताकि अपने परिवार वालों से अन्तिम विदाई के लिए अपने-आपको तैयार कर सकें। जेल के हेड वॉर्डन चरत सिंह ने उनकी बात का कोई जवाब नहीं दिया था। भगत सिंह ने उस पर जोर भी नहीं डाला था। वे वॉर्डन की मजबूरियाँ समझते थे।

भगत सिंह बड़े नपे-तुले कदमों से चरत सिंह के पीछे-पीछे चलते हुए सुखदेव और राजगुरु की कोठरियों के सामने से गुजरे तो वे दोनों अपनी कोठरियों के सींखचों के पीछे खड़े थे। उनसे मिलने कोई भी नहीं आया था। राजगुरु ने भगत सिंह को बताया था कि उनका कोई नजदीकी रिश्तेदार नहीं था, इसलिए वे किसी की उम्मीद नहीं कर रहे थे लेकिन सुखदेव ने कहा था कि उनके चाचा ने आने का वायदा किया था। लगता था कि वे भी नहीं आए थे। भगत सिंह को उन दोनों के बारे में सोचकर बहुत दुख हुआ। वे कल्पना भी नहीं कर पा रहे थे कि कैसे किसी का परिवार ऐसे मौके पर दूर रह सकता था—जबकि मौत से पहले उनसे मिलने का शायद यह आखिरी मौका था।

परिवार ही भगत सिंह की शरण-स्थली थी। हालाँकि उन्होंने शुरू के कुछ वर्ष ही घर पर बिताए थे, फिर भी वे अपने परिवार से बहुत ज्यादा जुड़े हुए थे और उस दिन वे सभी आए थे। भगत सिंह ने उन्हें सन्देश भेजा था कि उन्हें आँसुओं भरी विदाई न दी जाए। वे इस आखिरी मुलाकात को खुशगवार लम्हों से भर देना चाहते थे ऐसे लम्हे, जिन्हें वे फाँसी के तख्ते की तरफ बढ़ते हुए याद कर सकें। लेकिन अपने परिवार को दुख में डूबा देखकर वे कुछ परेशान हो गए। वे अच्छी तरह से जानते थे कि उनकी

मौत से उन सबको कितना सदमा पहुँचेगा। फिर भी उन्हें मालूम होना चाहिए था कि उन्होंने जो रास्ता चुना था, वह मौत की तरफ जाता था। उन्होंने उनसे मिल-जुलकर रहने के लिए और बहादुरी के साथ उनकी मौत का सामना करने के लिए कहा।

भगत सिंह ने देखा कि उनके दादा अर्जुन सिंह–जिन्होंने उनका नाम रखा था और उन्हें प्यार से 'भगतु' कहा करते थे–बुरी तरह बिलख रहे थे। उनके पिता किशन सिंह की लम्बी सफेद दाढ़ी आँसुओं से भीग चुकी थी। उनका छोटा भाई कुलवीर अपने गाल पोंछ रहा था। सबसे छोटा दस बरस का कुलतार सुबक रहा था। उनकी माँ का दुपट्टा भी भीगा हुआ था। वे अपने आँसुओं को रोकने की कोशिश कर रही थीं। उनकी तीनों बहनें–अमर कौर, सुमित्रा कौर और शकुंतला कौर बिलख-बिलखकर रो रही थीं।

भगत सिंह ने देखा कि उनकी माँ उन्हें लगातार निहार रही थीं, मानो उनके आखिरी मुख भावों को सहेजकर रख लेना चाहती हों, उनके चेहरे को अपनी यादों में बसा लेना चाहती हों, ताकि आगे की लम्बी और सूनी जिन्दगी में इन लम्हों को बार-बार जी सकें। उनके सूली पर चढ़ जाने के बाद माँ के दुख की कोई सीमा नहीं रहेगी। भगत सिंह माँ की आँखों में उमड़ते आँसुओं को देखकर बोले, "माँ, अगर तू इसी तरह रोती रहेगी तो मैं अपने-आपको कैसे सँभाल पाऊँगा? मैं नहीं चाहता कि लोग यह कहें कि जब भगत सिंह को सूली पर लटकाया गया तो उसकी माँ की आँखों में आँसू थे। यह मेरी माँ को और आजादी के लिए लड़ने वालों के हमारे परिवार को शोभा नहीं देता।" उनकी माँ को क्यों रोना चाहिए? बल्कि किसी को भी क्यों रोना चाहिए? उन्होंने कोई अपराध नहीं किया था। उन्होंने विदेशी हुक्मरानों को देश से भगाने के लिए हथियार उठाए थे। किसी को भी दूसरों को गुलाम बनाने का और उन पर राज करने का अधिकार नहीं था। ब्रितानियों की हिन्दुस्तान में कोई जरूरत नहीं थी, उसी तरह जैसे यहाँ फ्रांसीसियों या पुर्तगालियों की जरूरत नहीं थी। भगत सिंह हिन्दुस्तान को ही नहीं, बल्कि दुनिया के सभी गुलाम मुल्कों को आजाद देखना चाहते थे।

भगत सिंह की माँ ने उनके लम्बे बालों को छुआ, जिन्हें उन्होंने जूड़े की शक्ल में सर पर बाँध रखा था। उन्होंने बाल कटवा दिए थे तो माँ को दुख हुआ था। अब वे फिर बढ़ गए थे। माँ ने प्यार से उनका सर सहलाते हुए कहा, "एक दिन सभी को मरना है। लेकिन सबसे अच्छी मौत वही जो दुनिया को याद रहे।" उन्होंने आँसूभरी आँखों से अपने बेटे की तरफ देखा और फिर मुस्कराते हुए कहा, कि फाँसी के तख्त पर खड़े होकर वे 'इन्कलाब जिन्दाबाद' का नारा लगाए।

अपनी माँ का चेहरा निहारते हुए भगत सिंह को अपना बचपन याद आ गया, और वह गाँव, जहाँ उनका जन्म हुआ था। उस गाँव का नाम बांगा था। उन्हें याद आया कि वे अपने हमउम्र लड़कों के साथ गाँव की गलियों में घूमा करते थे। उन्हें

यह भी याद था कि वे हर मामले पर अपने पिता से बहस करते रहते थे। उनके पिता उनकी 'बगावती हरकतों' (क्रान्तिकारी गतिविधियों) को लेकर उन्हें डाँटते थे तो उनकी माँ उन्हें बचाती थीं। वे अपने पति का बहुत मान करती थीं लेकिन किसी तरह उन्हें शान्त कर देती थीं। बाप-बेटे के मतभेदों को हमेशा वही सुलझाती थीं। कई बार बाप-बेटे के बीच हफ्तों बात नहीं होती थी। ऐसा तब होता था जब भगत सिंह अपने पिता की बात नहीं मानते थे। विवाह न करने के इरादे से वे घर छोड़कर चले गए थे तो उनकी माँ ने ही उन्हें घर लौटने के लिए राजी किया था। उन्होंने अपने पिता को एक पत्र लिखकर समझाया था कि वे विवाह नहीं करना चाहते क्योंकि उनका जीवन देश की आजादी को समर्पित था। हालाँकि उनके पिता खुद भी एक क्रान्तिकारी थे लेकिन वे नहीं चाहते थे कि भगत सिंह उनके या अपने चाचा अजीत सिंह के रास्ते पर चले, जिन्होंने ब्रिटिशों के खिलाफ विद्रोह का झंडा उठाया था। लेकिन भगत सिंह ने अपने चाचा की किताब 'मुहिब-ए-वतन' (देशभक्त) को हमेशा बहुत सँभालकर रखा था, जो अजीत सिंह ने खुद उन्हें दी थी। उन्हें अपने चाचा के शरीर पर उन जख्मों के निशान भी याद थे जो ब्रितानियों ने उन्हें दिए थे।

जब उनके पिता ने देखा कि भगत सिंह क्रान्तिकारी गतिविधियों को छोड़ने वाले नहीं थे, तो उन्होंने उन्हें सावधानी बरतने की सलाह दी। किसी पिता के लिए ऐसा करना बहुत स्वाभाविक था। सावधानी का अर्थ कायरता नहीं था लेकिन भगत सिंह ने सावधानी को ताक पर रख दिया था। जिन्हें इस देश को अंग्रेजों की गुलामी से मुक्त करवाना था, उन्हें खुलकर मैदान में आना होगा। भगत सिंह ऐसा ही सोचते थे।

''गांधीजी फाँसी को रुकवाने के लिए वाइसरॉय से बात कर रहे हैं,'' किशन सिंह ने अपने बेटे को भरोसा दिलाते हुए कहा था। भगत सिंह मुस्करा दिए थे। उनकी गांधीजी या अहिंसा में कुछ भी आस्था नहीं थी। उन्होंने अपने पिता से कहा था कि गांधीजी की अहिंसा कुछ न करने का एक बहाना मात्र थी। यह कायरता का मुखौटा थी। भगत सिंह की उनके नेतृत्व या उनकी शैली की अहिंसा में कुछ भी आस्था नहीं थी। गांधीजी एक नेकदिल इनसान थे लेकिन आजादी की लड़ाई के इस मुकाम पर परोपकार की जरूरत नहीं थी। भगत सिंह अपने पिता से बहस नहीं करना चाहते थे। यह उन दोनों की आखिरी मुलाकात थी। इसलिए उन्होंने कहा कि गांधीजी ने अपने असहयोग आन्दोलन से देश को बड़े पैमाने पर जगाने का काम किया था, जो बहुत बड़ी बात थी और जिसके लिए उनके आगे सर न झुकाना कृतज्ञहीनता होगी। लेकिन उनका यह भी मानना था कि गांधीजी की परिकल्पना एक असम्भव-सी चीज थी। क्रान्तिकारी उनका आदर करते थे लेकिन वे उनके रास्ते पर नहीं चलना चाहते थे। भगत सिंह के मुँह से गांधीजी के लिए 'आदर' शब्द सुनकर किशन सिंह को काफी राहत महसूस हुई।

लेकिन सच्चाई यह थी कि भगत सिंह लगभग दस वर्ष पहले असहयोग आन्दोलन को वापस लेने के लिए गांधीजी को माफ नहीं कर पाए थे। उनके समर्पण का हर दृश्य उनके दिमाग पर बहुत गहराई से खुद गया था। नवम्बर 1920 में कांग्रेस की एक मीटिंग में गांधीजी ने असहयोग आन्दोलन की घोषणा की थी। पूरे देश में छात्रों ने अपनी पढ़ाई छोड़ दी, वकीलों ने वकालत छोड़ दी, डॉक्टरों ने दवाखाने बन्द कर दिए, सरकारी कर्मचारियों ने अपनी नौकरी छोड़ दी और सब गांधीजी के पीछे-पीछे चल पड़े। 30,000 से भी ज्यादा लोग जेल गए। विदेशी वस्तुओं का बहिष्कार किया गया। लंकाशायर और बर्मिंघम से आनेवाले कपड़े का विरोध करने के लिए खुलेआम कपड़ों के थान पर थान जलाए गए। गांधीजी का कहना था कि विदेशी कपड़े से प्यार ही विदेशी राज लाया था। वे चाहते थे कि अंग्रेज 'साफ शब्दों में इस नीति की घोषणा करें कि देशभर में सभी अहिंसक गतिविधियों में किसी तरह की दखलंदाजी नहीं की जाएगी'। सच्चाई यह थी कि 'असहयोग आन्दोलन' भारतीयों द्वारा ब्रितानियों के खिलाफ छेड़ा जानेवाला सबसे बड़ा अहिंसक आन्दोलन था।

लेकिन गांधीजी ने आन्दोलन अचानक ही वापस ले लिया। वे गोरखपुर (यू.पी.) के पास चौरी चौरा गाँव के लोगों द्वारा दिखाई गई हिंसा से नाराज थे। लेकिन इसमें लोगों का क्या कसूर था? 12 फरवरी को उन्होंने ब्रिटिश राज के खिलाफ स्थानीय पुलिस थाने के पास एक जुलूस निकाला था। जुलूस के खत्म होते-होते पुलिस वालों ने जुलूस की खिल्ली उड़ाना शुरू कर दिया जिससे कुछ लोग भड़क उठे। इसके बाद वहाँ मौजूद 23 पुलिसवालों ने जुलूस को तितर-बितर होने का हुक्म दिया लेकिन लोग शान्तिपूर्वक वहाँ डटे रहे। पुलिसवालों ने गुस्से में आकर लोगों पर गोलियाँ बरसानी शुरू कर दीं। वे तब तक अन्धाधुंध गोलियाँ चलाते रहे जब तक कि उनकी सारी गोलियाँ खत्म नहीं हो गईं। तीन लोग मारे गए और कितने ही घायल हो गए। इसके बाद गुस्साई भीड़ ने थाने में आग लगा दी, जिसमें 21 पुलिसवाले या तो जिन्दा जल गए या उनके टुकड़े-टुकड़े करके आग में फेंक दिया गया। इसी घटना के बाद गांधीजी ने अपना आन्दोलन वापस ले लिया लेकिन उन्होंने पुलिस के खिलाफ एक शब्द तक नहीं कहा। भगत सिंह का मानना था कि कोई भी क्रान्तिकारी इस तरह की घटना के बाद अपने कदम पीछे न खींचता क्योंकि ऐसी घटनाएँ किसी भी आन्दोलन का हिस्सा होती हैं। आन्दोलनों का एक अपना तर्क होता है, और राजनीतिक-मंथन का एक अपना तरीका होता है। उनको रोकना विद्रोह की आग पर पानी डालने की तरह था, जो अन्यथा भड़ककर पूरे राष्ट्र को अपनी चपेट में ले सकती थी।

भगत सिंह का खयाल था कि गांधीजी ने असहयोग आन्दोलन वापस लेकर दुश्मन को घुटने टेकने के लिए मजबूर करने का एक बड़ा अवसर खो दिया था। जो कुछ उस दिन मुमकिन था, वह हो सकता है कल नामुमकिन हो जाए। एक दिन

का नुकसान भी न सिर्फ आजादी को दूर ले जा सकता था, बल्कि लोगों को दिमागी तौर पर भी पराजित कर सकता था। भगत सिंह समझ पा रहे थे कि गाँव वाले क्यों भड़क उठे थे। उनके संयम की परीक्षा ली जा रही थी और उनके सब्र के बाँध को टूटना ही था। भगत सिंह ने अपने पिता से कहा था कि उन्हें गांधीजी की राजनीतिक रणनीति या उनका नैतिक दृष्टिकोण समझ में नहीं आ रहा था, जिसने एक ही झटके में आन्दोलन को कुचल दिया था। विदेशी हुकूमत को नरमी से नहीं हटाया जा सकता था; इसके लिए सख्ती की जरूरत थी। कई बार ताकत का इस्तेमाल जरूरी हो जाता था। ताकत का अन्धाधुंध इस्तेमाल हिंसा थी और यह नैतिक रूप से भी गलत था। लेकिन अगर इसका इस्तेमाल सही उद्देश्य के लिए किया जाए तो यह नैतिक रूप से सही था।

भगत सिंह आतंकवाद के समर्थक नहीं थे। हत्याएँ करना विचारहीनता थी। अकसर निर्दोष लोग मारे जाते थे। आतंकवादी कारनामे ताकत का प्रदर्शन करने और लोकप्रियता बटोरने के लिए किए जाते थे। क्रान्ति का अर्थ विद्रोह था, न कि हिंसा। यह एक सैद्धान्तिक युद्ध था, जबकि आतंकवाद प्रतिशोध की सीमाओं से ऊपर नहीं उठ पाता था। वह व्यक्तियों के खिलाफ क्रोध का प्रदर्शन था, न कि व्यवस्था के खिलाफ। आतंकवाद से हिंसा को बढ़ावा मिलता था, जबकि सामाजिक बदलाव के मुद्दे एक तरफ रह जाते थे। आतंकवाद से सिर्फ डर पैदा होता था। यह सही था कि इसके लिए भी हिम्मत की जरूरत थी लेकिन आतंकवादियों के सामने कोई आदर्श नहीं होता था। आतंकवाद समाज को अपनी ही नजरों में गिराने का काम करता था।

क्रान्तिकारी उस समाज में सुधार लाने के लिए लड़ता था जो उसे दबाता था। वह खुद भी इस समाज का हिस्सा होता था लेकिन साथ ही, इसे बदलने की प्रक्रिया में वह इससे ऊपर उठने की कोशिश करता था। उसका संघर्ष व्यवस्था के खिलाफ था, मनुष्य द्वारा मनुष्य के शोषण के खिलाफ था, राष्ट्रों द्वारा राष्ट्रों के शोषण के खिलाफ था। उसका त्याग कुरूपता को धो डालता था। क्रान्तिकारी बदलाव मौजूदा सामाजिक सम्बन्धों में एक गुणवत्तापूर्ण बदलाव था और नैतिक और भौतिक रूप से बेहतर मनुष्यों को जन्म देता था लेकिन बदलाव का मतलब था कार्रवाई, न कि सिर्फ एक निष्क्रिय दूरदृष्टि। भगत सिंह का मानना था कि दमन से जवाबी हमले की भावना पैदा होनी चाहिए, न कि सिर्फ विरोध की। हिंसा दमित मनुष्यों के लिए एक औषधि की तरह थी। यह एक तरह का शुद्धिकरण थी। इससे पराधीन मनुष्य हीनता की भावना से मुक्त हो जाता था। वह निर्भीक हो जाता था और उसका खोया हुआ आत्म-सम्मान लौट आता था। यह क्रान्ति के महायज्ञ का एक अनिवार्य चरण था।

सिख धर्म में बलिदान की परम्परा भगत सिंह को सबसे ज्यादा लुभाती थी। वह धर्म, जिसमें उनका जन्म हुआ था। उन्हें सिखों के दसवें गुरु, गुरु गोविंद सिंह के ये शब्द अकसर याद आ जाते थे–'अपने ध्येय के लिए अपने जीवन का बलिदान करने के लिए तैयार रहना चाहिए'। उन्हें गुरु के इन शब्दों से भी प्रेरणा मिलती थी कि 'चिड़िया नाल बाज लड़ाऊँ, तां गुरु गोविंद सिंह नाम कहाऊँ' लेकिन भगत सिंह सिख धर्म में या किसी भी दूसरे धर्म में विश्वास नहीं करते थे। वे नास्तिक थे। उनकी नजर में धर्म एक रोग था, जो भय के कारण पैदा होता था। यह जनता के लिए एक अफीम की तरह था। वे कार्ल मार्क्स के इन शब्दों को याद करते थे–'इनसान ने धर्म को बनाया है, न कि धर्म ने इनसान को'।

उनके पिता ने उन्हें बताया था कि महात्मा गांधी ने कहा था कि अगर तीन नौजवानों को फाँसी होनी है तो यह कराची के अखिल भारतीय कांग्रेस अधिवेशन से पहले होनी चाहिए। भगत सिंह ने पूछा कि कराची अधिवेशन कब था। उनके पिता ने जवाब दिया, "इसी महीने (मार्च) के आखिर में।" भगत सिंह ने कहा कि तब तो यह बड़ी अच्छी खबर थी। गर्मियाँ आ रही थीं। इस कोठरी में झुलसने से अच्छा था मर जाना। लोग कहते थे कि मरने के बाद नई जिन्दगी मिलती थी। "मैं फिर से हिन्दुस्तान में जन्म लूँगा," भगत सिंह ने कहा। "हो सकता है, मुझे अंग्रेजों से फिर से लड़ना पड़े। मेरे मुल्क को आजादी मिलनी ही चाहिए।"

हालाँकि भगत सिंह ने अपने पिता को ट्रिब्यूनल को वह पत्र लिखने के लिए माफ नहीं किया था, जिसमें उन्होंने कहा था कि उनका बेटा निर्दोष था और सांडर्स की हत्या से उसका कुछ भी लेना-देना नहीं था, फिर भी वे जानते थे कि उनके पिता एक सच्चे देशभक्त थे और उन्होंने अपना जीवन आजादी की लड़ाई को समर्पित कर दिया था। पिता का मोहभरा स्नेह कभी-कभी क्रान्तिकारी भगत सिंह के लिए शर्मिन्दगी का कारण बन जाता था लेकिन उनकी आँखों में झलकती पीड़ा से भगत सिंह यह भी समझ जाते थे कि उन्हें इस बात का कितना अफसोस था।

भगत सिंह ने एक कड़ा पत्र लिखकर उन्हें कोसा था–

> मेरी समझ में नहीं आता कि आप इस मुकाम पर और इन हालात में कैसे इस तरह की अर्जी दाखिल करने की सोच सकते थे।...आप जानते हैं कि सियासी मामलों में मेरे ख़यालात आपके ख़यालात से हमेशा अलग रहे हैं। मैं आपकी सहमति या असहमति की परवाह किए बिना हमेशा अपने तरीके से चलता रहा हूँ।

हेड वॉर्डन चरत सिंह ने मुलाकात का समय खत्म होने का इशारा किया लेकिन भगत सिंह वहीं खड़े रहे। घरवालों के प्यार ने उन्हें भाव-विभोर कर दिया था। वे

खोए-खोए-से लग रहे थे। चरत सिंह ने उन्हें जल्दी करने के लिए कहा। सभी घरवाले एक-एक करके भगत सिंह के गले मिले। उन्होंने अपनी माँ के पाँव छुए। यह आदर का सूचक था लेकिन यह देखकर सभी की आँखें छलक उठीं। उनकी बहनें सुबकने लगीं। भगत सिंह परेशान हो उठे। ''इकट्ठे रहना!'' अपने परिवार वालों से ये उनके आखिरी शब्द थे। इसके बाद उन्होंने हाथ जोड़े और चरत सिंह के साथ चल पड़े।

रास्ते में एक बार फिर उन्हें सुखदेव और राजगुरु लोहे के सींखचों के पीछे खड़े दिखाई दिए—गुमसुम-से और अकेले। चरत सिंह के मना करने के बावजूद भगत सिंह उनसे बात करने के लिए रुक गए। ''अब किसी भी दिन...'', उन्होंने उनसे कहा। परिवार वालों के साथ यह मीटिंग इसी का संकेत थी। उन दोनों ने सहमति में सर हिलाए।

नजदीक की कोठरियों के कैदी गर्दनें बाहर निकालकर भगत सिंह की एक झलक पाने की कोशिश कर रहे थे। वे सब उन्हें बहुत सम्मान की दृष्टि से देखते थे। पूरी जेल में यह खबर फैल चुकी थी—खासकर, एक से दूसरे वार्ड में जाते रहने वाले बरकत भाई के जरिए कि भगत सिंह की आखिरी मुलाकत हो चुकी थी। अब फाँसी ज्यादा दूर नहीं थी।

अपनी कोठरी में लौटकर भगत सिंह ने अपना कुर्ता छुआ। वह उसके परिवार वालों के आँसुओं से भीगा हुआ था। छोटा कुलतार फूट-फूटकर रोता रहा था। बड़े भाई से सख्ती से लिपटकर अपनी अन्तिम विदाई देते हुए उसने रोते-सिसकते कहा था, ''तुम्हारे बिना जिन्दगी जीने लायक नहीं रह जाएगी।'' भगत सिंह को उसका कुम्हलाया हुआ मासूम चेहरा बार-बार याद आ रहा था। कोठरी का दरवाजा बन्द होते ही उन्होंने अपना पेन उठाया और कुलतार को एक पत्र लिखने लगे—उर्दू में। अपने निजी पत्र वे आमतौर से इसी भाषा में लिखते थे।

> प्यारे कुलतार, तुम्हारी आँखों में आँसू देखकर मुझे बड़ा दुख हुआ। तुम्हारी बातों में भी कितना दर्द झलक रहा था। मैं तुम्हारे आँसू बर्दाश्त नहीं कर सकता। सोणया, मन पक्का करके अपनी पढ़ाई पर ध्यान दे और अपनी सेहत का खयाल रख। दिल छोटा न कर। मैं और क्या कहूँ? मैं तुम्हें कुछ शेर सुनाता हूँ—
>
> *उसे ये फ़िक्र है हरदम नया तर्ज़-ए-ज़फ़ा क्या है*
> *हमें ये शौक है देखें सितम की इन्तिहा क्या है*
>
> *मेरी हवा में रहेगी ख़याल की ख़ुशबू*
> *ये मुश्त-ए-ख़ाक़ है फ़ानी रहे न रहे।*

मौत से यह मुहब्बत एक अजीब-सी मुहब्बत थी, जो भगत सिंह के दिल में धीमे-धीमे सुलग रही थी। वे अकसर एक क्रान्तिकारी की मौत की तुलना अपनी महबूबा के लिए किसी प्रेमी के इश्क से करते थे। किसी प्रेमी की तरह क्रान्तिकारी भी मौत की बाहों की आरजू करता था। वह भी अपना सब कुछ लुटा देने की धुन में रहता था। अपने अरमानों को पूरा किए बिना उसे चैन नहीं पड़ता था।

उनका मानना था कि विद्रोह की मशाल को जिलाए रखने के लिए उन जैसे नौजवानों का मरना जरूरी था। क्रान्तिकारी उन परवानों की तरह थे जो शमां के आसपास मँडराते रहते हैं और जलकर खाक हो जाते हैं। वे जानते थे कि मौत अब ज्यादा दूर नहीं थी। कुलतार के नाम अपने पत्र में उन्होंने ग़ालिब के इस शे'र का इस्तेमाल किया था–

कोई दिन का मेहमाँ हूँ ए अहले महफ़िल
चिराग़-ए-सहर हूँ बुझा चाहता हूँ।

भगत सिंह ने कभी भी अपने आपको दूसरों से अलग या विशिष्ट नहीं माना था। वे उन हजारों हिन्दुस्तानियों में से एक थे जो अपने धर्म और प्रदेश को भुलाकर देश को आजाद कराने की लड़ाई में लगे हुए थे। वे सब एक ही भट्टी में झोंक दिए गए थे। वे सब साथ-साथ संघर्ष कर रहे थे, साथ-साथ कष्ट भोग रहे थे। भगत सिंह को विश्वास था कि एक न एक दिन वे विजयी होकर रहेंगे।

उनका मानना था कि क्रान्तिकारी की गिरफ्तारी के बाद उसकी व्यक्तिगत प्रसिद्धि की तुलना में उसके कृत्य का राजनीतिक महत्त्व कम नहीं हो जाता था। गिरफ्तारी के बाद वे अपने कृत्य से ज्यादा महत्त्वपूर्ण नहीं हो जाते थे। उनका और उनके दो कॉमरेडों का इतना ही महत्त्व था कि वे क्रान्ति के सन्देश को जन-जन तक पहुँचाने का माध्यम बन गए थे लेकिन क्रान्ति उनसे कहीं ज्यादा महत्त्वपूर्ण थी।

उन्होंने कुलतार के नाम अपना पत्र पूरा कर लिया था। उन्हें उम्मीद थी कि इससे उनके छोटे भाई को थोड़ी तसल्ली मिलेगी लेकिन उन लाखों लोगों का क्या होगा जो उनसे इतना प्यार करने लगे थे। क्या वे इतने प्यार के सचमुच हकदार थे? उनकी भूख हड़ताल के दौरान इन लोगों ने अपना खाना-पीना छोड़ दिया था। अदालत और फिर विशेष ट्रिब्यूनल में मुकदमे के दौरान भी वे बड़ी मजबूती से उनके साथ खड़े रहे थे। गांधीजी ने उन्हें और उनके साथियों को 'गुमराह नौजवान' कहा था, जो बम के पंथ में भटक गए थे। फिर भी, देश के लाखों-करोड़ों लोग उनके साथ खड़े रहे थे। उन्हें उनके इस प्यार को लौटना होगा। उन्होंने कुलतार के नाम अपने पत्र में इन लाखों-करोड़ों लोगों को सम्बोधित करने की कोशिश की थी। ग़ालिब का एक शे'र उद्धरित करते हुए उन्होंने कहा था–

ख़ुश रहो अहले वतन हम तो सफ़र करते हैं।

छोटे भाई को पत्र लिख चुकने के बाद भगत सिंह अपनी कॉपी उठा ली। यह एक तरह से उनकी डायरी थी लेकिन यह किसी व्यक्तिगत ब्यौरे या प्रतिक्रियाओं का रिकॉर्ड नहीं था। इसमें वे अपने द्वारा पढ़ी गई किताबों के मनसपन्द अंश नोट करते रहते थे। ये अंश ज्यादातर अंग्रेजी किताबों से होते थे–अरस्तु, दिकार्त, होब्स, लोक, रूसो, त्रोस्की, बरत्रां रसेल, कार्ल मार्क्स और एंगेल्स जैसे विचारकों की किताबों के अंश। भारतीय लेखकों में रवीन्द्रनाथ टैगोर और लाजपतराय राय शामिल थे। भगत सिंह को काव्य का भी शौक था। वे कभी-कभी वड्र्सवर्थ, बायरन और उमर खय्याम की रचनाओं के अंश पढ़कर सुनाते थे लेकिन उनके सबसे पसन्दीदा कवि (शायर) मिर्ज़ा ग़ालिब थे, जिनकी पंक्तियों को वे अकसर उद्धरित करते रहते थे।

अपने परिवार के साथ मुलाकत ने भगत सिंह को झकझोर दिया था। लेकिन उन्होंने अपनी भावनाओं पर जल्दी ही काबू पा लिया और अपने-आपको किताबों में डुबो दिया। अपनी कॉपी में उन्होंने रूसो की 'एमिल' का एक अंश नोट किया, जिसे वे परिवार के साथ आखिरी मुलाकात के लिए ले जाए जाने से पहले पढ़ रहे थे–

> लोग सिर्फ अपने बच्चे को सँभालकर रखना चाहते हैं, यह काफी नहीं है। उसे यह सिखाया जाना चाहिए कि बड़ा होने पर उसे अपने-आपको कैसे सँभालना है, कैसे भाग्य के कुचक्र को झेलना है, अमीरी और गरीबी को झेलना है और आइसलैंड की बर्फ या माल्टा की झुलसती चट्टानों के बीच कैसे जीना है।
>
> उसे जीना सिखाया जाना चाहिए, न कि मौत से बचकर रहना। जिन्दगी सिर्फ साँसें नहीं हैं, जिन्दगी कर्म है। अपनी इंद्रियों, अपने मस्तिष्क, अपने अंगों और अपने हर हिस्से का इस्तेमाल ही हममें जीवन का बोध पैदा करता है। जिन्दगी दिनों की लम्बाई न होकर जिन्दा होने का एक गहरा बोध है। कोई इनसान सौ साल की उम्र में कब्र में दफनाया जा सकता है, फिर भी हो सकता है वह एक दिन भी न जीया हो; शायद वह कम उम्र में मर जाता तो बेहतर महसूस करता।

कलकत्ता की 'मॉडर्न रिव्यू' के सम्पादक रामानंद चटर्जी ने 'लांग लिव रेव्योलूशन' (इन्कलाब जिन्दाबाद) के नारे का मजाक उड़ाया था, और भगत सिंह से पूछा था कि इसका सही-सही क्या मतलब था। चटर्जी ने एक लेख में लिखा था–

> जब क्रान्ति के लम्बे समय तक जिन्दा रहने की इच्छा व्यक्त की जाती है तो क्या यह कामना की जाती है कि क्रान्ति की प्रक्रिया हर घंटे, हर दिन, हर हफ्ते, हर महीने और हमारी जिन्दगी के सालों-साल जारी रहे?

दूसरे शब्दों में, क्या हमें जितनी बार हो सके, उतनी बार क्रान्ति लाते रहना चाहिए...इसमें कोई शक नहीं है कि कोई भी क्रान्ति सुधार की अन्तिम स्थिति नहीं ला सकती। क्रान्ति के बाद भी बदलाव की जरूरत होती है। लेकिन यह प्रक्रिया एक विकास क्रम के अन्तर्गत होनी चाहिए।

भगत सिंह का जवाब था कि वे लोग इस नारे के जनक नहीं थे। रूसी क्रान्ति के आन्दोलन के दौरान भी यही नारा लगाया गया था। उन्होंने कहा कि इस नारे का यह अर्थ नहीं था कि खूनी संघर्ष हमेशा जारी रहना चाहिए या कुछ भी, थोड़े समय के लिए भी, स्थिर नहीं रहना चाहिए–

लम्बे समय से चले आने के कारण इस नारे ने ऐसी अहमियत अख्तियार कर ली है, जिसे शायद ग्रामर या एटिमोलॉजी के लिहाज से सही ठहराया जा सके। लेकिन फिर भी, हम इससे जुड़े विचारों को नजरअन्दाज नहीं कर सकते।

इसके बाद भगत सिंह ने तर्क देते हुए आगे लिखा कि इस नारे में 'क्रान्ति' या 'इन्कलाब' शब्द को जिस अर्थ में इस्तेमाल किया गया था, उसके अनुसार–

क्रान्ति के जज्बे को, बेहतरी के लिए बदलाव की चाह को जिन्दा रहना चाहिए। लोग आमतौर से एक बँधे-बँधाए ढर्रे के आदी हो जाते हैं और बदलाव के विचार से ही काँपने लगते हैं। इस काहिलपन को ही एक क्रान्तिकारी उमंग में बदलने की जरूरत है वरना हम पतन की तरफ बढ़ने लगते हैं और प्रतिक्रियावादी शक्तियाँ मानवता पर हावी होकर उसे गुमराह करने लगती हैं। ऐसी स्थिति में मनुष्य का विकास गतिहीनता और पक्षाघात का शिकार हो जाता है। मनुष्य की चेतना में क्रान्ति की भावना हमेशा मौजूद रहनी चाहिए, ताकि प्रतिक्रियावादी ताकतें मजबूत होकर मानवता के विकास को न रोक सकें। पुरानी व्यवस्था को बदलना चाहिए, हमेशा और हमेशा, और नई व्यवस्था को जगह देनी चाहिए, ताकि एक 'अच्छी' व्यवस्था भी दुनिया को भ्रष्ट न कर सके। हम इन्हीं अर्थों में 'इन्कलाब जिन्दाबाद' का नारा लगाते हैं।

चटर्जी के साथ भगत सिंह का टकराव पत्रों तक सीमित था। उन्होंने लेख के छपने के चार साल बाद यह जवाब भेजा था। लेकिन जेल में बन्द एक स्वतंत्रता सेनानी बाबा रंधीर सिंह के साथ उनका टकराव लगभग रोज ही होता रहता था। एक दिन रंधीर सिंह उनकी कोठरी में आकर उन्हें ईश्वर के अस्तित्व पर विश्वास करने के लिए कहने लगे। भगत सिंह ने उनसे कहा–

अगर आप कहते हैं कि एक सर्वव्यापी, सर्वशक्तिमान और अन्तर्यामी ईश्वर है जिसने इस पृथ्वी या दुनिया को रचा है तो मुझे यह बताएँ कि उसने इसे

क्यों रचा है? यह दुखों और तकलीफों भरी दुनिया, जहाँ हमेशा अनगिनत मुसीबतें आती रहती हैं, जहाँ एक भी इनसान पूरी तरह सन्तुष्ट नहीं है। वह सबसे पहले ब्रिटिशों के मन में यह भावना क्यों नहीं पैदा कर देता कि वे हिन्दुस्तान को आजाद कर दें?

रंधीर सिंह इतने बिगड़ गए कि वे भगत सिंह को खरी-खोटी सुनाने लगे। "तुम्हें शोहरत का नशा है," उन्होंने कहा, "तुम्हारे अन्दर अहं पैदा हो गया है, जो तुम्हारे और ईश्वर के बीच काले पर्दे की तरह खड़ा हुआ है।" भगत सिंह को बहुत दुख पहुँचा। उन्होंने इसके जवाब में एक लम्बा लेख लिखा–'मैं नास्तिक क्यों हूँ?' उन्होंने अपने ऊपर लगाए गए आरोपों के बारे में कहा–

> मैं इन मानवीय प्रकृतियों से ऊपर होने का दावा नहीं करता। मैं एक मनुष्य हूँ, इससे ज्यादा कुछ नहीं। कोई भी इससे ज्यादा होने का दावा नहीं कर सकता। मेरे अन्दर भी यह कमजोरी है। दम्भ मेरी प्रकृति का एक हिस्सा है...

एक समय था, जब भगत सिंह ईश्वर को मानते थे। सिख होने के बावजूद वे एक आर्यसमाजी थे। वे लम्बे केश रखा करते थे, बिना सँवरे और बिना कोई क्लिप लगाए। लेकिन वे सिख या किसी दूसरे धर्म की पौराणिक कथाओं और सिद्धान्तों में कभी भी विश्वास नहीं कर पाए। क्रान्तिकारी काम की जिम्मेदारी कन्धों पर पड़ने तक उनमें एक बड़ा बदलाव आ चुका था।

भगत सिंह इस बात को भूल नहीं पाते थे कि असहयोग आन्दोलन के बाद ईश्वर के नाम पर हिन्दू-मुस्लिम दंगे भड़क उठे थे। वे दहशत से भर गए थे। किस तरह दो कौमें, जो अपने धार्मिक भेदभावों को भुलाकर कन्धे से कन्धा मिलाकर अंग्रेजों के खिलाफ लड़ी थीं, तुर्की के खलीफा के नाम पर एक-दूसरे के खून की प्यासी हो उठी थीं? ऐसा भी नहीं था कि भगत सिंह इस मुद्दे के समर्थक हों। वे यह देखकर स्तब्ध रह गए थे कि दोनों सम्प्रदायों के लोग किस दरिन्दगी से एक-दूसरे का गला काटने पर तुल गए थे। वे लोग भूल गए थे कि उनका एक साझा आदर्श था, एक साझी मुहिम थी और वे साथ-साथ एक ही जेल में रह चुके थे। आन्दोलन में साथ मिलकर हिस्सा लेने के बाद मानो वे एक-दूसरे के लिए अजनबी थे। वे कभी भी हिन्दुस्तानियों की तरह नहीं लड़े थे, मनुष्यों की तरह और मानवता के लिए नहीं लड़े थे। धर्म, राजनीति और व्यक्तिगत हितों ने ही उन्हें साथ-साथ एक आन्दोलन में झोंक दिया था लेकिन दिल से वे अब भी बँटे हुए थे। दिल से वे अब भी कट्टर हिन्दू या कट्टर मुसलमान थे।

दूसरी तरफ क्रान्तिकारी एक विचारधारा के सूत्र से जुड़े हुए थे। एक दिन का आन्दोलन भी उनकी भाईचारे की भावना को उजागर कर देता था। उन सभी की

एक ही सोच थी। वे आजादी की लड़ाई में धर्म और इसके मुहावरों को लाने के खिलाफ थे। अब किसी रहस्यवाद, किसी अन्धविश्वास की जरूरत नहीं थी। यथार्थवाद ही अब एकमात्र 'वाद' था। भगत सिंह ने अराजकतावादी नेता बकुनिन को पढ़ा था। उन्होंने लेनिन, त्रोत्स्की और कई अन्य विचारकों को भी काफी पढ़ा था। वे सब-के-सब नास्तिक थे। उन्होंने निर्लम्बा स्वामी द्वारा लिखित 'कॉमन सेंस' भी पढ़ी थी। रहस्यवादी नास्तिकवाद पर आधारित इस किताब से वे बहुत ज्यादा प्रभावित हुए थे।

जन आन्दोलनों के साथ धर्म को जोड़ने की प्रवृत्ति गांधीजी में भी थी। यह सही था कि इसका व्यापक प्रभाव पड़ता था लेकिन इस प्रक्रिया में लोगों की सोच में धीरे-धीरे धार्मिक संकुचितता के बीज भी अंकुरित होने लगते थे, जिससे देश का धर्मनिरपेक्ष परिवेश प्रभावित होता था। 'राम राज्य' हिन्दू धर्म में एक आदर्श राज्य की अवधारणा थी। यह प्लेटो के रिपब्लिक की तरह था, जिसे कभी नहीं पाया जा सकता। 'राम राज्य' जैसी शब्दावली से अल्पसंख्यकों के मन में आशंकाएँ घिरने लगती थीं। उन्हें ऐसा लगता था, जैसे उन पर हिन्दू विचारधारा को थोपा जा रहा हो। एक बहुसम्प्रदायिक समाज को धर्मनिरपेक्ष सोच की जरूरत होती है। जरा-सा भेदभाव भी राष्ट्रीय परिवेश को संक्रमणित कर सकता है।

भगत सिंह को यह बात बहुत विचित्र लगती थी कि जिन्दगी भर पूर्वाग्रहों के खिलाफ लड़ते रहने वाले क्रान्तिकारी भी अपने अन्तिम दिनों में धार्मिक भावनाओं के शिकार हो जाते थे। वे खासकार काकोरी कांड के क्रान्तिकारियों के बारे में सोच कर बड़ी हैरानी महसूस करते थे। क्रान्तिकारी गतिविधियों के लिए धन जुटाने के लिए डकैतियाँ डालने की बात उन्हें गलत नहीं लगती थी; जैसाकि चन्द्रशेखर आजाद और कई अन्य कॉमरेड भी मानते थे। रामप्रसाद बिस्मिल और अश्फ़ाक़-उल्ला खाँ 9 अगस्त, 1925 को शाहजहाँपुर में सरकारी खजाना ले जा रही एक रेलगाड़ी में घुस गए थे। हरदोई और शाहजहाँपुर के बीच में पड़ने वाले एक छोटे-से स्टेशन काकोरी के पास उन्होंने रेलगाड़ी को चेन खींचकर रोक दिया था। इसके बाद उन्होंने रिवॉल्वरों से गोलियाँ चलाते हुए सनसनी पैदा कर दी और खजाने की तिजोरी को अपने कब्जे में कर लिया। तिजोरी इतनी मजबूत थी कि हट्टे-तगड़े अश्फाक-उल्ला खाँ को हथौड़े मार-मारकर उसे खोलना पड़ा। भगत सिंह ने उनकी बहादुरी की तारीफ की थी। उनका मानना था कि सरकारी खजाने को लूटने में कोई हर्ज नहीं था क्योंकि आखिरकार यह हिन्दुस्तानियों के खून-पसीने से निचोड़ा गया पैसा था। लेकिन उनकी समझ में यह बात नहीं आई थी कि फाँसी पर झूलने से पहले बिस्मिल और अश्फाक-उल्ला खाँ ने अपनी-अपनी धार्मिक पहचान को क्यों उजागर कर दिया था। उन्होंने क्रान्तिकारियों की धर्मनिरपेक्ष सोच को क्यों त्याग दिया था? अश्फाक-उल्ला खाँ

अपने गले में कुरान लटकाकर और बिस्मिल गीता लटकाकर फाँसी पर चढ़े थे। उन्होंने ऐसा क्यों किया था? फाँसी पर चढ़ने से पहले अश्फाक-उल्ला खाँ ने, जो उर्दू के जाने-माने शायर थे, अपना एक शे'र पढ़ा था। इस शे'र में देशभक्ति की महक थी, न कि धर्म की–

कुछ आरज़ू नहीं है, है आरज़ू तो यह
रख दे कोई ज़रा-सी ख़ाक़-ए-वतन कफ़न में

भगत सिंह को उस क्रान्तिकारी की भी याद थी जो उनकी जिन्दगी में आनेवाला सबसे पहला क्रान्तिकारी था। वह ईश्वर के अस्तित्व को नकारने से डरता था। वह कहा करता था, "जब भी दिल करे, पूजा-पाठ कर लो।" यह दो कश्तियों में सवार होने जैसी बात थी। लोग यह क्यों नहीं समझते कि धर्म इनसान को यथास्थिति को स्वीकार करना सिखाता था। उन्हें यह विश्वास दिला देता था कि 'भगवान की यही मर्जी है'। बदलाव की बात करने वाले लोग धर्मग्रंथों के अकाट्य कथनों पर कैसे विश्वास कर सकते थे।

भगत सिंह को यह जानकर बड़ी तकलीफ पहुँची थी कि अपने शुरुआती दिनों में बंगाल के क्रान्तिकारी सिर्फ हिन्दू मध्य वर्ग के सदस्यों को ही अपनी पार्टियों में भर्ती करते थे बल्कि ये क्रान्तिकारी दल एक तरह से मुस्लिम विरोधी थे। चूँकि राष्ट्रीय आन्दोलन को कमजोर करने के लिए ब्रिटिश सरकार मुसलमानों का इस्तेमाल कर रही थी, इसलिए उन्हें सन्देह की नजर से देखा जाने लगा था। पूर्वी बंगाल को एक अलग प्रान्त बनाने की बात उठी थी तो तत्कालीन लेफ्टिनेंट गवर्नर बार्नफील्ड फुलर ने खुलेआम कहा था कि सरकार मुस्लिम समुदाय को अपनी 'चहेती पत्नी' की तरह देखती थी। इस टिप्पणी ने बंगाल के क्रान्तिकारियों को और ज्यादा भड़का दिया था। उन्हें लगता था कि मुसलमान आजादी की लड़ाई में एक रुकावट थे, और अन्य रुकावटों की तरह इस रुकावट को भी दूर करना जरूरी था।

बंगाली क्रान्तिकारियों के मन में मुसलमानों के प्रति खटास का एक और कारण भी था। अंग्रेजों को लगता था कि क्रान्तिकारी गतिविधियों से निपटने के लिए वे बंगाली कर्मचारियों पर पूरा भरोसा नहीं कर सकते क्योंकि वे राजनीतिक तौर पर बहुत ज्यादा जागरूक थे। इसलिए बंगाल पुलिस की गुप्तचर शाखा में यू.पी. (संयुक्त प्रान्त) के मुस्लिम कर्मचारियों को भर्ती कर दिया गया। नतीजा यह हुआ कि बंगाल के हिन्दू यह समझने लगे कि मुसलमान राजनीतिक आजादी और कुल मिलाकर हिन्दुओं के खिलाफ थे।

भगत सिंह की नजर में एक क्रान्तिकारी कोई सुपरमैन या महामानव नहीं था। उन्हें अपनी कमजोरियों का अहसास था। वे इनसे उबरने का भरसक और निरन्तर

प्रयास करते रहते थे। लेकिन वे किसी तरह के कट्टरवाद के शिकार कैसे हो सकते थे? उनका आदर्शवाद उन्हें उनके विश्वासों और प्रतिबद्धताओं से जोड़े हुए था। यही उनकी शक्ति थी। वह शक्ति, जो उन्हें अपने लक्ष्यों तक पहुँचने के साधन जुटाने की प्रेरणा देती थी। समाज में सराबोर होने के बावजूद वे इससे ऊपर उठना जानते थे। अगर वे पक्षपात या पूर्वाग्रह से ऊपर न उठ सकें तो वे कैसे क्रान्तिकारी थे!

अपनी कॉपी के पन्ने पलटते हुए भगत सिंह की नजर बरत्रां रसेल के एक उद्धरण पर ठहर गई–

> धर्म के बारे में मेरी राय वही है जो ल्यूकरेटिन की। मैं इसे डर से उपजी एक बीमारी और मानव जाति की घोर विपदाओं का कारण मानता हूँ। लेकिन मैं इस बात से इनकार नहीं करूँगा कि इसने सभ्यता में कुछ योगदान दिया है। शुरू के दिनों में इसने कैलेंडर बनाने में मदद की और मिस्र के पादरियों को ग्रहणों का इस तरह अध्ययन करना सिखाया कि वे उनकी भविष्यवाणी कर सकें। धर्म की इन दो सेवाओं को मैं स्वीकार करता हूँ लेकिन इनके अलावा मुझे किसी और योगदान की जानकारी नहीं है।

कॉपी के पन्ने पलटते-पलटते भगत सिंह का ध्यान अचानक उस पंक्ति पर गया जिसे उन्होंने लाजपत राय के किसी लेख से नोट किया था–'विदेशी प्रजा पर कोई भी शासन इतना कठोर और इतना निर्मम नहीं होता जितना कि प्रजातंत्र।' यह सच ही था। अगर प्रजातांत्रिक ग्रेट ब्रिटेन आजादी के लिए लड़ने वालों पर इतनी उद्दंडता से झूठे मुकदमे चला सकता था तो वह किसी तानाशाही से कहीं ज्यादा बुरा था। उसे उन्हें फाँसी पर लटकाने का कोई अधिकार नहीं था क्योंकि आजादी उनका जन्म सिद्ध अधिकार था।

कुलतार का आँसुओं से भीगा चेहरा बार-बार भगत सिंह की आँखों के सामने आ रहा था। वे अपने छोटे भाई को कैसे समझाएँ कि जिन्दगी शब्दों से नहीं, बल्कि कर्म से जी जाती थी, अपनी इंद्रियों, अपने मस्तिष्क और अपने हर हिस्से के इस्तेमाल से? उन्होंने अपनी कॉपी में जेम्स रसेल लॉवेल की एक कविता नोट की और इसे शीर्षक दिया–'फ्रीडम'। यह कविता इस प्रकार थी–

> ...True freedom is to share
> All the chains our brothers wear
> And, with heart and hand, to be
> Earnest to make others free.

They are slaves who fear to speak
for the fallen and the weak;
They are slaves who will not choose
Hatred, scoffing and abuse.
Rather than in silence shrink
From the truth they need must think;
They are slaves who dare not be
In the right with two or three.

*(...सच्ची आजादी बाँटना है
अपने भाई-बन्धुओं की जंजीरों को;
और अपने दिल और अपने हाथों से
दूसरों को आजाद कराना है।*

*वे गुलाम हैं जो खोलने से डरते हैं
लाचारों और कमजोरों के लिए;
वे गुलाम हैं जो झेलने से डरते हैं
नफरत, हिकारत और गालियाँ।
सच्चाई से मुँह छिपाते हुए जो
खामोश की आड़ में दुबके बैठे हैं;
वे गुलाम हैं जो दो या तीन सही इनसानों
के साथ खड़े होने से डरते हैं।)*

11

सरफ़रोशी की तमन्ना अब हमारे दिल में है
देखना है ज़ोर कितना बाज़ु-ए-क़ातिल में है...
वक़्त आने पर बता देंगे तुझे ऐ आसमाँ
हम अभी से क्या बताएँ क्या हमारे दिल में है

—राम प्रसाद बिस्मिल

फाँसी लगने की खबर फैलते ही पूरे देश में शोक छा गया। हर जगह जुलूस निकाले जाने लगे। बहुत-से लोगों ने अन्न-जल नहीं छुआ। जगह-जगह लोग काली पट्टियाँ बाँधे दिखाई देने लगे। दुकानदारों ने अपनी दुकानें और व्यापारियों ने अपना व्यापार बन्द कर दिया। अंग्रेज अपने-अपने घरों में दुबके रहे। राजनीतिक नेताओं में सबसे पहले जवाहरलाल नेहरू ने शहीदों को भावभीनी श्रद्धांजलि देते हुए कहा कि भगत सिंह एक निर्मल-हृदय योद्धा थे जिन्होंने शत्रु को खुले मैदान में ललकारा था। वे देश के लिए गहरे जज्बे से भरे एक होनहार नौजवान थे। वे एक चिनगारी की तरह थे जो बहुत जल्दी प्रचंड लपटों में बदल गई थी और देश के एक शहर से दूसरे शहर तक फैलती चली गई थी, हर जगह के अन्धकार को मिटाते हुए।

गांधीजी ने भी शहीदों के साहस की दिल खोलकर प्रशंसा की। उन्होंने कहा—

> भगत सिंह और उनके साथियों को मौत की सजा दे दी गई है और वे शहीद बन गए हैं। बहुत-से लोगों के लिए उनकी मौत एक ज़ाती हादसा है। मैं इन नौजवानों की स्मृति को श्रद्धांजलि देनेवालों में शामिल हूँ। भगत सिंह और उनके दोनों साथियों को फाँसी पर लटका दिया गया। उनकी जिन्दगी बचाने की बहुत-सी कोशिशें की गईं और लोगों को कुछ उम्मीद भी बँधी रहीं लेकिन सब बेकार साबित हुआ। भगत सिंह जीना नहीं चाहते थे। उन्होंने माफी माँगने से इनकार कर दिया और अपील के लिए भी राजी नहीं हुए। अगर, किसी तरह, वे जीने के लिए राजी भी हो जाते तो भी सिर्फ दूसरों के लिए; अगर वे किसी तरह इसके लिए राजी भी हो जाते तो भी

> सिर्फ इसलिए कि उनकी मौत से दूसरों को अन्धाधुंध हत्याओं का बहाना न मिले...

लेकिन उनके ये शब्द बहुत-से लोगों का गुस्सा ठंडा करने में असफल रहे, जो भगत सिंह और उनके कॉमरेडों को न बचाने के लिए गांधीजी को कोस रहे थे।

कराची में कांग्रेस के वार्षिक सत्र में मोतीलाल नेहरू पंडाल पर शोक के बादल छाए रहे। सत्र के लिए 29 मार्च, 1931 का दिन निर्धारित करते समय किसी को भी पता नहीं था कि इससे छह दिन पहले भगत सिंह, सुखदेव और राजगुरु को फाँसी पर चढ़ा दिया जाएगा। पार्टी के नव-निर्वाचित अध्यक्ष सरदार वल्लभ भाई पटेल के नेतृत्व में निकाले जानेवाले जुलूस को रद्द कर दिया गया। स्वागत समिति के सभापति चोइथराम पी. गिडवानी ने अपने स्वागत भाषण में कहा कि इस दुखद समाचार ने 'पूरे देश को पीड़ा और क्षोभ में डुबो दिया था'। जानत बहुत ज्यादा हताश थी। लोग उम्मीद कर कहे थे कि उनके जन-नायकों की जिन्दगियाँ बख्श दी जाएँगी। गांधी-इर्विन समझौते और भारत सरकार और कांग्रेस के बीच सहयोग के वातावरण को देखते हुए यह स्वाभाविक भी था।

कांग्रेस की वामपंथी शाखा का प्रतिनिधित्व करने वाले सुभाषचन्द्र बोस भी इस सत्र में शामिल थे। उन्हें नौजवानों के चेहरों पर निराशा के बादल दिखाई दे रहे थे। उन सभी ने अपनी बाँह पर काली पट्टी बाँध रखी थीं। वे यह जानना चाहते थे कि इन तीन क्रान्तिकारियों की जिन्दगियाँ बचाने के लिए कांग्रेस ने क्या किया था। उन्हें ऐसा लग रहा था कि गांधीजी ने अपनी तरफ से पूरा जोर नहीं लगाया था। अगर वे इर्विन के साथ हुए समझौते को भंग करने की धमकी दे देते तो ब्रिटिश सरकार निश्चित ही झुक जाती और फाँसी की सजा को उम्रकैद में बदल देती।

सुभाषचन्द्र बोस ने गांधीजी से कहा भी था कि अगर जरूरत पड़े तो उन्हें भगत सिंह और उनके कॉमरेडों के मुद्दे पर वाइसरॉय के साथ समझौते को भंगकर देना चाहिए, 'क्योंकि फाँसी दिल्ली समझौते के शब्दों के खिलाफ हो न हो, पर इसकी भावना के जरूर खिलाफ थी'। लेकिन बोस ने यह भी स्वीकार किया कि गांधीजी ने अपनी तरफ से पूरा जोर लगाया था।

गांधीजी के सचिव महादेव देसाई ने गुजराती में कहे गए उनके शब्दों को उद्धरित करते हुए कहा—

> मैं यहाँ अपना बचाव करने नहीं आया था, इसलिए मैंने ये तथ्य सामने रखने की जरूरत नहीं समझी है कि भगत सिंह और उनके कॉमरेडों को बचाने के लिए मैंने क्या किया। मैंने सभी तरीकों से वाइसरॉय को मनाने की कोशिश की। भगत सिंह के रिश्तेदारों के साथ अपनी मुलाकात के बाद मैंने निर्धारित तारीख यानी 23 की सुबह वाइसरॉय को एक व्यक्तिगत पत्र लिखा

जिसमें मैंने अपने दिल और अपनी आत्मा को निचोड़कर रख दिया लेकिन इसका भी कोई असर नहीं हुआ।...कोई मनुष्य अपनी पूरी भावनाओं और संवेदनाओं के साथ जो भी प्रयास कर सकता है, वह सब सिर्फ मैंने ही नहीं किया, पूज्य पंडित मालवीय जी और डॉ. सप्रू ने भी अपनी तरफ से पूरा जोर लगाया।

जनता के बिगड़े तेवरों को देखते हुए कांग्रेस नेताओं ने शहीदों को बचा न पाने की कई तरह से सफाई दी लेकिन कोई भी दलील जनता के गुस्से को शान्त नहीं कर पा रही थी। कांग्रेस की तरफ से दी जा रही एक दलील यह भी थी कि इर्विन ने गांधीजी से वायदा किया था कि फाँसी की सजा उमक्रैद में बदल दी जाएगी, लेकिन ब्रिटिश आई.सी.एस. अधिकारियों द्वारा एकमुश्त इस्तीफा दे देने की धमकी के कारण वे अपनी बात से मुकर गए थे।

एक अजीबोगरीब-सी कहानी यह भी सुनने में आ रही थी कि वाइसरॉय ने फाँसी की सजा को रोकने का हुक्म देते हुए लाहौर सेंट्रल को एक तार भेजा था। लेकिन कुछ अफसरों की साजिश के कारण यह तार फाँसी लग जाने के बाद ही जेल अधिकारियों तक पहुँच सका।

कांग्रेस की सभा में उमड़ी भारी भीड़ के उग्र तेवरों को देखते हुए सरदार पटेल अपने भाषण में भगत सिंह और उनके साथियों का गुणगान करते हुए उन्हें भावभीनी श्रद्धांजलि दी। उन्होंने इन फाँसियों को लेकर देश में व्याप्त जन-आक्रोश का भी उल्लेख किया लेकिन साथ ही उन्होंने गांधीजी की भाषा का इस्तेमाल करते हुए कहा–

> मैं अपने-आपको उनके तौर-तरीकों के साथ नहीं जोड़ सकता। मेरे मन में इस बात को लेकर कोई सन्देह नहीं है कि राजनीतिक हत्याएँ भी उतनी ही निन्दनीय हैं जितनी कि दूसरी हत्याएँ; लेकिन मैं भगत सिंह और उनके साथियों की देशभक्ति, साहस और बलिदान की प्रशंसा करता हूँ।

पटेल यह सब बोल रहे थे तो पंडाल में और उसके बाहर 'भगत सिंह अमर रहे' और 'इन्कलाब जिन्दाबाद' के गगनभेदी नारे गूंजने लगे। पटेल ने आगे कहा–

> मौत की सजा को बदलने की जोरदार और व्यापक माँग को देखते हुए सरकार ने जिस तरह से ये फाँसियाँ दी हैं, उससे उसकी हृदयविहीन और विदेशी प्रकृति खुलकर उजागर हो गई है। लेकिन हमें यह ध्यान रखना होगा कि क्रोध की उत्तेजना में हम अपने लक्ष्य से न भटक जाएँ। सरकार द्वारा अपनी ताकत के इस शर्मनाक प्रदर्शन से एक आत्मविहीन व्यवस्था कटघरे में खड़ी हो गई है और अपनी लड़ाई को सही साबित करने की हमारी क्षमता

कहीं ज्यादा बढ़ गई है। लेकिन हमें अपने सीधे और सँकरे रास्ते से जरा भी इधर-उधर भटकने से बचना होगा।

फाँसियों के बाद गांधीजी द्वारा दिए गए बयान को एक बार फिर जारी किया गया–

भगत सिंह और उनके साथियों को मौत की सजा दे दी गई है और वे शहीद बन गए हैं। बहुत-से लोगों के लिए उनकी मौत एक व्यक्तिगत क्षति है। मैं इन नौजवानों को श्रद्धांजलि देनेवालों में शामिल हूँ लेकिन इसके बावजूद मैं देश के नौजवानों को आगाह करना चाहूँगा कि वे उनके रास्ते पर न चलें। हमें अपनी ऊर्जा, अपनी बलिदान-भावना, अपनी मेहनत और अपने अटूट साहस का उस तरीके से इस्तेमाल नहीं करना है जिस तरह उन्होंने किया। देश को खून-खराबे से आजाद नहीं कराना है।

जहाँ तक सरकार का सवाल है, तो मैं ऐसा महसूस कर रहा हूँ कि उसने विद्रोहियों का दिल जीतने का एक सुनहरा मौका खो दिया है। कम-से-कम समझौते के नजरिए से देखते हुए ही यह उसका कर्तव्य था कि फाँसी की सजाओं को अनिश्चित काल के लिए स्थगित कर दिया जाए। सरकार ने खुद ही अपनी कार्रवाई से समझौते को गहरा धक्का पहुँचाया है, और एक बार फिर यह जता दिया है कि वह किस तरह जनमानस की खुलकर उपेक्षा कर सकती है और उसके पास कितनी ज्यादा ताकत है।

हिंसा पर यह भरोसा एक अपशगुन है और यह दर्शाता है कि ऊँचे और पवित्र दावों के बावजूद वह सत्ता का त्याग करने की इच्छुक नहीं है लेकिन जनता का कर्तव्य बिलकुल स्पष्ट है।

कांग्रेस को अपने चुने हुए रास्ते से पीछे नहीं हटना है। मेरे अपने विचार में, इस बेहद भड़काऊ घटना के बावजूद कांग्रेस को समझौते का अनुमोदन करना चाहिए और उन परिणामों तक पहुँचने की अपनी क्षमता को परखना चाहिए जिनकी वह उम्मीद करती रही है...

...इसलिए इन बहादुर नौजवानों के साहस की तारीफ करने के बावजूद हमें उनकी गतिविधियों का अनुसरण नहीं करना है। उन्हें फाँसी पर लटकाकर सरकार ने अपनी खुद की बर्बर प्रकृति का प्रदर्शन किया है। यह ताकत से पैदा होनेवाले अहंकार का एक ताजा प्रमाण है, जिसके मद में जन-भावनाओं की अनदेखी कर दी गई। इन फाँसियों से यह नतीजा निकाला जा सकता है कि सरकार लोगों के हाथ में असली सत्ता देने का इरादा नहीं रखती। सरकार के पास निश्चित ही इन नौजवानों को फाँसी देने का अधिकार था लेकिन कुछ अधिकार ऐसे होते हैं जिन्हें सिर्फ नाम के लिए

इस्तेमाल करने से अधिकार रखने वाले को श्रेय मिलता है। अगर कोई व्यक्ति हर अवसर पर अपने सभी अधिकार इस्तेमाल करता रहेगा तो अन्त में वे नष्ट हो जाएँगे। अगर इस अवसर पर सरकार अपने अधिकारों का इस्तेमाल न करके श्रेय बटोर लेती तो शान्ति बनाए रखने में यह बहुत ज्यादा उपयोगी होता।

लेकिन यह बिलकुल साफ है कि सरकार ने आज की तारीख तक इस तरह का विवेक नहीं दिखाया है। उसने जनता को भड़कने का एक स्पष्ट कारण दे दिया। अगर जनता ने क्रोध का प्रदर्शन किया तो वह उस बाजी को हार जाएगी जिसे वह जीतने की कगार पर है। कुछ अधिकारी तो शायद उम्मीद भी कर रहे होंगे कि जनता गुस्से में कुछ कर बैठे। वे ऐसा चाहें या न चाहें, लेकिन हमारा रास्ता बिलकुल सीधा रास्ता है। समझौते पर बातचीत करते समय हमारे दिमाग पर भगत सिंह की फाँसी का प्रश्न हावी था। हम उम्मीद कर रहे थे कि सरकार सावधानी बरतते हुए भगत सिंह और उनके साथियों की सजा को इस हद तक माफ कर देगी कि उन्हें फाँसी न हो। लेकिन हम सिर्फ इसलिए अपने अभी-अभी दिए गए वचन से पीछे नहीं हट सकते कि हमारी उम्मीदें पूरी नहीं हुईं। हमें इस आघात को झेलना होगा और अपने वचन का मान रखना होगा। परीक्षा की इस घड़ी में ऐसा करने से अपनी आकांक्षा को साकार करने की हमारी शक्ति बढ़ेगी, न कि कम होगी। लेकिन अगर हम अपने वचन से मुकर जाते हैं या समझौते का उल्लंघन कर देते हैं, तो हम अपना ओजस्व, अपनी शक्ति खो बैठेंगे और अपने लक्ष्य तक पहुँचना हमारे लिए और ज्यादा मुश्किल हो जाएगा। इसलिए हमारा धर्म यह है कि हम अपने गुस्से को पी जाएँ, समझौते का पालन करें और अपना कर्तव्य निभाते रहें।

कांग्रेस के सत्र से तीन दिन पहले गांधीजी ने कराची में प्रेस को दिए गए एक इंटरव्यू में कहा था–

मैं भगत सिंह और उनके दोस्तों की मौत की सजा को कम करवाने की अपनी कोशिशों में नाकामयाब रहा, इसीलिए इन नौजवानों ने मुझ पर अपना गुस्सा निकाला। मैं इसके लिए तैयार भी था। हालाँकि वे मेरे खिलाफ भड़के हुए थे, फिर भी मैं कहूँगा कि उन्होंने बड़े शालीन तरीके से अपने गुस्से का प्रदर्शन किया। वे चाहते तो मुझे शारीरिक चोट भी पहुँचा सकते थे लेकिन उन्होंने ऐसा नहीं किया। वे चाहते तो कई दूसरे तरीकों से मेरा अपमान कर सकते थे लेकिन उन्होंने अपने गुस्से और अपमान को मुझे काले कपड़े के फूल पकड़ाने तक सीमित रखा, जो मेरे खयाल से तीन देशभक्तों की

अस्थियों के प्रतीक थे। वे चाहते तो इन्हें मुझ पर बरसा या फेंक भी सकते थे लेकिन इसकी बजाय उन्होंने मेरे हाथों में ये फूल देना ठीक समझा, जिन्हें मैंने कृतज्ञतापूर्वक स्वीकार कर लिया। वे 'गांधीवाद मुर्दाबाद' और 'गांधी, वापस जाओ' के नारे लगाते रहे।

मैं इसे गुस्से का उचित प्रदर्शन कहूँगा। इस तरह के और इनसे कहीं बुरे और गम्भीर प्रदर्शनों का आदी होने के कारण मैं विचलित नहीं हुआ। मैंने इन अपमानों को उनके गहरे दुख और गुस्से की सिर्फ एक विनम्र अभिव्यक्ति समझा। मैं सिर्फ यह उम्मीद कर रहा हूँ कि आई.एन.एस. (इंडियन नेशनल कांग्रेस) के पूरे सत्र के दौरान वे कल जैसी मर्यादा बनाए रखेंगे क्योंकि उन्हें मालूम है कि मैं उसी लक्ष्य तक पहुँचने की कोशिश कर रहा हूँ जो उनका लक्ष्य है। सिर्फ मैं एक ऐसे तरीके का इस्तेमाल कर रहा हूँ जो उनके तरीके से बिलकुल अलग है। मुझे लेशमात्र भी सन्देह नहीं है कि समय बीतने पर उन्हें अपने तौर-तरीकों की खामियों का अहसास होगा। दूसरे देशों के बारे में कुछ भी सच हो, लेकिन इस देश में जहाँ लाखों लोग भूखे मर रहे हैं, हिंसा के पंथ का कोई अर्थ नहीं हो सकता। आत्म-दमन और भीरुता के इस देश में, जो लगभग कायरता की हदों को छूता है, हम बहुत ज्यादा बहादुरी, बहुत ज्यादा आत्म-बलिदान की उम्मीद नहीं कर सकते। भगत सिंह की बहादुरी और बलिदान के आगे हमारा सिर झुकता है लेकिन मुझे और ऊँचे स्तर की बहादुरी चाहिए, अगर मेरे नौजवान दोस्त मेरे यह कहने से नाराज न हों, विनीत, विनम्र और अहिंसक की बहादुरी, जो किसी को कोई नुकसान पहुँचाए या किसी भी प्राणी को नुकसान पहुँचाने का विचार किए बिना भी फाँसी पर झूल जाए।

बाद में पत्रकारों ने गांधीजी से दो प्रश्न किए। पहला प्रश्न था—क्या भगत सिंह और उनके साथियों को फाँसी दे दिए जाने से समझौते को लेकर उनकी धारणा में कोई बदलाव आया था? उनका जवाब था—

मेरा व्यक्तिगत दृष्टिकोण अब भी बिलकुल वही है, हालाँकि जो कुछ हुआ है वह बहुत ज्यादा भड़काने वाली घटना है। मुझे यह स्वीकार करना होगा कि फाँसियों पर रोक लगाना समझौते का हिस्सा नहीं था, इसलिए जहाँ तक मेरा सम्बन्ध है, समझौते की शर्तों के बाहर कोई भी भड़काने वाली घटना मुझे उस पथ से डिगा नहीं सकती जो समझौते के लिए अपनी रजामन्दी देते समय मैंने चुना था।

दूसरा प्रश्न था—क्या वे एक ऐसी सरकार को माफ करना नीति-विरुद्ध (इम्पॉलिटिक) समझते थे जो सैकड़ों हत्याओं की दोषी थी? गांधीजी का जवाब था—

> मुझे एक भी ऐसे उदाहरण की जानकारी नहीं है जहाँ क्षमा इतनी दोषपूर्ण प्रतीत हो कि उसे नीति-विरुद्ध कहा जा सके किन्तु किसी भी देश ने ऐसी क्षमा नहीं दिखाई जैसी भारत ने ब्रिटेन के प्रति दिखाई है। इससे मेरे उत्तर पर कोई असर नहीं पड़ता। जो व्यक्तियों के बारे में सही है, वह शब्दों के बारे में भी सही है। कोई भी जरूरत से ज्यादा क्षमा नहीं कर सकता। कमजोर कभी क्षमा नहीं कर सकता। क्षमा करना शक्तिशाली का गुण है।

सत्र के दौरान गांधी-विरोधी हवा बहते देखते हुए नेहरू ने गांधीजी को 'विश्व में अहिंसा का महानतम मसीहा' बताया। साथ ही, उन्होंने चेतावनी देते हुए कहा–

> हमारा रास्ता भगत सिंह का रास्ता नहीं है। हमने हमेशा कहा है कि हम हथियारों से देश को आजाद नहीं करवा सकते।...सिर्फ गांधीजी के तरीके से ही देश को आजादी मिल सकती है। अगर हमने अहिंसा का रास्ता छोड़ दिया तो हम आनेवाले कई वर्षों तक आजाद नहीं हो सकेंगे।

नेहरू ने एक प्रस्ताव पेश किया, जिसका मदन मोहन मालवीय ने अनुमोदन किया। इस प्रस्ताव में कहा गया था–

> कांग्रेस अपने-आपको किसी भी शक्लो-सूरत में राजनीतिक हिंसा से अलग करते हुए और इससे असहमति जताते हुए स्वर्गीय सरदार भगत सिंह और उनके कॉमरेडों–सुखदेव और राजगुरु की वीरता और बलिदान के प्रति अपनी प्रशंसा दर्ज करती है, और उनके परिजनों के साथ उनकी दुखद मौत का शोक मनाती है। कांग्रेस का मानना है कि ये तिहरी फाँसियाँ मनमानी प्रतिशोध-भावना का कृत्य हैं और सजा को कम करने की सर्वसम्मत राष्ट्रीय माँग की खुली अवहेलना हैं। कांग्रेस का यह भी मानना है कि सरकार ने न सिर्फ जनता की सद्भावना अर्जित करने का सुनहरी अवसर खो दिया है जो इस मुकाम पर बहुत जरूरी थी, बल्कि उस पार्टी को शान्ति के रास्ते पर लाने का अवसर भी गँवा दिया है जो निराश होकर राजनीतिक हिंसा का सहारा लेती है।

गांधीजी ने यह प्रस्ताव लाने के लिए नेहरू को चुना था क्योंकि वे नौजवानों में काफी लोकप्रिय थे। पटेल को फब्तियों का सामना करना पड़ा था। अगर किसी चीज ने दिलों में भड़की आग को सचमुच शान्त करने का काम किया तो वह था भगत सिंह के पिता किशन सिंह का भाषण। उन्होंने भगत सिंह द्वारा कहे गए शब्दों को याद किया तो बहुत से डेलिगेट फूट-फूट कर रोने लगे–

> हमसे भगत ने कहा था कि तुम परेशान न होओ। मुझे फाँसी लगने दो, यही ठीक है। हमें फाँसी लगी तो एक हफ्ते में ही स्वराज मिल जाएगा। वो कहता था कि प्रिवि काउंसिल में जाने से कोई फायदा नहीं, चूँकि गुलामों को हक नहीं है कि वे शिकायत करें।

किशन सिंह ने बताया कि किस तरह जेल अधिकारियों ने फाँसी लगाने से एक दिन पहले उन्हें और परिवार के अन्य सदस्यों को भगत सिंह से मिलने नहीं दिया था।

> वह वहाँ था, हम उसे देख सकते थे लेकिन पुलिस ने हमें उससे मिलने नहीं दिया। हम सिर्फ हाथ हिला सके। वे एक पिता के साथ ऐसा बर्ताव कैसे कर सकते हैं जिसका बेटा उसकी आँखों के सामने छीना जा रहा हो?

लेकिन उन्होंने श्रोताओं से अपील करते हुए कहा–

> आपको अपने जनरल (गांधीजी) का साथ देना है। आपको सभी कांग्रेस नेताओं का साथ देना है। तभी आप देश के लिए आजादी हासिल कर सकते हैं।

प्रस्ताव में भगत सिंह और उनके कॉमरेडों की प्रशंसा के बावजूद बहुत-से सदस्य इससे खुश नहीं थे। एक डेलीगेट ने संशोधन प्रस्तुत करते हुए प्रस्ताव से इन शब्दों को हटाए जाने के लिए कहा–'कांग्रेस अपने-आपको किसी भी शक्लो-सूरत में राजनीतिक हिंसा से अलग करते हुए और इससे असहमति जताते हुए'। उनका कहना था कि भगत सिंह, सुखदेव और राजगुरु को बिना शर्त सम्मान दिया जाना चाहिए।

लालबहादुर शास्त्री ने कहा, "गांधीजी के एक अहिंसक अनुयायी के रूप में अपना जीवन बिताने के बावजूद मेरा दावा है कि इस समय यह कहना इस सदन की गरिमा और मर्यादा के लिए अपमानजनक है कि हम सब किसी भी शक्लो-सूरत में हिंसा के खिलाफ हैं।"

एक अन्य डेलीगेट ने शास्त्री का समर्थन किया और प्रस्ताव में संशोधन का अनुमोदन करते हुए कहा, "बड़े-बड़े नेताओं ने भगत सिंह और उनके कॉमरेडों की प्रशंसा की है लेकिन मेरी समझ में नहीं आता कि उनकी कार्रवाई को तिरस्कार के साथ क्यों देखा जा रहा है? उन्होंने जो कुछ भी किया है, देश की भलाई के लिए किया है।"

इससे पहले कि कोई और डेलीगेट संशोधन के पक्ष में बोलता, प्रस्ताव पर फैसला लेने की प्रक्रिया शुरू कर दी गई। शास्त्री के समर्थन में बहुत-से हाथ उठे लेकिन यह बिलकुल साफ था कि गांधीजी संशोधन के पक्ष में नहीं थे। उनकी सहमति से ही प्रस्ताव का मसौदा तैयार किया गया था। गांधीजी चाहते थे कि संशोधन को वापस ले लिया जाए। आखिर मतदान हुआ और संशोधन की माँग को बहुमत से ठुकरा दिया गया।

गांधीजी के लिए कांग्रेस का समर्थन बहुत जरूरी था। लंदन की गोल मेज कॉन्फ्रेंस में वे सैद्धान्तिक रूप से 'समझौते' के लिए राजी हो चुके थे। लेकिन इसके

लिए उन्हें कांग्रेस के पूरे और निर्बाध समर्थन की जरूरत थी। वे नहीं चाहते थे कि फाँसियों से इस पर कोई असर पड़े। कांग्रेस के कोषाध्यक्ष जमनादास बजाज ने गांधीजी को चेताते हुए कहा था, "आप शर्तों में बँधकर राउंड टेबल कॉन्फ्रेंस में नहीं जा सकते और दुनिया से यह नहीं कह सकते कि आप अब भी सिर्फ आजादी की बात पर कायम हैं।"

11 जून, 1931 के 'यंग इंडिया' में गांधीजी ने कहा था, "मैंने भगत सिंह और उनके कॉमरेडों की सजा कम करवाने की कोशिशों में दिलचस्पी ली थी। मैं इस काम में पूरे जतन से जुटा रहा था।" एक अन्य सार्वजनिक अभिव्यक्ति में उन्होंने कहा, "भगत सिंह और उनके साथियों को बचाने के बदले में मैं बड़ी खुशी से वाइसरॉय को अपनी जिन्दगी सौंप देता।"

फिर भी, गांधीजी ने भगत सिंह का स्मारक बनाने के अभियान के साथ अपने-आपको जोड़ने से इनकार कर दिया।

वार्षिक सत्र अभी चल ही रहा था कि सुखदेव के भाई मथुरा दास ने सुखदेव का वह पत्र गांधीजी के निजी सचिव महादेव देसाई को सौंप दिया, जो उन्होंने फाँसी लगने से सिर्फ दो दिन पहले गांधीजी को लिखा था। सुखदेव को पता चला था कि गांधीजी ऐसे कैदियों की रिहाई के लिए सरकार से बातचीत कर रहे थे जिन पर हिंसा के आरोप नहीं थे। इसके साथ ही गांधीजी क्रान्तिकारियों से हिंसा का रास्ता छोड़ने की अपील भी कर रहे थे। 'यंग इंडिया' में 21 अप्रैल, 1931 को छपे इस पत्र में सुखदेव ने गांधीजी को 'परम कृपालु महात्माजी' (मोस्ट ग्रेशियस महात्माजी) कहकर सम्बोधित किया था–

> समझौता कर लेने के बाद आपने अपना आन्दोलन खत्म कर दिया है और परिणामस्वरूप आपके सभी कैदी रिहा कर दिए गए हैं लेकिन क्रान्तिकारी कैदियों का क्या होगा? गदर पार्टी के बीसियों कैदी 1915 से ही जेलों में बन्द हैं और सजा की मियाद पूरी होने के बाद भी जेलों में सड़ रहे हैं। मार्शल लॉ के बीसियों कैदी आज भी कब्रों में जिन्दा दफन हुए पड़े हैं। बब्बर अकाली कैदियों का भी यही हाल है। देवगढ़, काकोरी, मछुआ बाजार और लाहौर साजिश के कैदी जेल की चारदीवारी में बन्द अनगिनत कैदियों में शामिल हैं। लाहौर, दिल्ली, चटगाँव, बम्बई, कलकत्ता और अन्य जगहों पर साजिश के आधे दर्जन से भी ज्यादा मामले चल रहे हैं। दर्जनों क्रान्तिकारी इधर-उधर भागते फिर रहे हैं और इनमें कई स्त्रियाँ भी शामिल हैं। आधे दर्जन से ज्यादा कैदी फाँसी पर लटकने की राह देख रहे हैं। इन सबका क्या होगा? लाहौर साजिश मामले के तीन सजायाफ्ता कैदी, जो संयोग से मशहूर

हो गए हैं और जिन्हें जनता की बहुत ज्यादा हमदर्दी प्राप्त है, क्रान्तिकारी पार्टी का कोई बड़ा हिस्सा नहीं हैं। उनके भविष्य का प्रश्न पार्टी के सामने एकमात्र प्रश्न नहीं है। सच्चाई यह है कि उनकी सजा घटाए जाने की बजाय उनके फाँसी पर चढ़ जाने से ही ज्यादा भला होने की उम्मीद है।

लेकिन इस सबके बावजूद आप सार्वजनिक अपीलें करके उन्हें अपना आन्दोलन खत्म करने के लिए कह रहे हैं। वे ऐसा क्यों करें? आपने किसी निश्चित बात का जिक्र नहीं किया है। ऐसी परिस्थितियों में आपकी अपीलों का मतलब है कि आप आन्दोलन को कुचलने में नौकरशाही की मदद कर रहे हैं। आपकी अपीलों का अर्थ उन्हें पार्टी को छोड़ने और पार्टी के साथ गद्दारी और विश्वासघात करने की सीख देना है। अगर ऐसा न होता तो आपके लिए सबसे अच्छा रास्ता यह था कि आप कुछ प्रमुख क्रान्तिकारियों से मिलते और उनके साथ बातचीत करते। आपको उन्हें अपना आन्दोलन खत्म करने के लिए मनाना चाहिए था। मुझे नहीं लगता कि आम दकियानूसी धारणा की तरह आप भी यही मानते हैं कि क्रान्तिकारी सोच-विचार का इस्तेमाल नहीं करते और तबाही और बर्बादी से खुश होते हैं। हम आपको बताना चाहेंगे तो कि सच्चाई इससे ठीक उलटी है। वे अपने हर कदम को अच्छी तरह से मापते-तौलते हैं और उन्हें अपनी जिम्मेदारी का पूरा-पूरा अहसास रहता है। वे क्रान्तिकारी कार्यक्रम के रचनात्मक अंग को कहीं ज्यादा महत्त्व देते हैं लेकिन मौजूदा हालत में उनके सामने विध्वंस का रास्ता चुनने के अलावा और कोई विकल्प नहीं है।

सरकार की मौजूदा नीति यह है कि क्रान्तिकारियों ने अपने आन्दोलन से जनता की जो सहानुभूति अर्जित की है, जो समर्थन अर्जित किया है, उससे उन्हें वंचित कर दिया जाए और इसके बाद उन्हें कुचल डाला जाए। अकेले पड़ने पर उन्हें असानी से दबोचा जा सकता है। इस तथ्य को देखते हुए क्रान्तिकारियों का मनोबल तोड़ने वाली कोई भावुकतापूर्ण अपील करना बहुत नासमझी की बात होगी और क्रान्ति-विरोधी होगी। यह एक तरह से क्रान्तिकारियों को कुचलने में सरकार की सीधी मदद करना होगा।

इसलिए हम आपसे अनुरोध करते हैं कि या तो कुछ क्रान्तिकारी नेताओं से बात करें—इनमें से कई जेलों में बन्द हैं—और उनके साथ किसी समझौता पर पहुँचे या ये अपीलें जारी करना बन्द कर दें। कृपया भलाई की खातिर इनमें से कोई एक रास्ता चुन लीजिए और उस पर सच्चे दिल से चलिए। अगर आप उनकी मदद नहीं कर सकते तो कृपया उन पर रहम करें। उन्हें अकेला छोड़ दें; वे अपना बेहतर खयाल रख सकते हैं। उन्हें पता

है कि भविष्य के राजनीतिक संघर्ष में क्रान्तिकारी पार्टी हावी रहने वाली है। जनता उनके साथ जुड़ रही है और वह दिन दूर नहीं जब वे अपने झंडे तले इस जनता-जनार्दन का नेतृत्व करेंगे और अपने नेक और ऊँचे आदर्श–समाजवादी गणतंत्र की तरफ बढ़ेंगे।

और अगर आप सचमुच ही उनकी मदद करना चाहते हैं, तो उनके साथ बातचीत करके उनके नजरिए को समझने की कोशिश कीजिए और पूरी समस्या पर उनके साथ विस्तार से चर्चा कीजिए।

आशा है, आप उपरोक्त अनुरोध पर ध्यान देने की कृपा करेंगे और अपने विचार सार्वजनिक रूप से प्रकट करेंगे।

सुखदेव ने अपने पत्र के अन्त में लिखा था–'अनेकों में से एक'।

चूँकि उन्होंने गांधीजी से सार्वजनिक रूप से जवाब देने के लिए कहा था, इसलिए गांधीजी ने ऐसा ही किया। उन्होंने लिखा–

लेखक 'अनेक में से एक' नहीं हैं। अनेक राजनीतिक आजादी के लिए फाँसी पर नहीं चढ़ते। राजनीतिक हत्या कितनी भी निन्दनीय क्यों न हो लेकिन ऐसे खतरनाक कारनामों को प्रेरित करने वाली देशप्रेम की भावना और साहस को नजरअन्दाज करना सम्भव नहीं है। और हमें उम्मीद करनी चाहिए कि राजनीतिक हत्याओं का यह चलन बढ़ नहीं रहा है। अगर भारतीय प्रयोग सफल रहता है, जिसकी पूरी-पूरी उम्मीद है, तो राजनीतिक हत्याओं का सिलसिला हमेशा के लिए खत्म हो जाएगा। कम-से-कम मैं इसी निष्ठा के साथ अपने काम में जुटा हुआ हूँ।

लेखक का यह कहना पूरी तरह न्यायपूर्ण नहीं है कि मैं क्रान्तिकारियों से अपना आन्दोलन खत्म करने के लिए सिर्फ भावुक अपीलें करता रहा हूँ। मैं इससे उलट यह दावा कर रहा हूँ कि मैंने उनके सामने कठोर सच्चाइयाँ रखने की कोशिश की है, जिन्हें इन कॉलमों में कई बार दोहराया जा चुका है। मैं इन्हें फिर से दोहरा रहा हूँ–

1. क्रान्तिकारी गतिविधियाँ हमें अपने लक्ष्य के नजदीक नहीं ला पाई हैं।
2. इससे देश की सेना पर होनेवाला खर्च बढ़ गया है।
3. इससे कोई भला होने की बजाय सरकार को सख्त कदम उठाने का बहाना मिला है।
4. जब भी कोई राजनीतिक हत्या हुई है तो कुछ समय के लिए वहाँ के लोगों को मुसीबतें झेलनी पड़ी हैं और उनका मनोबल गिरा है।
5. इनसे लोगों में जागृति पैदा करने में किसी भी तरह से कोई मदद नहीं मिली है।

6. इन गतिविधियों का जनता पर दोहरा बुरा प्रभाव पड़ा है क्योंकि बढ़े हुए खर्चों का भार और सरकार के गुस्से को अप्रत्यक्ष रूप से जनता को ही झेलना पड़ता है।
7. भारतीय जमीन पर राजनीतिक हत्याएँ नहीं फल सकतीं। जैसाकि इतिहास हमें बताता है, भारतीय परम्परा राजनीतिक हिंसा के प्रतिकूल है।
8. अगर क्रान्तिकारी जनता को अपने तौर-तरीकों के साथ जोड़ना चाहते हैं तो हमें लम्बे और अनिश्चित समय तक प्रतीक्षा करनी होगी, ताकि वे लोगों को अपने रंग में रँग सकें और हमें आजादी मिल सके।
9. अगर हिंसा का तरीका कभी लोकप्रिय भी हुआ तो जैसाकि कई दूसरे देशों में हुआ है, इसके पलटकर हमारे ही सिरों पर बरस पड़ने की उम्मीद है।
10. क्रान्तिकारी अपने से उलटे तरीके यानी अहिंसा की क्षमता के प्रदर्शन को भी अपनी आँखों से देख चुके हैं, जो उनके द्वारा हिंसा की छिट-पुट वारदातों के बावजूद और कभी-कभार अहिंसा के तथाकथित उपासकों की भी हिंसा के भी बावजूद जारी रहा है।
11. क्रान्तिकारियों को उस एकमात्र कसौटी को स्वीकार करना चाहिए जो उन्हें बताती है कि उनकी गतिविधियों से अहिंसक आन्दोलन का कोई भला नहीं हुआ है, बल्कि उलटे इससे हमारे ध्येय को क्षति ही पहुँची है। दूसरे शब्दों में कहा जाए तो अगर मेरे पास पूरी तरह से शान्तिपूर्ण माहौल होता तो हम अपने लक्ष्य को पहले ही प्राप्त कर चुके होते।

मैं इन्हें कठोर सच्चाइयाँ मानता हूँ, न कि भावुक अपील। लेकिन लेखक ने पार्टी के नाम मेरी सार्वजनिक अपीलों पर भी एतराज किया है और कहा है कि मैं ऐसा करके आन्दोलन को कुचलने में नौकरशाही की मदद कर रहा हूँ। निश्चित ही, नौकरशाही को आन्दोलन से निपटने के लिए मेरी मदद की जरूरत नहीं है। वह मेरे और क्रान्तिकारियों, दोनों के ही खिलाफ पूरी ताकत से लड़ रही है। हिंसा की बजाय अहिंसा से उन्हें ज्यादा खतरा महसूस होता है। उसे हिंसा से निपटना आता है लेकिन अहिंसा से वह बहुत ज्यादा बौखलाई हुई है जिसने उसकी चूलें हिलाकर रख दी हैं।

और फिर, राजनीतिक हत्याओं का इरादा करने वालों को पहले से मालूम होता है कि इन खतरनाक गतिविधियों की उन्हें क्या कीमत चुकानी पड़ सकती है। मेरी किसी कार्रवाई से उनका कुछ बिगड़ने वाला नहीं है। और यह देखते हुए कि–

क्रान्तिकारी पार्टी को लुक-छिपकर काम करना पड़ता है। उनके अज्ञात सदस्यों को सम्बोधित करने के लिए मेरे पास सार्वजनिक अपीलों के अलावा कोई रास्ता नहीं है। कई पुराने क्रान्तिकारी आज मेरे साथियों के रूप में काम कर रहे हैं।

खुली चिट्ठी में शिकायत की गई है कि सत्याग्रहियों के अलावा अन्य कैदियों को रिहा नहीं किया गया है। मैं इसका कारण समझा चुका हूँ कि अन्य कैदियों की रिहाई पर जोर देना क्यों सम्भव नहीं था। जाती तौर पर मैं उन सभी की रिहाई चाहता हूँ। मैं उनकी रिहाई के लिए हरसम्भव कोशिश करूँगा। मुझे पता है कि उनमें से कुछ को बहुत पहले छोड़ दिया जाना चाहिए था। कांग्रेस इस सम्बन्ध में एक प्रस्ताव लाई है। मान्यवर नरीमन (एक कांग्रेस नेता) को कार्यकारिणी समिति ने सभी नाम इकट्ठे करने के लिए कहा है। जैसे ही यह सूची बन जाएगी, उनकी रिहाई की कोशिशें शुरू कर दी जाएँगी। लेकिन जो लोग बाहर हैं, उन्हें क्रान्तिकारी हत्याएँ नहीं होने देनी चाहिए। ऐसा नहीं हो सकता कि हम केक खा भी लें और बचा भी लें। हाँ, कई राजनीतिक कैदी भी हैं जिन्हें हर हाल में रिहा किया जाना चाहिए। मैं सभी सम्बन्धित लोगों को यह भरोसा दिलाना चाहूँगा कि जो देर हो रही है उसके पीछे इरादे की कमी न होकर सामर्थ्य की कमी है। हमें यह भी याद रखना चाहिए कि जब अन्तिम समझौता लागू होगा, अगर अगले कुछ महीनों में ऐसा सचमुच हो पाया, तो सभी राजनीतिक कैदियों को छोड़ना ही पड़ेगा। अगर यह समझौता न हो पाया तो जो लोग राजनीतिक कैदियों की रिहाई की कोशिशें कर रहे हैं, वे खुद भी सलाखों के पीछे होंगे।

उपसंहार

भगत सिंह के खून का असर देख लेना
मिटा देंगे ज़ालिम का घर देख लेना।

नवम्बर 1981 का एक खिली-खिली धूप वाला दिन। वाशिंगटन इस सुहाने मौसम में और भी उजला और साफ-सुथरा प्रतीत हो रहा था। कांग्रेसमेन और सीनेटरों के चैम्बरों के झुरमुट भी इस उजली धूप की बौछारों से अछूते नहीं रहे थे लेकिन 1088, वेस्टसाइड ड्राइव के एक घर की खिड़कियों पर मोटे पर्दे पड़े हुए थे, मानो इस घर में रहने वाला अन्धकार का शौकीन हो। पड़ोसियों के लिए यह कोई हैरानी की बात नहीं थी। उन्होंने इस घर के दरवाजे-खिड़कियों को हमेशा बन्द देखा था।

इस घर के निवासी में बहुत कम लोगों की दिलचस्पी थी। एक लम्बा-ऊँचा, खामोश तबीयत और अपनी ही दुनिया में खोया रहने वाला व्यक्ति। लोगों ने उसे हमेशा सोचों में डूबे और दूसरों से कटे-कटे रहते देखा था। वह मिलने-जुलने से घबराता था। पिछले कई महीनों से उसने अपने-आपको अपने कमरे में बन्द कर रखा था।

बूढ़ा और निढाल हो चला हंसराज वोहरा हमेशा अकेले रहना पसन्द करता था। वह अकसर अपनी सोचों में डूब जाता। वह अपने कॉमरेडों के खिलाफ सरकारी गवाह क्यों बन गया था? पिछले कई सालों से वह दुनिया को अपनी कहानी सुनाना चाह रहा था लेकिन जब भी वह ऐसा करना चाहता तो यह सोचकर उसकी हिम्मत जवाब दे जाती कि भला उसकी बात कौन सुनना चाहेगा? कौन उस पर विश्वास करेगा? आखिर उसकी गवाही ने ही तो उसके तीन भूतपूर्व कॉमरेडों–भगत सिंह, सुखदेव और राजगुरु को फाँसी के तख़्त पर पहुँचाया था। लोगों को जैसे ही पता चलेगा कि वह कौन है, वे उससे दूर भागेंगे।

मुखबिर बनने के बाद जिस तरह उसके दोस्तों ने भी उसे त्याग दिया था, उससे उसे यकीन हो गया था कि उसे अपनी पूरी जिन्दगी एक सामाजिक अछूत बनकर जीनी होगी। उसके सगे-सम्बन्धी भी उसे सन्देह की नजर से देखने लगे थे। धीरे-धीरे

उसने इस कलंक के साथ जीना सीख लिया था। यह एक कठोर और अकेली जिन्दगी थी लेकिन उसने इसके साथ समझौता कर लिया था।

मुकदमे के बाद अंग्रेजों ने उसे चुपके से इंग्लैंड भेज दिया था, जहाँ वह लंदन यूनिवर्सिटी में भर्ती हो गया था। उनकी मदद के बिना उसे कोई नौकरी मिलनी मुमकिन नहीं थी।

लंदन मे कुछ समय गुजारने के बाद उसे लाहौर में ही अंग्रेजों के एक अखबार 'सिविल एंड मिलिट्री गैजेट' में नौकरी मिल गई। एक बड़े सरकारी अधिकारी ने सम्पादक एफ.डब्ल्यू. बस्टिन से सिफारिश करके उसे वहाँ एक रिपोर्टर के तौर पर रखवा दिया। वोहरा को उस समय भी पूरा अहसास था कि उसे अपने साथियों से गद्दारी करने और क्रान्तिकारी आन्दोलन को नुकसान पहुँचाने का कलंक जिन्दगी भर ढोना होगा।

उसे अदालत में भगत सिंह की हिकारत भरी नजरें रह-रहकर याद आती थीं। हालाँकि उसे पार्टी में सुखदेव ने भर्ती किया था लेकिन वह भगत सिंह से ज्यादा घुला-मिला हुआ था। भगत सिंह की तरह वह भी इन्कलाबी कामों को लेकर अपने पिता के गुस्से से बचने के लिए घर से भाग गया था।

क्या उन तीनों की फाँसी के लिए वह जिम्मेदार था? वह अपने-आपको यकीन दिलाने की कोशिश करता था कि वह उन पापों की काफी सजा भुगत चुका था जो उसने नहीं किए थे। बँटवारे से कुछ दिन पहले वह 'स्टेट्समैन' में नियुक्त हो गया था। कलकत्ता के इस अखबार का मालिक भी एक अंग्रेज था। बस्टिन ने सम्पादक आर्थर मूर से बात की थी, जिसने वोहरा को दिल्ली में विशेष संवाददाता के तौर पर नियुक्त कर लिया था। हालाँकि अपने पद के कारण उसे बड़े-बड़े नेताओं से मिलने का अवसर मिलता रहता था लेकिन उसे ऐसा लगता था मानो वे उस पर भरोसा न करना चाहते हों। उसका भूतकाल हमेशा उसके वर्तमान पर हावी रहता था।

इसलिए विदेश जाने का अवसर मिलते ही उसने झट से इसे लपक लिया। 'टाइम्स ऑफ इंडिया' ने उसे अपना वाशिंगटन संवाददाता नियुक्त कर दिया। रिटायर होने के बाद भी वोहरा की भारत लौटने की इच्छा नहीं हुई। वह अमेरिका में ही 'डेकन हेरॉल्ड' का प्रतिनिधि बन गया। बाद में उसने अपनी खुद की एक फीचर सर्विस शुरू की, जो ज्यादा नहीं चली।

समय के साथ भगत सिंह की फाँसी से जुड़ी यादें धुँधली पड़ती गईं। लेकिन जब भी उनके बलिदान को याद किया जाता था तो उनके और उनके ध्येय के साथ गद्दारी करने वाले वोहरा का नाम भी उछल पड़ता था—वह आदमी, जिसकी गवाही ने भगत सिंह और उनके साथियों को फाँसी के तख्त पर पहुँचाया था।

फाँसी के पचास साल बाद वोहरा को एक ऐसा पत्र प्राप्त हुआ जिसने उसे झकझोर कर रख दिया। यह पत्र सुखदेव के भाई मथुरा दास थापर ने लिखा था, जो

एक इंजीनियर थे। थापर ने लिखा था कि इतिहास जानना चाहेगा कि वोहरा ने अपने साथियों के साथ गद्दारी क्यों की थी।

वोहरा अमेरिका में गुमनामी में ही मर जाना चाहता था। एक ऐसी मौत, जिसका किसी को पता न चले। लेकिन पत्र में ऐसे आरोप लगाए गए थे जो उसे लगता था कि सच नहीं थे। थापर का यह वाक्य उसे भीतर-ही-भीतर कचोट रहा था–''तुम कैसे भूल गए कि हमारे देश के विदेशी शासक अपने प्रशासन तंत्र के साथ मिलकर, जिसमें भारतीय भी शामिल थे, जनता पर जुल्म कर रहे थे?''

ऐसा लगता था कि वोहरा के लिए थापर के मन में अब भी कुछ कोमल भावनाएँ थीं। उन्होंने उसे 1926 के दशहरा बम कांड की याद दिलाई, जब वह सिर्फ सत्रह वर्ष का था। पुलिस के बहुत जोर डालने पर भी वोहरा ने जुबान नहीं खोली थी। बाद में सुखदेव ने उसकी वफादारी की तारीफ भी की थी। तो फिर लाहौर साजिश मामले में गिरफ्तार होते ही वह क्यों टूट गया था? उसने क्यों सब कुछ उगल दिया था?

थापर के पत्र ने वोहरा को एक बार फिर कटघरे में खड़ा कर दिया था। वोहरा को लगा कि उसे अपनी कहानी सुना देनी चाहिए। यूँ भी अब जिन्दगी के ज्यादा दिन बाकी नहीं बचे थे। डॉक्टरों ने बताया था कि उसे कैंसर था और ज्यादा पीने के कारण हालत बिगड़ती जा रही थी।

वोहरा हमेशा सलीके से जीना पसन्द करता था। दिल्ली की गर्मियों में भी वह जैकेट और नेक-टाई पहने रहता था। उसने अपने कमरे में पड़े टाइपराइटर को निहारा। उसे अपना जवाब टाइप करना चाहिए था हाथ से लिखना चाहिए? वह कुछ देर सोचता रहा और फिर अपना पेन उठाकर लिखने लगा। अगर यह एक इकबालनामा था, एक स्वीकारोक्ति थी, तो इसे हाथ से ही लिखा जाना चाहिए।

वोहरा ने थापर के नाम अपने पत्र में लिखा था–

> आपके पत्र और इसमें छलकते आपके स्नेह ने मेरे दिल को छू लिया है, हालाँकि मैं इस स्नेह के बिलकुल भी योग्य नहीं हूँ। मुझे अफसोस है कि हम कभी मिल नहीं पाए लेकिन पीछे मुड़कर देखा जाए तो, शायद यह अच्छा ही हुआ। अगर हम मिलते तो पुराने दिनों की बातें करते, और यह भी कि 1920 के दशक में क्या हुआ था जब मैं सिर्फ 17 वर्ष का था। मैं समझता हूँ कि आपने उन घटनाओं पर बड़ी गहराई से शोध किया है। मैं खुद भी अकसर ऐसा करने की सोचता रहा हूँ और एक किताब लिखने की भी। लेकिन फिर कुछ सोचकर रुक गया हूँ। मैं जो भी लिखूँगा, उसे पक्षपातपूर्ण और अपने बचाव की कोशिश समझा जाएगा। यह समय की बर्बादी होगी, हालाँकि मुझे अब भी लगता है कि तथ्यों की गहराई से जाँच-पड़ताल उस समय के इतिहास को समझने में महत्त्वपूर्ण योगदान दे सकती है।...

आपको सुखदेव पर गर्व करने का पूरा अधिकार है। वे पार्टी की आत्मा थे और एक कुशल संगठनकर्ता थे। मेरा खयाल है कि आप उन्हें एक हीरो के रूप में देखते हैं। लेकिन मैंने बलबीर (वोहरा का कजिन) को बताया था कि मेरा मन कैसे बदला और वास्तव में क्या हुआ था। शायद उन्होंने मेरा पक्ष आप तक पहुँचा दिया होगा। इसीलिए मुझे लगता है कि हमारा न मिलना ही अच्छा था।...

मैंने बेहद मुश्किलों भरी जिन्दगी जी है, खतरों से भरी हुई लेकिन अब तक, टचवुड, मैं किसी तरह के शारीरिक आघात से बचा रहा हूँ लेकिन उस गुजरे दौर की यादें मेरा पीछा नहीं छोड़तीं। वे मुझे टीसती हैं, कचोटती हैं, पीड़ा पहुँचाती हैं। मैंने एक पत्रकार के रूप में एक अर्ध-सार्वजनिक जीवन अपनाया है। अपने 44 वर्षों के लेखन कैरियर में मुझे मैले पानी की मछली की तरह जीना पड़ा है, अपने पेशे में सफलता प्राप्त करते हुए भी गुमनाम रहने की कोशिश करते हुए। यह हैरानी के साथ-साथ बेहद सन्तोष की भी बात है कि तमाम तरह की अड़चनों के बावजूद मैं अपनी पत्रकारिता की लाइन में सफलता के चरम पर पहुँचने में सफल रहा हूँ।

...मैं अब भी अपनी आजीविका अपनी कलम से ही कमा रहा हूँ। अपनी बाकी जिन्दगी बिताने का यह एक साफ-सुथरा तरीका है, खासकर, यह देखते हुए कि मेरे पेशे में शैली और सोच, कला और कारीगरी, और पढ़ने और लिखने का बड़ा दिलचस्प संगम रहता है। मैं उम्मीद कर रहा हूँ कि जब तक मैं मरूँगा, लोग मुझे पूरी तरह भूल चुके होंगे। यह मेरी महत्त्वाकांक्षा है।

वोहरा के 7 अक्टूबर, 1980 के इस पत्र का जवाब थापर ने लगभग एक वर्ष बाद 9 सितम्बर, 1981 को दिया। उन्होंने वोहरा से थोड़ा और खुलासा और जानकारी माँगते हुए लिखा–

यह जानकार बड़ा सन्तोष हुआ कि संघर्ष और अनिश्चितता भरी जिन्दगी गुजारने के बाद तुम अब पत्रकारिता की अपनी लाइन में भरपूर सफलता प्राप्त करने में सफल रहे हो।...लेकिन इन सुरीले सुरों के बीच मुझे कुछ बेसुरी ध्वनियाँ भी सुनाई पड़ी हैं : कि अपनी भरपूर सफलता के बावजूद तुम दुनिया की नजरों में आने से बच रहे हो, और यह कि (तुम्हारे अपने ही शब्दों में) 'मैं उम्मीद कर रहा हूँ कि जब तक मैं मरूँगा लोग मुझे पूरी तरह भूल चुके होंगे। मेरी बस यही महत्त्वाकांक्षा है।'...'फैटेलिज्म' तब एक गलत दर्शन साबित होने लगता है जब यह निष्क्रियता को जन्म दे, एक ऐसी अन्तहीन प्रतीक्षा को कि स्वर्ग-लोक से कुछ छलकेगा; लेकिन उन

परिस्थितियों में यह निश्चित ही सराहनीय है जब योग्यता और प्रयत्नों का किन्हीं भी कारणों से इच्छित फल न मिले; यह सभी आहत मस्तिष्कों के लिए मलहम का काम करता है। ऐसा लग रहा है कि तुम आत्म-विनाश के शिकार हो रहे हो, जो मेरे खयाल से एक ऐसा प्रलोभन है जो जिन्दगी की हँसी-खुशी को सोखकर उसकी निर्मलता और उजालों को मिटा देता है।

वास्तव में क्या हुआ था (तुम्हारे अपने ही शब्दों को दोहराते हुए), मैं सचमुच जानना चाहूँगा। मेरी जिज्ञासा इस हद तक बढ़ चुकी है कि मैं यह कहने की भी हिम्मत कर रहा हूँ कि अगर तुम्हें ऐसा लगा था कि कांसपरेसी का भेद खुल जाने के बाद सुखदेव कमजोर पड़ गए थे, या ऐसा ही कुछ, तो तुमने पिछली बार जैसी दृढ़ता क्यों नहीं दिखाई; और यह कि तुम्हारे मन में सुखदेव के लिए वितृष्णा की भावना क्यों है, जबकि वे आखिरी दम तक तुम्हारे बारे में अच्छा सोचते रहे।...

क्या सुखदेव ने पुलिस का भरोसा जीतने के लिए ही 'इकबालनामा' दिया था? वोहरा खुद भी जानना चाहता था। सुखदेव किसी तरह जय गोपाल तक पहुँचना चाहते थे जो सरकारी गवाह बन गया था। स्कॉट की हत्या की योजना में सुखदेव ने जय गोपाल को सन्देश वाहक का काम सौंपा था। उसे भगत सिंह, राजगुरु और आजाद को स्कॉट के थाने पहुँचने की खबर देनी थी लेकिन जय गोपाल ने गलती से सांडर्स को ही स्कॉट समझ लिया था और अपने तीनों साथियों को सूचित कर दिया था। वह पुलिस का अहम गवाह था, जिसने सांडर्स की हत्या होते देखी थी। क्या सुखदेव ने किसी तरह जय गोपाल तक पहुँचने और उसकी हत्या कर देने के इरादे से ही 'इकबालनामा' दिया था?

वोहरा ने दिल की हर बात बता देने का निश्चय कर लिया। अपने दूसरे पत्र में उसने लिखा, "मुझे ऐसा लगा था कि मेरे गुरु (सुखदेव) ने मेरे साथ धोखा किया। बाकी जनता की तरह, मैं उन लोगों के लिए मर-मिटने को तैयार नहीं था जिनके लिए मेरे दिल में अब कुछ भी इज्जत नहीं बची थी।"

नीचे वोहरा का 27 नवम्बर, 1981 का वह पत्र प्रस्तुत है जो उसने थापर के जवाब के तीन महीने बाद लिखा था–

हंस आर. वोहरा,
एडिटर, यू.एस. फीचर सर्विस

प्रिय मथुरादास जी,

आपके स्नेहपूर्ण पत्र का जवाब देने में देरी के लिए क्षमा चाहूँगा।

आपका यह स्नेह इतना अनापेक्षित और इतना भाव-विभोर कर देनेवाला है कि मैं इस पर आश्चर्य किए बिना नहीं रह पा रहा हूँ क्योंकि

मैं अपने-आपको एक सामाजिक कोढ़ी का दरजा दे चुका हूँ। शायद यह छोटी-सी कविता मेरी स्थिति को अभिव्यक्त कर सके–

मेरा एक दोस्त था
एक कोढ़ी दोस्त
क्या तुम उससे हाथ मिला सकते थे?
कोरस–ओह, नहीं, नहीं!
क्या तुम उससे आँखें मिला सकते थे?
कोरस–ओह, नहीं, नहीं!
क्या तुम उसके साथ सो सकते थे?
कोरस–ओह, नहीं, नहीं!

यही दुख था। मैं कोई कवि नहीं हूँ लेकिन शायद यह छन्द अपने बारे में मेरी सच्ची भावनाओं को व्यक्त करता है। इसीलिए मुझे हैरानी होती है कि आप एक ऐसे आदमी पर अपनी भावनाएँ क्यों बर्बाद कर रहे हैं जो अपनी जिन्दगी में आए अजीब मोड़ के दुख का बोझ उठाए हुए है। जैसाकि मैंने आपसे कहा है, सुखदेव के मामले में और गिरफ्तारी के बाद उनकी भूमिका के बारे में मेरा कुछ कहना बिलकुल भी ठीक नहीं होगा।

मैं यह पत्र घटनाओं को लेकर अपनी व्यक्तिगत प्रतिक्रियाओं तक सीमित रखूँगा।

मुझे सांडर्स की हत्या की शाम को गिरफ्तार कर लिया गया था। मुझे कोई हैरानी भी नहीं हुई थी। मैं शहर का सबसे महत्त्वपूर्ण और जाना-पहचाना छात्र नेता था। लगभग 17 वर्ष की उम्र में मैं पंजाब छात्र आन्दोलन का प्रथम सचिव बन गया था जिसे मैंने हमारे क्रान्तिकारी आन्दोलन का एक सार्वजनिक मंच बनाने की कोशिश की।

मैंने पंजाब के छात्रों की एक कॉन्फ्रेंस आयोजित की, जिसमें उम्मीद से कहीं ज्यादा छात्रों ने हिस्सा लिया। मैंने भारत के लिए पूर्ण स्वतंत्रता का प्रस्ताव पास किया, जबकि इंडियन नेशनल कांग्रेस उस समय डोमीनियन (स्वतंत्र उपनिवेश) स्टेटस को लेकर विचार-विमर्श कर रही थी। इस तरह मैंने छात्रों को बुजुर्गों से आगे बढ़ा दिया।

गिरफ्तार होने के बाद 'हत्या की साजिश को छिपाए रखने की जिम्मेदारी' मेरे कन्धों पर आ पड़ी, जिसके बारे में मैं सब कुछ जानता था। कई हफ्तों बाद जब मुझे जमानत पर रिहा किया गया तो मैं इस जिम्मेदारी को सफलतापूर्वक निभा चुका था। सभी राज मेरे सीने में दफन रहे थे। मैं आपको यह नहीं बता रहा हूँ कि पुलिस हिरासत में मेरे साथ कैसा बर्ताव

किया गया, ताकि आप यह न सोचें कि मैं सहानुभूति बटोरना चाहता हूँ या अपनी तारीफ कर रहा हूँ।

लेकिन जब मुझे दूसरी बार गिरफ्तार किया गया, जो सुखदेव और पार्टी के कुछ अन्य सदस्यों की गिरफ्तारी के बाद हुआ था, तो मुझे सुखदेव का 'इकबालनामा' दिखाया गया। यह फुलस्केप कागज पर टाइप किया गया लगभग 100 (या 50) पृष्ठों का बयान था।

मुझे यह भी पता चला कि पार्टी के आठ-दस लोग, जो सब-के-सब पार्टी के वरिष्ठ सदस्य थे, राजा के गवाह या मुखबिर बन गए थे, जैसाकि उन्हें कहा जाता था।

इसलिए मुझे निम्न तथ्यों की रोशनी में चीजों पर नए सिरे से विचार करना पड़ा। सुखदेव, जिनके आदेश पर मैंने अपना घर-परिवार छोड़ दिया था! और जिन्हें मैंने अपना गुरु स्वीकार कर लिया था, ने उसी पार्टी को नष्ट कर दिया था जिसे बनाने के लिए उन्होंने इतना कुछ किया था।

यह एक ऐसी स्थिति थी जिसका वर्णन करना मुश्किल था, बेहद निराशाजनक और हम सबके मनोबल और उस साझे उद्देश्य को ध्वस्त कर देनेवाली, जिसके लिए हम सब घरों से निकले थे।

मैं आपकी इस सफाई को स्वीकार नहीं कर सकता कि वे नर्वस हो गए (घबरा गए) थे। यह इतनी कमजोर दलील है कि एक भविष्य के नायक के साथ मेल नहीं खाती और उनके उज्ज्वल पक्ष का मखौल उड़ाती है। वे एक महान संगठनकर्ता थे। वे पूरी निःस्वार्थ भावना के साथ उद्देश्य से जुड़े हुए थे। वे एक कर्मठ कार्यकर्ता थे। वे एक कुशल और विश्वसनीय वक्ता थे, जो उनके कहने पर मेरे पार्टी में भर्ती होने की घटना से भी पता चलता है।

मुझे आज तक नहीं मालूम कि उनके दिमाग में ऐसी क्या बात आई कि गिरफ्तारी के कुछ ही घंटों बाद वे दिवाली के पटाखे की तरह फट गए। मुझे पक्का यकीन है कि पुलिस ने उनके साथ किसी तरह की सख्ती नहीं बरती थी। उलटे, जाँच अधिकारी बड़े अदब और नरमी से पेश आ रहे थे।

सुखदेव ने खुद ही पार्टी का हर राज खोलकर रख दिया था। इसके बाद कुछ भी महत्त्वपूर्ण छिपाने के लिए नहीं बचा था। फिर भी, कुछ बातें थीं जिन्हें वे बताना भूल गए थे, इसलिए मैंने भी अपने बयान में ये बातें छिपाए रखीं।

सुखदेव के व्यवहार से दो समस्याएँ सामने आती हैं, जिनमें से किसी का भी आपने समाधान नहीं किया है—1. अगर उनके मन में किसी के लिए दुर्भावना नहीं थी तो उन्होंने बयान क्यों दिया? 2. बयान देने के बाद उन्होंने इसका कोई फायदा क्यों नहीं उठाया?

जैसाकि मैं कह चुका हूँ, पहले प्रश्न का कोई तर्कसंगत कारण समझ में नहीं आता, सिवा इसके कि उनका दिमाग पानी के घड़े की तरह था। घड़ा टूट गया और पानी बह गया।

मेरे खयाल से, अपने दिमाग को इस तरह खाली कर देने के बाद उन्हें शान्ति महसूस हुई होगी। लेकिन पार्टी के बारे में उनकी इस लबालब जानकारी ने, जिसे उन्होंने दोनों हाथों से बहा दिया, दूसरों के लिए समस्याएँ खड़ी कर दीं। मेरी जानकारियाँ जिन्दगी भर मेरे सीने में दफन रही हैं।

मेरी जिन्दगी एक रुकी हुई और धब्बेदार जिन्दगी रही है। इतिहास के इन घृणित दागों को धोने के लिए मैं कुछ भी नहीं कर सकता।

मैंने छानबीन करने वाली पुलिस के सामने इन कारणों से हार मान ली–एक, मुझे ऐसा लगा कि मेरे गुरु ने मेरे और पार्टी के अन्य सदस्यों के साथ धोखा किया था। कहानी का मेरा अपना हिस्सा बहुत छोटा-सा था, और जो कुछ वे बता चुके थे उसकी तुलना में बहुत कम महत्त्वपूर्ण था।

मैं लाचारी की भावना का शिकार हो गया था। हालाँकि यह कहना बहुत आसान है कि मुझे हल्की सजा मिली होती, मैं उन लोगों के साथ मर-मिटने का खतरा उठाने को तैयार नहीं था जिनके लिए मेरे मन में अब कोई इज्जत नहीं थी।

दूसरे, इसका मतलब होता कि मेरी जिन्दगी पूरी तरह से पटरी से उतर जाती क्योंकि मैं अपनी शिक्षा के अन्तिम वर्ष में था।

इसलिए मैंने बड़ी होशियारी से, पार्टी को कम-से-कम कोई अतिरिक्त नुकसान पहुँचाए बिना अपने-आपको बचाने की कोशिश की, ताकि मैं बाकी बचे हुए टुकड़ों को अपनी पूरी योग्यता के साथ समेट सकूँ।

1. मैं हत्या के बारे में अपनी तरफ से कोई सबूत न देने में सफल रहा, जिसकी प्लानिंग और तैयारी मेरी आँखों के सामने हुई थी।

मैंने इसके बारे में कुछ भी नहीं कहा। इसलिए मैं न तो हत्या की साजिश का और न हत्या का गवाह था।

2. मैं इस बात का भी श्रेय लेना चाहूँगा कि मैं दुर्गादास का नाम न लेने से बचा रहा, जिसे मैंने ही भर्ती किया था।

मैं ये दोनों काम इसलिए कर सका क्योंकि सुखदेव ने अपने बयान में इनका जिक्र नहीं किया था।

आपको यह भी याद रखना चाहिए कि मैं पार्टी का सबसे कम उम्र का सदस्य था लेकिन मुझे सभी कार्रवाइयों के कानूनी परिणामों की जानकारी थी। गवाही देते समय भी मैंने कम-से-कम नुकसान पहुँचाने का ध्यान रखा

था और शायद कुछ भला करने का भी, जैसाकि दुर्गादास कई बार स्वीकार कर चुके हैं।

अगर आप हमारे पत्र-व्यवहार की प्रतियाँ बलवीर को दे सकें तो मैं आभारी महसूस करूँगा क्योंकि इस मामले में उनकी भी दिलचस्पी है।

अगर मैं अनजाने में सुखदेव के बारे में कोई अपमानजनक बात लिख गया हूँ तो मैं एक बार फिर आपसे क्षमा चाहूँगा। आपको उन्हें एक 'हीरो' के रूप में देखने का पूरा हक है। वे आपके भाई थे। मैंने इस पत्र में न चाहते हुए भी मुकदमे के अपने अनुभव के बारे में लिखा है।

शुभकामनाओं सहित,

सस्नेह,

आपका,

(एच. आर. वोहरा)

थापर ने वोहरा के पत्र का जवाब देने में लगभग पाँच महीने लगा दिए। यह एक लम्बा, सिंगल़ स्पेस में टाइप किया हुआ 14 पृष्ठों का पत्र था।

थापर ने वोहरा के उत्तर का 'तुम्हारा गिला' (योर ग्रज) के रूप में सारांश प्रस्तुत करते हुए इसे चार नुक्तों में बाँटा–

1. यह कि मई 1929 में तुम्हारी तीसरी और आखिरी गिरफ्तारी के बाद तुम्हें लगभग 100 पृष्ठों का सुखदेव द्वारा दिया गया एक (तथाकथित) बयान दिखाया गया था।
2. यह कि सुखदेव ने एक महत्त्वपूर्ण नेता होते हुए तुम्हें और दूसरों को धोखा दिया था और उस पार्टी को मटियामेट कर दिया था जिसे बनाने के लिए उन्होंने इतनी मेहनत की थी।
3. यह कि पार्टी के आठ-दस वरिष्ठ सदस्य सरकारी गवाह बन गए थे और
4. तुम यह सोचकर हैरान हो रहे थे कि बयान देने के बाद सुखदेव ने इसका कोई व्यक्तिगत लाभ क्यों नहीं उठाया।

थापर का तर्क था कि 'जो बयान तुम्हें दिखाया गया था वह पुलिस द्वारा गढ़ा गया था...'। उन्होंने वोहरा के इस आरोप का खंडन किया कि पुलिस ने सुखदेव के खिलाफ सख्ती का इस्तेमाल नहीं किया था। उनका कहना था–

> पुलिस ने उन्हें तोड़ने और झुकाने के लिए थर्ड डिग्री तरीकों का इस्तेमाल किया था लेकिन शरीर पर क्रूरता के निशानों के बावजूद उनकी हिम्मत और हौसला नहीं टूटा था।...दरअसल जो कुछ हुआ था वह यह था कि जय गोपाल के बयान ने सुखदेव को चिन्ता में डाल दिया था। जैसे ही उन्हें इसका पता चला था, उन्होंने पुलिस से कहा था कि जय गोपाल से कुछ पूछने की

बजाय उन्हें खुद उनसे पूछना चाहिए क्योंकि पार्टी का एक महत्त्वपूर्ण नेता होने के नाते उन्हें कहीं ज्यादा जानकारी थी। उनके इस व्यवहार से उनके साथियों में गलतफहमी पैदा होना स्वाभाविक था। लेकिन इसके पीछे सुखदेव का उद्देश्य यह था कि किसी तरह पुलिस का भरोसा जीतकर जय गोपाल तक पहुँचा जा सके, ताकि वे उसका गला घोंटकर उसकी हत्या कर सकें। सुखदेव ने यह बात हममें से परिवार के कुछ सदस्यों को उस समय बताई भी थी जब वे अजीज अहमद की हिरासत में थे। अजीज अहमद कांसपरेसी मामले के इंचार्ज थे और सरदार गोपाल सिंह डिप्टी सुपरिटेंडेंट थे।

थापर का आरोप था कि हिन्दी लेखक यशपाल पुलिस के मुखबिर थे। "वे जय गोपाल से सारी जानकारियाँ लेकर पुलिस तक पहुँचा देते थे। हालाँकि कुछ वर्ष पहले उनका निधन हो गया लेकिन उनके प्रशंसक उन्हें एक महान क्रान्तिकारी और लेखक के रूप में याद करते हैं।" कैसी विडम्बना है!

9 अक्टूबर, 1982 के अपने जवाब में वोहरा ने लिखा–

मैं किसी भी हालत में इस बात से सहमत नहीं हो सकता कि गिरफ्तारी के बाद सुखदेव का व्यवहार आपके द्वारा सुझाए गए इरादे से प्रेरित था। यह बड़ी फेंटेस्टिक (काल्पनिक) और अविश्वसनीय-सी बात है। न ही मैं इस धारणा को स्वीकार कर सकता हूँ कि उनका लम्बा बयान पुलिस द्वारा गढ़ा गया था। यह बात पुलिस को पार्टी के कुछ ठिकानों तक ले जाने के उनके प्रयासों से भी मेल नहीं खाती, भले ही उन्होंने सभी ठिकाने न दिखाए हों। न ही मुझे पुलिस द्वारा यातना दिए जाने की आपकी बात में कोई दम नजर आता है जो नरमी, अदब और ऐशो-आराम जैसे कहीं ज्यादा शक्तिशाली तरीकों का इस्तेमाल कर रही थी।

वोहरा ने इस पत्र-व्यवहार पर विराम लगाते हुए कहा, "हम जो सबसे अच्छी चीज कर सकते हैं वह यह है कि खुशी-खुशी एक-दूसरे से सहमत न होने के लिए सहमत हो जाएँ या जब मैं दिसम्बर में भारत आऊँगा तो हम दो दोस्तों की तरह मिल सकते हैं।" लेकिन वोहरा कभी भारत नहीं लौटा।

थापर ने भी 19 नवम्बर, 1982 के अपने पत्र में इस पत्र-व्यवहार को बन्द करते हुए कहा, "हाँ, हमारे विचारों के बीच एक ऐसी खाई है जो, जैसाकि तुम कहते हो, कभी पट नहीं सकती। इसलिए अच्छा यही रहेगा कि हम इस मामले में कोई और बात न करें।"

"मैं वोहरा की कहानी की कैसे जाँच-पड़ताल करूँ?" मैं अपने आपसे पूछता रहा। थापर के पास इसके अलावा कहने को कुछ नहीं था जो इन पत्रों में लिखा जा चुका

था। इससे पहले कि मैं उनसे मिल पाता, उनकी मृत्यु हो गई। उन्होंने वोहरा के पत्र को प्रचारित नहीं किया क्योंकि उन्हें उस पर विश्वास नहीं था। लेकिन उन्होंने वोहरा की इच्छा का पालन करते हुए उसका पत्र नई दिल्ली में उसके परिवारवालों तक भेजने की सौजन्यता और निष्पक्षता जरूर दिखाई।

मेरा खयाल था कि भगवती चरण की पत्नी दुर्गा देवी, जो भगत सिंह की करीबी सहयोगी रही थीं, को सच्चाई जरूर मालूम होगी। मैं उनसे भी मिला। वे तब गाजियाबाद में अपने बेटे सचिन के साथ रह रही थीं। उनकी स्मृति बार-बार उन्हें धोखा दे जाती थी। फिर भी, वोहरा की याद दिलाने पर उन्होंने उसे 'पार्टी का एक छोटा-मोटा कार्यकर्ता' कहकर खारिज कर दिया। वोहरा के आरोप के बारे में उन्होंने कहा, ''हमें हमेशा से ही सुखदेव पर शक रहा था।''

लेकिन सन्देह अपनी जगह थे और तथ्य अपनी जगह। तथ्य यह था कि सुखदेव भगत सिंह और राजगुरु के साथ फाँसी चढ़े थे। ऐसा कोई प्रमाण नहीं था कि मुकदमे के दौरान या बाद में वे जरा भी कमजोर पड़े हों। उनका रवैया उतना ही अड़ियल था जितना कि स्कूल के दिनों में—जब स्कूल के एक दौरे पर आए गोरे फौजी अफसरों को सलाम ठोंकने से इनकार करने पर उन्हें डंडे से पीटा गया था। अगर उन्होंने पुलिस को सब कुछ बता दिया था तो फिर वोहरा की जगह उन्हें माफ क्यों नहीं किया गया? उन्हें वोहरा से कहीं ज्यादा जानकारी थी।

शायद वोहरा पुलिस की जानी-पहचानी चाल में फँस गया था। आज भी अपराधियों से सच्चाई उगलवाने के लिए यही तरीका इस्तेमाल किया जाता है कि ''तुम्हारे साथी ने सब कुछ बता दिया है। अच्छा यही है कि तुम भी सब कुछ साफ-साफ बता दो तो हम तुम्हें माफी दिलवाने की कोशिश करेंगे।'' हो सकता है कि ऐसा ही कुछ हुआ हो। सच्चाई यह है कि वोहरा की कहानी विश्वसनीय प्रतीत नहीं होती। क्रान्ति के लक्ष्य के साथ जरा भी प्रतिबद्धता महसूस करने वाला व्यक्ति भला अपने साथियों को फँसाने की बात कैसे सोच सकता था?

अपने जीवन-काल में वोहरा ने कई बार उन दिनों को याद किया होगा जब क्रान्ति के साथ उसकी प्रतिबद्धता किसी भी तरह के सन्देह से परे थी। जब वह पार्टी के उद्‌देश्यों के प्रति पूरी तरह समर्पित था और उसके साथी कॉमरेड उसका सम्मान करते थे और उस पर भरोसा करते थे। वह मार्क्सिस्ट नहीं था लेकिन अंग्रेजों से आजादी का विचार उसे रोमांचित करता था। वह सभी गुप्त मीटिंगों में शामिल रहता था और कभी भी उसने ऐसा आभास नहीं दिया था कि वह अपनी पार्टी और साथियों के साथ गद्‌दारी करेगा।

13 सितम्बर, 1985 को वोहरा की मृत्यु हो गई—वाशिंगटन के उसी घर में जिसके खिड़कियाँ-दरवाजे हमेशा बन्द रहते थे। वह प्रकाश को बाहर रख सकता था,

लेकिन अन्धकार को नहीं। परिवार के थोड़े-से सदस्यों की उपस्थिति में वाशिंगटन में ही उसका दाह-संस्कार कर दिया गया।

सुखदेव और वोहरा के बीच जो फर्क था, वह दोनों के प्रति लोगों के नजरिए से जाहिर हो जाता है।

भगत सिंह, सुखदेव और राजगुरु की अस्थियाँ फिरोजपुर के पास एक समाधि में रख दी गई थीं। वहाँ एक स्मारक बन चुका है, जहाँ साल भर हजारों लोग उन्हें अपनी श्रद्धांजलि देने आते हैं। वोहरा का दाह-संस्कार कहाँ हुआ था, इसका किसी को कुछ पता नहीं है। सुखदेव एक जननायक हैं, एक हीरो हैं। एक जननायक और एक गद्दार के बीच कितना बड़ा फर्क होता है। पहले की जगह लोगों के दिलों में होती है जबकि दूसरा उनके धिक्कार का पात्र होता है। इतिहास दोनों को ही याद रखता है, एक को खुद अपना बलिदान देने के लिए तो दूसरे को अपने साथियों को बलिदान करने के लिए।

फ़ैज़ अहमद फ़ैज़ ने भगत सिंह, सुखदेव और राजगुरु के बलिदान को कुछ इस तरह अभिव्यक्त किया था–

जिस धज से कोई मक़तल में गया वो शान सलामत रहती है,
ये जान तो आनी-जानी है इस जान की कोई बात नहीं।

परिशिष्ट-1

श्री कुलदीप नैयर,
डी-7/2, वसन्त विहार,
नई दिल्ली-110 057

माय डियर मिस्टर नैयर,

आपका 22 अक्टूबर, 1992 का पत्र मिला। जवाब में देरी के लिए क्षमा चाहूँगा। इस देरी की कई वजहें हैं, जिनमें मेरी गिरती हुई सेहत भी शामिल है। मैं 82 वर्ष का हो चला हूँ और आँख की तकलीफ से परेशान हूँ जिसके लिए दोनों आँखों के ऑपरेशन की जरूरत है। गिरती सेहत के साथ-साथ मेरे पास रिटायर होने के बाद से रहने के लिए ढंग की छत भी नहीं है। मैं एक कोल्ड स्टोरेज एक्सपर्ट या और 1940 से हापुड़ की एक कम्पनी में काम कर रहा था। उससे पहले 1936 से 1940 तक मैंने लायलपुर के लाला राम लुभाया चनान की सहारनपुर की बर्फ फैक्टरी में काम किया था। उनका खानदान पंजाब के पुराने कांग्रेसी खानदानों में शामिल था। मेरे लायलपुर छोड़ने की वजह यह थी कि सुखदेव का खून का भाई होने के नाते पंजाब पुलिस मुझे लगातार परेशान कर रही थी। पंजाब पुलिस के एक ब्रिटिश अफसर की टिप्पणियों के अनुसार सुखदेव 'ब्रेन बिहाइंड द कंसपिरेसी' थे, जिसमें सुखदेव, भगत सिंह और राजगुरु की तिगड़ी शामिल थी। मैं इन कथित 'षड्यंत्रकारियों' के प्रमुख (सुखदेव) के पत्र ले जाने का काम किया करता था। इनमें महात्मा गांधी के नाम सुखदेव का वह पत्र भी शामिल था जो उन्होंने फाँसी से कुछ ही पहले लिखा था। पंजाब के कांग्रेस नेताओं में से कोई भी इस पत्र को कराची के कांग्रेस अधिवेशन में ले जाने के लिए तैयार नहीं हुआ था जो 31 मार्च, 1931 को शुरू हो रहा था। हमारे ताऊजी लालाचिन्तराम पंजाब के एक बड़े कांग्रेस नेता थे। लेकिन वे कराची नहीं जा सकते थे क्योंकि उन्हें थापर खानदान के मुखिया के नाते लायलपुर पहुँचकर सुखदेव की मौत पर अफसोस जाहिर करने आनेवालों से मिलना था। लाला पिंडीदास और कराची जानेवाले दूसरे कांग्रेस नेता सुखदेव का पत्र

महात्मा गांधी तक पहुँचाने से कतरा रहे थे। उन्हें डर था कि ऐसा करने से महात्मा गांधी उन्हें 'षड्यंत्रकारियों' का करीबी समझेंगे, जबकि वे उपरोक्त 'आतंकवादियों' के साथ अपना कोई सम्बन्ध दिखाना नहीं चाहते थे। इसलिए थापर खानदान के मुखिया और हमारे ताऊजी लाला चिन्तराम ने इस पत्र को कराची ले जाने और महात्मा गांधी तक पहुँचाने की जिम्मेदारी मुझे सौंप दी। मैं जिस ट्रेन में कराची गया उसमें बहुत-से कांग्रेस नेता यात्रा कर रहे थे और वे सब-के-सब कराची जा रहे थे। कराची में कांग्रेस कार्यकर्ताओं के अपमानजनक रवैये का सामना करने और उनकी लातें-घूँसे खाने के बावजूद मैं किसी तरह गांधीजी के पी.ए. श्री महादेव देसाई से मिलने में सफल रहा। मैंने वह पत्र उन्हें सौंप दिया। गांधीजी 'तीन हीरो' को फाँसी दिए जाने के बाद आयोजित कांग्रेस सत्र के महत्त्व को देखते हुए बहुत ज्यादा व्यस्त थे, इसलिए श्री देसाई ने कहा कि मैं लाला चिन्तराम जी तक यह सन्देश पहुँचा दूँ कि गांधीजी सत्र खत्म होने के बाद ही इस पत्र का जवाब देंगे। उनका जवाब 'नवजीवन' (हिन्दी) और 'यंग इंडिया' (अंग्रेजी) में देखा जा सकता था, जो वे वर्धा लौटने के बाद देंगे।

इससे पहले भी 1927-28 और 1930-31 में मुझे दो बार जेल जाना पड़ा था। एक बार तक जब सुखदेव ने 'बिरादर-ए-मन' के नाम एक पत्र लिखकर लाहौर के मेरे पते पर भेज दिया था; और इससे पहले तब जब लायलपुर में ब्रिटिश अफसरों के कम्पनी बाग क्लब में बम फूटा था। लायलपुर में बहुत-से लोगों को गिरफ्तार किया गया था लेकिन मेरे अलावा सभी को छोड़ दिया गया। लाला चिन्तराम का भतीजा और सुखदेव का सगा छोटा भाई होने के कारण मुझे लाहौर के किला गुज्जर सिंह में चार महीने तक कैद रखा गया। यहाँ यह कहना अप्रासंगिक नहीं होगा कि जब मेरे भाई ने लाहौर की बॉर्स्टल जेल से (बिरादर-ए-मन के नाम) उपरोक्त पत्र लिखकर मेरे पते पर भेजा था तो मुझे सबसे ज्यादा तकलीफ उठानी पड़ी थी। यह तब की बात है जब उन्हें (भगत सिंह और राजगुरु के साथ) फाँसी की सजा सुना दी गई थी। पुलिस ने बॉर्स्टल जेल में पहुँचकर उनके हाथ से आधा लिखा हुआ पत्र छीन लिया था। पुलिस दस्ते के प्रमुख अजीज अहमद ने सुखदेव से पूछा था कि वे यह पत्र किसे भेज रहे थे। उन्होंने कहा कि यह पत्र उनके कॉमरेडों, पार्टी के दूसरे क्रान्तिकारियों के नाम था। उन्होंने उनके नाम बताने से इनकार कर दिया तो अजीज अहमद ने कहा कि इन हालात में तुम्हारे भाई मथुरादास थापर को गिरफ्तार कर लिया जाएगा, उसे हिरासत में रखा जाएगा और पुलिस उसके साथ बड़ी सख्ती से पेश आएगी। इस पर सुखदेव ने जवाब दिया था, "तो क्या हुआ, इससे पहले भी वह पुलिस के जुल्मो-सितम का शिकार हो चुका है। वह एक बार फिर पुलिस की मार बर्दाश्त कर लेगा लेकिन किसी भी हालत में उन लोगों के नाम नहीं बताए

जाएँगे जिन्हें यह पत्र लिखा गया था।'' पुलिस की टीम उन्हें बॉर्स्टल जेल से सेंट्रल जेल में शिफ्ट करने गई थी जहाँ फाँसी की सजा पाए कैदियों को रखा जाता था। मौत की सजा अभी-अभी सुनाई गई थी और ऐसे सभी कैदियों को फौरन सेंट्रल जेल में स्थानान्तरित किया जाना था।

मैं एक बार फिर पंजाब पुलिस के चंगुल में फँस गया और जेल में कई महीनों तक पुलिस की यातनाएँ भुगतता रहा।

मुझे यहाँ यह कहने की अनुमति दीजिए कि दूसरे राजनीतिक पीड़ितों, जैसे कि डॉ. किचलू के बेटे को हर महीने 5,000 रुपये के साथ-साथ 50,000 रुपये की एकमुश्त मदद और साथ ही डी.डी.ए. का एक निःशुल्क फ्लैट दिया गया है। डॉ. किचलू के बेटे की तुलना में जरा हमारे परिवार की कुरबानियों की तुलना करें—मेरे ताऊजी लाला चिन्तराम देश की आजादी की लड़ाई में 1907 के बाद से कई बार जेल गए और मेरे बड़े भाई को भगत सिंह और राजगुरु के साथ फाँसी पर लटका दिया गया। मैं खुद भी पुलिस की यातनाओं का कई बार शिकार हुआ। यही कारण था कि मैंने अपने ताऊजी लाला चिन्तराम की सलाह पर हमेशा के लिए पंजाब छोड़ दिया।

अब भगत सिंह के मुकदमे पर आपकी प्रस्तावित किताब के मुख्य मुद्दे पर आते हुए मैं आपका ध्यान 'प्रोसीडिंग्स बुक ऑफ लाहौर कंसपिरेसी केस' की तरफ दिलाना चाहूँगा, जिसे मैंने नई दिल्ली के राष्ट्रीय अभिलेखागार को भेंट किया है। मेरे द्वारा संकलित यह इकलौता दस्तावेज है, जो 400 से भी अधिक पृष्ठों का है। मैं आपको यह भी बताना चाहूँगा कि मैंने ये सारे दस्तावेज लाहौर हाईकोर्ट से इकट्ठे किए थे और कई दूसरे महत्त्वपूर्ण दस्तावेज भी, जिसका इतिहास की दृष्टि से राष्ट्रीय महत्त्व है। लाहौर कंसपिरेसी मुकदमा सरकार के रिकॉर्ड में 'सुखदेव वर्सेस किंग एंड अदर एक्यूज्ड' के रूप में दर्ज है। इसका अंग्रेजी प्रारूप अंग्रेजी में दिए गए फैसले के साथ 'प्रोसीडिंग्स बुक' में मौजूद है और राष्ट्रीय अभिलेखागार में सुरक्षित है। इसका उर्दू संस्करण तीन खंडों में है और मेरे पास है। मेरे पास कई अन्य महत्त्वपूर्ण दस्तावेज भी हैं जो आप जैसे विश्व-विख्यात लेखक के लिए उपयोगी साबित हो सकते हैं। मैं अपने पास मौजूद सभी दस्तावेजों को कुछ समय के लिए आपकी सेवा में हाजिर कर सकता हूँ। मैंने बहुत सारा समय और पैसा खर्च करके इन दस्तावेजों को लाहौर हाईकोर्ट से प्राप्त किया है! कृपया यह बात ध्यान में रखें कि जब मैं दिल्ली आता हूँ तो अपनी बेटी श्रीमती लता गुजराल के पास ए-15, पहली मंजिल, साउथ एक्सटेंशन, पार्ट-II, नई दिल्ली में ठहरता हूँ। उनके पास टेलीफोन है और अगर आप मेरे पास मौजूद अन्य सम्बन्धित कागजात और डॉक्यूमेंटरी सबूत भी देखना चाहेंगे तो मैं आपको उनका नम्बर दे दूँगा।

आपको अपनी शुभकामनाएँ देते हुए मैं आशा करता हूँ कि ऐतिहासिक महत्त्व को एक और मास्टरपीस पुस्तक के लेखन के महान कार्य में मैं आपके किसी काम आ सकूँगा।

आपका

हस्त/

(एम.डी. थापर)

परिशिष्ट-2

मैं नास्तिक क्यों हूँ?

भगत सिंह

एक नया सवाल उठ खड़ा हुआ है। क्या यह मेरा अहंकार है कि मैं सर्वशक्तिमान, सर्वव्यापी और सर्वज्ञानी ईश्वर को नहीं मानता? मैंने कभी कल्पना भी नहीं की थी कि मुझे कभी इस तरह के सवाल का भी जवाब देना पड़ सकता है। लेकिन कुछ दोस्तों के साथ बातचीत के दौरान मुझे ऐसा आभास हुआ है कि मेरे कुछ खास दोस्त—अगर मैं यह दावा करके उनके साथ ज्यादती नहीं कर रहा हूँ—मेरे साथ हल्के-फुल्के सम्पर्क के बाद इस निष्कर्ष पर पहुँचे हैं कि ईश्वर के अस्तित्व को नकारकर मैं बहुत ज्यादा ज्यादती कर रहा हूँ और मेरे इस अविश्वास के पीछे मेरा अहंकार छिपा हुआ है। मानना पड़ेगा कि समस्या काफी गम्भीर है। मैं इन मानवीय गुणों-अवगुणों से ऊपर होने का दावा नहीं करता। मैं एक इनसान हूँ, इससे ज्यादा कुछ नहीं। कोई भी इससे ज्यादा होने का दावा नहीं कर सकता। मेरे अन्दर भी यह कमजोरी है। अहंकार मेरे स्वभाव का एक हिस्सा है। अपने कॉमरेडों में मुझे अपनी चलानेवाला कहा जाता था। मेरे दोस्त मि. बी.के. दत्त भी कभी-कभी ऐसा ही कहते थे। कुछ मौकों पर मुझे तानाशाह ठहराकर खूब कोसा भी गया। कुछ दोस्त शिकायत करते हैं, और वे बड़ी संजीदगी से ऐसा करते हैं कि मैं अपने विचार दूसरों पर थोपता हूँ और अपने प्रोपोजल पास करवा लेता हूँ। यह एक हद तक सच भी है। मैं इससे इनकार नहीं करता। इसे अहंवाद भी कहा जा सकता है। मेरे अन्दर दूसरे पंथों की तुलना में हमारे पंथ को लेकर एक तरह का अहंकार जरूर है। लेकिन यह व्यक्तिगत नहीं है। हो सकता है कि यह दम्भ या अहंकार न होकर हमारे पंथ को लेकर न्यायोचित गर्व मात्र हो। 'वेनिटी', या ज्यादा सही शब्द का प्रयोग करें तो 'अहंकार' अपने ऊपर अनुचित गर्व करना है। क्या मेरे नास्तिक होने के पीछे मेरा यही अनुचित गर्व या घमंड है या इस विषय का गहराई से अध्ययन करने और काफी सोच-विचार के बाद ही मैंने ईश्वर पर विश्वास करना छोड़ दिया है? यहाँ मैं इसी विषय पर चर्चा

करना चाहता हूँ। सबसे पहले मैं यह साफ कर देना चाहता हूँ कि 'अहंवाद' और 'अहंकार' दो अलग-अलग चीजें हैं।

सबसे पहले तो मैं यह नहीं समझ पा रहा हूँ कि अनुचित गर्व या मिथ्याभिमान किसी व्यक्ति के ईश्वर पर विश्वास करने में रोड़ा कैसे बन सकता है। मैं एक सचमुच ही महान व्यक्ति की महानता को स्वीकार करने से इनकार कर सकता हूँ, बशर्ते कि मुझे भी कुछ हद तक ऐसी प्रसिद्धि मिल चुकी हो जिसके मैं योग्य नहीं हूँ या जिसके लिए जरूरी गुणों की मेरे अन्दर कमी है। यह बात तो समझ में आती है लेकिन कोई व्यक्ति अपने व्यक्तिगत अहंकार के कारण ईश्वर में विश्वास करना कैसे छोड़ सकता है? इसके सिर्फ दो तरीके हो सकते हैं। या तो वह व्यक्ति अपने-आपको ईश्वर का प्रतिद्वन्द्वी समझने लगे या खुद अपने-आपको ही ईश्वर मान बैठे। इन दोनों ही तरीकों से वह एक सच्चा नास्तिक नहीं बन सकता। पहले मामले में वह ईश्वर के अस्तित्व से इनकार तक नहीं करता। दूसरे मामले में भी वह इस बात को स्वीकार करता है कि प्रकृति की गतिविधियों के संचालन के पीछे कोई शक्ति विद्यमान है। इससे कोई फर्क नहीं पड़ता कि वह अपने-आपको ही वह सर्वोच्च शक्ति मानता है या किसी दूसरे को। आधार वही है। उसका विश्वास विद्यमान है। वह किसी भी तरह से नास्तिक नहीं है लेकिन मैं हूँ। मैं न तो पहली श्रेणी से ताल्लुक रखता हूँ और न दूसरी से। मैं किसी सर्वोच्च ईश्वरीय सत्ता के अस्तित्व से ही इनकार करता हूँ। मैं ऐसा क्यों करता हूँ, इसके बारे में बाद में बात करेंगे। यहाँ मैं एक बात साफ कर देना चाहता हूँ, वह यह कि नास्तिकवाद के सिद्धान्त में विश्वास करने के पीछे मेरा अहंकार नहीं है। मैं न तो परमेश्वर का प्रतिद्वन्द्वी हूँ, न उसका अवतार हूँ और न सर्वशक्तिमान परमेश्वर ही हूँ। तो एक बात निश्चित हो चुकी है कि मेरे अहंकार ने मुझे इस तरह सोचने के लिए प्रेरित नहीं किया है। इस आरोप को गलत साबित करने के लिए मैं कुछ तथ्यों की जाँच करूँगा। इन दोस्तों के अनुसार, मैं शायद इसलिए घमंडी हो गया हूँ क्योंकि दिल्ली बम कांड और लाहौर षड्यंत्र कांड के कारण मुझे जरूरत से ज्यादा या अनुचित लोकप्रियता मिल गई है। चलिए देखते हैं कि ये धारणाएँ सही हैं या गलत? मेरा नास्तिकवाद कोई हाल की उत्पत्ति नहीं है। मैंने तभी से ईश्वर में विश्वास करना बन्द कर दिया था जब मैं एक गुमनाम नौजवान था और जिसे ये उपरोक्त दोस्त जानते तक नहीं थे। कम-से-कम एक कॉलेज के छात्र में इतना ज्यादा घमंड नहीं हो सकता कि वह नास्तिकवाद के बारे में सोचने लगे। मैं कुछ प्रोफेसरों का चहेता था तो कुछ मुझे नापसन्द भी करते थे। मैं कभी भी बहुत मेहनती या पढ़ाकू छात्र नहीं रहा। मुझे किसी तरह के घमंड का शिकार होने का मौका ही नहीं मिला, उलटे, मैं एक शर्मीला-सा लड़का था और अपने भविष्य को लेकर निराशाजनक सोचों में डूबा रहता था। और उन दिनों मैं एक पक्का नास्तिक भी नहीं

था। मैं अपने दादाजी की छत्र-छाया में बढ़ा हुआ जो एक कट्टर आर्यसमाजी थे। एक आर्यसमाजी को किसी भी तरह से नास्तिक नहीं कहा जा सकता। अपनी प्राइमरी की पढ़ाई पूरी करने के बाद मैं लाहौर के डी.ए.वी. स्कूल में दाखिल हो गया और पूरे एक साल तक इसके बोर्डिंग हाउस में रहा। वहाँ सुबह और शाम की प्रार्थनाओं के साथ-साथ मैं घंटों गायत्री मंत्र का भी जाप करता था। उन दिनों मैं एक पक्का ईश्वर-भक्त था। बाद में मैं अपने पिताजी के साथ रहने लगा। जहाँ तक धार्मिक रूढ़िवादिता का सवाल है, वे एक उदारवादी व्यक्ति हैं। उनकी शिक्षा के कारण ही मुझमें आजादी के लिए अपना जीवन समर्पित करने की भावना पैदा हुई। लेकिन वे नास्तिक नहीं हैं। वे पक्के ईश्वर-भक्त हैं। वे मुझे हर रोज ईश्वर की प्रार्थना करने के लिए कहते थे। तो मेरी परवरिश इस तरह से हुई थी। असहयोग आन्दोलन के दिनों में मैं नेशनल कॉलेज में भर्ती हो गया। वहीं मैंने उदारतापूर्ण ढंग से सोचना और सभी तरह की धार्मिक समस्याओं पर बहस करना और उनकी आलोचना करना शुरू किया। मैं ईश्वर की भी आलोचना करने लगा, हालाँकि मैं तब भी उसमें विश्वास करता था। तब तक मैंने लम्बे, बिना काटे और बिना सँवारे केश रखने शुरू कर दिए थे। लेकिन मैं कभी भी सिख धर्म या किसी दूसरे धर्म की पुराणकथाओं और सिद्धान्तों में विश्वास नहीं कर सका। लेकिन मुझे ईश्वर के अस्तित्व में पक्की आस्था थी।

बाद में मैं क्रान्तिकारी पार्टी से जुड़ गया। मैं जिस पहले नेता से मिला उन्हें ईश्वर पर पूरा भरोसा तो नहीं था लेकिन वे उसके अस्तित्व को नकारने की हिम्मत नहीं जुटा पाते थे। मैं उन्हें बार-बार ईश्वर के बारे में कुरेदता तो वे कहते, ‘‘जब भी मन करे, पूजा कर लिया करो।’’ यह एक तरह का नास्तिकवाद है लेकिन इसमें एक सच्चे नास्तिक के साहस की कमी है। मैं जिस दूसरे नेता के सम्पर्क में आया उन्हें ईश्वर पर पक्का विश्वास था। मैं उनका नाम भी बता देता हूँ—माननीय कॉमरेड शचीन्द्रनाथ सान्याल—जो आजकल काकोरी षड्यंत्र कांड में काले पानी की सजा भुगत रहे हैं। उनकी इकलौती और मशहूर किताब ‘बन्दी जीवन’ के पहले ही पन्ने पर ईश्वर की महिमा का बड़े जोरदार शब्दों में गान किया गया है। इस खूबसूरत किताब के दूसरे भाग के आखिरी पन्ने पर उन्होंने वेदान्तवादी होने के कारण, रहस्यवादी शैली में ईश्वर की महिमा की प्रशंसा की है, जो उनकी सोच का एक अभिन्न हिस्सा है। सरकारी वकील के अनुसार, 28 जनवरी, 1925 को देशभर में बाँटा गया ‘क्रान्तिकारी पर्चा’ उन्हीं के बौद्धिक श्रम का परिणाम था। अब इस तरह के लुके-छिपे काम में कोई भी प्रमुख नेता अपने खुद के विचार ही रखेगा, जो उसे बहुत प्रिय होंगे, और बाकी कार्यकर्ताओं को मतभेद के बावजूद उससे सहमत होना पड़ेगा। इस पर्चे में पूरे एक पैराग्राफ में परमेश्वर की स्तुति की गई थी और उसकी लीला और महिमा

का बखान किया गया था। यह सब रहस्यवाद है। मैं जो कहना चाह रहा हूँ वह यह है कि अभी क्रान्तिकारी पार्टी में ईश्वर के प्रति अनास्था का बीज भी नहीं फूटा है। काकोरी के चारों मशहूर शहीदों ने अपने आखिरी दिन प्रार्थना करते हुए गुजारे। राम प्रसाद बिस्मिल एक कट्टर आर्यसमाजी थे। समाजवाद और साम्यवाद के अपने गहरे अध्ययन के बावजूद राजन लाहिड़ी भी उपनिषदों और गीता के श्लोकों के पाठ के मोह को नहीं दबा सके। उनमें मुझे सिर्फ एक ऐसा शख्स दिखाई दिया जो कभी भी पूजा-पाठ नहीं करता था और कहा करता था, ''दर्शन इनसान की कमजोरियों या उसके ज्ञान की सीमाओं का नतीजा होता है।'' वे भी आजीवन निर्वासन (काले पानी) की सजा भुगत रहे हैं परन्तु उन्होंने भी कभी ईश्वर के अस्तित्व को नकारने की हिम्मत नहीं की।

उस समय तक मैं सिर्फ एक रोमानी क्रान्तिकारी था। उस समय तक हमें सिर्फ दूसरों के पीछे चलना था। इसके बाद वह समय आया जब हमें अपने कन्धों पर जिम्मेदारी उठानी थी। कुछ समय तक अपरिहार्य प्रतिक्रिया को देखते हुए पार्टी का अस्तित्व ही असम्भव दिखाई देने लगा। जोशीले कॉमरेडों, बल्कि नेताओं ने भी हमारा मखौल उड़ाना शुरू कर दिया। कुछ समय तक मुझे यह सोचकर डर लगता रहा कि किसी दिन दूसरों की तरह मैं भी हमारे कार्यक्रमों की निरर्थकता को लेकर आश्वस्त न हो जाऊँ। वह समय मेरे राजनीतिक जीवन में एक मोड़ साबित हुआ। 'पढ़ाई' वह आवाज थी जो मेरे दिमाग के गलियारों में गूँजती रहती थी। पढ़ाई, ताकि विरोधियों के तर्कों का सामना किया जा सके। पढ़ाई, ताकि अपने पंथ के समर्थन में तर्क प्रस्तुत करने की क्षमता बटोरी जा सके। मैंने पढ़ना शुरू किया। मेरी पिछली आस्था और विश्वासों में उल्लेखनीय बदलाव आने लगा। हिंसक तौर-तरीकों को लेकर हमारी पिछली पीढ़ी में बहुप्रचलित रोमानी भावनाओं की जगह गम्भीर विचारों ने ले ली। अब किसी तरह के रहस्यवाद या अन्ध-श्रद्धा के लिए कोई जगह नहीं रही। यथार्थवाद ही हमारा वाद, हमारा पंथ बन गया। जहाँ बहुत ज्यादा जरूरी हो, वहाँ ताकत का इस्तेमाल सही था, जबकि सभी जन-आन्दोलनों के लिए अहिंसा की नीति अपनाई जानी चाहिए। यह तो रही तरीकों की बात। सबसे महत्त्वपूर्ण यह चीज थी कि हमारे मन में उस आदर्श को लेकर एक स्पष्ट धारणा होनी चाहिए जिसके लिए हम लड़ रहे हैं। चूँकि उस समय कार्रवाई के नाम पर करने के लिए कुछ नहीं था, इसलिए मुझे विश्व क्रान्ति के विभिन्न आदर्शों के बारे में पढ़ने का खूब मौका मिला। मैंने अनार्किस्ट नेता बाकुनिन को पढ़ा, थोड़ा-बहुत साम्यवाद के जनक मार्क्स को और लेनिन, त्रोत्स्की और दूसरों को बहुत सारा–वे लोग, जो अपने देशों में सफल क्रान्ति कर चुके थे। वे सभी नास्तिक थे। बाकुनिन की 'गॉड एंड स्टेट', भले ही कुछ अंशों में ही सही, इस विषय पर एक दिलचस्प किताब है। बाद में मुझे निरलम्ब स्वामी

लिखित 'कॉमन सेंस' पढ़ने का भी मौका मिला। यह एक तरह का रहस्यवादी नास्तिकवाद था। मैं अब इस विषय में बहुत ज्यादा दिलचस्पी लेने लगा था। 1926 के आखिर तक मैं इस निष्कर्ष पर पहुँच चुका था कि एक सर्वशक्तिमान ईश्वर की धारणा–जो इस सृष्टि का सृजन, नेतृत्व और संचालन करने वाला है–एक आधारहीन बात है। मैंने अपने इस अविश्वास को प्रकट करना शुरू किया। मैं अपने दोस्तों के साथ इस विषय पर बहस करने लगा। मैं एक घोषित नास्तिक बन चुका था लेकिन इसका अर्थ क्या था, अब मैं इस पर चर्चा करूँगा।

मई 1927 में मुझे लाहौर में गिरफ्तार कर लिया गया। यह गिरफ्तारी मेरे लिए हैरानी की बात थी। मुझे जरा भी इल्म नहीं था कि पुलिस मेरी तलाश में थी। अचानक ही, एक बाग से गुजरते हुए, मैंने अपने-आपको पुलिस से घिरा पाया। यह भी हैरानी की बात थी कि मैं बिलकुल शान्त था। मैंने किसी तरह की सिहरन या उत्तेजना महसूस नहीं की। मुझे पुलिस हिरासत में रखा गया। अगले दिन मुझे रेलवे के पुलिस हवालात में ले जाया गया जहाँ मुझे पूरे एक महीने रखा गया। पुलिस अधिकारियों के साथ कई दिनों तक अपनी बातचीत के बाद मैंने अन्दाजा लगाया कि उन्हें काकोरी टोली और क्रान्तिकारी आन्दोलन की अन्य गतिविधियों के साथ मेरे सम्बन्धों को लेकर कुछ जानकारी थी। उन्होंने मुझसे कहा कि लखनऊ में मुकदमे की सुनवाई के दौरान मैं वहाँ गया था और मैंने उन्हें छुड़ाने की किसी योजना के बारे में बातचीत की थी, कि उनकी रजामन्दी के बाद हमने कुछ बम जुटाए थे और इन बमों का परीक्षण करने के इरादे से ही 1926 में दशहरे के मौके पर भीड़ में बम फेंका गया था। उन्होंने मेरी भलाई के बारे में सोचते हुए मुझसे यह भी कहा कि अगर मैं क्रान्तिकारी पार्टी की गतिविधियों के बारे में थोड़ी-बहुत जानकारी देनेवाला बयान दे दूँ, तो न सिर्फ मुझे जेल में नहीं भेजा जाएगा, बल्कि मुझे छोड़ दिया जाएगा और इनाम भी दिया जाएगा, और मुझे अदालत में सरकारी गवाह के तौर पर पेश भी नहीं होना पड़ेगा। मैं उनका प्रस्ताव सुनकर हँस पड़ा। यह सब कोरी बकवास थी। हमारे जैसे विचारों वाले लोग अपनी ही निर्दोष जनता पर बम नहीं फेंका करते। एक सुबह सी.आई.डी. के तत्कालीन सीनियर सुपरिंटेंडेंट श्री न्यूमैन मेरे पास आए। मेरे साथ काफी देर तक हमदर्दी भरी बातें करते रहने के बाद उन्होंने मुझे यह बेहद दुखभरी खबर सुनाई कि अगर मैंने उनके द्वारा चाहा गया बयान नहीं दिया तो उन्हें मुझ पर काकोरी केस के मामले में युद्ध छेड़ने और दशहरा बम धमाके के मामले में क्रूर हत्याएँ करने के आरोप में मुकदमा चलाने के लिए मजबूर होना पड़ेगा। इसके साथ ही उन्होंने मुझे यह सूचना भी थी कि उनके पास मेरा जुर्म साबित करने और मुझे फाँसी पर चढ़ाने के पक्के सबूत थे। हालाँकि मैं बिलकुल निर्दोष था, फिर भी उन दिनों मुझे ऐसा लगता था कि पुलिस जो चाहे, कर सकती थी। उसी दिन से

कुछ पुलिस अफसर मुझे नियम से दोनों समय ईश्वर की पूजा करने के लिए कहने लगे। अब मैं ठहरा नास्तिक! मुझे यह तय करना था कि क्या सिर्फ सुख-चैन और मौज-मस्ती के दिनों में ही मैं नास्तिक होने की डींगें हाँक सकता हूँ या ऐसे विपत्ति के समय में भी इस पर अडिग रह सकता हूँ। काफी सोच-विचार के बाद मैंने फैसला किया कि मैं ईश्वर पर विश्वास करने और उससे प्रार्थना करने के लिए राजी नहीं हो सकता। नहीं, मैंने एक दिन भी पूजा-पाठ नहीं किया। यह एक सच्ची परीक्षा थी और इसमें मैं खरा उतरा। मुझे एक क्षण के लिए भी दूसरी चीजों की कीमत पर अपनी गर्दन बचाने की इच्छा नहीं हुई। तो मैं एक पक्का नास्तिक हूँ और तभी से ऐसा ही हूँ। इस परीक्षा में खरे उतरना कोई आसान काम नहीं था। 'विश्वास' विपत्तियों की चुभन को कम कर देता है, बल्कि उन्हें सुखद भी बना देता है। ईश्वर में विश्वास करके मनुष्य को बड़ी राहत और मदद मिलती है। उसके बिना मनुष्य को सिर्फ अपने-आप पर निर्भर रहना पड़ता है। तूफानों और अन्धड़ों के बीच अपने पाँवों पर खड़े रहना बच्चों का खेल नहीं है। परीक्षा की इन घड़ियों में अहंकार, अगर हो भी तो, हवा हो जाता है और मनुष्य आम धारणाओं को झुठलाने की हिम्मत नहीं कर पाता। अगर वह ऐसा कर पाता है तो हमें मान लेना चाहिए कि उसके अन्दर सिर्फ अहंकार न होकर और भी कई शक्तियाँ हैं। इस समय बिलकुल यही स्थिति है। फैसले का हर किसी को पता है। हफ्तेभर के अन्दर इसकी घोषणा भी हो जाएगी। मैं अपने-आपको इससे ज्यादा क्या तसल्ली दे सकता हूँ कि मैं एक मकसद के लिए अपनी जिन्दगी की कुर्बानी देने जा रहा हूँ? ईश्वर में विश्वास करने वाला हिन्दू पुनर्जन्म में राजा बनने की उम्मीद कर सकता है। मुसलमान या ईसाई स्वर्ग-लोक के मजे लूटने की उम्मीद कर सकता है और अपने दुखों और कुर्बानियों के बदले में इनाम पाने की बाट जोह सकता है लेकिन मैं क्या उम्मीद कर सकता हूँ? मैं जानता हूँ कि जैसे ही फाँसी की रस्सी मेरे गले में पड़ेगी और मेरे पाँवों के नीचे से तख्ता हटेगा, वह मेरा आखिरी क्षण होगा। बिलकुल आखिरी क्षण में, बल्कि यह कहना ज्यादा सही होगा कि मेरी आत्मा मेटाफिजिकल व्याख्या के अनुसार वहीं खत्म हो जाएगी। इसके आगे कुछ नहीं। एक छोटी-सी संघर्ष भरी जिन्दगी जिसका कोई बहुत शानदार अन्त नहीं, अपने-आप में एक पुरस्कार हो सकता है, बशर्ते कि मुझमें इसे इस नजर से देखने का साहस हो। बस, इतनी-सी बात है। मैंने किसी स्वार्थ-भावना के बिना और यहाँ या किसी दूसरी दुनिया में कोई पुरस्कार पाने की चाह के बिना अपना जीवन आजादी के मकसद को समर्पित कर दिया है—क्योंकि मैं कुछ और नहीं कर सकता था। जिस दिन हमारे पास इस तरह की मानसिकता वाले बहुत-से पुरुष और स्त्रियाँ हो जाएँगे, जो अपना जीवन मानवता की सेवा में लगाने और मानवता को पीड़ा से मुक्त करवाने के अलावा और कुछ न कर सकेंगे,

उस दिन मुक्ति के युग की शुरुआत हो जाएगी। वे दमनकारियों, शोषकों और अत्याचारियों से टक्कर लेंगे, इसलिए नहीं कि उन्हें राजा बनना है या कोई अन्य पुरस्कार पाना है, यहाँ या अगले जन्म में या स्वर्ग-लोक में, बल्कि इसलिए कि उन्हें मानवता की गर्दन से गुलामी का जुआ उतार फेंकना है और मनुष्य की मुक्ति और शान्ति के लिए काम करना है। उनका रास्ता उनके अपने लिए कितना ही खतरों भरा न हो लेकिन उनके महान उद्देश्य के लिए यह सबसे गौरवशाली रास्ता होगा। क्या अपने महान उद्देश्य को लेकर उसके गर्व को अहंकार कहकर गलत अर्थ दिया जाएगा? इस तरह की घिनौनी बात कहने की कोई हिम्मत भी कैसे कर सकता है? मैं कहूँगा कि वह या तो मूर्ख है या फिर निपट अनाड़ी। हमें उसे क्षमा कर देना चाहिए क्योंकि वह उस दिल में मचलती भावनाओं, संवेदनाओं और अनुभूतियों की गहराई को नहीं समझ सकता। उसका दिल मांस के एक लोथड़े की तरह निर्जीव है, उसकी नजरें कमजोर हैं और उन पर दूसरे स्वार्थों का पर्दा पड़ा हुआ है। आत्म-निर्भरता को हमेशा अहंकार के रूप में देखे जाने का डर रहता है। यह बड़े दुख और अफसोस की बात है लेकिन इसका कोई इलाज नहीं है।

आप जाइए और प्रचलित आस्था का विरोध कीजिए, आप जाइए और किसी जननायक की आलोचना कीजिए, किसी महापुरुष की जिसे किसी भी तरह की आलोचना से ऊपर माना जाता है क्योंकि उसमें कोई बुराई नहीं हो सकती; और आप देखेंगे कि आपके तर्कों की ताकत को आपका घमंड कहकर लोग आपके पीछे पड़ जाएँगे। इसका कारण हमारी मानसिक जड़ता है। आलोचना और स्वतत्र सोच क्रान्तिकारी के दो अनिवार्य गुण हैं। चूँकि महात्माजी महान हैं, इसलिए किसी को भी उनकी बुराई नहीं करनी चाहिए। चूँकि वे बहुत ऊँचाई पर पहुँच चुके हैं, इसलिए वे जो कुछ भी कहें वह सही है—वह चाहे राजनीति के बारे में हो या धर्म के, वह आर्थिक मुद्दा हो या फिर नैतिकता का। आप आश्वस्त हों या न हों, पर आपको यही कहना है, "हाँ, यह सच है।" इस तरह की मानसिकता प्रगति की तरफ नहीं ले जाती उलटे, यह साफ-साफ प्रतिक्रियावादी प्रक्रिया है।

चूँकि हमारे पूर्वज एक सर्वोच्च शक्ति—सर्वशक्तिमान ईश्वर—में आस्था रखता थे, इसलिए इस आस्था पर या किसी सर्वोच्च शक्ति के अस्तित्व पर ही प्रश्न-चिह्न लगाने वाला व्यक्ति काफिर या अधर्मी कहलाने के योग्य है। अगर उसके तर्क इतने शक्तिशाली हैं कि उन्हें काटना मुश्किल है और उसके हौसले इतने बुलन्द है कि उसे परमेश्वर के क्रोध के कारण पैदा होनेवाली विपत्तियों से डर नहीं लगता तो उसे घमंडी कहा जाना चाहिए और उसके हौसलों को अहंकार के रूप में देखा जाना चाहिए। तो फिर इस बेकार की बहस में समय बर्बाद करने की क्या जरूरत है? किसी तरह के तर्क-वितर्क का अर्थ ही क्या है? यह प्रश्न पहली बार जनता के सामने आया है

और इससे तथ्यात्मक ढंग से निपटने का यह पहला अवसर है। इसलिए यह लम्बी बहस जरूरी हो गई है।

जहाँ तक पहले प्रश्न की बात है, मेरे खयाल से मैं यह बात साफ कर चुका हूँ कि मेरे अहंकार ने मुझे नास्तिकता की तरफ नहीं धकेला है। इस सम्बन्ध में मेरे तर्क विश्वसनीय हैं या नहीं, इसका फैसला पाठकों को करना है न कि मुझे। मैं जानता हूँ कि वर्तमान परिस्थितियों में ईश्वर में आस्था मेरी जिन्दगी को काफी आसान बना देती, मेरा बोझ कम हो जाता। उस पर अविश्वास करने के कारण परिस्थितियाँ बड़ी रूखी प्रतीत होती हैं और स्थिति एक बेहद कठोर मोड़ ले सकती है। थोड़ा-बहुत रहस्यवाद इन परिस्थितियों को काव्यात्मक बना देता। लेकिन मैं अपने भाग्य का सामना करने के लिए किसी तरह के नशे की मदद नहीं लेना चाहता। मैं यथार्थवादी हूँ। मैं अपनी तर्कशीलता से अपने इंस्टिंक्ट, अपने सहज बोध पर नियंत्रण पाने की कोशिश कर रहा हूँ। मुझे ऐसा करने में हमेशा सफलता नहीं मिलती लेकिन मनुष्य का कर्तव्य कोशिश और जतन करना है और सफलता संयोग और माहौल पर निर्भर करती है।

जहाँ तक दूसरे सवाल की बात है, तो अगर यह अहंकार नहीं है तो ईश्वर के अस्तित्व में आस्था रखने की पुरानी और अब भी प्रचलित परम्परा को न मानने के पीछे कोई तो कारण होना चाहिए। कारण अवश्य ही है। मेरा मानना है कि जिस व्यक्ति के पास थोड़ी भी तर्क-शक्ति होती है, वह अपने आसपास के माहौल को तर्कपूर्ण ढंग से समझने की कोशिश करता है। जहाँ कोई प्रत्यक्ष प्रमाण उपलब्ध न हो, वहाँ दर्शन का महत्त्व बहुत ज्यादा बढ़ जाता है। जैसाकि मैं पहले ही बता चुका हूँ, मेरा एक क्रान्तिकारी दोस्त कहा करता था कि दर्शन-शास्त्र मनुष्य की कमजोरियों का परिणाम है। जब हमारे पूर्वजों को इस दुनिया के रहस्य को समझने की फुर्सत मिली, जब उनमें इसके अतीत, वर्तमान और भविष्य को जानने और इसके क्यों और कैसे के भेदों को सुलझाने की जिज्ञासा पैदा हुई, तो उनके सामने प्रत्यक्ष प्रमाणों की घोर कमी थी। इसलिए हर किसी ने इसे अपने तरीके से सुलझाने की कोशिश की। इसीलिए हमें विभिन्न धर्मों के आधारभूत सिद्धान्तों में इतना अन्तर दिखाई देता है, और कहीं-कहीं तो वे एक-दूसरे के बिलकुल विपरीत और विरोधी हैं। यह अन्तर न सिर्फ पूरब और पश्चिम की दुनिया के दर्शन के अन्तर तक सीमित है, बल्कि इन दोनों दुनियाओं में भी धर्म के नाम पर भिन्न-भिन्न मत हैं, जिनमें आपस में बहुत ज्यादा अन्तर है। एशियाई धर्मों में मुस्लिम और हिन्दू धर्म एक-दूसरे से जरा भी मेल नहीं खाते। सिर्फ भारत में ही, बौद्ध और जैन धर्म कई बार ब्राह्मणवाद से बिलकुल अलग खड़े दिखाई देते हैं, और ब्राह्मणवाद की भी आर्य समाज और सनातन धर्म के रूप में दो अलग-अलग और परस्पर विरोधी शाखाएँ हैं। चार्वाक पिछले युग के

एक अन्य स्वतंत्र विचारक रह चुके हैं। उन्होंने उस युग में ईश्वर के अस्तित्व को चुनौती दी थी। ये सभी धार्मिक मत आधारभूत प्रश्न को लेकर एक-दूसरे से अलग-अलग राय रखते हैं, और हर कोई अपने-आपको सही समझता है। यही दुर्भाग्य की बात है। प्राचीन युग के विद्वानों और विचारकों के अनुभवों और कथनों को एक आधार की तरह इस्तेमाल करके अज्ञानता के खिलाफ मनुष्य के संघर्ष को जारी रखने की बजाय हम इस रहस्यमयी समस्या का तुरन्त हल पाना चाहते हैं; अपने आलसीपन के कारण, जैसाकि हम साबित कर चुके हैं, हम अपनी आस्था का ढिंढोरा पीटते रहते हैं और सिर्फ अपने मत को सही ठहराने की जिद पकड़कर मनुष्य की तरक्की की राह में रोड़ा बनने का अपराध करते हैं।

प्रगति में विश्वास रखने वाले किसी भी व्यक्ति को पुरानी आस्था के हर पहलू को चुनौती देनी होगी, उस पर अविश्वास करना होगा, उसकी आलोचना करनी होगी। पहलू-दर-पहलू, उसे प्रचलित आस्था के हर पहलू को हर कोने से तर्क की कसौटी पर कसना और जाँचना-परखना होगा। अगर इस तर्क-प्रक्रिया के बाद भी किसी सिद्धान्त या दर्शन में उसका विश्वास बना रहता है तो उसकी आस्था का स्वागत है। उसके तर्क भ्रांतिपूर्ण, गलत, छलावे भरे या कभी-कभी झूठे भी हो सकते हैं लेकिन अगर तर्क की शक्ति उसके साथ है तो वह धीरे-धीरे इनमें सुधार कर सकता है। लेकिन सिर्फ श्रद्धा और अन्धश्रद्धा बहुत खतरनाक है। यह मस्तिष्क को निष्क्रिय और व्यक्ति को प्रतिक्रियावादी बना देती है। यथार्थवादी होने का दावा करने वाले किसी भी व्यक्ति को प्राचीन आस्था को उसके समस्त रूप में चुनौती देनी होगी। अगर यह तर्क-शक्ति का प्रहार नहीं सह पाती तो यह भरभराकर गिर पड़ेगी, ढह जाएगी। इसके बाद उसे इस मलबे को साफ करना होगा और इसकी जगह एक नए दर्शन की इमारत को खड़ा करना होगा। इमारत का गिरना एक नकारात्मक पहलू है, और इसकी जगह एक नई इमारत का बनना एक सकारात्मक पहलू है, जिसमें पुरानी इमारत के कुछ मलबे का भी इस्तेमाल हो सकता है। जहाँ तक मेरा सम्बन्ध है, मैं शुरू में ही यह स्वीकार कर लेना चाहूँगा कि मैं इस विषय में बहुत ज्यादा नहीं पढ़ पाया हूँ। ऑरिएंटल (पूरवोन्मुखी/प्राची) दर्शन को पढ़ने की मेरी बड़ी गहरी इच्छा थी लेकिन ऐसा करने का मुझे कोई संयोग या अवसर नहीं मिल पाया। पर जहाँ तक नकारात्मक अध्ययन का प्रश्न है, मेरा खयाल है कि मैं इतना आश्वस्त जरूर हो चुका हूँ कि पुरानी आस्था के ठोसपन पर प्रश्न-चिह्न लगा सकूँ। मुझे पूरा विश्वास है कि ऐसी किसी चेतन सर्वोच्च शक्ति का अस्तित्व नहीं है जो प्रकृति की गतियों का निर्देशन और संचालन करती है। हम प्रकृति में विश्वास करते हैं और समूचा प्रगतिशील आन्दोलन प्रकृति पर मनुष्य की विजय से जुड़ा हुआ है। लेकिन इस प्रकृति के पीछे कोई चेतना शक्ति नहीं है जो इसका संचालन करती है। तो यह है हमारा

दर्शन। जहाँ तक नकारात्मक पहलू की बात है, हम 'अस्तिकों' से कुछ प्रश्न पूछना चाहेंगे।

1. अगर आपका विश्वास है कि एक सर्वशक्तिमान, सर्वव्यापी और सर्वज्ञानी ईश्वर है, जिसने इस पृथ्वी या दुनिया को रचा है, तो कृपया मुझे यह बताएँ कि उसने इसे क्यों रचा है? इस दुखों और मुसीबतों से भरी दुनिया को, जो अनगिनत त्रासदियों के चिरन्तन और अन्तहीन बोझ से दबी हुई है जहाँ एक भी प्राणी पूरी तरह से सुखी नहीं है।

कृपया यह न कहें कि यही उसका नियम है। अगर वह नियम से बँधा हुआ है तो वह सर्वशक्तिमान नहीं हो सकता। फिर तो वह भी हमारी ही तरह एक गुलाम है। मेहरबानी करके यह भी न कहें कि वह इसी में खुश है। नीरो ने एक रोम को जलाया था। उसने एक सीमित संख्या में ही लोगों की जान ली थी। उसने लोगों को थोड़ा-सा ही दुखी किया था—सिर्फ अपनी खुशी के लिए। और इतिहास में उसकी क्या जगह है? इतिहासकार उसे क्या कहकर पुकारते हैं? उसके बारे में बुरे-से-बुरे विशेषणों का प्रयोग किया जाता है। उसकी निन्दा से पृष्ठ के पृष्ठ भरे पड़े हैं—जालिम, अत्याचारी और शैतान नीरो की बुराइयों से। चंगेज खाँ ने अपनी खुशी की खातिर कुछ हजार जानें ली थीं, और हम उसके नाम से ही नफरत करते हैं। तो फिर आप अपने सर्वशक्तिमान, चिरन्तन नीरो को सही कैसे ठहरा सकते हैं जो अब भी हर दिन, हर घड़ी हर पल अनगिनत दुख पैदा करता जा रहा है? आप उसके दुष्कर्मों का समर्थन कैसे कर सकते हैं जो हर क्षण चंगेज खाँ को मात दे रहा है। मैं पूछता हूँ कि उसने इस दुनिया को रचा ही क्यों—एक जीते-जागते नर्क को, एक निरन्तर अशान्त और कटुता से भरी जगह को? सर्वशक्तिमान ने मनुष्य को रचा ही क्यों, अगर उसमें उसे न रचने की शक्ति भी थी? इस सबके पीछे क्या औचित्य है? अगर आप कहते हैं कि कष्ट सहने वाले निर्दोष लोगों को बाद में पुरस्कार देने के लिए और जुल्म करने वालों को दंड देने के लिए—तो क्या इसका मतलब यह हुआ कि पहले आपके शरीर को चोट पहुँचाना और बाद में उस पर मलहम लगाना आपकी नजर में बहुत प्रशंसनीय काम है? तो फिर ग्लैडिएटर इंस्टीट्यूशन के समर्थकों और आयोजकों को भी सही ठहराया जाना चाहिए, जो पहले इनसानों को भूखे और खूंख्वार शेरों के सामने फेंकते थे और फिर जिन्दा रह जानेवालों की खूब खातिरदारी करते थे? इसीलिए मैं पूछता हूँ—इस चेतन सर्वोच्च शक्ति ने इस दुनिया और मनुष्य को क्यों रचा? अपने आनन्द के लिए? तो फिर उसमें और नीरो में क्या फर्क है?

और आप मुसलमानो और ईसाइयो, हिन्दू दर्शन के पास अभी कोई तर्क बचा हो सकता है, लेकिन मैं आपसे पूछता हूँ, ऊपर उठाए गए सवाल का आपके पास क्या जवाब है? आप पूर्वजन्म में विश्वास नहीं करते। हिन्दुओं की तरह आप यह

नहीं कह सकते कि अच्छे इनसानों के दुख पिछले जन्म के उनके बुरे कर्मों का फल है। मैं आपसे पूछता हूँ कि सर्वशक्तिमान ने इस दुनिया को बनाने में छह दिनों तक मेहनत क्यों की और हर दिन यह क्यों कहा कि सब ठीक-ठाक है? उसे बुलाओ और इस दुनिया का पिछला इतिहास दिखाओ। उसे मौजूदा हालात का मुआयना करने दो। इसके बाद देखते हैं कि क्या वह अब भी यही कहता है कि सब खैरियत से है? जेलों की काल-कोठरियों से लेकर झुग्गी-झोंपड़ियों की विशाल बस्तियों में भूख से तड़पते लाखों-करोड़ों इनसानों तक और पूँजीपति पिशाचों द्वारा अपना खून जाने को लाचार आँखों से देखते शोषित मजदूरों तक कहाँ है वह दुनिया, जो ठीक-ठाक है, जो खैरियत से है? हर स्तर पर मानवीय ऊर्जा की इतनी बर्बादी हो रही है कि कोई भी संवेदनशील व्यक्ति सिहर उठेगा। जरूरत से ज्यादा उत्पादन को जरूरतमन्दों में बाँटने की बजाय समुद्र में फेंका जा रहा है। भूख से तड़पते लाखों-करोड़ों इनसानों से लेकर राजा-महाराजाओं के उन महलों तक जिनकी नींव इनसान की हड्डियों से निर्मित है, कहाँ है वह दुनिया जो ठीक-ठाक है? सर्वशक्तिमान को यह सब देखने दो और फिर कहने दो कि सब खैरियत से है। यही मेरा सवाल है। आप लोग चुप क्यों हैं? चलिए, मैं ही आगे बढ़ता हूँ।

और आप हिन्दुओ, आप कहते हो कि आज जो लोग कष्ट भुगत रहे हैं वे पिछले जन्म के पापी हैं। अच्छी बात है। आप कहते हो कि आज के दमनकारी पिछले जन्म में साधु-महात्मा थे, इसलिए आज उनके पास ताकत है। मुझे यह मानना पड़ेगा कि आपके पूर्वज बड़े चतुर थे। उन्होंने ऐसे सिद्धान्त खोज निकाले कि तर्क और अविश्वास की गुंजाइश ही न रहे लेकिन हम विश्लेषण करके देखेंगे कि उनके तर्क वास्तव में कितने अडिग हैं।

अधिकांश न्याय-शास्त्रियों का मानना है कि किसी अपराधी को दिया जानेवाला दंड तीन या चार उद्‌देश्यों से ही सही ठहराया जा सकता है। ये उद्‌देश्य हैं—बदला, सुधार और हतोत्साहन। बदले के सिद्धान्त को अब सभी प्रगतिशील विचारकों द्वारा गलत ठहराया जा रहा है। हतोत्साहन या भय (डिटेरेंट) के सिद्धान्त के बारे में भी अधिकांश विद्वानों की यही राय है। सुधार का सिद्धान्त एकमात्र ऐसा सिद्धान्त है जो मानवता की प्रगति की दृष्टि से सही जान पड़ता है। इसका उद्‌देश्य अपराधी को सुधारकर उसे एक योग्य और शान्तिप्रिय नागरिक के रूप में समाज को लौटाना है। लेकिन ईश्वर मनुष्यों को किस तरह का दंड देता है—अगर यह मान भी लें कि ये मनुष्य सचमुच ही अपराधी हैं? आप कहते हैं कि वह उन्हें गाय, बिल्ली, पेड़, जड़ी-बूटी या जंगली जानवर के रूप में जन्म लेने के लिए कहता है। आप कहते हैं कि ऐसे 84 लाख दंड हैं। मैं आपके पूछता हूँ—क्या इससे मनुष्य को सुधरने का अवसर मिलता है? आप ऐसे कितने मनुष्यों से मिल चुके हो जो कहते हैं कि वे पिछले

जन्म में गधे की योनि में थे क्योंकि उन्होंने पाप किए थे? एक भी नहीं। अपने पुराणों का हवाला न दें। मेरे पास आपके पुराण पढ़ने की फुर्सत नहीं है। और फिर, क्या आप जानते हैं कि इस दुनिया में सबसे बड़ा अपराध गरीब होना है। गरीबी एक पाप है, एक दंड है। मैं आपसे पूछता हूँ, आप एक ऐसे अपराध-विशेषज्ञ, न्याय-शास्त्री या कानून-निर्माता की कितनी सराहना करेंगे जो इस तरह के दंड देता हो जिससे अपराधी और ज्यादा अपराध करने पर मजबूर हो जाए? क्या आपके ईश्वर ने इस बात पर विचार नहीं किया था, या वह भी हमारी तरह गलतियों से सीखता है, जिसकी कीमत मानवता को अनकहे दुख उठाकर चुकानी पड़ती है? आपके विचार में उस इनसान का भाग्य कैसा होना चाहिए जो एक गरीब और अनपढ़ परिवार में, मान लीजिए किसी चमार या भंगी के घर में पैदा हुआ है? गरीब होने के कारण वह पढ़ नहीं सकता। दूसरे लोग उसे नफरत और हिकारत की नजर से देखते हैं और खुद को उससे श्रेष्ठतर समझते हैं, क्योंकि वे ऊँची जाति में पैदा हुए हैं। उसकी अज्ञानता, उसकी गरीबी और दूसरों द्वारा किया गया जानेवाला दुर्व्यवहार उसे निश्चित ही समाज के प्रति कठोर बना देगा। अब अगर वह कोई पाप कर बैठता है तो इसकी जिम्मेदारी किस पर है? भगवान पर, खुद उस पर, या समाज के पढ़े-लिखे लोगों पर? उन लोगों के दंड के बारे में आप क्या कहेंगे जिन्हें ब्राह्मणों ने अपनी धौंस और अहंकार के कारण अज्ञानी बनाए रखा; जिन्हें वेदों का कोई पवित्र श्लोक कान में पड़ जाने पर अपने कानों में सीसा डलवाकर इसका दंड भुगतना पड़ता था? अगर वे कोई अपराध कर बैठते हैं तो इसकी जिम्मेदारी किस पर है? किसको इसका दंड मिलना चाहिए? मेरे प्यारे दोस्तो, ये सारे सिद्धान्त सत्तारूढ़ वर्गों द्वारा गढ़े गए हैं, ताकि वे सत्ता पर अपने कब्जे, अपनी धन-सम्पत्ति और समाज में अपने ऊँचे दर्जे को सही ठहरा सकें। हाँ, शायद अप्टॉन सिंकलेयर ने ही कहीं लिखा है कि व्यक्ति को उसके अमरत्व का विश्वास दिला दो और उसके बाद चाहे तो उसका सब कुछ लूट लो। बल्कि वह इस काम में आपकी मदद करेगा। धार्मिक उपदेशकों और धन-कुबेरों की साँठ-गाँठ से ही जेलों, फाँसी के फन्दों, कोड़ों और इन सिद्धान्तों का जन्म हुआ है।

परिशिष्ट-3

बम का दर्शन
भगत सिंह

हाल की घटनाओं, खासकर 23 दिसम्बर, 1929 को वाइसरॉय की विशेष ट्रेन को उड़ाने के विरोध में कांग्रेस के प्रस्ताव और इसके बाद 'यंग इंडिया' में गांधीजी के लेखों से यह साफ हो गया है कि इंडियन नेशनल कांग्रेस ने गांधीजी के साथ मिलकर क्रान्तिकारियों के खिलाफ जेहाद छेड़ दी है। अखबारों और सभाओं के माध्यम से उनकी जमकर आलोचना की जा रही है। यह बड़े अफसोस की बात है कि या तो जान-बूझकर या अज्ञानतावश उन्हें हमेशा गलत समझा जाता रहा है। यूँ क्रान्तिकारियों को अपने आदर्शों और कार्रवाइयों की आलोचना और सार्वजनिक जाँच-पड़ताल से कोई परहेज नहीं है। उलटे, वे इसे उन लोगों तक अपनी बात पहुँचाने के अवसरों के रूप में देखते हैं जो उनके बारे में जानने की सच्ची जिज्ञासा रखते हैं। वे ऐसे लोगों को क्रान्तिकारी आन्दोलन के सिद्धान्तों और उन ऊँचे और नेक उद्देश्यों के बारे में बताना चाहते हैं, जो क्रान्तिकारियों की प्रेरणा का अनवरत स्रोत रहे हैं। उम्मीद है कि इस लेख के माध्यम से आम जनता को यह समझने में मदद मिलेगी कि क्रान्तिकारी वास्तव में कैसे हैं, और वह निहित स्वार्थों और अज्ञानी व्यक्तियों द्वारा उनके बारे में फैलाई जा रही भ्रान्तियों का शिकार नहीं होंगे।

हिंसा या अहिंसा

सबसे पहले हम हिंसा और अहिंसा के प्रश्न पर बात करेंगे। हमारा मानना है कि इन शब्दों का प्रयोग ही दोनों पक्षों के लिए अन्यायपूर्ण है क्योंकि इनसे उनके आदर्शों की सही व्याख्या नहीं हो पाती। हिंसा का अर्थ है–अन्याय करने के लिए शारीरिक ताकत का इस्तेमाल करना, जबकि क्रान्तिकारियों का यह उद्देश्य बिलकुल नहीं है। दूसरी तरफ, जिसे हम आमतौर से अहिंसा का नाम देते हैं, वास्तव में आत्मा की

ताकत का सिद्धान्त है, जिसे व्यक्तिगत और राष्ट्रीय अधिकारों की प्राप्ति के लिए स्नेहपूर्वक अनुरोध करके और अपने-आपको कष्ट देकर विरोधियों को आपके नजरिए से सोचने के लिए मजबूर करने की उम्मीद में इस्तेमाल किया जाता है। जब एक क्रान्तिकारी कुछ चीजों को अपने अधिकार के रूप में देखने लगता है, तो वह उनकी माँग करता है, दलीलें पेश करता है और अपनी आत्मा की पूरी शक्ति का इस्तेमाल करते हुए उनके लिए बड़ा से बड़ा कष्ट उठाने और सर्वोच्च बलिदान देने के लिए तैयार रहता है। इन सबके साथ-साथ वह अपनी पूरी शारीरिक शक्ति का भी इस्तेमाल करता है। आप उसके तौर-तरीकों के लिए कोई भी दूसरा शब्द गढ़ सकते हैं लेकिन आप इसे हिंसा नहीं कह सकते। ऐसा करना शब्दकोश में दिए गए 'हिंसा' के अर्थ से दूर रहना होगा। 'सत्याग्रह' का अर्थ है–सत्य के लिए आग्रह करना। सत्य की स्वीकृति के लिए सिर्फ आत्मा की ताकत का इस्तेमाल क्यों होना चाहिए? इसके साथ-साथ शारीरिक ताकत का इस्तेमाल क्यों नहीं होना चाहिए? जहाँ क्रान्तिकारी आजादी हासिल करने के लिए हर तरह की ताकत को सही मानते हैं, वह शारीरिक हो या नैतिक, वहीं आत्मा की ताकत की वकालत करने वाले शारीरिक ताकत के इस्तेमाल पर बैन लगा देना चाहते हैं। इसलिए असली सवाल यह नहीं है कि हिंसा का इस्तेमाल होना चाहिए या नहीं, बल्कि यह है कि आत्मा की ताकत के साथ-साथ शारीरिक ताकत का भी इस्मेमाल होना चाहिए या नहीं?

हमारे आदर्श

क्रान्तिकारियों का मानना है कि क्रान्ति के माध्यम से ही देश को मुक्ति मिलेगी। वे जिस क्रान्ति के लिए संघर्षरत हैं और जिस क्रान्ति का सपना उनके सामने है, वह सिर्फ विदेशी शासकों और उनके पिट्ठुओं से सशस्त्र संघर्ष तक सीमित नहीं है। इस क्रान्ति का लक्ष्य एक नई सामाजिक व्यवस्था का निर्माण करना भी है। यह क्रान्ति पूँजीवाद, वर्गवाद और कुछ मुट्ठीभर लोगों को विशेषाधिकार देनेवाली व्यवस्था का खात्मा कर देगी। यह राष्ट्र को खुद अपने पाँवों पर खड़ा करेगी, जिससे एक नए राष्ट्र और एक नए समाज का जन्म होगा। इस क्रान्ति की सबसे बड़ी खूबी यह होगी कि यह मजदूरों और किसानों के राज की स्थापना करके उन सभी अवांछित सामाजिक तत्वों को दरकिनार कर देगी जो आज देश की राजनीतिक सत्ता पर कब्जा किए बैठे हैं।

आतंकवाद

क्रान्तिकारियों को युवा पीढ़ी की बेचैनी में क्रान्ति के बीज दिखाई दे रहे हैं। वह मानसिक गुलामी और धार्मिक अन्धविश्वासों की जंजीरों से मुक्त होने के लिए

छटपटा रही है। युवा पीढ़ी में क्रान्ति की भावना जैसे-जैसे और ज्यादा जोर पकड़ती जाएगी वैसे-वैसे राष्ट्र की गुलामी का उसे और ज्यादा अहसास होता जाएगा, आजादी के लिए उसकी प्यास और ज्यादा बढ़ती जाएगी। यह सिलसिला तब तक चलता रहेगा जब तक कि नौजवान पीढ़ी न्याय, क्रोध और क्षोभ की भावना से प्रेरित होकर दमनकारियों की हत्या करना न शुरू कर दे। इसी तरीके से देश में आतंकवाद का जन्म होता है। यह किसी भी क्रान्ति का एक अनिवार्य चरण है। आतंकवाद अपने आप में सम्पूर्ण क्रान्ति नहीं है लेकिन कोई भी क्रान्ति आतंकवाद के बिना सम्पूर्ण नहीं होती। इतिहास में हुई सभी क्रान्तियों में इस सच्चाई को देखा जा सकता है। आतंकवाद से दमनकारियों के दिल में डर पैदा होता है, दमित जनता को बदला ले पाने और मुक्ति की उम्मीद बँधती है, कमजोर दिल वालों में साहस और आत्म-विश्वास पैदा होता है। इससे शासक वर्ग के श्रेष्ठतर होने का भ्रम टूटता है और दुनिया की नजरों में अधीनस्थ जनता का सम्मान बढ़ता है। यह देश की आजादी की भूख का सबसे स्पष्ट प्रमाण होता है। जैसाकि दुनिया के दूसरे देशों में इससे पहले हो चुका है, भारत में भी आतंकवाद एक क्रान्ति का रूप ले लेगा और यह क्रान्ति स्वाधीनता को जन्म देगी—सामाजिक, राजनीतिक और आर्थिक स्वाधीनता को।

क्रान्तिकारियों के तौर-तरीके

तो क्रान्तिकारी इसी धारणा में विश्वास रखते हैं और इसे साकार करने के सपने देखते हैं। वे इस लक्ष्य के लिए खुलकर और छिपकर, दोनों तरीकों से काम कर रहे हैं। आम जनता और शासकवर्ग के बीच एक सदी लम्बे और विश्वव्यापी संघर्ष का अनुभव उनका मार्ग-दर्शन कर रहा है, और वे जिन तौर-तरीकों का इस्तेमाल कर रहे हैं, उन्हें कभी विफल होते नहीं देखा गया है।

कांग्रेस और क्रान्तिकारी

इस बीच कांग्रेस क्या करती रही है? उसने अपनी मांग स्वराज से पूर्ण स्वाधीनता में बदल दी है। इसका तर्कसंगत परिणाम यह होना चाहिए कि वह ब्रिटिश हुकूमत के खिलाफ युद्ध की घोषणा कर दे। लेकिन इसकी बजाय हम यह देख रहे हैं कि उसने क्रान्तिकारियों के खिलाफ ही युद्ध छेड़ दिया है। उसका पहला हमला उस प्रस्ताव के रूप में हुआ जिसमें 23 दिसम्बर, 1929 को वाइसरॉय की विशेष ट्रेन को उड़ाने की कोशिश की भर्त्सना की गई थी। इस प्रस्ताव का ड्राफ्ट गांधीजी ने तैयार किया था और इसे पास करवाने के लिए उन्होंने पूरा जोर लगा दिया। परिणाम यह

हुआ कि 1713 सदस्यों वाले सदन में यह प्रस्ताव 81 के मामूली अन्तर के बहुमत से पास हो गया। लेकिन क्या यह मामूली बहुमत भी राजनीतिक ईमानदारी का परिणाम था? हम यहाँ सरला देवी चौधरानी के शब्दों को उद्धरित कर रहे हैं, जो जीवनभर कांग्रेस के प्रति समर्पित रही हैं। अपने जवाब में उन्होंने कहा, "महात्मा जी के बहुत सारे अनुयायियों के साथ अपनी बातचीत के दौरान मैंने पाया कि उनके प्रति अपनी व्यक्तिगत निष्ठा की भावना के कारण ही वे अपने स्वतंत्र विचारों को व्यक्त करने और उनके द्वारा तैयार किए गए प्रस्ताव के खिलाफ वोट डालने का साहस नहीं जुटा पाए।" जहाँ तक इस प्रस्ताव को लेकर गांधीजी के तर्कों का प्रश्न है, हम इस पर उनके लेख 'बम का पंथ' पर चर्चा के दौरान बात करेंगे। यह लेख कांग्रेस को दिए उनके भाषण का ही विस्तार है। इस घिनौने प्रस्ताव का एक ऐसा पहलू है जिसे हमें नजरअन्दाज नहीं करना चाहिए। इस तथ्य के बावजूद कि कांग्रेस अहिंसा के सिद्धान्त में विश्वास करती है, और पिछले दस वर्षों से इसका जमकर प्रचार कर रही है, और इस तथ्य के बावजूद कि इस प्रस्ताव पर बहस के दौरान क्रान्तिकारियों को 'डरपोक' और उनकी कार्रवाई को 'वहशियाना' कहकर उन्हें जमकर कोसा गया—एक सदस्य ने तो सदस्यों को धमकी देते हुए यहाँ तक कह डाला कि अगर उन्हें गांधीजी का नेतृत्व चाहिए तो यह प्रस्ताव सर्वसम्मति से पास होना चाहिए—सच्चाई यह है कि यह प्रस्ताव खतरनाक हद तक मामूली अन्तर के बहुमत से ही पास करवाया जा सका। इससे पता चलता है कि देश कितनी दृढ़ता से क्रान्तिकारियों के साथ खड़ा हुआ है। एक तरह से गांधीजी हमारे धन्यवाद के पात्र हैं। उन्होंने यह प्रस्ताव लाकर सारी दुनिया को दिखा दिया है कि खुद कांग्रेस भी—जिसे अंहिसा का गढ़ माना जाता है—कम-से-कम उतनी ही क्रान्तिकारियों के साथ भी है जितनी कि खुद उनके साथ।

गांधीजी युद्ध की डगर पर

एक ऐसी जीत हासिल करने के बाद जो उनके लिए हार से कम नहीं थी, गांधीजी ने अपने लेख 'बम का पंथ' के माध्यम से क्रान्तिकारियों पर एक बार फिर हमला किया है। हम आगे बढ़ने से पहले इस पर गहराई से विचार करेंगे। इस लेख में तीन बातें हैं—उनकी आस्था, उनके विचार और उनके तर्क। हम उनकी आस्था पर प्रश्न-चिह्न नहीं लगाना चाहेंगे, क्योंकि आस्था का तर्क के साथ कोई सम्बन्ध नहीं होता। तो चलिए, उनके उन विचारों की बात करते हैं जिनके पीछे तर्क शामिल हैं और उनके उन तर्कों की भी, जो उन्होंने हिंसा के खिलाफ दिए हैं। हम उन पर सिलसिलेवार चर्चा करेंगे।

क्या आम जनता अहिंसा में विश्वास करती है?

उनका सोचना है कि देशभर के अपने पिछले दौरे के अनुभव के आधार पर उनका यह विश्वास सही जान पड़ता है कि भारतीय मानवता के एक बड़े अंग को अभी हिंसा की भावना छू भी नहीं पाई है, और यह कि अहिंसा एक राजनीतिक हथियार के रूप में कारगर साबित होती रहेगी। उन्हें देश के हाल के दौरे के अपने अनुभव के आधार पर खुद को धोखे में नहीं रखना चाहिए। यह सच है कि जहाँ एक औसत नेता अपने दौरे को वहीं तक सीमित रखता है जहाँ तक रेलगाड़ी उसे आसानी से ले जा सकती है, वहीं गांधीजी इस सीमा को बढ़ाकर उन क्षेत्रों में भी जाते हैं जहाँ मोटरकार से पहुँचा जा सकता है। लेकिन क्षेत्र के सबसे धनवान व्यक्तियों के घरों में रहने और अपना अधिकांश समय अपने भक्तों द्वारा अपना स्तुतिगान सुनने में बिताने की उनकी आदत के कारण–जिनके बीच-बीच में वे कभी-कभी उस अनपढ़ जनता को भी अपने दर्शन देते रहते हैं, जिसे वे बहुत अच्छी तरह से समझने का दावा करते हैं–इस जनता को सचमुच ही समझने की उनकी योग्यता का दावा खोखला प्रतीत होता है। कोई भी व्यक्ति जनता को सिर्फ मंच से देखकर और उसे दर्शन और उपदेश देकर समझने का दावा नहीं कर सकता। ज्यादा से ज्यादा वह यह दावा कर सकता है कि उसने जनता को अपने विचारों के बारे में बताया है। क्या पिछले कुछ वर्षों में गांधीजी जनता के सामाजिक जीवन में घुले-मिले हैं? क्या उन्होंने किसी शाम अलाव के पास बैठकर किसी किसान से उसके मन की बात जानने की कोशिश की है? क्या उन्होंने एक भी शाम किसी फैक्टरी के मजदूर के साथ बिताकर उसका दुख-दर्द जानने की कोशिश की है? हमने ऐसा किया है, इसलिए हम यह जानने का दावा कर सकते हैं कि जनता क्या सोचती है। हम गांधीजी को विश्वास दिलाना चाहते हैं कि एक औसत भारतीय किसी भी औसत इनसान की तरह अहिंसा और शत्रु से प्रेम करने के सिद्धान्त की बारीकियों को नहीं समझता। दुनिया का यही चलन है। आपका कोई दोस्त होता है तो आप उससे प्यार करते हैं और कभी-कभी उसके लिए जान भी दे देते हैं। आपका कोई दुश्मन होता है तो आप उससे दूर रहते हैं, उससे लड़ते हैं, और अगर मुमकिन होता है तो उसे मार भी डालते हैं। क्रान्तिकारियों का सिद्धान्त बिलकुल सीधा और सरल है। आदम और हव्वा के जमाने से यही सिद्धान्त चला आ रहा है। किसी भी इनसान को इसे समझने में मुश्किल नहीं होती। हम दावा करते हैं कि भारत की जनता पूरी तरह से हमारे साथ है, क्योंकि हमें इसका व्यक्तिगत अनुभव है। वह दिन दूर नहीं है जब लोग हजारों की संख्या में हमारे साथ होंगे और क्रान्ति का सपना साकार हो सकेगा।

प्रेम का धर्म सिद्धान्त

गांधीजी का कहना है कि अहिंसा की क्षमता में उनकी निष्ठा और ज्यादा बढ़ गई है। दूसरे शब्दों में, उन्हें अब और भी ज्यादा विश्वास हो गया है कि अपने प्रेम और सत्याग्रह के सिद्धान्त से वे एक न एक दिन शत्रु को अपने रास्ते पर ले आएँगे। उन्होंने अपना पूरा जीवन इसी अद्‌भुत सिद्धान्त के प्रचार और व्यवहार को समर्पित करने की घोषणा की है। क्या वे बता सकते हैं कि उन्होंने अब तक भारत के कितने शत्रुओं को मित्रों में बदला है? उन्होंने कितने ओ' डायरों, रीडिंगों और इर्विनों को भारत से प्रेम करना सिखाया है? अगर किसी को भी नहीं, तो फिर भारत कैसे यह विश्वास कर ले कि उनके अहिंसा के रास्ते से भारत को आजाद करने के लिए इंग्लैंड को मनाया या मजबूर किया जा सकता है?

क्या हो सकता था?

अगर वाइसरॉय की ट्रेन के नीचे बम ठीक तरीके से फटा होता तो गांधीजी द्वारा सुझाई गई दो बातों में से एक बात निश्चित थी। वाइसरॉय या तो बुरी तरह जख्मी हो जाते या उनकी मौत हो जाती। इन परिस्थितियों में यह निश्चित था कि राजनीतिक पार्टियों के नेताओं और वाइसरॉय के बीच बातचीत न हो पाती। ये लोग जिस अवांछनीय और अपमानजनक तरीके से देश का सर नीचा करते हुए, और हाथ में कटोरा लेकर, सरकार के दरवाजे पर डोमीनियन स्टेटस के लिए भीख माँग रहे हैं, वह भी कलकत्ता के अल्टीमेटम की स्पष्ट शर्तों के बावजूद—इस बम विस्फोट के बाद उनके इस शर्मनाक प्रयास पर पानी फिर जाता और देश का बहुत ज्यादा भला होता। अगर सौभाग्यवश, यह बम इतना शक्तिशाली होता कि वाइसरॉय की मौत हो जाती तो भारत के एक और दुश्मन को उसके किए सजा मिल जाती। मेरठ, लाहौर और भुसावल के मुकदमों के लिए जिम्मेदार वाइसरॉय सिर्फ उन्हीं लोगों को भारत का मित्र प्रतीत हो सकता है जो खुद ही आजादी के शत्रु हैं। गांधीजी और नेहरू की गहरी राजनीतिक सूझ-बूझ और स्टेट्समैनशिप के बड़े-बड़े दावों के बावजूद इर्विन देश की विभिन्न राजनीतिक पार्टियों में फूट डलवाने में सफल रहा है। साइमन कमीशन के बहिष्कार के बाद पैदा हुई एकता छिन्न-भिन्न हो गई है। खुद कांग्रेस भी कई धड़ों में बँटी हुई है। इस दुर्भाग्यपूर्ण स्थिति के लिए चिकनी-चुपड़ी बातें करने वाले वाइसरॉय के अलावा और किसे जिम्मेदार माना जा सकता है? फिर भी हमारे देश में ऐसे लोग हैं जो उन्हें भारत का मित्र घोषित कर रहे हैं।

कांग्रेस का भविष्य

हो सकता है, कुछ ऐसे लोग हों जिनके मन में कांग्रेस के लिए कोई सम्मान न हो और जो इससे कोई उम्मीद भी न करते हों। अगर गांधीजी क्रान्तिकारियों को भी इसी श्रेणी में रखते हैं तो वे उनके साथ अन्याय कर रहे हैं। क्रान्तिकारी अच्छी तरह से जानते हैं कि देश की भोली-भाली जनता को जाग्रत करने और उसमें आजादी की एक गहरी चाह पैदा करने में कांग्रेस ने कितनी महत्त्वपूर्ण भूमिका निभाई है। वे भविष्य में भी उससे बड़ी उम्मीदें बाँधे बैठे हैं। लेकिन जब तक कांग्रेस में सेन गुप्ता जैसे लोग हैं, जिनकी अद्भुत बुद्धि ने उन्हें यह कहने के लिए उकसाया है कि वाइसरॉय की ट्रेन उड़ाने में सी.आई.डी. का हाथ हो सकता है; या जब तक इस पार्टी में अंसारी जैसे लोग हैं, जो कुतर्क करने में माहिर हैं और जिन्हें राजनीति की इतनी कम समझ है कि वे इस तरह के झूठे और वाहियात दावे करते हैं कि किसी भी देश ने बम से आजादी हासिल नहीं की; तब तक देश को कांग्रेस से ज्यादा उम्मीद नहीं रखनी चाहिए। क्रान्तिकारी उस दिन की बाट जोह रहे हैं जब कांग्रेस अहिंसा की सनक से घुटकारा पा लेगी और क्रान्तिकारियों के साथ कन्धे से कन्धा मिलाकर पूर्ण स्वाधीनता के लिए संघर्ष करेगी। इस वर्ष, कांग्रेस ने उस आदर्श को अपना लिया है जो एक चौथाई से भी ज्यादा सदी से क्रान्तिकारियों का आदर्श रहा है। हमें उम्मीद है कि अगले वर्ष तक वह उनके तौर-तरीकों का भी समर्थन करने लगेगी।

हिंसा और सेना पर होनेवाला खर्च

गांधीजी का कहना है कि देश में हिंसा के प्रयोग के कारण सेना पर होनेवाला खर्च बहुत बढ़ गया है। अगर उनका इशारा पिछले पच्चीस वर्ष से जारी क्रान्तिकारी गतिविधियों की तरफ है तो हम उनके इस कथन की सच्चाई को चुनौती देना चाहेंगे और उन्हें तथ्यों और आंकड़ों से अपनी बात प्रमाणित करने के लिए कहेंगे। दूसरी तरफ, अगर उनके दिमाग में वे लड़ाइयाँ हैं जो ब्रिटिशों के भारत आगमन के बाद से हुई हैं, तो हमारा जवाब है कि अहिंसा और सत्याग्रहों के विनम्र प्रयोग से भी नौकरशाही का खर्च बढ़ा है। कोई भी जन-आन्दोलन, चाहे हिंसक हो या अहिंसक, सफल हो या असफल, राज्य पर अतिरिक्त आर्थिक बोझ डालता है।

सुधार

गांधीजी सरकार द्वारा किए गए विभिन्न संवैधानिक सुधारों को क्रान्तिकारियों से जोड़कर क्यों देख रहे हैं? क्रान्तिकारियों ने कभी भी मोर्ली-मिंटो सुधारों, मोंटेग्यू

सुधारों और इसी तरह के अन्य सुधारों की परवाह नहीं की और न ही इनके लिए कोई आन्दोलन किया। सरकार ने ये सुधार संविधानवादी आन्दोलनकारियों को बहलाने के लिए किए। यह एक तरह की रिश्वत थी जो उन्हें क्रान्तिकारियों का सफाया करने की सरकार की नीति का समर्थन करने के लिए दी गई थी। ये खिलौने–जैसाकि गांधीजी इन सुधारों को कहते हैं–भारत में उन लोगों को बहलाने के लिए भेजे गए थे जो समय-समय पर 'होम-रूल', 'स्वराज', 'जिम्मेदार' था 'पूरी तरह जिम्मेदार सरकार', 'डोमीनियन स्टेटस' और ऐसे ही कई गुलामी के पर्यायों के लिए आवाज उठाते रहते हैं। क्रान्तिकारियों ने कभी भी इन सुधारों को अपनी उपलब्धि नहीं माना। उन्होंने बहुत पहले स्वाधीनता का फंडा उठा लिया था। तब से वे इसी ध्येय के लिए काम करते रहे हैं। अपने ध्येय के लिए उन्होंने हँसते-हँसते अपनी जिन्दगियाँ कुर्बान की हैं। उनका मानना है कि इन कुर्बानियों से देश के जनमानस पर बहुत गहरा असर पड़ा है। राजनीति में उनसे सहमति न रखने वाले लोग भी यह बात स्वीकार करते हैं कि उनके प्रयत्नों के कारण देश स्वाधीनता की राह पर काफी आगे बढ़ चुका है।

प्रगति का रास्ता

गांधीजी का कहना है कि हिंसा से प्रगति में रुकावट आती है और आजादी का दिन हमसे और दूर होता जाता है। इसके जवाब में हम उन्हें ऐसे कई सामयिक उदाहरण दे सकते हैं, जहाँ हिंसा से सामाजिक प्रगति और राजनीतिक स्वतंत्रता का सपना साकार हुआ है। रूस और तुर्की का ही उदाहरण लें। इन दोनों देशों में प्रगतिशील पार्टी ने सशस्त्र क्रान्ति से सत्ता पर कब्जा किया है। फिर भी प्रगति और राजनीतिक स्वतंत्रता में कोई रुकावट नहीं आई। उलटे, ताकत और कानून के इस्तेमाल से वहाँ दुगुनी रफ्तार से तरक्की हुई है। सिर्फ अफगानिस्तान के उदाहरण से कोई राजनीतिक फार्मूला स्थापित नहीं हो जाता। अफगानिस्तान एक अपवाद है, न कि किसी नियम के सच होने का प्रमाण।

असहयोग आन्दोलन की विफलता

गांधीजी का मानना है कि असहयोग आन्दोलन के दिनों में लोगों में पैदा हुई जागृति अहिंसा के उपदेश का फल थी। इस देशव्यापी जागृति को अहिंसा से जोड़कर देखना एक भूल है। सच्चाई यह है कि इस तरह की जन-जागृति हमेशा सीधी कार्रवाई के कार्यक्रम का परिणाम होती है। उदाहरण के लिए, जब रूस में कम्युनिस्ट पार्टी ने

अपना उग्र जन आन्दोलन शुरू किया तो वहाँ के किसानों और मजदूरों में व्यापक स्तर पर जागृति पैदा हुई, हालाँकि किसी ने भी उन्हें अहिंसा का उपदेश नहीं दिया था। हम तो यहाँ तक कहेंगे कि अहिंसा की सनक और गांधीजी की समझौतावादी मानसिकता के कारण ही सीधी जन-कार्रवाई से पैदा हुई उमंग और एकजुटता छिन्न-भिन्न हो गई। ऐसा कहा जा रहा है कि अहिंसा के शस्त्र से राजनीतिक अन्यायों को दूर किया जा सकता है। हम ज्यादा से ज्यादा इतना कह सकते हैं कि यह एक नूतन विचार है जिसे अभी तक आजमाया नहीं गया है। यह विचार दक्षिण अफ्रीका में भारतीयों को उनके न्यायोचित अधिकार दिलवाने में असफल रहा। भारत में राष्ट्रीय कार्यकर्ताओं की लम्बी-चौड़ी फौज जुटाने और उस पर सवा करोड़ रुपये का भारी-भरकम खर्च करने के बावजूद एक वर्ष में स्वराज के लक्ष्य को भी प्राप्त नहीं किया जा सका। हाल ही की घटनाओं को लें तो गांधीजी और पटेल बारदोली के किसानों को सत्याग्रह के माध्यम से उनके न्यूनतम अधिकार दिलवाने में भी सफल नहीं हो पाए। हमें देशव्यापी स्तर पर अहिंसा के किसी अन्य सफल प्रयोग की जानकारी नहीं है। अब तक अहिंसा का सिर्फ एक नतीजा निकला है–असफलता। तो फिर आश्चर्य ही क्या अगर देश इसकी और आजमाइश के लिए तैयार नहीं है। सच्चाई यह है कि गांधीजी द्वारा सिखाया गया सत्याग्रह एक तरह का विरोध-प्रदर्शन है, जिसका परिणाम समझौते के अलावा और कुछ नहीं हो सकता। राष्ट्रीय स्वाधीनता के लिए जूझ रहे देश के लिए इसका भला क्या उपयोग हो सकता है? राष्ट्रीय स्वाधीनता किसी समझौते का परिणाम नहीं हो सकती। हम जितनी जल्दी इस बात को समझ लें उतना ही अच्छा कि आजादी और गुलामी में कोई समझौता नहीं हो सकता।

क्या यह एक नया युग है?

गांधीजी का विचार है कि 'हम एक नए युग में प्रवेश कर रहे हैं'। 'स्वराज' शब्द में तकनीकी फेरबदल करके उसे 'पूर्व स्वाधीनता' के रूप में परिभाषित करना नए युग का प्रतीक नहीं हो सकता। वह सचमुच ही एक महान दिन होगा जब कांग्रेस एक देशव्यापी जन-कार्रवाई का अभियान छेड़ने का फैसला करेगी, और जो क्रान्तिकारी सिद्धान्तों पर आधारित होगा। तब तक स्वाधीनता का झंडा फहराना देश का मजाक उड़ाना है। हाल ही में सरला देवी चौधरानी ने प्रेस को दिए एक इंटरव्यू में जो कुछ कहा है, हम उससे पूरी तरह से सहमत हैं। उन्होंने कहा है–

"31 दिसम्बर, 1929 की मध्यरात्रि के ठीक एक मिनट बाद स्वाधीनता का झंडा फहराना इतना नाटकीय लग रहा था कि इसका वर्णन करना मुश्किल है–उसी तरह

जैसे भड़कीली वर्दियों में सजे-धजे जीओसी, असिस्टेंट जीओसी और अन्य लोग गत्ते के पुतलों की तरह दिखाई दे रहे थे। यह तथ्य कि झंडा फहराने का यह निर्णय मध्यरात्रि तक अधर में लटका रहा—और साथ ही यह तथ्य कि आखिरी क्षण में भी पासा पलट सकता था बशर्ते कि वाइसरॉय या सेक्रेटरी ऑफ स्टेट की तरफ से डोमीनियम स्टेटस प्रदान करने का सन्देश आ जाता—यह साबित करता है कि इन नेताओं के लिए स्वाधीनता एक गहरी हार्दिक आकांक्षा न होकर किसी लाडले बच्चे का हठ है। भारतीय राष्ट्रीय कांग्रेस के लिए यह बात कहीं ज्यादा सम्मानजनक होती अगर पहले स्वतंत्रता प्राप्त की जाती और फिर उसकी घोषणा की जाती।''

यह सच है कि अब कांग्रेस के नेता अपने भाषणों में जनता को डोमीनियन स्टेटस की बजाय पूर्ण स्वाधीनता के सपने दिखाएँगे। वे लोगों को एक ऐसे संघर्ष के लिए कमर कसने के लिए कहेंगे जिसमें एक पक्ष को प्रहार करना है और दूसरे पक्ष को इसे चुपचाप झेलते जाना है, जब तक कि वह बुरी तरह पिट कर इतना पस्त न हो जाए कि जमीन से दोबारा न उठ पाए। क्या ऐसी चीज को संघर्ष का नाम दिया जा सकता है और क्या यह देश को पूर्ण स्वाधीनता तक ले जा सकता है? किसी राष्ट्र के सर्वोच्च आदेशों और मूल्यों पर टिके रहना बहुत अच्छी बात है लेकिन साथ ही यह भी जरूरी है कि इन्हें प्राप्त करने के लिए सबसे प्रभावकारी और आजमाए हुए उपायों का उपयोग किया जाए—नहीं तो आप पूरी दुनिया में हँसी के पात्र बनकर रह जाएँगे।

कृपया डराना-धमकाना छोड़े

गांधीजी ने सभी लोगों से, जिनमें सोचने-समझने की पर्याप्त क्षमता है, क्रान्तिकारियों का समर्थन न करने और उनके कारनामों की निन्दा करने का आह्वान किया है ताकि 'हमारे ये बहके हुए देशभक्त भावनात्मक समर्थन की खुराक न मिलने से हिंसा की निरर्थकता और इन हिंसक कारनामों से हर बार होनेवाले भारी नुकसान का अहसास कर सकें।' लोगों को 'बहके हुए' कहना कितना आसान है। उन्हें तर्क से परे ठहराकर जनता से उनका समर्थन करने की बजाय उनकी निन्दा करने का आह्वान करना—ताकि वे अकेले पड़ जाएँ और अपनी गतिविधियाँ छोड़ने के लिए मजबूर हो जाएँ—खासतौर से तब, जब एक आदमी में जनता के एक बड़े हिस्से को प्रभावित करने की क्षमता हो। बड़े अफसोस की बात है कि सार्वजनिक जीवन के अपने लम्बे अनुभव के बावजूद गांधीजी क्रान्तिकारियों का मनोविज्ञान न तो समझते हैं और न समझना चाहते हैं। जीवन एक बहुमूल्य वस्तु है। यह बात हर कोई जानता है। अगर कोई इनसान क्रान्तिकारी बनने का फैसला करता है, अगर वह अपनी जिन्दगी हथेली

पर रखकर चलता है, तो वह सिर्फ मजे के लिए ऐसा नहीं करता। वह ऐसा इसलिए करता है क्योंकि उसकी सोच उसे मजबूर करती है, उसकी अन्तरात्मा उसे मजबूर करती है। वह सिर्फ लोगों की वाहवाही लूटने के लिए खतरों से नहीं खेलता। एक क्रान्तिकारी दूसरों से कहीं ज्यादा सोचता है, दूसरों से कहीं ज्यादा तर्कशील होता है। सिर्फ तर्क और तर्क ही उसे कोई कार्रवाई करने के लिए मजबूर करता है। कड़ी से कड़ी निन्दा, बड़े से बड़े लांछन भी उसके कदमों को डगमगा नहीं सकते–भले ही वे ऊँचे से ऊँचे व्यक्तियों द्वारा लगाए गए हों। यह सोचना ही मूर्खतापूर्ण है कि जनता का समर्थन और प्रोत्साहन न मिलने से क्रान्तिकारी अपना रास्ता छोड़ देंगे। बहुत-से क्रान्तिकारी फाँसी के तख्ते पर चढ़कर अपनी जिन्दगियाँ कुर्बान कर चुके हैं। उन्होंने संविधानवादी आन्दोलनकारियों की आलोचना और निन्दा की कभी परवाह नहीं की। अगर आप सचमुच ही चाहते हैं कि क्रान्तिकारी अपनी गतिविधियाँ छोड़ दें तो आपको उनके साथ तर्क-वितर्क करना चाहिए, बातचीत करनी चाहिए। यही एकमात्र रास्ता है। अन्य तरीकों के बारे में किसी के मन में कोई आशंका नहीं रहनी चाहिए। क्रान्तिकारी डराने-धमकाने से झुकने वाले नहीं हैं।

एक आह्वान

हम इस अवसर का लाभ उठाते हुए अपने देशवासियों से–नौजवानों, मजदूरों, किसानों और क्रान्तिकारी बुद्धिजीवियों से–आगे आने और हमारे साथ मिलकर आजादी के लिए संघर्ष करने की अपील करते हैं। हमें एक नई सामाजिक व्यवस्था की स्थापना करनी है, जिसमें राजनीतिक और आर्थिक शोषण के लिए कोई गुंजाइश नहीं होगी। उन सभी वीर पुरुषों और स्त्रियों के नाम पर जिन्होंने हँसते-हँसते अपना जीवन बलिदान कर दिया, सिर्फ इसलिए ताकि आनेवाली पीढ़ियाँ सुख से जी सकें, जो देश के लाखों-करोड़ों गरीबों, भूखों और शोषितों के उद्धार के लिए दिन-रात लड़ते रहे और मिट गए, हम सभी देशभक्तों से इस लड़ाई को गम्भीरता से लेने की अपील करते हैं। किसी को भी देश की आजादी से खेलने का अधिकार नहीं है, जो उसके प्राणों की तरह है। हमारे पास अहिंसा और इसी तरह के दूसरे नए-नए मनोवैज्ञानिक प्रयोग करने का समय नहीं है। हमारी गुलामी हमारे लिए शर्मिन्दगी की बात है। हम इससे मुक्त होने की हिम्मत और बुद्धिमानी कब दिखाएँगे? हमारी महान सभ्यता और संस्कृति का क्या फायदा अगर हममें इतना भी आत्म-सम्मान नहीं है कि हम विदेशी हुकूमत के आगे झुकने और उसके झंडे को सलाम करने से इनकार न कर सकें?

विजय या मृत्यु

ऐसा कोई अपराध नहीं है जो ब्रिटेन ने भारत में न किया हो। सुनियोजित कुशासन ने हमें भिखारी बना कर रख दिया है, हमारा खून सोख लिया है। एक नस्ल और राष्ट्र के रूप में हम लुटे-पिटे और बेइज्जत हुए पड़े हैं। क्या लोग फिर भी चाहते हैं कि हम भूल जाएँ, कि हम माफ कर दें? हमें अपना बदला लेना होगा–जनता को अत्याचारी शासकों से अपना हिसाब चुकाना होगा। जो डरपोक हैं वे पीछे हट जाएँ और समझौते और शान्ति के लिए गिड़गिड़ाते रहें। हम न किसी की दया चाहते हैं और न एक इंच भी पीछे हटने को तैयार हैं। हमारी लड़ाई आर-पार की लड़ाई है–जीत या मौत।

इन्कलाब जिन्दाबाद।

प्रेजिडेंट,
हिन्दुस्तान सोशलिस्ट रिपब्लिकन एसोसिएशन

परिशिष्ट-4

नौजवान राजनीतिक कार्यकर्ताओं के नाम

भगत सिंह

प्रिय कॉमरेडो,

हमारा आन्दोलन इस वक्त बड़े अहम दौर से गुजर रहा है। एक साल के कड़े संघर्ष के बाद, गोलमेज सम्मेलन में संवैधानिक सुधारों को लेकर कुछ निश्चित प्रस्ताव रखे गए हैं, और कांग्रेस नेताओं से इन्हें एक मौका देते हुए और परिस्थितियों को देखते हुए अपना आन्दोलन वापस लेने के लिए कहा गया है। वे लोग ऐसा करते हैं या नहीं, हमारे लिए इसका कोई खास महत्त्व नहीं है। मौजूदा आन्दोलन किसी समझौते के रूप में ही खत्म होगा। यह बहुत जल्दी भी हो सकता है और कुछ समय बाद भी। और समझौता कोई शर्मनाक या घिनौनी चीज नहीं है, जैसाकि बहुत-से लोग समझते हैं। उल्टे, यह राजनीतिक रणनीति का एक अनिवार्य अंग है। दमनकारियों के खिलाफ खड़े होनेवाले किसी भी देश को शुरू में असफलता ही मिलती है। संघर्ष के दौरान समझौते द्वारा कुछ आधे-अधूरे सुधार हासिल किए जाते हैं। सिर्फ आखिरी दौर में, जब राष्ट्र की सभी शक्तियाँ और साधन एकजुट हो जाते हैं, तो शासक सरकार को गिराने के लिए एक जोरदार हमला किया जाता है। लेकिन यह भी सम्भव है कि तब भी असफलता ही हाथ लगे और किसी तरह का समझौता जरूरी हो जाए। रूस के उदाहरण से यह बात अच्छी तरह से समझी जा सकती है।

1905 में रूस में क्रान्ति का बिगुल बज उठा। सभी नेताओं को इस आन्दोलन से बड़ी आशाएँ थीं। लेनिन विदेश से लौट आए थे, जहाँ उन्हें शरण लेनी पड़ी थी। वे इस आन्दोलन का नेतृत्व कर रहे थे। लोगों ने उन्हें बताया कि एक दर्जन जमींदार मार दिए गए थे और उनके बीस से भी ज्यादा भवन जला दिए गए थे। लेनिन ने उनसे कहा कि वापस जाओ और 1200 जमींदारों को और मारो और इतने ही महल भी जलाओ। लेनिन का मानना था कि अगर क्रान्ति असफल भी हो गई तो भी इस सबका कुछ मतलब होगा। ड्यूमा (रूसी संसद) की स्थापना हुई। अब उसी लेनिन

ने ड्यूमा में हिस्सा लेने की वकालत की। यह 1907 की बात है। 1906 में वे पिछली ड्यूमा में हिस्सा लेने के खिलाफ थे, जिसके अधिकार सीमित कर दिए गए थे। प्रतिक्रियावादी हावी हो रहे थे और लेनिन क्रान्तिकारी विचारों के प्रचार के लिए ड्यूमा को एक मंच की तरह इस्तेमाल करना चाहते थे।

1917 की क्रान्ति के बाद जब बोल्शेविक 'ब्रेस्ट लितोवस्क संधि' के लिए बाध्य हो गए तो लेनिन को छोड़कर हर कोई इसके खिलाफ था। तब लेनिन ने कहा था–''शान्ति। शान्ति और एक बार फिर शान्ति। किसी भी कीमत पर शान्ति–भले ही यह कीमत जर्मन हमलावरों को रूस के कई प्रान्त देकर चुकानी पड़े।'' जब कुछ बोल्शेविक विरोधियों ने इस संधि के लिए लेनिन की आलोचना की तो लेनिन ने साफ शब्दों में घोषणा की कि बोल्शेविक जर्मन हमले का सामना करने की स्थिति में नहीं थे, इसलिए बोल्शेविक सरकार का पूर्ण पतन होने देने की बजाय समझौता कर लेना कहीं अच्छा था।

मैं यह कहना चाहता हूँ कि समझौता एक अनिवार्य शस्त्र है, जिसका किसी संघर्ष के दौरान समय-समय पर उपयोग करना पड़ता है। लेकिन हमारा ध्यान हमारे आन्दोलन से जुड़ी सोच पर केन्द्रित रहना चाहिए। हमें साफ-साफ पता होना चाहिए कि हम किस लक्ष्य के लिए लड़ रहे हैं। इससे हमें अपने आन्दोलन की सफलताओं और असफलताओं का मूल्यांकन करने और भविष्य की योजनाएँ बनाने में मदद मिलती है। तिलक की नीति, जो आदर्श से बिलकुल अलग थी, यानी उनकी रणनीति, सर्वश्रेष्ठ थी। आप अपने शत्रु से सोलह आने के लिए लड़ रहे हैं। आपको सिर्फ एक आना मिलता है। आप इसे जेब में डालकर बाकी के लिए लड़ते हैं। नरमपंथियों में अपने लक्ष्य को लेकर स्पष्टता की कमी है। वे एक आने के लिए लड़ते हैं और उन्हें वह भी नहीं मिलता। क्रान्तिकारियों को यह बात हमेशा दिमाग में रखनी है कि वे सम्पूर्ण क्रान्ति के लिए लड़ रहे हैं। वे सत्ता पर अपना पूरा नियंत्रण चाहते हैं। उन्हें समझौतों से डर लगता है क्योंकि हर समझौते के बाद रूढ़िवादी क्रान्तिकारियों को छिन्न-भिन्न करने की कोशिश करते हैं लेकिन योग्य और साहसी क्रान्तिकारी आन्दोलन को ऐसे झटकों से बचा सकते हैं। इस तरह के अवसरों पर हमें बहुत सावधान रहना होगा ताकि असली मुद्दों को लेकर कोई भ्रांति पैदा न हो, खासकर हमारे लक्ष्य को लेकर। ब्रिटेन के लेबर नेताओं ने सच्चे संघर्ष से पीठ फेर ली है और वे पाखंडी साम्राज्यवादी बनकर रह गए हैं। मेरे अपने विचार में, इन रँगे हुए साम्राज्यवादी लेबर नेताओं से कट्टर कंजर्वेटिव (रूढ़िवादी) कहीं बेहतर हैं। दाँव-पेचों और रणनीति के बारे में जानने के लिए लेनिन की कृतियों का अध्ययन करना चाहिए। समझौते के बारे में उनके निश्चित विचार जानने के लिए 'लेफ्ट विंग कम्युनिज्म' को पढ़ना अच्छा रहेगा।

मैं कह चुका हूँ कि वर्तमान आन्दोलन यानी मौजूदा संघर्ष, किसी समझौते या पूर्ण असफलता के रूप में खत्म होगा।

मैं ऐसा इसलिए कहा है क्योंकि मेरे विचार में, इस बार सच्ची क्रान्तिकारी ताकतों को साथ में नहीं लिया गया है। यह संघर्ष मध्यवर्ग, दुकानदारों और थोड़े-से पूँजीपतियों पर निर्भर है। ये दोनों ही, खासकर पूँजीपति, किसी भी संघर्ष में अपनी सम्पत्ति या जान-माल को दाँव पर नहीं लगा सकते। असली क्रान्तिकारी शक्तियाँ गाँवों और फैक्टरियों में हैं–किसान और मजदूर। लेकिन हमारे बुर्जुआ नेता उन्हें अपने साथ लेने से डरते हैं। सोया हुआ शेर अगर एक बार जाग गया तो इन नेताओं का लक्ष्य पूरा हो जाने के बाद भी उसे सुलाना मुश्किल हो जाएगा। 1920 में अहमदाबाद के मजदूरों के साथ अपने पहले अनुभव के बाद महात्मा गांधी ने घोषणा की थी–"हमें मजदूरों को नहीं छेड़ना चाहिए। फैक्टरी प्रोलिटेरियट का राजनीतिक इस्तेमाल करना खतरे से खाली नहीं है" (द टाइम्स, मई 1921)। उसके बाद ये नेता कभी भी मजदूरों को अपने साथ लेने की हिम्मत नहीं जुटा सके। 1922 के बारदोली प्रस्ताव से साफ पता चलता है कि ये नेता किसानों के विद्रोह से कितना घबरा गए थे, जो विदेशी हुकूमत के साथ-साथ जमींदारी की जंजीरें तोड़ने के लिए भी आमादा हो गए थे।

ये नेता किसानों की बजाय ब्रितानियों के आगे झुकना ज्यादा पसन्द करते हैं। पंडित जवाहरलाल को छोड़िए, क्या आप किसी भी ऐसे नेता का नाम बता सकते हैं जिसने किसानों और मजदूरों को एकजुट करने की कोशिश की हो? नहीं, वे यह खतरा नहीं उठाएँगे। यही उनकी कमी है। इसीलिए मैं कहता हूँ कि वे सम्पूर्ण क्रान्ति नहीं चाहते। आर्थिक और प्रशासनिक दबाव से वे भारतीय पूँजीपतियों के लिए कुछ और सुधारों और रियायतों की उम्मीद कर रहे हैं। इसीलिए मैं कहता हूँ कि इस आन्दोलन की मौत निश्चित है, कोई समझौता करके या बिना किसी समझौते के। सच्चे दिल से 'इन्कलाब जिन्दाबाद' का नारा लगाने वाले नौजवान कार्यकर्ता अभी इतने संगठित और सशक्त नहीं हैं कि आन्दोलन को अपने हाथ में ले सकें। सच्चाई यह है कि हमारे तथाकथित महान नेता भी–शायद पंडित मोतीलाल नेहरू के एकमात्र अपवाद को छोड़कर–अपने कन्धे पर कोई जिम्मेदारी लेने के लिए तैयार नहीं है। यही कारण है कि वे समय-समय पर गांधीजी के सामने बिना शर्त समर्पण करते रहते हैं। उनके साथ अपने मतभेदों के बावजूद वे कभी भी खुलकर उनका विरोध नहीं करते और उनके प्रस्तावों पर अपनी मोहर लगाते रहते हैं।

इन परिस्थितियों में मैं उन ईमानदार और नौजवान कार्यकर्ताओं को जो सचमुच ही क्रान्ति चाहते हैं, यह चेतावनी देना चाहूँगा कि आगे बहुत मुश्किलों का दौर आनेवाला है। उन्हें सतर्क हो जाना चाहिए ताकि वे किसी तरह की उलझन के

शिकार न हो जाएँ या उनकी हिम्मत न टूट जाए। महान गांधीजी के दो संघर्षों के अनुभव के बाद हम अपनी मौजूदा स्थिति का साफ-साफ आकलन करने और उसके अनुसार अपना भविष्य का कार्यक्रम तैयार करने के लिए कहीं बेहतर स्थिति में है।

मैं इस मामले को बड़े सीधे शब्दों में आपके सामने रखना चाहता हूँ। आप 'इन्कलाब जिन्दाबाद' का नारा लगाते हैं। मैं यह मानकर चलूँगा कि आप पूरी संजीदगी से ऐसा करते हैं। इस नारे की हमारी परिभाषा के अनुसार, जैसाकि हमने असेम्बली बम कांड में अपने बयान में कहा था, क्रान्ति का मतलब है–मौजूदा सामाजिक व्यवस्था को जड़ से उखाड़ फेंकना और इसकी जगह एक नई सोशलिस्ट व्यवस्था की स्थापना करना। इस उद्देश्य के लिए हमारा तात्कालिक लक्ष्य सत्ता प्राप्त करना है। दरअसल राज्य और सरकारी मशीनरी शासक वर्ग के हाथ में एक शस्त्र की तरह है, जिसका वह अपने हितों की रक्षा के लिए इस्तेमाल करती है। हम इसे उससे छीन लेना चाहते हैं ताकि हम अपने आदर्श को, यानी मार्क्सवाद के आधार पर सामाजिक पुनर्संरचना के लक्ष्य को साकार कर सकें। इसी उद्देश्य को ध्यान में रखकर हम सरकारी मशीनरी पर कब्जा करने के लिए लड़ रहे हैं। इसके साथ-साथ हमें आम जनता को शिक्षित करते रहना है ताकि हमारे सामाजिक कार्यक्रम के लिए एक अनुकूल वातावरण तैयार हो सके। संघर्ष के दौरान हम उन्हें कहीं अच्छे ढंग से प्रशिक्षित और शिक्षित कर सकते हैं।

हमारे सामने ये चीजें साफ हो जाने के बाद, हमारा तात्कालिक और अन्तिम लक्ष्य साफ-साफ तय हो जाने के बाद, हम मौजूदा स्थिति का आकलन करने के काम में जुट सकते हैं। हमें हमेशा बहुत साफगोई से और बड़े पेशेवर तरीके से स्थितियों का आकलन करना है।

हम जानते हैं कि भारत सरकार में भारतीयों की भागेदारी और जिम्मेदारी को लेकर कितने शोर-शराबे के बाद मिंटो-मोर्ली सुधार लाए गए हैं और वाइसरॉय की परिषद की स्थापना की गई है, जिसके अधिकार सिर्फ सलाह देने तक सीमित हैं। विश्वयुद्ध के दौरान, जब भारतीयों की मदद की बहुत ज्यादा जरूरत थी, भारत को स्वराज देने के वायदे किए गए थे और मौजूदा सुधार लाए गए थे। असेम्बली को सीमित वैधानिक अधिकार दिए गए हैं, जो वाइसरॉय की सद्भावना पर निर्भर करते हैं। अब तीसरा चरण आता है।

अब सुधारों पर बातचीत चल रही है, जिन्हें निकट भविष्य में लागू किया जा सकता है। नौजवान इन्हें किस कसौटी पर परखेंगे, यह एक सवाल है। मुझे नहीं मालूम कि कांग्रेस नेता इन्हें किस तरह परखेंगे लेकिन हमारे लिए, क्रान्तिकारियों के लिए निम्नलिखित कसौटी हो सकती है–

1. भारतीयों को किस सीमा तक शासन की जिम्मेदारी दी जाती है?
2. सरकारी संस्थाओं का स्वरूप क्या होगा और इनमें आम जनता की किस सीमा तक हिस्सेदारी होगी?
3. भविष्य में क्या सम्भावनाएँ हैं और इन उपलब्धियों को जारी रखने के लिए क्या सुरक्षा उपाय किए गए हैं?

इस पर थोड़ा और प्रकाश डालने की जरूरत हो सकती है। सबसे पहले तो हम अपने लोगों को दी जानेवाली जिम्मेदारी का अन्दाजा इस बात से आसानी से लगा सकते हैं कि कार्यकारिणी पर उनका कितना नियंत्रण है। अब तक कार्यकारिणी कभी भी विधान परिषद के प्रति जवाबदेह नहीं रही। वाइसरॉय के पास हमेशा वीटो-पावर रही है, जिसके कारण चुने हुए प्रतिनिधियों की सभी कोशिशें बेअसर साबित हुई हैं। स्वराज पार्टी की कृपा से वाइसरॉय को कई बार इन असाधारण शक्तियों का इस्तेमाल करके राष्ट्रीय प्रतिनिधियों के फैसलों को बड़े शर्मनाक तरीके से पाँव तले रौंदना पड़ा है। यह बात इतनी जग ज़ाहिर है कि इस पर और बहस की जरूरत नहीं है।

अब सबसे पहले हमें कार्यकारिणी के गठन के तरीके पर ध्यान देना चाहिए। कार्यकारिणी को असेम्बली में मौजूद जनता के प्रतिनिधियों द्वारा चुना जाएगा या इसे ऊपर से थोपा जाएगा? क्या यह सदन के प्रति जवाबदेह होगी या पहले की तरह अपनी मनमानी करती रहेगी?

जहाँ तक दूसरी कसौटी की बात है, हम इसे मताधिकार के मामले में परखकर देख सकते हैं। मतदान के अधिकार के लिए सम्पत्ति सम्बन्धी योग्यता को पूरी तरह खत्म कर दिया जाना चाहिए और इसकी जगह सार्वभौमिक सिद्धान्त अपनाया जाना चाहिए। सभी वयस्क स्त्री-पुरुषों को मतदान का अधिकार होना चाहिए। हम यह चीज आसानी से देख सकते हैं कि मतदान के अधिकार को किस सीमा तक बढ़ाया जाता है।

जहाँ तक सरकार के स्वरूप की बात है, हमारे पास दो सदनों वाली सरकार है। मेरे विचार में उच्च सदन एक बुर्जुआ अन्धविश्वास या बहकावे के अलावा और कुछ भी नहीं है। मेरा खयाल है कि एक सदन वाली सरकार हमारे लिए सबसे अच्छी रहेगी।

मैं यहाँ प्रान्तीय स्वायत्तता का भी जिक्र करना चाहूँगा। लेकिन जो कुछ मैंने सुना है, उसके अनुसार ऊपर से थोपा गया गवर्नर–जिसके पास असाधारण शक्तियाँ होंगी और जो विधायिका से ऊपर और श्रेष्ठतर होगा–किसी तानाशाह से कम साबित न होगा। हमें इसे 'स्वायत्तता' की बजाय 'प्रान्तीय तानाशाही' कहना चाहिए। प्रान्तीय संस्था का यह बड़ा विचित्र लोकतांत्रीकरण है।

तीसरी कसौटी बड़ी सीधी है। पिछले दो वर्षों से ब्रिटिश राजनीतिक मोंटेग्यू के उस वायदे को ताक पर रखने में जुटे हुए हैं जिसके अनुसार हर दस वर्ष बाद नए सुधार लाए जाएँगे, जब तक कि ब्रिटिश खजाने में दम-खम है।

हम देख सकते हैं कि भविष्य को लेकर वे क्या फैसला करते हैं।

मैं यहाँ यह बात साफ कर दूँ कि हम इन चीजों का आकलन उपलब्धियों पर खुश होने के लिए नहीं कर रहे हैं। हम अपनी स्थिति को लेकर एक स्पष्ट निष्कर्ष पर पहुँचना चाहते हैं, ताकि हम जनता को शिक्षित करके उसे संघर्ष के लिए तैयार कर सकें। हमारे लिए समझौते का मतलब कभी भी आत्म-समर्पण नहीं होता। यह आगे बढ़ने के लिए एक कदम होता है और थोड़े विश्राम का समय होता है। सिर्फ इतना ही और इसके अलावा और कुछ भी नहीं।

मौजूदा स्थिति पर चर्चा करने के बाद हम अब भविष्य के कार्यक्रम और अपनी कार्यनीति पर बात करेंगे।

जैसाकि मैं पहले ही कह चुका हूँ, किसी भी क्रान्तिकारी पार्टी के पास एक निश्चित कार्यक्रम होना बेहद जरूरी है। आप जानते ही हैं कि क्रान्ति का मतलब है–'एक्शन'। इसका मतलब सुनियोजित और योजनाबद्ध ढंग से बदलाव लाना है। यह बदलाव अचानक एक झटके से, योजनाविहीन ढंग से या ब्रेक-डाउन के रूप में नहीं आना चाहिए। पार्टी का कार्यक्रम निर्धारित करने के लिए निम्नलिखित बातों पर ध्यान देना जरूरी है–

1. लक्ष्य
2. वह आधार, जहाँ से शुरुआत करनी है, यानी मौजूदा स्थितियाँ।
3. कार्य का स्वरूप, यानी साधन और तौर-तरीके।
   इन तीन चीजों की स्पष्ट समझ के बिना कोई भी कार्यक्रम नहीं बनाया जा सकता।

हम वर्तमान स्थितियों की कुछ हद तक चर्चा कर चुके हैं। लक्ष्य का भी हल्का-फुल्का जिक्र हुआ है। हम एक सोशलिस्ट क्रान्ति चाहते हैं, जिसके लिए राजनीतिक क्रान्ति एक अनिवार्य आरम्भिक चरण है। तो हम यह चाहते हैं। राजनीतिक क्रान्ति का अर्थ यह नहीं है कि राज्य या सत्ता ब्रिटिशों के हाथ से निकलकर भारतीयों के हाथ में आ जाए। यह उन भारतीयों के हाथ में आनी चाहिए जो अन्तिम लक्ष्य को लेकर हमारे साथ खड़े हुए हैं। दूसरे शब्दों में कहें, तो जनता की मदद से यह सत्ता क्रान्तिकारी पार्टी के हाथ में आनी चाहिए। इसके बाद हमें ठोस संकल्प के साथ सोशलिस्ट आधार पर समाज की पुनर्संरचना करनी होगी। अगर आप इस तरह की क्रान्ति नहीं चाहते तो कृपया हम पर थोड़ा रहम करें और 'इन्कलाब जिन्दाबाद' के नारे लगाना छोड़ दें। 'क्रान्ति' बड़ा पवित्र शब्द है,

कम-से-कम हमारे लिए, इसलिए इसका हलके तरीके से या गलत इस्तेमाल नहीं होना चाहिए। लेकिन अगर आप कहते हैं कि आप एक राष्ट्रीय क्रान्ति चाहते हैं और आपके संघर्ष का लक्ष्य युनाइटिड स्टेट्स ऑफ अमेरिका की तरह एक भारतीय गणतंत्र की स्थापना करना है, तो मैं आपसे पूछना चाहूँगा कि यह क्रान्ति लाने के लिए आप किन ताकतों पर भरोसा कर रहे हैं। किसी भी क्रान्ति के लिए, वह राष्ट्रीय हो या सोशलिस्ट, आप जिन ताकतों पर सचमुच भरोसा कर सकते हैं, वे हैं–किसान और मजदूर। कांग्रेसी नेता इन ताकतों को संगठित करने से डरते हैं। आप आन्दोलन के दौरान यह देख चुके हैं। आप दूसरों से कहीं बेहतर ढंग से जानते हैं कि इन ताकतों के बिना वे पूरी तरह लाचार हैं। जब उन्होंने पूर्ण स्वाधीनता का प्रस्ताव पास किया था–जिसका सही मतलब क्रान्ति था–तो उनका हकीकत में ऐसा कोई इरादा नहीं था। उन्हें नौजवानों के दबाव के कारण यह प्रस्ताव लाना पड़ा था। साथ ही, वे इसे एक धमकी की तरह इस्तेमाल करके डोमीनियन स्टेटस प्राप्त करना चाहते थे, जो कि वे सचमुच ही चाहते थे। कांग्रेस के पिछले तीन सत्रों के प्रस्ताव पढ़कर आप इस बात को आसानी से समझ सकते हैं। मेरा मतलब मद्रास, कलकत्ता और लाहौर के सत्रों से है। कलकत्ता में उन्होंने एक प्रस्ताव पास करके बारह महीनों के भीतर डोमीनियन स्टेटस की माँग की, और इसे न माने जाने की स्थिति में पूर्ण स्वाधीनता की माँग करने की धमकी भी दी। इसके बाद वे 31 दिसम्बर, 1929 की मध्यरात्रि तक इस तरह के किसी तोहफे की आस लगाए रखे। फिर अपने 'सम्मान की रक्षा' के प्रश्न को देखते हुए उन्हें पूर्ण स्वाधीनता का प्रस्ताव पास करना पड़ा, जिसे लेकर वे कतई गम्भीर नहीं थे। तब भी महात्माजी यह कहने से नहीं चूके कि दरवाजे अब भी खुले हुए थे (समझौते के लिए)। तो यह थी उनकी सच्ची भावना। कांग्रेसी नेताओं को शुरू से ही पता था कि उनका आन्दोलन किसी तरह के समझौते के साथ ही खत्म होगा। हम इन्हीं अधूरे मन के प्रस्तावों से नफरत करते हैं, न कि संघर्ष के किसी चरण में किए जानेवाले समझौतों से। खैर, हम उन ताकतों की बात कर रहे थे जिन पर आप क्रान्ति के लिए भरोसा कर सकते हैं। लेकिन अगर आप कहते हैं कि आप किसानों और मजदूरों के पास जाकर उनकी सक्रिय मदद पाने की कोशिश करेंगे तो मैं आपको बता दूँ कि वे आपकी भावुकतापूर्ण बातों में नहीं आनेवाले। वे आपसे सीधे-सीधे पूछते हैं–उन्हें उस क्रान्ति से क्या हासिल होगा जिसके लिए आप उनसे त्याग करने की माँग कर रहे हैं? इससे उन्हें क्या फर्क पड़ेगा कि भारत सरकार का मुखिया लॉर्ड रीडिंग है या सर पुरुषोत्तम दास ठाकुरदास? लॉर्ड इर्विन की जगह सर तेज बहादुर सप्रू के आ जाने से एक किसान को क्या फर्क पड़ेगा? उसकी राष्ट्रीय भावना को जगाने से कुछ नहीं होगा। आप उसका 'इस्तेमाल' अपने उद्देश्य के लिए नहीं कर सकते। आपको पूरी ईमानदारी बरतनी होगी और उसे समझाना होगा कि

यह उसकी अपनी क्रान्ति है और इससे उसका भला होगा। यह सर्वहारा की, प्रोलिटेरियट की क्रान्ति है और सर्वहारा के लिए है।

अपने लक्ष्यों को लेकर एक स्पष्ट धारणा बना लेने के बाद आप पूरे संकल्प के साथ अपनी ताकतों को इकट्ठा करने में जुट सकते हैं, ताकि क्रान्ति की कार्रवाई को अंजाम दिया जा सके। इसके बाद आपको दो अलग-अलग चरणों से गुजरना होगा। पहला चरण है, तैयारी; और दूसरा, कार्रवाई।

मौजूदा आन्दोलन के खत्म होने के बाद आप कई ईमानदार और संजीदा क्रान्तिकारी कार्यकर्ताओं में खीज और कुछ हद तक निराशा की भावना पाएँगे। लेकिन आपको चिन्तित होने की जरूरत नहीं है। भावुकता को एक तरफ रख दें। सच्चाई का सामना करने के लिए तैयार रहें। क्रान्ति बड़ा मुश्किल काम है। किसी भी आदमी में इतनी ताकत नहीं है कि क्रान्ति ला सके। न ही इसके लिए कोई दिन निश्चित किया जा सकता है। यह विशेष वातावरण, सामाजिक और आर्थिक, का परिणाम होती है। एक संगठित पार्टी का काम यह है कि वह हालात द्वारा पैदा किए गए इस तरह के किसी अवसर का सही इस्तेमाल करे। जनता को तैयार करना और क्रान्ति की ताकतों को इकट्ठा करना बहुत मुश्किल काम है। इसके लिए क्रान्तिकारी कार्यकर्ताओं को बहुत बड़ा त्याग करना पड़ता है। मैं यह बात साफ कर देना चाहता हूँ कि अगर आप एक व्यवसायी हैं या एक स्थापित सांसारिक या पारिवारिक व्यक्ति तो कृपा करके आग से न खेलें। एक नेता के रूप में आप पार्टी के किसी काम के नहीं हैं। हमारे पास ऐसे बहुत-से नेता हैं जो शाम को थोड़ा समय निकालकर भाषण दे देते हैं। वे हमारे लिए बेकार हैं। हमें ऐसे लोग चाहिए जो लेनिन के प्रिय शब्दों के अनुसार, 'पेशेवर क्रान्तिकारी' हों, पूर्णकालिक कार्यकर्ता, जिनके पास क्रान्ति के अलावा और कोई काम या महत्त्वाकांक्षा नहीं है। एक संगठित पार्टी के पास ऐसे जितने ज्यादा कार्यकर्ता होंगे, उसकी सफलता की सम्भावना उतनी ही ज्यादा होगी।

योजनाबद्ध तरीके से आगे बढ़ने के लिए यह बेहद जरूरी है कि पार्टी में इस तरह के कार्यकर्ताओं हों जिनके पास बिलकुल स्पष्ट विचार और दृष्टि हो और पहल करने और तुरन्त निर्णय लेने की योग्यता भी। पार्टी में कड़ा अनुशासन होना चाहिए। कोई जरूरी नहीं कि यह एक अंडरग्राउंड पार्टी हो। बल्कि ऐसा न हो तो बेहतर। लेकिन स्वेच्छा से जेल जाने की नीति पूरी तरह छोड़ देनी चाहिए। ऐसा करने से ऐसे बहुत-से कार्यकर्ता हो जाएँगे जिन्हें भूमिगत जीवन जीना पड़ सकता है। उन्हें उसी उत्साह से अपना काम जारी रखना चाहिए। सही अवसर आने पर कार्यकर्ताओं के इसी ग्रुप में से योग्य नेता पैदा होंगे।

पार्टी को ऐसे कार्यकर्ताओं की जरूरत है जिन्हें सिर्फ नौजवानों के आन्दोलन के माध्यम से पार्टी में भर्ती किया जाना चाहिए। नौजवानों के आन्दोलन को स्टडी

सर्कल और क्लास-लेक्चर आयोजित करने चाहिए और पर्चों, पेम्फलेटों, किताबों और पत्रिकाओं का प्रकाशन करना चाहिए। राजनीतिक कार्यकर्ताओं को भर्ती और प्रशिक्षित करने के लिए लिए यह सबसे बढ़िया माध्यम है।

ऐसे नौजवानों को जिनके विचार परिपक्व हो चुके हों और जो ध्येय के लिए अपना जीवन समर्पित करने को तैयार हों, पार्टी में लिया जा सकता है। पार्टी कार्यकर्ता नौजवान आन्दोलन का भी नेतृत्व करेंगे और इस पर नियंत्रण रखेंगे। पार्टी को जन-प्रचार का अभियान शुरू करना होगा। यह बहुत जरूरी है। गदर पार्टी (1914-15) की विफलता का सबसे बड़ा कारण यह था कि आम जनता को इसके बारे में कुछ भी जानकारी नहीं थी। जनता या तो उदासीन थी या खुलकर इसके खिलाफ थी। इसके अलावा, किसानों और मजबूरों को संगठित करना और उनकी सक्रिय सहानुभूति अर्जित करना भी बेहद जरूरी है। पार्टी का नाम कम्युनिस्ट पार्टी या ऐसा ही कुछ हो सकता है। राजनीतिक कार्यकर्ताओं की इस पार्टी में कड़ा अनुशासन होगा और यह सभी जन-आन्दोलनों को नियंत्रित करेगी। इसे किसान-मजदूर पार्टियों और लेबर यूनियनों की स्थापना करनी होगी और कांग्रेस तथा अन्य राजनीतिक संस्थाओं को भी अपने हाथ में लेने की कोशिश करनी होगी। राष्ट्रीय राजनीति के साथ-साथ वर्गीय राजनीति को लेकर भी एक राजनीतिक चेतना पैदा करनी होगी। इसके लिए बड़े स्तर पर एक प्रकाशन अभियान चलाना होगा। आम जनता को सोशलिस्ट थ्योरी और इससे जुड़ा अन्य विषयों के बारे में आसानी से और व्यापक स्तर पर जानकारी उपलब्ध करवानी होगी। यह जानकारी सरल और स्पष्ट भाषा में होनी चाहिए।

मजदूर आन्दोलन में कुछ ऐसे लोग हैं जो यह मान बैठे हैं कि राजनीतिक आजादी के बिना भी किसानों और मजदूरों की आर्थिक मुक्ति सम्भव है। ऐसे लोग बेसिर-पैर की बातें करके जनता को भड़काते हैं। उनके विचार जितने ऊत-जलूल हैं उतने ही कपोल-कल्पित भी। हम जनता की आर्थिक मुक्ति की बात करते हैं, जिसके लिए हम राजनीतिक सत्ता प्राप्त करने के संघर्ष में जुटे हुए हैं। इसमें कोई शक नहीं है कि शुरू में हमें इन वर्गों की सिर्फ थोड़ी-सी आर्थिक माँगों और अधिकारों के लिए लड़ना होगा। लेकिन ये छोटे-छोटे संघर्ष उन्हें एक बड़े राजनीतिक संघर्ष के लिए शिक्षित और तैयार करने का सबसे अच्छा माध्यम हैं।

इन सबके साथ-साथ, एक सैनिक विभाग का गठन करना भी जरूरी है। यह बहुत महत्त्वपूर्ण है। कई अवसरों पर इसकी बड़ी सख्त जरूरत महसूस होती है। लेकिन उस समय आप तुरत-फुरत कोई ऐसा दस्ता गठित करने की नहीं सोच सकते जिसके पास पर्याप्त साधन हों और जो प्रभावशाली ढंग से काम कर सके। यह एक ऐसा विषय है जिसे बहुत सावधानी से समझाने की जरूरत है। इस विषय

पर मुझे गलत समझे जाने की बहुत ज्यादा सम्भावना है। शायद मैंने एक आतंकवादी जैसा काम किया है लेकिन मैं आतंकवादी नहीं हूँ। मैं एक क्रान्तिकारी हूँ, जिसके पास एक लम्बे कार्यक्रम को लेकर ऐसे निश्चित और स्पष्ट विचार हैं जिनकी इस लेख में चर्चा की गई है। रामप्रसाद बिस्मिल जैसे मेरे कुछ कॉमरेड मुझ पर जेल की कोठरी में प्रतिक्रियावादी हो जाने का आरोप लगा सकते हैं, जो सच नहीं है। मेरे आज भी वही विचार हैं, वही विश्वास है, वही उत्साह और वही भावना है जो जेल के बाहर थी—या शायद, बल्कि यकीनन, उससे भी बेहतर। इसलिए मैं अपने पाठकों को आगाह कर देना चाहता हूँ कि मेरे शब्दों को पढ़ते हुए बहुत सावधानी बरतें। वे इन पंक्तियों में कोई और अर्थ ढूँढ़ने की कोशिश न करें। मैं अपनी पूरी ताकत के साथ घोषणा करता हूँ कि मैं न आतंकवादी हूँ और न कभी था, शायद अपने क्रान्तिकारी जीवन के शुरुआती दिनों को छोड़कर। और मुझे पूरा भरोसा हो चुका है कि इन तरीकों से कुछ भी हासिल नहीं किया जा सकता। 'हिन्दुस्तान सोशलिस्ट रिपब्लिकन एसोसिएशन' के इतिहास से इस बात को आसानी से समझा जा सकता है। हमारी सभी कार्रवाइयाँ एक लक्ष्य को ध्यान में रखकर अंजाम दी गई हैं—महान आन्दोलन की सैन्य शाखा के रूप में अपनी पहचान स्थापित करना। अगर किसी ने मुझे गलत समझ लिया हो तो वह अपनी सोच को बदल सकता है। मेरा मतलब यह नहीं है कि बम और बन्दूकें बेकार हैं, बल्कि इससे उलटी बात है। मेरे कहने का मतलब यह है कि सिर्फ बम फेंकना न सिर्फ बेकार है बल्कि कभी-कभी नुकसानदायक भी हो सकता है। पार्टी की सैन्य शाखा को किसी भी इमरजेंसी के लिए अपना गोला-बारूद हमेशा तैयार रखना चाहिए। उसे पार्टी के राजनीतिक काम के पीछे खड़े रहना चाहिए। उसे अपने-आप कभी कोई कदम नहीं उठाना चाहिए।

उपरोक्त दिशा-निर्देशों के आधार पर पार्टी को अपना काम आगे बढ़ाना चाहिए। नियमित मीटिंगों और कॉन्फ्रेंसों के जरिए कार्यकर्ताओं को सभी विषयों में शिक्षित और प्रबुद्ध करने का काम भी जारी रहना चाहिए।

अगर आप इन आधारों पर काम शुरू करते हैं तो आपको बहुत गम्भीरता बरतनी होगी। दस वर्षों में क्रान्ति करने का लड़कपन का सपना छोड़ दें—गांधीजी के एक वर्ष में स्वराज लाने के वायदे की तरह। इसके लिए न तो भावुकता की जरूरत है और न मरने की। जरूरत है, तो सिर्फ जिन्दगी भर संघर्ष करने की और तकलीफों और त्याग के लिए तैयार रहने की। सबसे पहले आपको अपनी वैयक्तिकता को कुचलना होगा। अपने व्यक्तिगत सुख-सुविधा के सपने को छोड़ना होगा। इसके बाद अपना काम शुरू कर दें। आपको इंच-दर-इंच आगे बढ़ना होगा। इसके लिए साहस, जीवट और कड़े संकल्प की जरूरत होगी। कोई भी मुश्किल और

तकलीफ आपका हौसला न तोड़ पाए। कोई भी असफलता और विश्वासघात आपको अपने इरादे से न डिगा पाए। आप पर आनेवाली कोई भी विपत्ति आपके अन्दर के क्रान्तिकारी को खत्म न कर पाए। इन तकलीफों और कुर्बानियों में से आप विजयी होकर निकलेंगे और आपकी ये व्यक्तिगत उपलब्धियाँ क्रान्ति की अमूल्य धरोहरें होंगी।

इन्कलाब जिन्दाबाद

2 फरवरी, 1931

●●●

कुलदीप नैयर

जन्म : 14 अगस्त, 1924; सियालकोट, पाकिस्तान।

शिक्षा : बी.ए. (ऑनर्स); एल.एल.बी., एम.एस-सी. (जर्नलिज्म), यू.एस.ए.; पीएच.डी. (दर्शनशास्त्र)।

कार्य : उर्दू समाचारपत्र *अंजान* से पत्रकारिता की शुरुआत, लालबहादुर शास्त्री तथा गोविन्द बल्लभ पंत के कार्यकाल में अमेरिका में सूचना अधिकारी। अंग्रेज़ी समाचार पत्र *द स्टेट्समैन* के सम्पादक। अंग्रेज़ी समाचार न्यूज़ एजेंसी के प्रबन्ध सम्पादक। 25 वर्ष तक पत्रिका *टाइम्स* के संवाददाता। अमेरिका में भारतीय उच्चायुक्त रहे। इमरजेंसी के दौरान प्रेस की स्वतंत्रता के लिए संघर्ष, जेल भी गए। पाकिस्तान और भारत के रिश्ते मधुर बनाने में उल्लेखनीय योगदान। मानवाधिकार के लिए एक समर्पित कार्यकर्ता।

सदस्य : इंडियन डेलीगेशन टू द यूनाइटेड नेशन्स; सीनेट ऑफ़ गुरुनानक यूनिवर्सिटी, अमृतसर; सीनेट एंड सिंडीकेट ऑफ़ पंजाबी यूनिवर्सिटी, पटियाला, जेमिनी न्यूज़ सर्विस, लन्दन; फ़ैकल्टी ऑफ़ सोशल साइंस, मुस्लिम यूनिवर्सिटी, अलीगढ़।

चेयरमैन, सिटीजन ऑफ़ डेमोक्रेसी; ट्रांसपेरेंसी इंटरनेशनल (इंडिया) पुणे की इमेरिटस यूनिवर्सिटी के मास कम्यूनिकेशन विभाग में प्रोफ़ेसर।

प्रमुख प्रकाशन : *बिटवीन द लाइंस; इंडिया : द क्रिटिकल इयर्स;* डिस्टेंट नेबर्स (ए टेल ऑफ़ सबकोन्टिनेंट); *सप्रेसन ऑफ़ जजेज़; इंडिया आफ़्टर नेहरू; द जजमेंट* (जेल में बन्दी के दौरान); *रिपोर्ट ऑन अफ़गानिस्तान; ट्रेजिडी ऑफ़ पंजाब; इंडिया हाउस; द मार्टअर–भगत सिंह एक्सपेरीमेंट्स इन रिवोल्यूशन; वॉल एट वाघा* (इंडो-पाक रिलेशन्स)।

प्रमुख सम्मान : हल्दी घाटी अवार्ड, फ्रीडम ऑफ़ इनफ़ॉरमेशन, भाई वीर सिंह, प्राइड ऑफ़ इंडिया, मेवाड़ फ़ाउंडेशन, ऑल इंडिया आर्टिस्ट्स एसोसिएशन, यू.के. सिक्ख फ़ोरम, शिरोमणि गुरुद्वारा अमृतसर, फ़ेडरेशन ऑफ़ इंडियन मुस्लिम अमेरिका/कनाडा, अब्दुल सलाम इंटरनेशनल इंडो-कनेडियन टाइम्स ट्रस्ट, नॉर्थ वेस्टर्न यूनिवर्सिटी एलूमनी एसोसिएशन, लाहौर हाईकोर्ट बार एसोसिएशन, गुरुनानक देव यूनिवर्सिटी, शहीद नियोगी मेमोरियल लाइफ़ टाइम अचीवमेंट अवार्ड इन जर्नलिज्म। अमेरिका में 'उच्च आयुक्त कार्यकाल' में किए गए उल्लेखनीय कार्यों के लिए सम्मानित।

निधन : 23 अगस्त, 2018